OBRA CATALANA D'EUGENI D'ORS
Volum annex

ENRIC JARDÍ

EUGENI D'ORS

OBRA I VIDA

EDICIONS DELS QUADERNS CREMA

Primera edició (en aquesta col·lecció):
desembre del 1990

Publicat per Quaderns Crema
Vallcorba editor, S. A.
F. Valls i Taberner, 8 - 08006 Barcelona
Tels.: 212 38 08 - 212 87 66
Fax: 418 23 17

Amb la col·laboració del Departament de Cultura
de la Generalitat de Catalunya

© 1966, 1990 by Enric Jardí i Casany

Drets exclusius d'edició:
Vallcorba editor, S. A.

ISBN (de l'obra completa): 84-7727-019-8
ISBN (d'aquest volum): 84-7727-062-7
Dipòsit legal: B. 43.198-1990

Compost per Ràpid-Text, S. A.
Imprès per Hurope, S. A.

TAULA

PRÒLEGS, 7

Primera part: L'ANÈCDOTA, 21

5

PRÒLEGS

NOTES AUTOBIOGRÀFIQUES
SOBRE AQUESTA BIOGRAFIA

No crec que sigui superflu començar la present biografia d'Eugeni d'Ors amb unes precisions sobre la manera com ha estat escrita i amb una especial referència als motius que m'han induït a emprendre la tasca, baldament en aquesta part inicial hagi de tractar de mi en una extensió insòlita en tota mena de llibres que no siguin els de memòries. Si m'he decidit a obrar així ha estat amb el propòsit que quedi explicada la gestació de l'obra, un procés la coneixença del qual sempre pot interessar els lectors.

Els autors de la mena que siguin es confessen amb el públic voluntàriament o involuntàriament, i és sabut que en la confessió la sinceritat s'ha d'anteposar al pudor. Per tant, m'estimo en bona part disculpat dels retrets que se'm podrien fer pel gest de començar aquest llibre parlant de les meves opinions i els meus sentiments.

De bell antuvi diré que el meu pare, Enric Jardí i Miquel, fou més que un orsià: un amic autèntic d'Eugeni d'Ors durant la seva etapa barcelonina. Tot i que estava cert d'aquella amistat, vaig tenir el goig de veure-la confirmada pels tres fills de l'Ors, que vaig conèixer per primera vegada el setembre de 1964 al cementiri de Vilafranca del Penedès en ocasió d'un acte que s'hi celebrà en commemoració del desè aniversari del seu traspàs. Davant la tomba de Xènius, Joan Pau, Víctor i Àlvar d'Ors m'abraçaren i em digueren que el meu pare, potser amb l'única excepció de Joan Palau Vera, havia estat l'home a qui Eugeni d'Ors havia tractat amb més intimitat durant els anys de la seva fecunda tasca

9

catalana; el company desinteressat que havia sabut convertir-se per a ell en el confident i conseller abnegat, en fi, el que se'n diu un veritable amic. Llegint d'una manera sistemàtica els papers orsians, vaig tenir la sorpresa de trobar-me una glosa publicada a *La Veu de Catalunya* el 31 de juliol de 1913, intitulada «L'Interlocutor», en la qual Ors, després d'explicar com enyorava les converses amb Maragall, afegia: «un altre amic tinc que antany li era grat de parlar de metafísica a les altes quietes hores de la nit i que em feia la caritat d'unes objeccions les més estimuladores que es coneguin ... aquest amic meu, vell company, avui té arrencat son bufet de misser i festeja». La lectura del fragment em colpí: totes les referències que jo tenia de l'antiga amistat coincidien amb el text de la glosa en qüestió, en la qual vaig veure una al·lusió tan diàfana al meu pare. L'escrit em produí un goig més intens que el de descobrir que l'anomenava «Noucentista» en un altre article que fou suprimit en ulteriors edicions del *Glosari*.

El rompiment del tracte es produí amb la partida definitiva d'Eugeni d'Ors de Barcelona, i per unes causes que desconec en detall perquè el meu pare morí quan jo tenia setze anys. Emperò, per algunes coses que m'havia contat quan jo tot just era un adolescent, dedueixo que ell visqué—ben dolgut—en el clima de desencís que sobrevingué després de la defecció orsiana i que si va abstenir-se de participar en la campanya de descrèdit personal formada a Catalunya a l'entorn d'Eugeni d'Ors, a la qual contribuí més d'un dels qui se li havien aproximat per enaltir-lo exageradament, almenys adoptà el capteniment més noble d'alguns autèntics amics seus que preferiren callar. He emprat abans la paraula «desencís». És la més exacta per referir-se a l'actitud anímica de tots els qui se l'estimaven de debò, comparable, en certa manera, a la del desengany experimentat pels enamorats que comproven que la persona objecte de llurs afectes ja no és atractiva, en descobrir-li determinades tares o, simplement, per haver sorgit una sèrie de malentesos que de vegades és millor no intentar desfer, ja que l'esforç sol resultar sovint contraproduent.

No sé si el meu pare i tots els seus contemporanis de la mateixa corda mantingueren una posició errònia. També ignoro si aquest llibre servirà per a demostrar-ho. L'únic que puc afirmar és que, per la meva edat, pertanyo a una generació capaç de plantejar el problema, puix que gaudeix de molta més serenitat que no la dels homes que veieren de prop Eugeni d'Ors i el tractaren més o menys assíduament. Ni tan sols sóc d'aquells de les generacions posteriors a la del meu pare que han conegut el personatge a les darreries de la seva vida. Una vegada vaig veure Eugeni d'Ors dalt d'una estrada. Donava una conferència a la qual jo vaig assistir encuriosit per sentir el que deia i quin aspecte tenia aquell que per mi era «un nom», una figura de prestigi. Era per la tardor o l'hivern de 1941 o 1942. No puc precisar-ho bé. Les úniques dades certes que tinc d'aquell acte tan borrós en la meva memòria cal situar-les a l'època en què ja havia perdut el meu pare; la dissertació se celebrà a l'Institut Francès de Barcelona, al local del carrer de Bailén, sobre matèries d'art. Hi havia una exposició de pintures. Crec recordar uns quadres de Ramon Rogent entre altres, penjats als murs.

Per tant, em crec en una posició favorable per a poder judicar amb menys prejudicis Eugeni d'Ors i la seva obra.

Això no vol dir que hagi emprès la redacció d'aquest llibre sense cap idea prèvia.

He tingut alts i baixos d'entusiasme en el meu orsisme. Quan feia tercer o quart any de Batxillerat, vaig llegir *La Ben Plantada* i m'agradà extraordinàriament. Recordo que a un company d'estudis meu molt estimat, que ara viu a l'estranger, amb el qual compartia moltes lectures, i a mi, el missatge de classicisme, mesura i seny que Ors volia infondre amb la seva obra cèlebre ens produí un efecte tan gran que decidírem —sortosament per pocs dies— anar pel carrer d'una manera que imaginàvem que era «clàssica». Ara no veig ben bé en què consistia allò, però quan ho recordo, encara em ruboritzo pensant que la gent ens devia prendre per uns estaquirots quan, en realitat, volíem semblar estàtues que caminessin.

A la lectura de *La Ben Plantada*, que reiterada no m'ha agradat ni de bon tros com al temps de la meva ingènua adolescència, succeïren altres obres orsianes, catalanes i castellanes. Uns llibres em plagueren moltíssim; d'altres no tant. De vegades m'he pres al peu de la lletra el que

deia Ors i en altres ocasions he llegit els seus papers més distanciada-
ment. En algun punt he sentit embafament per la prosopopeia i el barro-
quisme de l'autor i fins irritació envers ell; però, malgrat tot, he
d'admetre que l'obra d'Eugeni d'Ors globalment considerada ha estat
per a mi profitosa. M'he assabentat de moltes, moltíssimes coses llegint
treballs orsians. He après a considerar d'una nova manera determinades
manifestacions artístiques o a interpretar dades culturals. Constituiria
un acte d'ingratitud per la meva part callar-me el que dec a Eugeni
d'Ors; la funció important exercida pels seus escrits dels meus anys de
formació.

Però si el que acabo de referir és imputable al cantó positiu del meu
orsisme, hi ha també—com he dit—uns punts en els quals el meu fervor
pel personatge del qual avui presento la biografia s'ha refredat moltís-
sim, puix que he pogut constatar després com era fonamentada, en bona
part, la posició dels antics amics i admiradors d'Eugeni d'Ors, que a la
seva defecció optaren per callar. Una actitud que, fet i fet, va ésser més
prudent que la de tants orsians d'avui que parlen a tort i a dret de les
injustícies de què fou víctima el personatge, sense prendre's la molèstia
d'escatir fins a quin punt ell mateix contribuí a perdre's.

He intentat, en aquest llibre, mantenir-me equànime. No sé si he
assolit el meu propòsit. En tot cas, afegiré que, amb una tal idea, he pro-
curat servir-me, sempre, de cites extretes de l'obra orsiana perquè crec
que no hi ha millor sistema per a estudiar un autor que fer-lo parlar a
través dels seus escrits, baldament tot autor pugui tenir, i té, indefecti-
blement, instants en què no sigui sincer.

Els textos d'Eugeni d'Ors constitueixen el testimoniatge més elo-
qüent, i n'estic tan convençut que per estructurar aquesta biografia he
volgut abstenir-me al màxim de recórrer a les opinions d'altri. També
deliberadament he restringit en el possible la part anecdòtica. L'home
que recomanà tota la seva vida la conveniència d'«elevar l'anècdota a la
categoria» bé s'ho mereix. D'altra part, tinc la certesa que fou el capte-
niment d'Eugeni d'Ors el que privà els seus contemporanis d'apreciar
com calia les valors d'una obra que, considerada en bloc, és important,
molt més del que els semblava. A mesura que passin els anys es veurà.

Fa poc temps que, tot llegint en l'excel·lent *Història de la literatura catalana*, de Martí de Riquer, les pàgines dedicades a Bernat Metge, m'admirava del contrast que oferia la glòria que assignem a aquella figura preclara dins el nostre Humanisme, i la vida de trapella que no vacil·laríem a qualificar de delinqüent, ja que sembla que arribà a cometre malifetes que avui són tipificades en tots els codis penals.

De cap manera no voldria que s'interpretessin aquestes paraules com la insinuació d'un paral·lisme entre l'autor de *Lo Somni* i Eugeni d'Ors, que seria inconcebible. El nostre biografiat va ésser, sempre, un ciutadà respectuós de la llei. Si ara apunto aquí les anteriors reflexions a l'entorn de les dades que el llibre de Riquer em revelà de l'existència de Bernat Metge, és tan sols per remarcar com, amb el transcurs dels anys, l'anècdota personal s'esfuma per acréixer, simultàniament, el mèrit de l'obra.

L'equanimitat que he procurat mantenir en l'estudi que segueix crec que no pot venir alterada per la bona disposició que tinc envers la figura del meu biografiat, sense la qual és impossible d'emprendre obres semblants. La meva predisposició inicial ha anat transformant-se després en afecte, en un sentiment que potser participa d'aquells en els quals és discernible una secreta tendresa, com els que el mateix Ors denuncia en Menéndez Pelayo en el seu estudi sobre els heterodoxos espanyols, equiparable en certa manera al que experimenten els professors de Medicina pels «bonics casos clínics». Espero que els lectors convindran amb mi—una vegada hagi enllestit aquesta obra—que el tipus humà d'Eugeni d'Ors és fascinant àdhuc amb els seus defctes o, més ben dit, pel fet de tenir-los, perquè són ells els que li atorguen un color i un relleu que el fan més atractiu.

Per acabar aquestes pàgines, que ja s'estan allargant massa, he de justificar la desigual estructura que he donat al llibre dividint-lo en dues parts d'extensió ben distinta. La primera, intitulada «L'anècdota», està dedicada a l'obra i a la vida del personatge, i la segona, retolada «La categoria», intenta ésser una definició del biografiat: el que representa dins la cultura espanyola i en la de Catalunya en particular. He procedit així perquè crec que hom ja sabrà deduir el que fou i el que significà

Eugeni d'Ors amb el que s'indica en la secció que he qualificat d'anec-
dòtica. En la segona només vénen apuntades unes conclusions que espe-
ro que resultin implícites en l'altra.

També vull deixar constància que atorgo més valor a la producció
catalana d'Eugeni d'Ors que no pas a la castellana, tot i que aquesta fos
important i més dilatada. D'això, en sóc conscient i no pretenc
escamotejar-la. Però també crec—i amb un tal convenciment queda jus-
tificada la meva preferència—que, quan partí de Catalunya, la persona-
litat d'Eugeni d'Ors estava formada del tot. El que anà dient després
fou una repetició del que havia anat exposant en català o un desenvolu-
pament d'unes idees que al seu dia havia deixat apuntades.

Finalment, vull fer constar el meu agraïment a la Sociedad de Estu-
dios y Publicaciones, que m'ha ajudat a editar aquest llibre.

Barcelona, febrer de 1966.

VINT ANYS DESPRÉS

Amb un títol evidentment suggerit per aquell que trià Alexandre Dumas per a la continuació de la seva popularíssima novel·la *Els tres mosqueters*, encapçalo les presents consideracions a guisa de proemi d'aquesta segona edició del meu llibre originalment intitulat *Eugeni d'Ors, obra i vida* (encara que, per motius desconeguts, aparegué amb la paraula «vida» anteposada a «obra»), que finançà una Sociedad de Estudios y Publicaciones de Madrid, filial de l'extingit Banco Urquijo, i publicà Edicions Proa-Aymà—també en una versió castellana—, la primavera de 1967.

Ara, als vint anys i escaig de la seva publicació, quan ja estava totalment exhaurida, apareix novament amb el títol correcte.

Ben poques coses han estat canviades respecte de la primera edició. He fet alguna precisió del detall. He afegit, en el text, uns comptats paràgrafs motivats per la lectura d'obres orsianes aparegudes pòstumament i després de 1967 o per la descoberta, a l'arxiu del meu pare, i com a conseqüencia d'un forçat trasllat de mobles, d'unes cartes d'Eugeni d'Ors anteriors a 1920 que m'han semblat interessants.

Segons les meves notícies, les obres de Xènius publicades després de la seva mort són tres. En primer lloc, cal esmentar *Sijé*, apareguda el 1981, amb un pròleg de Carlos d'Ors, nét de l'escriptor, amb el segell d'Editorial Planeta de Barcelona (formant part de la trilogia *Las Oceánidas*), obra que, en realitat, constituïa la primera edició, en forma de llibre, d'unes «glosas» inserides en el periòdic barceloní *El Día Gráfico* els anys 1928 i 1929, que comentaré oportunament.

En segon lloc, hi ha el text «Crónicas de la ermita», que havia anat publicant-se en el diari *Arriba*, de Madrid, el 1945 i el 1946 i que, juntament i després de l'intitulat «Historia de las Esparragueras» (traducció d'un original català aparegut el 1919) eixí el 1982 amb un pròleg de Guillem Díaz Plaja a Ediciones del Cotal, de Barcelona.

I, finalment, *Los dos aviadores*, gloses també inserides a *Arriba* el 1950, reflexions sobre l'«esperit d'evasió» i l'«esperit de conquesta» —personificats, respectivament, en els aviadors «Ícaro» i «Patricio»— publicades amb un text introductori de Juan-Pablo d'Ors, fill de l'autor, per Ediciones de Nuevo Arte Thor, de Barcelona, el 1983.

El meu estudi crític i biogràfic fou rebut amb una certa reticència perquè jo suposo que va desplaure tant els que esperaven de mi una biografia de l'escriptor repudiat pels seus compatriotes, a causa del canvi idiomàtic, com els que comprovaren que no volia adscriure'm en el bàndol d'aquells que encara es refereixen al vell Xènius amb allò tan cruel de l'«ex-glosador» i l'«ex-cèlebre».

Adverteixo que des de 1967 les meves opinions sobre Eugeni d'Ors pràcticament han romàs inalterades. Tal vegada en aquesta segona edició hauria introduït algun matís en els meus judicis, però he considerat que serien tan lleus que no val la pena de modificar el text original, ja que continuo mantenint la mateixa visió de la seva important obra i la seva contravertida actuació personal en uns temps d'altra part ben difícils, val a dir-ho.

Només m'interessa fer constar que d'ençà de l'aparició d'*Eugeni d'Ors; obra i vida*, ara fa una vintena d'anys, l'interès per aquesta gran figura va creixent. Això es palesà el 1981 en conmemorar-se el centenari de la seva naixença.

Pel juny de 1986 es féu a Barcelona—inexplicablement a porta tancada—un simpòsium sobre Eugeni d'Ors, per iniciativa d'uns membres destacats del ja dissolt o a punt d'extingir-se Consell Assessor instituït pel titular del Departament de Cultura de la Generalitat de Catalunya, Sr. Joan Rigol. En el curs d'aquelles sessions destacaren, singularment, les aportacions d'Eugenio Trias i de José M.ª Valverde, però, contràriament al que havia estat anunciat a la clausura de la reunió, aquelles trobades periòdiques per a l'estudi del pensament orsià no han tingut continuïtat.

També ha començat a realitzar-se l'ambiciós pla de publicar tota l'obra catalana d'Eugeni d'Ors. L'any 1987 va aparèixer a Quaderns Crema, a cura de Josep Murgades, el volum XI de la col·lecció, el qual constitueix una autèntica novetat puix que és la primera vegada que es presenta en forma de llibre el conjunt unitari de gloses que es publicaren al llarg de 1918 amb el títol de *La Vall de Josafat*.

Espero que, quan es completi aquest gran projecte editorial, l'afecció dels estudiosos per l'obra orsiana s'incrementarà molt més. Tanmateix, abans d'haver-se acabat totalment aquest pla de publicacions, la bibliografia sobre una tan destacada personalitat de les lletres catalanes ja s'ha enriquit en els darrers temps.

Recordem els llibres:

— *Glosari: Selecció*, a cura de Josep Murgades, Barcelona: Edicions 62 i La Caixa, 1982. MOLC, 74.
— *L'Home que treballa i que juga*, pròleg i tria d'Octavi Fullat, Vic: Eumo, 1988. Textos pedagògics, 14.
— Norbert Bilbeny, *Eugeni d'Ors i la ideologia del Noucentisme*, Barcelona: La Magrana, 1988.

Ni Bilbeny, que fa una llista—jo diria que exhaustiva—d'escrits de Xènius i relaciona un gran nombre d'obres referents a Eugeni d'Ors, ni Murgades no citen, en cap moment, el meu llibre de 1967 (encara que aquest darrer ho ha fet en la seva remarcable contribució al vol. 9 de la *Història de la literatura catalana*, de Riquer, Comas i Molas, i en el seu estudi introductori a l'edició abans esmentada de *La Vall de Josafat*, i ha tingut la gentilesa de comunicar-me personalment algunes errades i mancances en aquella edició).

Tampoc vingué citada la meva obra sobre Eugeni d'Ors en la bibliografia orsiana bastant extensa que es facilita en l'edició de 1982 de *Crónicas de la ermita*.

Crec, doncs, que la present reedició contribuirà, si més no, a afegir-me a la corrua dels que cada dia s'interessen més per la gran figura d'Eugeni d'Ors, encara que alguns creguin que aquesta incorporació es produeix per primera vegada.

A l'igual com ho vaig fer el 1966 en la redacció del pròleg de l'edició primitiva d'aquesta obra, ara tinc un especial interès a remerciar l'Honorable Senyor Conseller de Cultura de la Generalitat de Catalunya pel suport que m'ha donat.

Barcelona, octubre de 1989.

ADVERTIMENT

Atès el fet que no existeix encara una edició de les obres completes d'Eugeni d'Ors, he seguit, per a citar els seus treballs periodístics, el sistema consistent a referir-me, pels que aparegueren en català, al número de la pàgina que els correspon a l'únic volum de la projectada edició de les obres catalanes completes que es publicà el 1950, a càrrec d'Editorial Selecta, i que comprèn els dels anys 1906 al 1910, llibre que cito per les sigles *O.C.C.* Com que totes les gloses incloses en aquest volum procedeixen de *La Veu de Catalunya*, he suprimit la menció del periòdic, que queda sobreentesa per als treballs del període 1906-1910. Només cito el diari en les gloses d'aquell interval quan foren suprimides en l'edició de 1950.

Per als articles en castellà apareguts del 1920 a 1945, em refereixo als quatre volums editats per M. Aguilar Editor, de Madrid. Tres llibres del *Nuevo Glosario*, que indico així: *N.G.I, II* i *III*, i un llibre del *Novísimo Glosario*, que abreujadament designo en la forma *NO.G.*

L'ANÈCDOTA

I

LES ARRELS I LES FLORS

Orígens. Nissaga. Pseudònims. Representacions.

Ignoro per què en totes les notes biogràfiques d'Eugeni d'Ors es dóna com a data de naixença el 1882, quan, en realitat, veié la llum un any abans. Ja sabem com van aquestes coses: l'error el comet primerament una persona i, després, segueix la carrera dels qui repeteixen l'equivocació, sense prendre's la molèstia de comprovar les xifres en una font autèntica com és la del Registre Civil. En el que correspon al Jutjat municipal núm. 6 de Barcelona, i a la secció de naixements (Vol. 51, pàg. 1544, foli 353), podem llegir que «Eugeni, Josep, Joan Ors i Rovira nasqué a les tres de la tarda del dia 28 de setembre de 1881». El detall més curiós, però, és que el mateix personatge no esmenà mai les referències a la seva naixença el 1882 i fins i tot ell declarà en el curs d'alguns intervius periodístics[1] haver nascut el 82 i no el 81. No he pogut explicar-me mai aquesta diferència d'un any.

Avui, hi ha una làpida commemorativa del lloc on vingué al món, a la façana de la casa núm. 4 del carrer Comtal, que fa xamfrà al Portal de l'Àngel, al cantó del mar. Quan el dia 6 de desembre de 1956 fou descoberta, amb la corresponent cerimònia, la pedra memorial esculpida per Frederic Marés, el periodista Sempronio ja indicà[2] que, en opinió d'un dels assistents a l'acte, l'editor Janés i Olivé, fidel amic barceloní del desaparegut, la làpida estava mal emplaçada, puix que digué que el mateix Ors li havia assenyalat com la seva casa natal una altra del carrer Comtal, una mica més endins, del cantó de la muntanya. Tenia raó: l'acta de naixença precisa que el part sobrevingué al primer pis de l'immoble

23

núm. 3 i, així com l'interessat no es preocupà mai de corregir els qui feien circular una data del seu natalici que era errònia, ell deixà en els seus escrits plena constància de quin era el veritable indret de naixença, que concorda amb la informació que forneix el Registre Civil: «...porque mi luz primera fue la de Barcelona y, de Barcelona en la yema del huevo ... confesemos que tal yema está situada en la Puerta del Ángel y donde vi la luz supradicha fue en la calle de Condal núm. 3, a dos dedos de la Puerta sin puerta».[3]

Encara avui hi ha en aquell immoble una lleteria continuadora de la que, en la Barcelona finisecular, devia tenir un estable de vaques que escampaven per tot el sector una ferum que quedà gravada per sempre més en el record del biografiat: «Había allí, en los bajos, cuando mi nacimiento y años más tarde, una vaquería cuyos servicios, en dictamen higiénico sobre las condiciones estabularias nos habían sido vedadas por el reciente saber bacteriológico de mi padre; pero cuyos olores a zanahoria despiertan aún a mi evocación frescas memorias agrarias, quizá más gratas a mí que el presunto de la oriental y búdica flor de loto».[4]

Si Eugeni d'Ors no idealitzà gens ni mica l'ambient de la seva naixença, trobà un especial significat en el fet d'haver vingut al món en la darrera setmana de setembre, el període comprès entre la vigília de la festivitat de Sant Miquel Arcàngel i el segon dia d'octubre, commemoració dels Sants Àngels Custodis; una setmana posada sota el signe dels àngels, remarca, amb una evident complaença[5] pel fet de coincidir, en un lapse de temps tan curt, dos símbols relacionats amb els celestials personatges sobre els quals bastí aquella construcció filosòfica que li fou cara en els darrers anys de la seva vida.

Quan el nadó fou dut a la pila baptismal li va ésser imposat l'escaient nom d'Eugeni, que per la seva eufonia i etimologia fou portat pel nostre home amb una innegable satisfacció. «... Porque es grave negocio llamarse Eugenio. No se lo aconsejamos a nadie. ... Porque el nombre de Eugenio, sobre aludir a la selección de la estirpe con su "eu" de excelencia, con su "genos" de generación, implica la idea de nacimiento feliz, algo así como lo que, en castellano, se da doblemente a entender con la expresión "bien nacido". Y esta afectación de superioridad no resulta entonces de atribución ajena, ni tampoco secreto que se esconda en las trastiendas de lo propio, sino a manera de proclama que lanza delante de sí el interesado; por no decir a manera de reto».[6]

Pel que es refereix a la seva família, em remeto a la certificació literal de l'acta de naixença que declara l'infant, fill de Josep Ors i Rosal, metge, natural de Sabadell, i de Cèlia Rovira i García, natural de Manzanillo (Illa de Cuba). Nét, per línia paterna, de Joan Ors i Font i Concepció Rosal, fills tots dos de Barcelona, i, per la banda de mare, de Josep Rovira i Alcover, nascut a Vilafranca del Penedès, i d'Eloïsa Silveira, filla de Manzanillo.

Sobre la seva nissaga, Eugeni d'Ors féu moltes consideracions més fonamentades en la fantasia que en la realitat. Per la banda del seu pare, sabadellenc, que qualificà de «ciudadano barcelonés desde tres generaciones»,[7] es declara—i la cosa sembla que és certa—emparentat amb Joaquim Rubió i Ors, Lo Gayter del Llobregat,[8] el primer poeta conscient de la nostra Renaixença, però ell creu, ignoro amb quin motiu, que els Ors procedien del poble lleidatà d'Os de Balaguer. Com que, segons la toponímia, Os hauria d'escriure's correctament «Ors» i, en el parer de les autoritats en onomàstica catalana, com el cèlebre Balari i Jovany, el cognom Ors l'adoptaren els qui es posaren sota l'advocació zoològica i poètica dels «óssos»[9] i no la vegetal i més prosaica dels «horts», el nostre personatge segregà manta literatura a l'entorn del significat selvàtic del seu primer nom familiar. «Ors me llamo y nada ursino reputo a mí ajeno», escriu per exemple en una ocasió en què s'emparenta amb santa Úrsula, la princesa dels Ursinos, el terrorista Orsini i els óssos tutelars de la ciutat de Berna.[10]

Emperò, la cosa de la qual tragué més partit fou la seva ascendència per línia materna. Sobretot el fet que Cèlia hagués nascut a Manzanillo. Quan, pels anys trenta, es produí a la major de les Antilles un violentíssim cicló que ocasionà grans estralls, redactà una glosa en la qual equiparava la seva consternació davant la catàstrofe al dolor d'un home que, clandestinament, assisteix al sepeli de la seva amant, puix que sentia fins a quin punt eren intensos en el seu esperit els lligams que el mantenien secretament unit a Cuba: «la presencia que no recuerdo, púdicamente

guardada durante una vida, de toda una infancia de ternuras y nostal-
gias, anteriores al conocimiento mismo, por una patria no oficialmente
reconocida como nuestra».[11]

Estava orgullós del seu mestissatge. En *La Ben Plantada* tingué es-
pecial interès a indicar que Teresa havia nascut al Paraguai, filla d'uns
catalans de prop de Vilanova, i a remarcar que «una llei pregona ho vol
així. La Ben Plantada, doctora de nacionalitat, ens ha vingut de les
Amèriques. ¿Napoleó no els vingué als francesos de la Còrsega?»

Com que estava satisfet dels ingredients americans de la seva sang,
procurà d'accentuar un cert exotisme amb un capteniment suau, amb
una manera de'expressar-se pausada bo i arrossegant determinades con-
sonants. Ramón Gómez de la Serna ja observà que «parece que prevale-
ce en él su ascendencia cubana y ese algo antillano le hace necesitar ese
despilfarro y regalo tropical que le extravase siempre»,[12] i Josep Pla, en
un escrit castellà més maliciós, afirmava que «es un hombre dominado
por su máscara. Los matices de esta máscara más acusados son la dulzu-
ra, la delicuescencia, la morbidez que, a veces, linda con la pornogra-
fía».[13] Ors portà aquesta afectació a uns tals extrems que s'arribà a
convèncer ell mateix del seu americanisme; n'és la prova que, davant la
reproducció del seu magnífic retrat al carbó fet per Ramon Casas, inserit
a la contraportada del primer i únic volum del *Glosari* editat per la Bi-
blioteca Selecta, li semblà veure els seus ulls «cargados ... con una espe-
cie de fiebre criolla».[14]

De l'estirp materna n'havia de treure més suc per tal com l'avi Jo-
sep era fill de Vilafranca del Penedès. «En aquella tierra de los pámpa-
nos y la libertad, no estuvo la cuna de los Ors, pero estuvo la de los
Rovira»,[15] i per aquest fet, especialment en els darrers anys de la seva
vida, es declarà enamorat del Penedès, comarca a la qual dedicà molts
elogis per la seva romanitat comprovada per les restes arqueològiques
que, segons ell, constituïen les seves fites terminals; el pont del Diable
a Martorell i l'Arc de Berà;[16] pel detall d'haver-hi nascut tants homes
il·lustres: Ramon de Penyafort, Milà i Fontanals, i Llorens i Barba;[17] i
sobretot per tenir la capital del partit un cementiri plantat d'esponero-
sos xiprers «más bellos aún que los del Generalife de Granada y quizá

tan altos como los de santa Maria in Organo en la longobarda Verona»,[18] on descobrí una tomba en la qual, per tota inscripció, es pot llegir: «A Matilde», i que va colpir-lo intensament pel seu aspecte romàntic al punt que comunicà als seus amics vilafranquins la voluntat pòstuma que hi fossin dipositades les seves despulles tal com efectivament es complí. Els seus entusiasmes per la capital penedesenca manifestats amb lloances literàries com les que acabo de referir varen ésser correspostos per l'Ajuntament de la vila amb el nomenament de fill adoptiu de la població, el dia 17 de setembre de 1944, distinció de la qual Eugeni d'Ors se sentí cofoi. Ho prova, entre altres coses, el fet que ho manifestés en un diari, on: «en la misma página que escribo en la lengua de mis hijos, pongo en la de mi bisabuelo:

> La saba del terrer de Vilafranca
> m'empenyia a enfilar-me a d'altres cels
> i a l'hora de florir l'última branca
> tot d'un cop em floreixen les arrels.[19]

Poca cosa sé del matrimoni Ors-Rovira. El biografiat mateix al·ludeix en algun escrit, com un que ja he reproduït, a la professió mèdica del pare, i en un altre indret[20] indica que restà orfe de mare als catorze anys. La parella tingué, a més d'Eugeni, un altre fill: Josep-Enric, del qual tan sols em consta que signà, en la forma «Josep-E. Ors Rovira» un article sobre «La Crisi internacional» aparegut a la revista *Catalunya* per l'època en què hi col·laborava el germà,[21] i també que l'ajudà a traduir la tragèdia de Sòfocles *Èdip Rei* per a la representació que en va fer Adrià Gual en dues sessions del seu Teatre Íntim del mes de març de 1903. Degué morir jove o expatriar-se, puix que no deixà més rastre.[22] D'altra banda, Eugeni no en parlà mai.

Per a completar les dades familiars del nostre personatge cal aclarir que la «d» que amb un apòstrof anteposà al seu cognom conferint-li una especial gràcia i eufonia, i que ja per sempre més restà vinculat al nom familiar a l'extrem de transmetre'l als seus fills, va ésser emprat per primera vegada en signar l'article que aparegué al núm. 32 del setmanari

El Poble Català, el dia 17 de juny de 1905 amb el títol «Noruega Imperialista».

Val a dir que la lleugera modificació introduïda per Eugeni Ors en el seu cognom, que avui ens sembla afortunada, i àdhuc natural, per haver-nos acostumat a veure-la tan acceptada que fins i tot s'escriuen substantius com «dorsisme», fou una innovació que, al principi, va ésser mal rebuda en els cercles intel·lectuals barcelonins de començament de segle on Eugeni d'Ors ja era remarcat. Conta el pintor Torres Garcia en les seves memòries[23] que una vegada que Eugeni d'Ors preguntà, estranyat, a l'escriptor Cebrià de Montoliu la causa per la qual sovint oblidava de signar sense el «de» al qual tenia dret, per descendir d'una aristocràtica família tarragonina, l'altre li respongué, amb una riallada, que havia deixat d'emprar la partícula perquè pogués servir-se'n ell; i Ramon Miquel i Planas, en la seva obra *Els pensaments d'en Joan Bonhome*,[24] plena de maledicència contra els homes de la generació noucentista, escriu, evidentment referint-se a Eugeni d'Ors, en una de les notes o articles que componen el llibre per ordre alfabètic a manera de diccionari: «*Filosofia* ... El fill del Sr. Esteve Anfruns, honrat vetes-i-fils de la meva vila, d'una temporada ençà que fa coses estranyes. Va començar per afegir-se una partícula al cognom del seu pare i es firma, des d'aleshores, i es fa dir pels amics: Enric d'Anfruns. Al mateix temps adopta, en enraonar, una mitja veu i un to melós i insinuant, arrossegant les esses i modulant les vocals amb una boca mig closa».

Les ironies i els comentaris mofetes que provocà l'innocent caprici del nostre personatge degueren ésser tan freqüents que Eugeni d'Ors els al·ludí d'una manera despectiva des del Glosari en un escrit que intitulà «Conversa amb l'Octavi de Romeu sobre els qui l'anomenen "Octavi Romeu"»,[25] costum revelador, segons ell, de «la formidable, la grotesca resistència que sol produir-se en terres d'Espanya contra tota manera personal d'escriure el nom propi», que havia mortificat tant l'eminent teòleg Arquebisbe de Sevilla Zeferino González cada vegada que veia escrit el seu nom de fonts amb «C» i no amb la «Z» que li abellia, que més d'una vegada li féu vessar llàgrimes una resistència que palesava una general «incomprensió i malignitat rústica».

L'«Octavi de Romeu», que protestava perquè l'anomenaven «Octavi Romeu», era, evidentment, Eugeni Ors, si es vol, «Eugeni d'Ors».

La primera vegada que apareix imprès aquell nom és el 1902, a l'efímera revista *Auba*, en un poema que es publicà en el núm. 5-6 corresponent als mesos de març i abril. Es tracta d'una oda escrita en francès per Eugeni d'Ors dedicada a un misteriós i aparentment amable personatge masculí, Octave. La composició figura datada a Fièsole el mes d'agost de 1901 i eixida de la inspiració d'una dama enamorada d'ell que signa amb l'exòtic nom de Charlotte Rowes. Els versos comencen així: «Je veux te mettre, Octave, au dessus des étoiles...»

De bell antuvi, el nom Octavi de Romeu fou utilitzat per Ors per a signar els seus treballs de dibuixant, com les quatre il·lustracions al conte «La Bona Fada» de l'escriptor mallorquí Joan Rosselló de Son Forteza, inserit al núm. 3 de la revista *Catalunya* que editava Josep Carner,[26] en la qual es feia constar, en una altra secció de la publicació, que l'autor dels gravats no era l'«Octavi de Romeu» que signava sinó «Eugeni Ors, home de ploma».

Després, per bé que el nostre personatge no abandonà del tot la signatura Octavi de Romeu o, senzillament, les inicials O. de R. per rubricar els seus dibuixos, la utilitzà per a identificar alguns dels seus escrits en matèria artística que s'anaren publicant al setmanari *El Poble Català* a partir del número inicial.[27] Tan vinculat quedà aquell nom a les qüestions d'art, en les quals ell fou sempre molt competent, que fins i tot quan ja col·laborava a *La Veu* amb el seu Glosari envià des de París, per la tardor del 1908, tres cròniques sobre l'activitat pictòrica i literària de la capital amb el títol de «Les tardes i les vetlles de l'Octavi de Romeu». La primera és del dia 30 d'octubre.

Emperò, el nom Octavi de Romeu ja havia estat citat alguna vegada pel «Glosador» abans del 1908, com si fos el d'un extravagant amic seu, home de món i elegant, un bon xic «dandy», un «singular enginyer-artista», l'«empresari únic de grans obres d'enginyeria inútils», que exhibia monocle i «les seves mans belles, llargues, mòbils i precises com els instruments de la cirurgia moderna»,[28] extraordinàriament lúcid, despectiu en la conversa i afeccionat a la paradoxa.

Aquestes qualitats que Eugeni d'Ors assignà al seu personatge imaginari li serviren per a atribuir-li les rèpliques més coents, els judicis més rotunds que, altrament, potser haurien sorprès el lector dels escrits orsians. De mica en mica, el convertí en el seu «alter ego», reservant-li les actituds més extremades. Breu, Octavi de Romeu fou l'Eugeni d'Ors «de combat», sense dissimular, però, el seu caràcter fictici. El mateix autor ho precisà un dia en què dissertava sobre les diverses classes de tipus literaris: «queda, verbigracia, la de los casos de "desdoble", que no deben confundirse, por cierto, con los de seudónimo: "Octavio de Romeu" no es precisamente, aunque algunos lo tomen por tal, un seudónimo mío».[29]

El que per ell constituí un autèntic pseudònim, en el sentit de responsabilitzar-s'hi del tot, va ésser el de Xènius, que el consagrà com a escriptor català quan començà a col·laborar amb constància a La Veu, per bé que no pot dir-se, pròpiament, que l'estrenés a l'òrgan periodístic de la Lliga sinó al setmanari que els dissidents de la branca esquerrana del partit regionalista editaren amb el títol d'El Poble Català, al primer número del qual Eugeni d'Ors signava com a Octavi de Romeu una «Gazeta d'Art», i on aparegué el pseudònim de Xènius per identificar l'autor d'una entrevista amb Pau Casals i d'una caricatura beethoveniana que el mateix repòrter havia fet del músic. Com a Xènius, el nostre personatge anà signant, en les successives edicions del setmanari, altres treballs seus que adquiriren, a partir del núm. 26,[30] una major importància pel fet de venir impresos en una columna encapçalada per una cartellera, segurament dibuixada pel mateix Ors—en un gust pseudoneoclàssic—, en la qual s'indicava amb un tipus de lletra més destacat: «Reportatge de Xènius».

El pseudònim experimentà un eclipsi momentani amb el pas de l'escriptor d'El Poble Català a La Veu de Catalunya. Les primeres Gloses al full regionalista conservador eren signades «Eugeni d'Ors», però en el paper que hi publicà, el 9 de maig de 1906, intitulat «Entre parèntesis: De com el Glosador es diu "Xènius"»,[31] reaparegué definitivament el nom de ploma (aquell treball, però, el signà excepcionalment «Ors & Xènius») que restà per sempre més adherit a la seva persona, al punt que li agradava de sentir-se anomenat Xènius pels seus íntims i que s'hi adreçava per escrit utilitzant la indicada signatura. (Jo posseeixo lletres dirigides al meu pare signades «Xènius» i no «Ors».)

Tan compenetrat se sentí el nostre home amb el referit pseudònim—que en l'al·ludida glosa del maig de 1906 deia que representava la part més etèria i incorpòria de la seva personalitat («la psiquis, una papallona feta buf»)—que, quatre anys abans de morir, en prologar l'edició incompleta del *Glosari* de la Biblioteca Excelsa, afirmava el seu convenciment que Xènius era el nom del mateix Àngel de la Guarda.

Cal esmentar dos pseudònims més emprats pel nostre escriptor, per bé que no foren utilitzats amb la mateixa constància i l'íntima adhesió que comportà el de Xènius, ni tampoc amb la comoditat que li suposava servir-se de l'altre: és a dir, el de Octavi de Romeu. Els dos noms de ploma en qüestió foren, un, el de El Guaita, que emprà per a signar «davantals» o editorials dels *Quaderns d'Estudi*, la revista que publicava el Consell de Pedagogia de la Mancomunitat de Catalunya. L'altre, el féu servir anys més tard, quan només escrivia en castellà, i el reservà per a les seves cròniques mundanes al setmanari *Blanco y Negro*. Era el pseudònim Un Ingenio de esta Corte, el mateix que havia emprat per a amagar-se un poeta molt celebrat a Madrid a la Cort de Felip IV i que alguns han cregut que era el Monarca en persona.

Jo crec que m'és permès que en aquesta part inicial dedicada als orígens del nostre escriptor i a les formes que adoptà en presentar-se al públic, al·ludeixi ara a un aspecte de la seva personalitat que no acostuma a ésser tractat en els treballs biogràfics, per bé que hi ha diversos papers d'Eugeni d'Ors a l'entorn dels problemes del retratisme i de la biografia, especialment alguns paràgrafs de la seva principal obra d'angeologia,[32] que recomanen l'anàlisi i ponderació de les regions sobrereals de les persones, que justifiquen el fet que ara parli a més del que Eugeni d'Ors havia estat realment, de tot allò que ell volia ésser. Ja he insinuat alguna cosa a aquest respecte en referir-me a l'exageració intencionada que el nostre autor féu dels seus orígens familiars, als seus pseudònims i també al cas de «desdoblament» en el personatge fictici Octavi de Romeu. És per això que he intitulat el present capítol «Les arrels i les flors», volent al·ludir al que, en l'existència d'Eugeni d'Ors, és positiu i al que és fantàstic. No pretenc denigrar-lo. Ell mateix afirmà que l'èxit de tota biografia o de tot retrat depèn de la traça amb què un hom reïx a destacar el que hi ha de «vocació» o de «representació» en el personatge que es retrata o del qual s'escriu una biografia.

Ors sabia que era un intel·lectual pur, un d'aquells homes que fan de l'exercici constant de la intel·ligència una professió; el que els francesos anomenen un «clerc». Per tant, no ha d'estranyar-nos gens que es complagués a adoptar posicions i a trobar semblances amb figures remarcables en la història del pensament.

«Es alto y grueso»—el descriu un periodista barceloní de principis de segle—, «va completamente afeitado y asemeja a Renan joven, según él mismo me hizo observar».[33]

Per molt de temps, Eugeni d'Ors fou un admirador d'Erasme de Rotterdam, «que se nos aparece como un símbolo inmortal de una actitud en la vida», l'actitud que, plàsticament, restà fixada en el cèlebre quadre de Hans Holbein, avui al Louvre: «sentado a su escritorio, busto en hopalanda, cuero entre velludos, nuca bajo melena, cráneo en boina, la atención en los ojos bajos, la inteligencia en el pliegue de los labios y su comisura, codos junto a flanco, sortijas en los dedos, cálamo en diestra, zurda en pupitre...»;[34] la mateixa imatge que féu imprimir a la portada del *Nuevo Glosario*, editat a Madrid el 1921 per Caro Raggio i que també féu gravar en una silueta daurada, sobre la coberta de l'edició de l'únic volum de l'*Obra* catalana completa de la Selecta, el 1950... un retrat que va obsessionar-lo tant, que fins i tot volgué imitar-ne la posa quan el seu amic Joan Vidal i Ventosa el fotografià el 1920.[35]

Una altra prova del seu enamorament per l'humanista holandès ens la subministra el mateix Ors amb la dedicatòria que posà al front de l'edició de 1907 de l'any inicial del Glosari de *La Veu*: «A la memòria i glòria/de/Desideri Erasme/gran vividor de les idees del Siscents/dedica/aquest primer volum del Glosari/el petit vividor de les idees/del Noucents/Xènius». Un paral·lelisme que Francesc Sitjà i Pineda, amic del glosador dels primers anys, comentà amb plena consciència del compliment que li tributava.[36]

Emperò, l'objecte del seu constant fervor fou Goethe. «Le obsesiona demasiado y esto le hace querer ver en la menestrala Barcelona una nueva corte de Weimar», escriu Torres Garcia recordant els anys ascensionals d'Ors en la seva ciutat nadiua.[37]

Tenia tanta d'admiració per l'il·lustre germànic, que a Madrid, una vegada que pel carnaval de 1947 se celebrà a casa de la Marquesa de O'Reilly un ball de màscares, el nostre home comparegué disfressat de Goethe amb frac blau i calça curta.[38] La imatge un xic grotesca d'Eugeni d'Ors tal com assistí a la festa va ésser publicada en diaris i revistes il·lustrats. Molts hi feren broma i d'altres quedaren estranyats, com un amic seu de Vilanova, Nicolau Barquet,[39] que, a la primera ocasió que tingué de parlar amb Ors, al·ludí tímidament a la sorpresa que l'havia colpit en veure'l disfressat d'aquella manera. Per tota resposta el nostre biografiat s'acostà a la llibreria, agafà un volum del seu llibre *La Vall de Josafat* i li llegí en veu alta: «És impossible, sobre Goethe, parlar tranquil·lament. Una cosa destorba, dura de confessar però impossible de desconèixer. Destorba l'enveja... Voldríem parlar com Demòstenes, escriure com Boccaccio, pintar com Leonardo, tenir, com Napoleó, un ample Imperi o un jardí botànic com Ruelbeck... Voldríem "ésser" Goethe».[40]

En el bon estudi que Eugeni d'Ors escriví sobre el geni de Weimar per ésser inserit, amb caràcter proemial, en una edició castellana del *Faust*,[41] exposa, raonadament, els motius que tenia per a admirar Goethe. D'ell apreciava la universal curiositat que el dominà i el féu interessar-se per totes les ciències, virtuts que el convertiren en un filòsof, en l'autèntic significat del mot equivalent al d'«amant de la saviesa», baldament alguns li hagin regatejat la condició de filòsof per no haver elaborat un sistema propi, total i continu, o li hagin formulat la ridícula objecció de no haver estat mai «un professor de filosofia» (crec que en defensar el Goethe-filòsof, Ors pledeja, conscientment o inconscientment, «pro domo sua»). Com a màxim, els enemics del gran alemany accedeixen a qualificar-lo de «poeta-filòsof», sense parar esment—diu Ors—que «el poeta filósofo vive en casa ajena. El casero de Lucrecio será Epicuro y el casero del Dante será la Escolástica. Ahora, cuando el poeta vive en casa propia y ha sido, además, un arquitecto, hay sin regateos que llamarle filósofo».

A Eugeni d'Ors, el que més li agradava de la vida de Goethe era la forma en què exercità les seves funcions intel·lectuals aplicant-les a la reflexió dels problemes de la Natura i no als d'ordre transcendent; el caràcter «normal» que tenia la seva habitud de pensar, sense afectacions d'esoterisme, la condició civil en el sentit de «no religiosa o màgica» que Goethe donà a la seva professió i volgué mantenir tota la vida. Ors ha repetit manta vegada[42] la frase del geni de Weimar, que, en una ocasió en què es trobava assegut entre Basedow i Lavater exclamà, satisfet: «Profeta a la dreta; profeta a l'esquerra. El laic, al mig!»

El nostre home també manifestà repetidament que no volia ésser profeta. El profetisme era, per ell, quelcom de «semític», d'«oriental». La seva vocació de «filòsof laic» era la dels homes de pensa elevada que, en lloc de pretendre distingir-se per sobre els altres, volen barrejar-se amb llurs conciutadans, com practicà Goethe o els grecs més il·lustres, com féu Sòcrates, que conversava a l'àgora amb cortesanes i mercaders.

És evident que tot i que degué afalagar-lo moltíssim l'elogi que féu d'ell Eberhard Vogel en un periòdic alemany d'abans de la Gran Guerra (*Allgemeine Rundschau*), qualificant-lo del «Sòcrates de l'Espanya moderna», no es prengué al peu de la lletra la comparança. Però també és cert que en atorgar una entrevista a Frédéric Lefèvre[43] no resistí la temptació de presentar-se als ulls del cèlebre periodista com un filòsof «quotidià» a la manera grega, i per això va citar-lo en una piscina de París per submergir-se a l'aigua davant d'ell en acabar l'interviu.

Més que en aquest detall anecdòtic, el «socratisme» d'Eugeni d'Ors es palesa en la constant invocació que feia als avantatges del diàleg i en la reconeguda filiació de la seva Doctrina de l'Àngel en el «daimon» socràtic. D'altra banda, Sòcrates el suggestionà com a personatge dramàtic. Al pròleg datat el 1935 per a l'edició en els *Quaderns Literaris* de «Tina i la Guerra Gran», anuncia que potser escriurà una obra intitulada *Xantipa* (aquest era el nom de l'esposa del filòsof), i en els mots proemials impresos al front del llibre *Epos de los Destinos* donava per probable la producció d'una tragèdia: *Sócrates y su demonio*.

Finalment, cal esmentar una altra «representació» orsiana per bé
que no tan intensa ni de tanta durada com les que hem referit: la de Pro-
meteu, el personatge mitològic que arrabassà el foc del cel. La identifica-
ció amb el semidéu fou efímera i va ésser provocada per la seva forçada
sortida de la Mancomunitat, els últims dies de 1919. El dia 4 d'agost
de 1920 començà a publicar a *El Día Gráfico, El Nou Prometeu Encade-
nat,* una obra dramàtia «sui generis», en la qual les al·lusions al seu cas
personal són diàfanes.

Tanmateix, abans i després d'aquesta tragèdia parlà de les «Oceàni-
des», les donzelles filles del Mar que anaven a consolar Prometeu dels
turments que li eren infligits per les divinitats. Les Oceànides eren per
ell les obres de caire menys especulatiu, com *La Ben Plantada, Gualba
la de mil veus, Oceanografia del Tedi,* que alleugerien la seva feixuga tasca
de pensador.

II

ANYS DE FORMACIÓ

Infantesa i adolescència. La universitat. Activitats
del temps d'estudiant.

Eugeni d'Ors ha deixat, en els seus escrits, ben pocs records d'infante-
sa. N'hi ha alguns—concretament dos—que, al meu entendre, s'han de
rebutjar, perquè sospito—potser m'erro—que no són autèntiques evoca-
cions del passat. Tenen un dring massa literari. Hom diria que són falsos
rememoraments, o almenys estan excessivament elaborats per a justifi-
car posicions mantingudes per l'adult al temps en què refereix determi-
nats esdeveniments de la seva minyonia, com l'episodi en què explica
que Octavi de Romeu, infant, «anava tot mudat, duent gloriosament a
la mà una "dècima" enroscada coberta amb cura per un paper de ceba
verd» i es perdé en el bullici dels carrers de la Barcelona vella amb una
gran tribulació que vingué augmentada pel fet que uns bordegassos li
feien escarni: «Elis! Elis! Sembla que porta una escarola!» «Com tots els
nostres idealistes—comenta l'"alter ego" d'Eugeni d'Ors—, jo m'he ha-
gut de trobar més d'una vegada, més de dues, en les meves obres i esfor-
ços de joventut, tot sol, sol i perdut enmig de la ciutat adversa, sense
consol ni guia, duent a la mà algun ideal, algun projecte, alguna empresa
d'art, alguna indicació d'esperit, alguna reclamació de justícia, alguna
cosa, en fi, recatadament lírica i d'exterior vagament ridícul, sentint
que, darrera meu, la "vox populi" la comparava irònica i crudelment a
una escarola».[1]

En l'altre dels records d'infància del nostre personatge, que al meu
parer conté més dosi d'artifici que d'autenticitat, també narra com s'ex-
travià en el brogit dels carrers de Barcelona, però en ocasió, aquella ve-

gada, d'una manifestació obrera que reclamava les vuit hores. Una treballadora que hi participava, en veure desemparat l'infant, l'agafà de la mà i se l'emportà amb les altres manifestants. El petit Ors, que, en caminar amb un paper verd, prefigurava l'escriptor que havia de portar a terme tantes empreses idealistes, en assistir involuntàriament a l'acte de reivindicació proletària simbolitzava la solidaritat que, anys després, el nostre home havia de palesar amb les aspiracions sindicalistes com la que formulava la dona del poble que l'emparà bo i oferint-li la mà. «L'empremta d'aquella mà, jo vaig continuar sentint-la. L'empremta d'aquella mà, jo la sento encara. L'empremta d'aquella mà, en aquella hora, tal vegada m'ha segellat per sempre més».[2]

En canvi, atorgo més valor a un altre escrit orsià, el publicat a *La Veu* el 27 de desembre de 1910 amb el títol «La tarda d'ahir»,[3] i en el qual, més que referir una escena real (un grup de persones—un matrimoni amb els fills—que anaven errívoles per la ciutat al capvespre d'una festivitat tan característica com la de Sant Esteve, l'endemà de Nadal), evoca un estat d'ànim de la seva infantesa, uns sentiments tendres i inefables: «En tals hores com aquestes, l'ociositat barcelonina presenta un matís especial i com equívoc perfum a greix, a malenconia i a família».

Aquesta glosa és certament més indefinida que la de l'«escarola» o la de la manifestació obrera, però m'apar més sincera i, per això, cal retreure-la ara que intento reconstruir els primers anys d'Eugeni d'Ors. Amb tot, hi ha un altre escrit que cronològicament ofereix un major interès perquè jo crec que amb ell l'autor rememora el fet més antic que resta gravat en el seu esperit, quan devia tenir set o vuit anys: el 1913, en tenir esment que el cèlebre «Buffalo Bill» liquidava el circ amb què recorregué diversos països d'Europa, després d'haver-se fet famós a Nord-Amèrica, escriu: «Barcelonins del temps de l'Exposició: no us recordeu de "Buffalo Bill"? El Glosador prou ne té una vaga memòria...»[4] Efectivament, pel desembre de 1889 i gener de 1890 el llegendari caçador, que sabé convertir-se en el brillant empresari del «Buffalo Bill's Wild West Show», havia estat a Barcelona i ofert al públic unes quantes representacions, de les quals, si el petit Ors no hi assistí, almenys recordava d'una manera borrosa els anuncis que se n'escamparen per la ciutat.

Eugeni d'Ors tingué una infantesa malaltissa. Ho sabem per ell mateix. A Frédéric Lefèvre, per exemple, li contà que els seus pares, per tal que no es refredés, el feien anar una bona part de l'any amb un abric folrat de pells que era objecte de riota pels seus companys d'estudi. Passà dies i dies al llit empiocat, distret a fullejar llibres amb gravats, per «mirar els sants» com els volums relligats de la revista barcelonina *La Ilustración Ibérica*, dirigida pel periodista Alfred Opisso, conservats a casa seva; una publicació a la qual el nostre personatge dedicà molts elogis tant en el Glosari català com en el castellà, a partir d'un escrit de 1908[5] en el qual ponderava la missió que aquella revista acomplí en fer arribar al gran públic de casa nostra els valors artístics i literaris estrangers. Ell estava plenament convençut de la importància de la informació que durant les seves inacabables convalescències infantívoles havia rebut de l'esmentada revista. N'estava fins al punt que una vegada que els de l'Ateneu Enciclopèdic Popular de Barcelona feren una enquesta sobre quins eren els que un hom considerava els «divuit millors llibres», respongué, des de les planes d'una revista pedagògica, que valdria més escriure divuit vegades el nom de *La Ilustración Ibérica*.[6]

Tant aquesta «boutade» com els altres comentaris elogiosos que féu de *La Ilustración*, constitueixen el testimoniatge d'una infància encuriosida per la lectura i, per tant, introvertida i reposada, que no es pot negligir.

Un home d'una gran categoria intel·lectual com Eugeni d'Ors forçosament havia d'estar dominat, des dels seus primers anys, d'una incessant afecció a llegir. Seria interessant de conèixer quines eren les preferències del jove llegidor. Em referí una vegada Joan Pau, fill del nostre escriptor, que a la biblioteca familiar existien dos llibres atrotinats procedents de la llar del seu pare que aquest havia conservat amb afecte, segurament perquè passà moltes hores amb ells: una Història Natural i una obra sobre Mitologia clàssica. En certa manera el detall és significatiu, revela una curiositat universal i un gust per les formes creades per la ment de l'home.

Ors només confessa el fenomen ben natural de la precocitat de les seves lectures: «Als deu anys llegíem Alfons Daudet i, tal volta, Jean Lorrain».[7]

Ignoro l'escola on el nostre personatge féu els estudis primaris. En canvi, m'ha pervingut alguna informació sobre el segon ensenyament que rebé. El batxillerat el cursà, en part, a l'únic Institut oficial que per aquell temps hi havia a Barcelona, perquè dels arxius del Jaime Balmes, continuador del que en els anys que estudiava Eugeni d'Ors s'anomenava Instituto General y Técnico, resulta que, en el període acadèmic 1894-95, s'examinà com a alumne oficial; l'any anterior, com a alumne del Colegio Cataluña i, en la llista de qualificacions del curs final, o sigui el 1896-97, al costat del nom «Eugenio Ors» hi ha una «D» que indica que el minyó es presentà a les proves d'aptitud havent rebut Enseñanza doméstica, que era una de les modalitats admeses a més de la Privada i la Oficial.

A principis d'octubre de 1897 ingressà a la Universitat per cursar-hi la carrera de Lleis, que acabà el mes de juny de 1903. «Era tradicional entre nosaltres»—escriu Xènius—«l'existència de dos grups de llicenciats en Dret: els qui amb més o menys amor a l'ofici, però sense apartar-se del camí afressat, el seguien en ses obligades etapes i s'emmotllaven a son especial esperit i el duien a les activitats professionals veïnes ... i el grup dels rebel·lats, escriptors, ateneistes i diletants peripatètics que s'havien fet advocats sense vocació "per obeir el manament paternal" i després ja no se'n recordaven de ser-ne i sentien créixer, de dia en dia, una aversió forta a tot el judicial i administratiu i àdhuc a tot ordre, a tota norma».[8]

Ell fou un estudiant del segon tipus, per bé que no era indisciplinat de temperament. Per això i per la seva gran capacitat de treball assolí un expedient acadèmic brillantíssim en el qual consta haver guanyat, a cada curs, les màximes qualificacions llevat d'un Notable que li fou atorgat per l'assignatura Elementos de Hacienda Pública i d'un Bueno amb què passà els exàmens de Dret romà,[9] detall que no deixa d'ésser paradoxal si es té en compte que un altre fill d'Eugeni d'Ors, Àlvar, és un distingit catedràtic d'aquesta disciplina i que les poques, poquíssimes

al·lusions jurídiques que fa el nostre escriptor al llarg de la seva obra són
de tipus romanístic. Del que estudià amb tanta distinció, en quedaren
ben pocs rastres en el seu esperit; de l'ambient universitari en servà un
record desagradable per l'aspecte descurat de l'edifici i de les instal·la-
cions: «Unos rectores vendían por su cuenta y riesgo parcelas para casas
de alquiler y otras las dedicaban a cría y pasto de cabras, que iban devo-
rando metódicamente las especies ordenadas por la dicotomía de Lin-
neo. Naturalmente, a tales rectores, tal Universidad, a tal Universidad,
tales estudiantes. Éstos, por el pronto, se dedicaban a hacer saltar, me-
diante los últimos ochavos que tuvieron circulación monetaria, las ma-
deras y hasta los hierros de los pupitres donde el profesor Estanyol
procuraba sorprenderles en esa tarea para interrogarles y, en consecuen-
cia, suspenderles».[10]

Tampoc no evoca amb afecte el professorat, exceptuant la figura
de Duran i Bas, del qual recorda el pas del pati de la Facultat envoltat
d'un respecte general[11] i, no cal dir, dels mètodes pedagògics que en
aquell temps s'estilaven. Només cal llegir al Glosari de 1906 els quatre
papers que publicà sobre «Els gestos de Joan Estudiant en el present mes
de Juny»,[12] en els quals descriu molt bé la psicosi de l'època d'exàmens,
i al de l'any 1919 el comentari irònic que posa en boca d'un advocat en
rebre la visita d'un jove amic seu ingressat a la Universitat que anava
a manllevar-li uns apunts, «una d'aquelles col·leccions litografiades fa-
moses, comprats per aquell fa quinze anys, dictats fa vint i tants anys.
Sembla resultar que encara serveixen!»[13]

Tot això ajuda a comprendre que quan havia de referir-se en els
seus escrits a la Universitat de Barcelona ho fes en els termes sarcàstics
d'aquella observació: «La Universitat, lector ingenu, és un edifici que
es troba a la Plaça del mateix nom enfront d'un quiosc de begudes»,[14]
o en els dels consells d'assistir a la major part de classes però per anar-hi
a llegir altres llibres que dóna als estudiants en una glosa seguida de tres
més, i que contenen una llista de les obres que un hom pot portar-se als
cursos per no perdre del tot el temps.[15]

Hi havia, naturalment, a la Facultat, coses agradables per a ell: la
companyonia dels estudiants, les converses que hi tenia al claustre o fora

de l'edifici, la tabola que organitzaven... breu, tot el que confereix al·li-
cient a la vida universitària al marge de les condicions físiques en què
es desenvolupa o de les estrictes qüestions acadèmiques. Ell parla amb
una certa nostàlgia dels anys en què començava a l'«Alma Mater» barce-
lonina l'agitació catalanista, manifestada amb tota mena d'al·locucions
i escrits de protesta i d'adhesió fins al punt que pogué dir haver freqüen-
tat «La Universitat dels missatges», de tants que n'eixiren del cos estu-
diantil: «Jo en recordo, només dels meus anys, una pila... Missatge al
Rei de Grècia, missatge a les Lligues d'estudiants de París, missatge a
Krüger, missatge als nois de Santiago, missatge a l'"Orfeó" quan va
anar a França, missatge a en Rusiñol quan l'estrena de "L'Hèroe", mis-
satge als polonesos, missatge als finlandesos, missatge a què sé jo
qui!...»[16]

Establí una ferma amistat amb els xicots més estudiosos del seu
curs: Manuel Rius i Rius, fill del gran batlle de Barcelona que heretà,
d'ell, el títol de marquès d'Olèrdola i també fou després alcalde; el meu
pare; el polític Francesc Layret, al qual, en ésser assassinat llavors del
terrorisme sindicalista i de la seva repressió per Martínez Anido, dedicà
una emocionada necrologia.[17] A les aules universitàries coincidí amb al-
tres minyons que, amb el temps, feren forrolla però amb els quals no ha-
via congeniat. En plena Guerra Civil es complagué a remarcar com «Yo
me siento infinitamente más compatriota con el Presidente Oliveira Sa-
lazar que con el Presidente Luis Companys. A pesar de haber sido, de
este último, no sólo estricta y literalmente conterráneo, sino contempo-
ráneo y hasta condiscípulo».[18]

Tornem als seus estudis de Dret.

Com he dit, els seguí amb brillantor, però sense la intenció de
posar-los al servei d'una professió jurídica. De les disciplines que cursà,
l'interessava l'aspecte teòric i no el pràctic. Em contà el meu pare que
en una ocasió en què un professor invità els alumnes que escrivissin un
treball sobre el tema «El transport»—suposo que devia tractar-se de la
càtedra de Dret mercantil o d'una de similar—, Ors sorprengué el titu-
lar d'aquella i els seus condeixebles amb un assaig esplèndid sobre «El
transport de les idees».

Atesa la inclinació que Eugeni d'Ors mostrà vers el cantó especulatiu dels seus estudis jurídics, és natural que, una vegada assolida la llicenciatura a Barcelona, volgués seguir els cursos de Doctorat a la Universitat de Madrid. Per la primavera de 1905 hi defensà una tesi sobre «Genealogía ideal del Imperialismo (Teoría del Estado-Héroe)» que no he pogut llegir,[19] per bé que ell hi al·ludeix més d'una vegada en els seus papers i en dóna un resum a *El Poble Català*[20] d'una forma tal que ens permet de formar-nos una idea sumària del seu contingut. En definitiva, Ors sostenia que hi ha pobles que tenen el dret a predominar sobre els altres, a erigir-se en conductors dels altres: són els pobles que anomenà «pobles-herois», aplicant, en certa manera, la teoria de Thomas Carlyle sobre els herois o individus que s'erigeixen en representatius de la comunitat. La tesi fou dirigida pel cèlebre catedràtic i polític republicà Gumersindo de Azcárate i, baldament no sentís cap entusiasme per les doctrines imperialistes del jove que anava a doctorar-se i fins les abominés—com li va manifestar francament—, l'ajudà amb tota gentilesa prestant-li llibres de la seva biblioteca personal (com un de James Bryce sobre el Sacre Romà Imperi) i procurant que li fos atorgat el grau de doctor amb els màxims honors.

Paral·lelament a la carrera de Dret, seguí la de Filosofia i Lletres en la secció o especialització d'estudis literaris, que era l'única que podia cursar-se llavors a Barcelona. No degué seguir-los amb massa interès, a jutjar per la ironia que palesa l'única referència que n'he trobat al Glosari, on parla dels «profunds estudis d'Estètica que va fer a la Universitat literària de Barcelona sota la direcció del senyor Schwartz, del senyor Franquesa i Gomis i del senyor Ondiviela i Garriga (amb els quals) va aprendre, per sempre jamai, la profunda distinció que separa la poesia de les arts gràfiques».[21] En establir-se, a les darreries de 1910, a la nostra Universitat, la secció de Filosofia, Eugeni d'Ors, que ja era famós, volgué llicenciar-se en tal especialitat i n'obtingué el grau cl 1912, al mateix temps que un estudiant que, anys més tard, seria catedràtic de Psicologia, el Dr. Pere Font i Puig, el qual, a la mort de Xènius, recordava en un comentari periodístic afectuós que: «Él no había asistido a ninguna clase: fue alumno verdaderamente libre. En España aprobó Filosofía pero no la cursó».[22]

Si el sentit de disciplina que ja posseïa de jovenet Eugeni d'Ors el privà de convertir-se, durant els anys universitaris, en el tipus de baliga-balaga que ell mateix ens descriu com a ben característic dels estudiants sense vocació, és evident que la seva veritable afecció era la literatura. Amb l'adolescència, els hàbits de lector contrets a la minyonia degueren adquirir un caràcter absorbent, obsessiu, com una febre malaltissa. «¿Quants estudiants pot haver-hi a Barcelona—pregunta als començos de la primavera de 1909—que avui, entre cinc i sis de la tarda, fossin asseguts a la seva cambra llegint—"llegint" i no "estudiant"—grans obres de grans homes antics o estrangers? ... Vibra, vibra la sensibilitat; es desborda en el crepuscle; el qui no ho ha passat no pot saber com és això».[23]

De lector passà a escriptor. No m'entretindré a analitzar els seus primers assaigs com a poeta o autor de proses líriques que publicà en efímers revistes o almanacs, pels volts dels vint anys, i quan encara no havia sortit de la Universitat, però cal inventariar-les aquí per tal de demostrar la puixança de la seva vocació.

S'estrena com a poeta a *Quatre Gats*, el full que publicava Pere Romeu per difondre les activitats de la seva cerveseria artística, amb una composició, «Mercès»,[24] que comença així:

> *Gràcies, flor mascle desconeguda.*
> *Gràcies del pol·len que m'has enviat.*
> *Veient-me sola, trista, abatuda,*
> *La dolça prenda, de tu vinguda,*
> *M'ha fecundat!*

A *Catalunya artística* publicà, amb el títol d'«Heroica»,[25] uns versos dedicats al Cavaller Sant Jordi, i a la revista *Catalunya*, que editava Josep Carner, dos fragments del que semblava ésser una obra poètica més ambiciosa: «Els cants de la Inquietud».[26] Tanmateix aviat desistí del seu propòsit de conrear la poesia d'una manera regular, si és que arribà a formular-se'l. Quan ja havia entrat de ple en la seva brillant carrera periodística—el 1906—encara publicava al número 12 de l'any II de la revista *Art Jove* (que correspon a l'edició del 31 de maig) una composició dedicada «A una egrègia estrangera», que comença així:

> *Damisela fina*
> *gentil figulina*
> *meitat florentina*
> *meitat parisina...*

Aquests versos són, però, les darreres guspires. Després ja només escriurà poesies de circumstàncies.

Passem ara a les seves primeres obres en prosa. També a la revista *Quatre Gats* lliurà una narració intitulada, precisament, «Els IV Gats»,[27] on explica les fetes de dues parelles de felins; a *La Creu del Montseny* (setmanari catòlic-regionalista) una divagació lírica: «Ànima bohèmia».[28] Després publicà a *La Veu de Catalunya* «L'Arcis», una narració de to humorístic en la qual descriu un d'aquells tipus grisos que sempre estan subordinats als altres;[29] a *La Renaixensa*, «El Palau del boig»,[30] «La copa del rei de Tule»[31] i «Carta als reis».[32] Novament col·laborà a *La Creu del Montseny* amb un article intitulat «Per la síntesi».[33] Altres escrits en prosa del jove Ors apareixen a l'almanac de l'*Esquella de la Torratxa* per a *1900*: un càlid monòleg d'enamorat, «D'una carta»; al *Calendari Català per a 1900, confeccionat i publicat per Joan Baptista Batlle*, el conte «Monjo i Artista», en el qual descriu un frare que malda per pintar una escena celestial, fins que és assistit per un àngel; i a *Lo pensament català*, setmanari científic i literari, el director del qual era Mossèn Cinto, «Evocació»,[34] on una vella vora el foc explica una història d'apareguts, i «Marina»,[35] una escena lluminosa de platja, on es nega un vailet.

He dit que el primer dels seus treballs en prosa aparegué a la revista que sufragava Pere Romeu com a propaganda del seu establiment cèlebre en l'ambient artístic barceloní de la fi del segle, on el propietari, per atreure la clientela, oferia representacions de titelles, una de les quals, segons refereix el periodista Màrius Aguilar, amic d'Eugeni d'Ors, fou escrit pel nostre personatge quan era adolescent.[36] Del que no hi ha dubte és que la narració «IV Gats», que he esmentat com la més vella prosa coneguda de Xènius, la presentà en un concurs de contes sobre temes relacionats amb aquell animal domèstic que organitzà Romeu. Ors, que tenia divuit anys, només obtingué un accèssit del vuitè premi.[37]

El nostre home, afeccionat com era a les arts plàstiques, degué trobar-se bé en aquell ambient freqüentat pels pintors i escultors que tanta significació tingueren en la plàstica catalana del tomb de la centúria. No podria precisar quins foren amics seus entre els habituals de la cerveseria, però sí puc esmentar el detall que, el 1936, Eugeni d'Ors s'adreçava a Picasso recordant-li la coneixença que havien establert «a l'entorn de les taules de la taverna dels Quatre Gats».[38]

La inclinació per l'art també el portà, per aquells anys d'estudiant, a inscriure's al Círcol Artístic de Sant Lluc, on assistí a les classes de dibuix del natural, i on coneguéuna sèrie de personalitats: Gaudí, els germans Llimona, Feliu Elies, Ricard Opisso, Francesc Galí..., els quals evoca amb un cert afecte en una glosa publicada en el darrer any de la seva vida.[39] Fins i tot participà amb uns dibuixos signats amb el pseudònim Octavi de Romeu en una exposició d'obres de socis d'aquella entitat que se celebrà a la Sala Parés a les acaballes de 1902, segons informa la revista *Catalunya Artística* (4-XII-1902).

Ja he parlat dels dibuixos que Eugeni d'Ors publicà a la revista *Catalunya* el 1903. També il·lustrà, a l'any següent, per bé que es tracta d'una obra no datada, la coberta de la traducció catalana que féu Magí Sandiumenge de les *Quinze Cançons* de Maurice Maeterlinck. Són d'un accentuat decorativisme, dins de l'estil de final de segle. Denoten una certa traça, però també una evident inspiració en les realitzacions del refinat dibuixant anglès, que estava molt de moda per aquells anys, Aubrey Beardsley, influència nascuda d'una admiració que, d'altra banda, el mateix Xènius no amagà mai, qualificant-lo com «el més genial dels dibuixants del segle XIX» en una crònica que envià des de París sobre una exposició de les realitzacions gràfiques del britànic, en la qual afegeix: «Jo l'estimo massa, l'obra d'Aubrey Beardsley, per a poder parlar d'ella amb serenitat».[40]

És més que probable que el minyó que en els seus treballs d'il·lus-trador seguí la petja de l'opulent dibuixant britànic, que a les classes de Sant Lluc copiava el model viu, i que en les tertúlies d'aquesta confraria d'artistes catòlics o en les més lliures dels qui es reunien a Els Quatre Gats, intervingués—com acostumen a fer els pintors—en inacabables polèmiques en matèria estètica. Algunes d'aquestes converses i l'ambient on es desenvoluparen quedaren reflectits en la seva producció literària primicera. En un escrit seu publicat el 1902, intitulat, precisament, «Discussions d'art», propugna la conveniència de promoure-les amb aquest exordi: «Me diuen que heu discutit asprament i per coses d'art. Millor, molt millor per vosaltres. Tant de bo, en semblant matèria, sovintegessin més!» L'article aparegué a l'excel·lent revista *Pèl & Ploma*,41 en la qual, ultra una prosa lírica «A Madona Blanca Maria» i dues composicions poètiques, «Música de Bach» i «A l'Ariadna»,42 publicà dos articles més, ben reveladors de les preferències artístiques d'Eugeni d'Ors en la seva època d'estudiant, que encaixen perfectament dins el gust «modernista» que professava la joventut «avançada».

L'un és un comentari a l'aparició d'un llibre, *Boires Baixes*, narració fantàstica de Josep M.ª Roviralta, que es publicà amb dibuixos de Lluís Bonnín de «preciosidad minuciosa y espiritualidad decadente», com explica molts anys després Ors,43 però que feren sensació en el món artístic barceloní més inconformista, tant o més que el text que il·lustrava, que, tot i així, colpí el comentarista per la manera com Roviralta sabia insinuar el misteri de sensacions insòlites com «aquella cançó que va fer perdre el camí al viatger estrany».44

Emperò, és més remarcable l'altra col·laboració orsiana a *Pèl & Ploma*, perquè, pel fet d'ésser un treball d'estil i de concepció originals, pot dir-se que, en certa manera, representà la seva consagració com a escriptor. S'intitulava «La fi d'Isidre Nonell»,45 i en ell imaginava la mort del cèlebre pintor, que el 1911 havia d'ésser vençut pel tifus, a mans dels seus models miserables que es revoltaven en veure's descrits amb tanta degradació. Era una prosa forta, d'ambient tenebrós, a la moda del temps, però que, certament, no tenia res d'objectiva: «Largo tiempo víctima su obra de los equívocos de una interpretación literaria—escriu en la seva maduresa el nostre autor respecte de Nonell—, da igualmente ejemplo una moceril fantasía mía».[46]

Les inquietuds literàries, les afeccions artístiques d'aquell estudiant de Dret, havien de portar-lo a concórrer amb assiduïtat en aquell quart pis d'una atrotinada casa de la Plaça de l'Oli, que desaparegué amb l'obertura de la Via Laietana—es trobava en el sector avui ocupat per la Plaça de Berenguer el Gran—, on començaren a reunir-se a principis del 1902 una sèrie de minyons «algo anarquistas,[47] algo nietzscheanos, algo wagnerianos, algo sorelianos y bastante modernistas»,[48] un estudi o taller que anomenaren estranyament El Guayaba, que, segons sembla, era la intencionada corrupció del mot alemany «Walhalla», el paradís de l'antiga mitologia germànica, que s'havia posat de moda a conseqüència del fervor per la música de Wagner que se sentia a Barcelona en aquella època. Un estatge que ell recorda nostàlgicament en la següent decripció d'una cambra innominada, que bé podria ésser la de la Plaça de l'Oli, «el fum de tabac que omple l'estada ..., la franca llibreria fidelment guarda aquells "Pan" i aquells "Simplicissimus" dolços de mirar. "La Bella Desconeguda" encara somriu. La branca d'escardot, color d'or i bronze, ocupa, sempre, decorativamente el mateix angle. El piano obert es diria que vibra vagament amb el gemec últim d'aquella "suite" chopiniana que s'hi va executar fa tres anys. L'obra mestra del company pintor segueix sense vendre's».[49]

Allà hi feren cap els artistes Pere Ynglada, Joan Vidal i Ventosa, Francesc Labarta, Esteve Monegal, Isidre Nonell i Picasso ocasionalment, i una sèrie d'universitaris amb afeccions artístiques o literàries: Joaquim Borralleres, el meu pare, Manuel Rius i Rius, Arnau Martínez Serinyà, etc., als quals agradava de reunir-se en un ambient de bohèmia per discutir o fer gatzara. Fins sembla que algú dels assistents utilitzà el local com a «garçonnière» amb la ignorància, certa o fingida, dels altres que, per llur joventut, no miraven massa prim. Ha contat Josep M.ª de Sucre com per unes tals expansions aquells estudiants se servien d'un sofà procedent d'un elegant restaurant de Barcelona on havia expirat, colpit d'un atac fulminant, el cèlebre polític Bartomeu Robert en el curs d'un sopar que li havia estat ofert pels metges municipals. Un moble que

«fue declarado histórico por la "Lliga Regionalista" y entregado a Euge-
nio d'Ors para que lo conservara como una reliquia»,[50] el qual se l'em-
portà al Guayaba per restaurar-lo—digué—, però que, al cap d'un
temps, hagué d'anar a raure als Encants de tan malparat com quedà des-
prés de tantes batalles galants com hagué de suportar.

La frivolitat, però, no era la nota dominant en el piset de la Plaça
de l'Oli. Ultra les inclinacions artístiques dels joves que s'hi aplegaven,
els unia un denominador comú: la inquietud política. L'experimentà
d'una manera especial el nostre personatge, que militàen els rengles dels
estudiants catalanistes. L'anterior anècdota picant ens permet, tanma-
teix, de deduir la posició rellevant de què gaudia entre els universitaris,
fent-se càrrec del moble que l'agrupació regionalista volia servar com un
objecte simbòlic, pel fet d'haver-s'hi dipositat, en els primers moments,
el cadàver de l'honest diputat catalanista i valerós alcalde de Barcelona
Dr. Robert. Al cap d'un any de la mort de l'insigne patrici, Eugeni
d'Ors publicava a *La Veu de Catalunya* «La Llegenda d'en Robert»,[51]
un article necrològic amarat d'aquella teoria de Carlyle sobre els herois
que tant el seduí: «S'atribueix al Poble el que és obra de l'Heroi, es vol
concedir a la Humanitat el que exclusivament és degut a un Home ...;
en el fons d'aquesta injustícia hi ha un fosc instint d'equitat. Quan en
un llunyà pervindre es digui: "Catalunya va parlar" en lloc de "En Ro-
bert va parlar per Catalunya", no s'estarà gaire fora de la veritat».

Per aquells temps, «Eugeni d'Ors», era un nom que començava a
sonar entre els regionalistes. Participà en diversos actes de la Federació
Escolar Catalana, l'òrgan o associació juvenil de la Lliga, que promogué
una bona part d'aquells missatges enviats pels Universitaris i que el nos-
tre home recordava, tal com es desprèn de la cita abans transcrita.

A l'estatge de la Federació, el dia 7 de febrer de 1903, Joan Antoni
Güell i López pronuncià una conferència per divulgar el seu projecte
d'una Escola de Comerç flotant. Abans de la dissertació, el nostre bio-
grafiat llegí un paper molt líric que reproduí dies després a *La Veu*,[52]
i que començava així: «Pensem-hi i somniem-hi amb aquesta nau amb
els ulls de fantasia "orgue del diví", com Carlyle l'anomenava devota-
ment, i imaginava el vaixell "arborant l'esplendorosa bandera pels qua-

tre pals de sang flamejada" fent ruta vers l'Orient, mentre les sirenes, astorades, es preguntaven: "¿Però no eren morts els catalans, germanes?"». Una galleda d'aigua freda caigué sobre l'exaltació juvenil del nostre personatge amb els comentaris malintencionats d'un periodista que per aquelles dècades s'havia distingit per una forta aversió als catalanistes, Adolfo Marsillach, anomenat El Maleta Indulgencias, que publicà a *El Diluvio* un solt titulat «Un desquilibrado», en el qual parlava de «un verdadero caso patológico: el del amigo Eugenio», al qual «la patriotería se le ha subido a la sesera»,[53] befes que foren secundades des d'un altre diari de la mateixa corda, *La Publicidad*, i dins d'una secció, «Chirigotas», que signava un tal Doys, que sembla que gaudia d'una certa celebritat, que avui no ens sabríem pas explicar, el qual deia que els catalanistes havien tingut la pensada d'erigir una escola naval de comerç en lloc de construir «Un arca de Noé para meter en ella debidamente aparejados todos los "companys de causa"».[54]

Els membres de la Federació Escolar celebraven periòdicament unes lectures comentades dels textos que, per llur contingut doctrinal, podien tenir interès per a la formació política dels estudiants. En un dels actes s'escollí la sèrie dels tres articles que havia publicat Gabriel Alomar a *La Veu* amb el títol general de «Regionalisme i descentralització»,[55] en els quals, en resum, es proclamava regionalista i partidari de la descentralització, en tant que liberal, i el soci que havia de glosar-los fou Eugeni d'Ors, que discrepà lleugerament del poeta i polític mallorquí, proclamant la seva aspiració vers les formes d'organització confederal: «Més aviat, les nostres "desiderata" poden xifrar-se en el mot "centralització", perquè, partint de la sobirania dels extrems, aspirem a la delegació de funcions en centres, a la formació d'estats cooperatius».[56]

Dins el moviment estudiantil, Eugeni d'Ors havia d'acreditar-se aviat per la serenitat del seu temperament. Es mantingué allunyat dels abrandaments polítics i demostrà, amb l'admiració dels seus companys, una decidida inclinació vers les formes mentals més abstractes. L'afecció a les qüestions filosòfiques que insinuà, ben precoçment, als divuit anys escassos, en publicar l'article «Per la síntesi», ja citat (en el qual criticava el positivisme per haver volgut «radicalment prescindir de tota metafísica intentant construir l'edifici de les ciències sense aquesta», per la qual cosa s'imposava, creia, un retorn a un tomisme dels temps moderns, que bastís «la futura Síntesi, una nova Enciclopèdia»), es manifestà, amb tota fermesa, en defensar en el curs del Congrés Universitari Català, celebrat a principis del 1903, la necessitat d'instaurar una Facultat de Teologia. En aquell Congreso Universitario Camprosense (com l'anomenà despectivament Doys,[57] al·ludint als ridículs Jocs Florals de la comèdia de Russinyol, organitzat per les agrupacions escolars catalanistes i que s'inaugurà el 31 de gener de l'any de referència, al Palau de Belles Arts), Eugeni d'Ors, que hi participà com a representant del Círcol Artístic de Sant Lluc i ponent del tema quart que tractava de l'«Extensió de les ensenyances especulatives», ultra propugnar—com he dit—l'erecció d'una Facultat laica de Teologia separada de la de Filosofia, es pronuncià per l'establiment d'una assignatura de nocions filosòfiques, de curs previ a l'ingrés a tota carrera universitària i la d'una altra de «filosofia i teologia lul·lianes», que fos comuna a les dues facultats, la de Filosofia i la de Teologia per ell recomanada.[58]

L'ardida proposta d'aquell estudiant de Dret que tal vegada sorprengué alguns dels assistents poc sagaços, convençuts que la disciplina de la qual defensava l'ensenyament era més pròpia del Seminari Conciliar que no pas de la renovada Universitat de Barcelona que desitjaven els congressistes, no tenia altra finalitat que la confessada pel mateix Ors en el número d'una revista aparegut per aquells dies:[59] la de «sapiguer si, efectivament, (Catalunya) és la terra menestraleta migrada d'ideals, estreta d'horitzons i utilitària a la menuda que alguns es complauen en pintar-nos», o bé un país de gent amb aspiracions elevades, amb «prou ales per les grans volades ideals», com les que compartia amb els organitzadors del Congrés, per la qual cosa s'havia de promoure un interès pels grans problemes de la Filosofia i sortir de l'actual estat de mediocritat intel·lectual, en el qual dominen «els repòrters de novetats rovellades, pobres senyors vestits a l'avantpenúltima moda, dogmatisadors de la pròpia mandra o penúria mental ..., químics de cou-dinetes, poetes de xarades i matemàtics de trencaclosques», en una trista època

en què «ens hem d'acontentar rosegant les engrunes que, de tant en
tant, ens llencen, gratant les cassoles de rescalfadets krausistes i
empassant-nos el pa sec pastat pels dòmines dels nostres avis i nomenant
a boca plena amb cínica ostentació de misèria "filòsof nacional" el dis-
tingit publicista Dr. Jaume Balmes i Urpià». Totes les aspiracions de Ca-
talunya a la llibertat política—concloïa—resultaran estèrils si no
s'aferma prèviament la nostra personalitat intel·lectual, i això només
s'assolirà amb la restauració dels estudis filosòfics.

Del Congrés, n'eixí una efímera revista, *Universitat Catalana*, de la
qual Eugeni d'Ors fou membre del consell de redacció i en la qual col·la-
borà amb uns «Fragments de la Metafísica de la Inquietud»[60] que, en
definitiva, constitueixen una reiteració dels arguments exposats en l'ar-
ticle anterior, per bé que són presentats com la transcripció del manus-
crit d'un pilot català del segle passat, home arriscat, d'una àmplia visió
intel·lectual, que formula, a manera de divisa de la seva actitud davant
la vida, el principi: «Ningú que hagi llegit "El Criterio" de Balmes ha
arribat al Pol Austral».[61] La inquietud que ell cantava poèticament i
exaltava en prosa fins al punt de fer-ne una «metafísica», la predicà amb
l'exemple: els estudis a la Facultat de Dret no el privaren d'acudir al lo-
cal de la Federació Escolar Catalana, al Círcol de Sant Lluc o al Guaya-
ba: escrivia poesia i prosa, originals i traduccions,[62] dibuixava...
Freqüentà els homes que animaren l'agrupació coral Catalunya Nova,
que s'havia constituït com una dissidència, de matís catalanista, dels or-
feons claverians. Pels cantaires d'aquell grup renovador Ors ecriví un
himne que musicà el Mestre Esquerrà. Era una composició intitulada
«El Cabdill» i que, una vegada més, palesava la influència de Carlyle
amb l'exaltació de l'heroi:

> *És ell! És ell!*
> *És el cabdill de la somniada gesta;*
> *És hermós, fort i noble com un Déu.*
> *Sota son front la redempció germina,*
> *Llampega sa mirada omnipotent.*
> *Amb remor de clarins i de campanes,*

Ressona en nostres cors sa ferma veu,
Deixant-hi com llavor fecundadora,
L'esgarrifança d'un sagrat annhel.
És ell! És ell![63]

Assistí a les representacions del Teatre Íntim i col·laborà amb el seu promotor, Adrià Gual, en la traducció de la tragèdia clàssica *Èdip Rei*, posada en escena el 10 i el 17 de març de 1903; versió que, per manca de temps, hagué d'ésser enllestida a corre-cuita amb altres minyons: el seu germà Josep-Enric, Xavier Viura, Jaume Pahissa i Carles Capdevila.[64]

La inquietud no sols la manifestà en l'ordre espiritual en freqüentar diversos cercles intel·lectuals i artístics dins de la mateixa ciutat. La palesà físicament desplaçant-se fora d'ella. Després del Congrés Universitari se'n va a Mallorca. Cal relacionar la seva estada a l'«Illa Daurada» amb una poesia seva, «El Diable a Mallorca», que descriu Llucifer banyant-se a l'estany de les Coves del Drac[65] i amb les esmentades il·lustracions d'Octavi de Romeu al conte de Joan Rosselló de Son Forteza, que aparegueren, per aquells dies, a la revista de Josep Carner. Rosselló era un culte senyor rural d'Alaró, el qual, segurament, el nostre personatge degué conèixer amb motiu de la seva visita. Del que no hi ha dubte és que, llavors, tractà Joan Alcover, puix que ecriví: «Un día en una excursión por Mallorca me acompañaba el poeta y magistrado don Juan Alcover. Lo de que fuere él quien me acompañara puede sonar a jactancia absurdamente vanidosa, dado que él era una ilustre figura y yo, a la sazón, no pasaría de los veinte años ..., desde la primera mocedad se me ha tratado en un plano de seriedad, al cual se prestaban, de buen grado, las más encumbradas jerarquías».[66]

A la primavera de l'any 1904 és a Madrid per cursar-hi les assignatures del doctorat. Hi roman fins a mitjan estiu. Sabem ben poques coses de la seva primera estada a la capital d'Espanya. Conegué Juan Valera, molt vell i gairebé orb, per mediació d'un músic català, Joan Gay, que volia fer una òpera inspirada en un conte del mestre andalús, i després l'anà visitant i es delectà amb la seva espiritual conversa.

Amb la col·laboració d'un minyó barceloní, fill de pares castellans i amic seu, que es deia Jacint Grau Delgado i que, amb el temps, havia d'ésser un notable comediògraf, escriví a Madrid una obra de teatre, *Después del milagro*, que intentà, infructuosament, de portar a l'escena. El detall fou revelat quan a la tardor de 1908 Jacint Grau l'oferí a Adrià Gual per ésser estrenada traduïda al català al Teatre Novetats, sense comptar amb l'autorització d'Eugeni d'Ors, que des de París s'acuità a denegar-la.[67]

També amb Grau, el nostre biografiat va realitzar un sojorn estiuenc a Cadaqués, a casa de la peixatera Lídia Sabana, persona que, posteriorment, havia de convertir en una figura literària. És imprecisa per mi la data de la seva estada al pintoresc poble del Cap de Creus. Amb tot, no va ésser posterior a 1906, ni crec que fos anterior a 1902. Concretant més, diria que estimo molt probable que hi anés el 1904.

III

EL PERIODISTA

Quan Alfons XIII havia de venir a Barcelona, en la primavera de 1904, la directiva de la Lliga Regionalista acordà no participar en els actes oficials per tal de fer pública la desaprovació del partit al Règim que no accedia a les aspiracions catalanistes, però en visitar el Monarca la Casa de la Ciutat, Francesc Cambó, que era regidor, adreçà al Rei un parlament que, respectuós i tot, palesava el descontentament de l'opinió del país. El gest fou interpretat com un acte de desobediència inspirada per alguns dels dirigents—concretament Prat de la Riba—a l'acord prèviament adoptat d'evitar tot contacte amb el sobirà. A la revista *Joventut* aparegué un article anònim, «Els Fivellers de guardarropia»,[1] que criticava obertament Cambó i els qui l'havien impulsat a infringir la disciplina del partit, i, en conseqüència, una part dels elements rectors de la Lliga se'n separaren per fundar el Centre Nacionalista Republicà, o Esquerra Catalana, que procurà de seguida comptar amb un òrgan d'expressió. De moment, fou el setmanari *El Poble Català*, que eixí el 12 de novembre de 1904. Eugeni d'Ors hi col·laborà des del primer número amb les signatures de Xènius i Octavi de Romeu, com ja ha estat dit. Ignoro qui va portar-lo a la redacció de *El Poble*. Tal vegada s'explica per la relació que tenia al Guayaba amb Arnau Martínez Serinyà, que, a més de poeta parnassià, era advocat i treballava com a passant d'Ildefons Sunyol, un dels dissidents de la Lliga.

En cada edició del setmanari esquerrà, Ors publicà treballs, de vegades més d'un per número, servint-se de la duplicitat de pseudònims.

La seva labor a *El Poble Català* és interessant, primerament perquè constitueix una fase de la superació de les col·laboracions aïllades que hem relacionat en el capítol precedent, i també pel fet que, en poder realitzar una tasca periodística continuada, el seu ideari hi resulta exposat amb una coherència que permet d'entreveure molts dels trets característics del pensament del futur «Glosador» de *La Veu*. Per tant, val la pena que m'entretingui a examinar, encara que sumàriament, la labor periodística que desenvolupà, al llarg d'uns dos anys i mig, al setmanari del Centre Nacionalista Republicà.

Ultra els articles purament literaris,[2] com un reportatge sobre els leprosos de l'Hospital de Sant Llàtzer,[3] una mica dins del gènere tenebrós de «La Fi d'Isidre Nonell» i que, per més senyals, ve il·lustrat pel mateix Ors amb uns dibuixos d'inspiració nonelliana; una estampa ciutadana intitulada «El criquet de les monges»,[4] on descriu l'interior d'un bloc de l'Eixampla barcelonina, i una divagació molt lírica, «Nits de Juny»,[5] realitza en la secció Gazeta d'Art una bona tasca d'orientació en matèria estètica, ja sigui en informar el públic de les activitats dels artistes (com en una nota[6] en què exclama: «Benaurats els inquiets, perquè ells hauran la pau perdurable», i resulta profètica amb l'anunci que «Ruiz Picasso ... ara, en el recolliment, prepara obres que sorprendran i fins espantaran»), ja sigui amb la crítica d'exposicions, que exercita amb la primordial intenció d'acusar en tota obra el que l'artista hagi posat del seu pensament o del seu esforç. Dins d'aquesta línia hi ha dues Gazetes molt reveladores. Una, en què desaprova Eliseu Meifrèn per la seva superficialitat[7] i una altra en què censura Dionís Baixeras per la pintura mural que executà per el Seminari. «Quina gran ocasió desaprofitada!», perquè, en lloc d'inspirar-se en els temes excelsos de la Teologia, havia traduït «una religiositat de pessebre en el Jesuset de les "panses i figues" i en la Mare de Déu "quan anava a costura"».[8]

Emperò, el que més ens interessa en les col·laboracions orsianes a *El Poble Català*, pel que tenen de prefiguració del futur Glosari, són les de contingut polític en el sentit més ampli del mot. Publicà dos articles d'evident ideologia sindicalista, dels quals ja m'he ocupat en un altre treball.[9] Són «El "caldo" dels governs paternals»,[10] provocat per la notícia de la catàstrofe de les mines de Courrières, i «La imprenta alegre»,[11] que és un comentari encoratjador per als obrers que havien fundat, en règim cooperatiu, La Neotípia.

El treball més important dintre d'aquest grup que podríem anomenar «doctrinal» és «Noruega Imperialista», que ja ha estat citat per dos
motius: pel fet de venir signat, per primera vegada, «Eugeni d'Ors» amb
la «d» anteposada al seu cognom, i també perquè hi resum alguns dels
arguments exposats en la seva tesi doctoral en presentar la Història Universal posterior a Roma com una lluita constant de dues forces, disgregadora l'una i unificadora l'altra. D'una banda, la que successivament ha
estat encarnada pel Germanisme, el Feudalisme, la Reforma, l'Absolutisme renaixentista, el Gal·licanisme, el principi de les nacionalitats[12] i
el Regionalisme, i del cantó oposat, el Sacre Imperi Romà, les Croades,
la restauració del Dret romà, la Revolució Francesa, Napoleó, la lluita
pels mercats, el Socialisme federatiu i d'Imperialisme modern. Una de
les forces unitàries més potents que contribuirà a superar la disgregació
nacionalista és la Ciutat, institució que caldrà enaltir després de la convulsió que s'acosta, la Revolució pròpia d'una «Era nova de Sant Jacobinisme, més vast i radical que el Jacobinisme d'ahir», que enderrocà les
Monarquies tradicionals. «Les estelles dels trons cremaran en la llar de
la República futura. Amb les runes de les nacions edificarem la Ciutat»,
escriu en el treball «Per la reconstrucció de la Ciutat».[13] Enfortint la
Ciutat es completarà el recobrament de Catalunya,[14] una tasca que
haurà d'ésser portada a terme per tots els catalans amb un sentit d'aventura i de risc sense recloure's a casa, decisió que, a la llarga, resultaria
perjudicial, com succeí en el conte narrat per Edgar Allan Poe d'un príncep temorenc que es tancà inútilment al seu castell a causa de l'epidèmia
que assolava la rodalia.[15]

Tanmateix té la seguretat que Catalunya pot viure uns dies esplendorosos si es fan els passos decisius d'una genuïna política cultural. Per
això, en inaugurar-se la secció Reportatge de Xènius, escriu l'article:
«En el que es diu la necessitat de la presència de Pompeu Fabra a Barcelona»,[16] que resulta clarivident, atès que en aquells dies el mestre vivia
a Bilbao i encara no s'havia pensat en la fundació de l'Institut d'Estudis

Catalans, des de la Secció Filològica del qual Fabra contribuí d'una manera tan preponderant a la fixació ortogràfica de la parla, primer instrument de la nostra cultura.

Mig en broma, referint-se a «El nostre Carneggie»,[17] que defineix com «el Patriota, el Civilitzador excels (però) borsista fracassat (que) viu reclòs dintre els murs d'un manicomi», imagina la Catalunya del futur convertida en un intensíssim fogar de Cultura, centrada a Barcelona amb Museu, biblioteques i una renovellada Universitat «coronada per la Facultat de Teologia», però en la qual també brillen, per dret propi, altres capitals: Tarragona, amb els seus monuments de l'antiguitat; Sitges, que serà una nova Florència; Vic, «una mística i pensadora Alexandria»; Vilanova, que esdevindrà «la rival de Leipzig, la llibrera» (suposo per la irradiació de l'impressor Oliva); Sant Feliu de Guíxols, «un Greenwich» (gràcies a l'Observatori de Rafael Patxot), i l'Escala, «el Medan d'un rediviu naturalisme» (sens subte pel fet de residir-hi «Víctor Català»).

També a les planes del *Poble* començà a manifestar-se el futur Eugeni d'Ors amb l'exposició dels principis de la seva estètica, quan comentà[18] l'aparició d'un llibre francès sobre els monstres a la història de l'Art, l'autor del qual és criticat pel nostre personatge pel seu obtús naturalisme que li impedia de comprendre el do del creador artístic de transformar la realitat. Els exposà més clarament, però, en un treball intitulat «Mitologia»,[19] on, partint d'una cita de Max Beerboom, explica que «ara la consciència dels homes ... anhela assolir coneixement de plena espiritualitat ... i necessita per això no objectivar les coses, separant-se d'elles, mirant-les a distància ..., sinó apoderar-se d'elles amb triomfant arbitrarietat, arribar a la comunió amb el contemplador i la cosa contemplada «assimilant-les», «menjant-les» o, com ell diu altrament, «fent-les entrar en el ritme de la nostra sang».

Aquest escrit apareixia al cap de dos mesos d'haver-se publicat a Madrid—puix que s'anunciava a *El Poble Català* com de recent edició en el núm. 34 del dia 1 de juliol—el llibre *La muerte de Isidro Nonell. Seguida de otras arbitrariedades y de la Oración a Madona Blanca María*,[20] que no tindria més importància que la de constituir la versió castellana d'una sèrie de petites obres orsianes,[21] si no fos pel pròleg, on l'autor ens dóna una explicació del que ell entén per «arbitrarietat» o «art arbitrari», «tan lejano al lírico, impresionista ..., como al arte imitativo ..., el arbitrario, antes que imitar a la naturaleza (así, en minúscula) prefiere imitar a Dios..., vienen a ser como los Protestantes enfrente del Catolicismo, pero con más fuerza. Substituyen la tradición por la invención. Defienden y practican no solamente el "libre examen personal", sino la "libre creación personal"». Dit d'una altra forma, ve a ésser, en l'ordre estètic, el predomini de la Voluntat. És cert que, més endavant, Eugeni d'Ors donà al mot «arbitrarietat» un sentit molt més ampli fins a atènyer les qüestions d'índole moral, de manera que quan un periodista referí[22] el cas d'una tómbola organitzada en una localitat d'Itàlia en la qual eren tretes en sort noies casadores, i això—deia—«no deixa d'ésser una mica massa "arbitrari" i, per tant, del gust de "Xènius"», ell replicà[23] que: «L'arbitrarietat no és l'excentricitat, sinó, contràriament, allò concèntric, allò clàssic ... en la lluita de la llibertat humana contra les fatalitats naturals ... o socials ..., ¿quin partit prendrà l'arbitrarietat? Posant-se completament, absolutament de la part d'aquella; afirmant que tota floració humana—art, ciència, ètica—ha d'exalçar i reforçar la llibertat, l'albir».

Però, tornant al llibre orsià editat a Madrid, que tant de valor té per la declaració proemial que hi féu l'autor, cal afegir que—almenys pel que afecta el públic barceloní—no agradà gaire. Les crítiques aparegudes a la premsa són molt circumspectes. A *El Poble Català*[24] només es parla de la fidelitat amb què ha estat feta la traducció; els de *La Veu*[25] se'n surten referint-se al talent d'Eugeni d'Ors i als seus dots d'artista per salvar aquella afirmació de la conveniència d'«imitar Déu» que, lògicament, desaproven; i a *Joventut*, Ramon Miquel i Planas, que després havia de combatre Xènius d'una manera ferotge, remarca el desig d'originalitat de l'autor, el qual, «per no caure en el pecat de vulgarisme, no tem semblar extravagant».[26] En definitiva, l'única personalitat que recollí el missatge d'Eugeni d'Ors, contingut en el pròleg en qüestió, fou el poeta Gabriel Alomar en una sèrie de tres articles sobre «L'Estètica arbitrària»,[27] en els quals desviava algunes de les afirmacions d'aquell escrit devers un panteisme molt característic de la ideologia del mallorquí.

Per la primavera i a principis de l'estiu de 1905, al temps en què apareixia *La muerte de Isidro Nonell*, el nostre biografiat era a Madrid. Hi arribà procedent de Barcelona justament el dia en què enterraven Juan Valera, el finíssim escriptor andalús, amb el qual havia tingut algun tracte l'any anterior, i volgué assistir a la cerimònia. L'acte en qüestió l'entristí, perquè «va ésser una de les coses més sinistrament plenes d'indiferència que el Glosador ha vist», però, alhora, li donà una petita satisfacció de tipus social, puix que a la casa mortuòria fou presentat per un amic barceloni (Pijoan?) a Antoni Maura, amb el qual sostingué una interessant conversa, que li permeté de comprovar fins a quin punt el polític estava assabentat de la vida de Barcelona.[28]

Durant el seu sojorn a la capital d'Espanya, principalment relacionat amb la lectura de la tesi doctoral sobre l'Estat-Heroi, establí amistat amb joves intel·lectuals de la seva edat, com Ramiro de Maeztu o Gregorio Martínez Sierra, que fundà una revista, *Renacimiento Latino*, en el primer número de la qual Ors col·laborà amb una poesia dedicada a Lord Chamberlain, símbol, per ell, del modern Imperialisme que admirava.

També en aquella època es relacionà amb personalitats de relleu dins de la vida madrilenya. Ja he parlat més amunt de la satisfacció que tingué en conèixer Maura, que l'any anterior havia estat president del Consell de Ministres. Segurament daten del mateix període els primers contactes amb els homes de la Institución Libre de Enseñanza i el seu inspirador, Giner de los Ríos, el «Don Francisco» del qual parla amb tant de fervor al cap d'un any[29] i de qui igualment ens diu, pel mateix temps, haver-lo tingut informat, «amb foc d'orgull» a Madrid i uns mesos abans, de tots els moviments que, a Barcelona, representaven una «santa set d'acció i cultura».[30] Conreà l'amistat amb diversos components d'aquell grup, amb plena consciència de com eren d'influents en la vida intel·lectual espanyola. És sabut que ho foren fins al punt que arribaren a inspirar molts polítics que configuraren la Segona República. Anys després, Eugeni d'Ors recordava aquell estol d'homes «cuando,

entre los terrores rojos de España, ciertas explosiones siniestras de fero-
cidad venidas ... de aquel nutrido, no a tetas salvajes de la vindicación
proletaria, sino como blanco néctar extraído de los suaves pastos del Pa-
seo del Obelisco».[31] Visità Menéndez Pelayo, el qual trobà un xic
amargat i ressentit d'una bona part dels intel·lectuals madrilenys, con-
cretament dels que s'aplegaven a l'Ateneu a causa—explica Ors—de la
poca cordialitat que hi trobà quan fou encarregat per la Corporació de
professar-hi un cicle de conferències. «¡No vaya al Ateneo—advertí a
aquell jove barceloní que respectuosament devia anar a demanar-li guia
i consell—, allí no acude más que la gente que no se lava los pies!»[32]
Una altra de les personalitats que entrevistà fou Joaquín Costa, que el
rebé—amb altres minyons—en un pis infecte del carrer de la Magdale-
na, on trobaren el polígraf aragonès tant o més amargat que Menéndez
Pelayo i que es mostrà entre sorprès i escèptic davant el projecte que
Eugeni d'Ors i els seus acompanyants anaven a sotmetre-li: la creació
d'un organisme de difusió cultural destinat a la promoció de la classe
obrera i que volien anomenar Universidad Popular.[33] La idea orsiana
era compartida amb amics seus de Madrid com Enrique Díez Canedo,
Ángel Vegue y Goldoni, Aureliano de Beruete, Miguel Salvador, etc.
N'havien parlat amb Giner de los Ríos, el qual, naturalment, es mostrà
entusiasmat. No sé fins a quin punt la cosa arribà a concretar-se. El nos-
tre personatge tan sols explica haver-se encarregat, dins d'aquella Uni-
versitat Popular, d'acompanyar, en visita comentada, al Museo del
Prado, alguns membres del gremi de confiters, «a los cuales, por el mo-
mento, tenían más claras razones para seducir Murillo que Theoto-
copuli».[34]

Aquell estiu els astrònoms anunciaren un eclipsi total de sol visible
a la part sud-oriental de la Península i a les Balears. El servei astronòmic
de la Marina nord-americana havia obtingut del Govern espanyol el per-
mís per a establir una base d'obsrvació a Porta-Coeli, València. «Tenta-
do por la aventura de vivir unos días como en una novela de Julio
Verne—rememora Eugeni d'Ors molts anys després—, aceptó el irse
con ellos al campamento, so color de servirles de intérprete hasta donde
pudiere».[35] Des dels voltants del campament americà el nostre home

envià quatre reportatges a *La Veu*, signats O. de R.,[36] plens d'admira-
ció per aquells homes que treballaven d'una manera eficient en un clima
tòrrid—l'eclipsi estava anunciat per al migdia del 30 d'agost—. «Són
una raça forta d'homes i viuen en serenitat», i espurnejats, de tant en
tant, amb anècdotes com la de Vicenteta, la mossa de l'hostal, que
s'afanya a deixar enllestida una peça de roba abans de l'eclipsi... En re-
sum, complí la seva tasca periodística amb força traça.

Abans d'anar-se'n a València havia enviat a *La Veu* un article que
fou publicat el 5-VIII-1905 i, una vegada instal·lat a Porta-Coeli, remeté
en data 20 del mateix mes una carta a Raimon Casellas, redactor en cap
del periòdic de la Lliga Regionalista, al qual tracta de «Mon distingit
mestre i amic», per proposar-li unes cròniques sobre l'esdeveniment que
s'esperava i que, al seu entendre, podien interessar els lectors del diari
més que les notícies de la capital en plena canícula. «Com que l'actuali-
tat és ara a Madrid tan minsa», raona en aquella lletra a Casellas, que
comença demanant-li excuses per no haver-li comunicat anticipadament
el seu propòsit.[37] Després del fenomen astronòmic, *La Veu de Catalun-
ya* publicà tres cròniques més d'Eugeni d'Ors des de Madrid, també sig-
nades amb les inicials del seu pseudònim,[38] la darrera de les quals té
l'interès històric de constituir un reportatge del primer debat obert al
Congrés després de l'assalt al setmanari *Cu-cut!*

Era simultània, per tant, la seva col·laboració a *El Poble Català* amb
l'òrgan periodístic rival dins el catalanisme, cosa que explica que els tre-
balls a *La Veu de Catalunya* només anessin rubricats O. de R.

Per la primavera de 1906 començà a preparar-se l'edició quotidiana
de *El Poble*, que eixí, efectivament, com a diari a partir del primer de
maig. Conta Rovira i Virgili[39] que Eugeni d'Ors pretengué la direcció
del nou periòdic, però els homes de l'Esquerra, tot i reconèixer el seu
gran talent, preferiren atorgar-la a un escriptor menys brillant: Francesc
Rodon. Ors, despitat, sortí de la redacció de *El Poble Català*. La seva
col·laboració acabà amb la fi de l'edició setmanal del full.

El dia 1 de gener de 1906 ja havia començat a publicar-se el Glosari
a *La Veu de Catalunya* amb la firma «Eugeni d'Ors», de manera que fins
al primer de maig d'aquell any repartí el seu treball periodístic entre el

diari de la Lliga i el setmanari de l'Esquerra, on continuava publicant-se
el Reportatge de Xènius, cosa que explica que no se servís d'aquest dar-
rer pseudònim a *La Veu* fins el 9 de maig de 1906. La primera glosa
orsiana[40] eixí, com he dit, el dia 1 de gener de 1906. Era la que portava
el títol «Les festes dels solitaris», per bé que en l'edició del *Glosari* apa-
reguda l'any següent, i en la que es publicà el 1950, l'autor hi anteposà
l'escrit «Hores inquietes de l'avui», inserit al diari de la Lliga molt des-
prés, el 4 de gener de 1907, segurament pel fet de tenir aquest un cert
contingut programàtic per la reiteració del tema de la inquietud, un dels
tòpics de la ideologia juvenil del nostre personatge. Començava així:
«Hores inquietes de l'avui, qui serà, doncs, el vostre cronista? Cal que
sigui un inquiet per a dansar junt amb vosaltres. Però també cal que si-
gui un serè, que no perdi l'esma de dansar...» En la seva forma, Francesc
Pujols[41] hi veié una mena de ritme nietzscheà.

Què és el Glosari? Un treball periodístic, però, evidentment, d'una
gran cultura. Al cap de quatre mesos d'haver estat iniciat, Maragall con-
ceptua el seu autor com «un periodista en el sentido más bello de la pala-
bra, porque siente la actualidad de las cosas que el tiempo va dando en
relación con su eternidad».[42] Ja he donat una idea de la labor realitzada
a *El Poble Català*, on el nostre home començà a revelar el seu talent, pe-
rò el que escriví per a *La Veu* té tot un altre caràcter: més seguretat en
l'exposició, més fermesa. Constitueix dins del conjunt de l'obra de Xè-
nius el punt de partida d'una brillant etapa que ell considera com
l'autèntica. «El gros de la seva producció—diu Eugeni d'Ors en el prò-
leg a l'edició de 1950, referint-se a la pròpia—es troba cronològicament
situat entre els anys 1906 i 1920. Si alguna temptativa literària a l'estil
d'estudiant l'havia precedit i si alguna reviviscència expressiva l'han
perllongat després, poc comptaran aquests fulls dispersos a veïnatge del
bloc massís dreçat per la taleia quotidiana de catorze anys». Amb l'estre-
na del Glosari començava, sens dubte, un Ors nou. «S'acabava de guarir
del "mal du siècle". Era un convalescent—observa molt bé Josep M.ª
Capdevila—. I fins en el "Glosari" sentíem el delit alegre de la conva-
lescència».[43] Amb la col·laboració regular a *La Veu* feia taula rasa de
l'estètica «modernista» finisecular: la del Nonell dels cretins i la de les

Boires Baixes, que portaven músiques torbadores. «Nosaltres (...) respi-
ràven aquest aire corromput i de la febre que ens donava com ens costà,
després, arribada la jovenesa, d'alliberar-nos-en (...). Tot allò ha entrat
en la composició del nostre esperit com un llevat amarg», escriví, el
1913, glosant el *Dietari* de Francesc Rierola,[44] en un escrit que, precisa-
ment pel que tenia d'explicació d'un canvi d'actitud davant la vida, vol-
gué que figurés en primer lloc en l'antologia de traduccions del *Glosari*,
publicada a Madrid[45] i en la darrera edició catalana de 1950.

El que anà apareixent a *La Veu de Catalunya* a partir dels començos
del 1906 tenia, és cert, la forma d'un comentari periodístic d'actualitat,
però de contingut era més ambiciós, puix que, segons declarava repeti-
dament, el qui els escrivia havia de dictaminar en ells quines eren «les
palpitacions del temps» i pertocava al seu autor la missió de deduir la
lliçó implícita en la notícia quotidiana, en «elevar l'anècdota a catego-
ria». La Glosa s'emparenta amb l'assaig. Per això, en una ocasió, Eugeni
d'Ors troba un precedent de la seva labor en l'obra de Michel de Mon-
taigne, «que no és una obra, sinó, més pròpiament, un diari de filòsof
escrivint els seus pensaments al compàs de la vida»,[46] encara que en un
altre indret dirà[47] que l'assaig resta en un terme equidistant de la Glosa
i del tractat filosòfic, o afirmarà en un altre punt que el que ell elabora
amb el Glosari és una «metafísica d'estar per casa» o una «metafísica
usual».[48] Pel seu contingut més divers i valuós, que no pas el dels in-
transcendents comentaris periodístics, el Glosari equival, com indica en
un altre lloc, al *Diccionari filosòfic portàtil* de Voltaire, però no dins de
la tendència crítica del francès, sinó dins de l'entusiàstica,[49] diferència
que remarca en la dedicatòria posada al front de l'edició de les gloses
de 1908, en la qual invoca la memòria de D'Alembert, «mestre enciclo-
pedista en temps de destrucció/Xènius, estudiant enciclopedista en
temps de reconstrucció».

L'aparició quotidiana d'uns escrits d'aquella mena forçosament ha-
via de produir una gran sensació. El públic barceloní no estava acostu-
mat a veure exhibit en les pàgines d'un periòdic el talent d'un escriptor
que adés brillantment, adés irònicament, unes vegades profund i d'al-
tres superficial, demostrava posseir sempre una informació extraordinà-

ria i una capacitat inusitada per a tractar dels més diversos temes...
Breu, el Glosari va constituir una veritable revolució dins la tristoia
premsa catalana de començos de segle. L'escriptor que signava «Eugeni
d'Ors» i, a partir de maig d'aquell any, «Xènius», acredità el domini
d'un estil fortament suggestiu, que podia captivar una massa de lectors
molt àmplia. Entre els joves, sobretot, l'efecte ocasionat per la prosa or-
siana i la doctrina que n'emanava fou definitiu. Era com «el de la gota
d'aigua damunt la pedra més o menys fàcil d'esponjar», diu Escla-
sans,[50] recordant l'impacte rebut per la lectura del Glosari, iniciada
quan ell tenia dotze anys escassos. «Era per mi—segueix dient—com
una finestra constantment oberta per la qual venien a mi, cada dia, des
de les pàgines amigues de «La Veu», tots els aires renovadors d'un "cul-
turalisme" vivificant». Els homes més formats, tot i admirar aquell pe-
riodista tan culte i enlluernador, no se li rendiren incondicionalment.
Manuel de Montoliu declarava haver llegit amb interès la col·laboració
orsiana a *La Veu*, quotidianament: «Un dia entusiasmant-me, altre
desagradant-me».[51] Una bona part de les reserves que li feien alguns
—tal és el cas del comentarista esmentat—afectaven el fons dels escrits
de Xènius. Montoliu, i com ell altres universitaris, ja tenia un sentit crí-
tic prou agut per a no acceptar, en bloc, la doctrina que cada dia anava
destil·lant Ors i per a discutir, baldament fos en llur fur intern, aqueixa
o aquella «categoria» que l'autor volia fer derivar de determinades anèc-
dotes. Emperò la majoria de les objeccions que hom feia a les Gloses
eren provocades pel seu estil literari, que algun cop tenia una punta
d'afectació que vorejava la insolència del «dandy» (l'aspecte del tempe-
rament orsià que ja hem remarcat en al·ludir a la figura d'Octavi de Ro-
meu) i que el portava a utilitzar neologismes i formes sintàctiques
rebuscades, que aviat contribuïren a donar-li una fama d'autor poc natu-
ral i escassament sensible al geni de la llengua. «Em temo que l'Ors aca-
barà escrivint en francès», deia Maragall al seu amic Pijoan en una
carta.[52] Ell, que s'adonava d'aquesta classe de reserves que mentalment
li eren fetes en matèria de puresa idiomàtica, redactà un dia una glosa
en què, d'una manera rebuscada al principi, parlava de l'exòtica palmera
que ha arrelat en el nostre paisatge. «Hi ha més coses en la nostra sang

i en la nostra vegetació que no comporten certs superficials sentimenta-lismes ètnics en curs», per acabar referint-se directament a la crítica que se li feia: «Diuen que mon accent no és prou ferreny, no és prou català», sospirà un dia l'Octavi de Romeu. «Hi troben una influència francesa.»[53]

Altres vegades Eugeni d'Ors era blasmat per l'exhibició que feia de coneixements poc corrents, per les sovintejades cites d'autors es-trangers, que eren interpretades com una mostra d'esnobisme. El ma-teix escriptor explica,[54] divertit, com un modest corrector de pro-ves, en veure l'abundor de noms exòtics en les galerades del volum del Glosari que havia de revisar, anava murmurant: «Te'ls inventes! Te'ls inventes!» Amb tot, no voldria que hom interpretés les anteriors observacions marginals fetes amb una pruïja de concreció, com un desig, per la meva part, de minimitzar la importància que tingué per a la Catalunya de la primera dècada del segle l'aparició del Glosari. Estic plenament convençut de la transcendència cultural i àdhuc so-cial que tingué aquell esdeveniment literari i crec que ningú no pot negar-la.

Ara intentaré de resumir la doctrina emanada dels escrits de Xè-nius, per tal que hom pugui jutjar-la en el seu veritable abast.

Una de les notes dominants en el primer any del Glosari és l'afirma-ció de la valor de la voluntat, de la qual ja he parlat en referir-me a l'«ar-bitrarisme». El mes de setembre, Eugeni d'Ors dedica nou gloses consecutives a problemes «Entorn de l'educació de la voluntat».[55] El poder volitiu ha de sobreposar-se al sentimentalisme, que convé eliminar del tot en les creacions estètiques, com ell afirma concretament en parlar del teatre d'Ignasi Iglésias: «Abomino en el teatre, com en tot art, del "pathos"».[56] El sentiment, ve a dir en l'esmentada glosa, només fa ser-vei quan «s'objectivitza i organitza subjectivament», pel fet de convertir-se en un deure que determina l'acció útil per als homes. És per això que enalteix els episodis en què són revelades totes les formes de manifestar-se. «L'Home creador contra la destructora Fatalitat», com en l'escrit en què comenta «Per al llibre d'Or de l'Energia»[57] la notícia que els supervivents del terrible terratrèmol de San Francisco de Califòrnia acordaren reconstruir la ciutat i convertir-la en una de les més belles del món.

Amb la prèdica del voluntarisme, Ors vol atènyer, indirectament, un altre objectiu: el millorament de la societat catalana del seu temps a través d'una profunda educació cívica: «Jo voldria ... que quan anomenéssim la Reforma es comprengués de seguida—perquè tots la tinguéssim incessantment en l'esperit—que ens referim a una obra de més transcendència (que la reforma dels nostres carrers) a la que conté totes: a la Reforma Mare; a la Reforma de les gents».[58] Una forma que havia de començar pel perfeccionament dels costums; amb la supressió d'aquell malparlar que és una tara per als catalans com per a tots els homes de la Mediterrània[59] i que constitueix tan sols un aspecte d'una esforçada empresa representada per quelcom és que el vetllar per la «urbanitat» dels seus conciutadans: la tasca de convertir-los veritablement en «urbans», és a dir: dignes de viure on la Civilització floreix. No vol que aqueix ideal sigui exclusiu dels barcelonins, en propugnar la seva extensió per tot Catalunya. A la glosa «La Ciutat i les Serres» parla de còm, al segle passat, i per efecte del romanticisme, era valorat el ruralisme. «El nostre art ha sigut quasi continuadament feude de les Serres», mentre que, en els temps nous, «la Ciutat adquireix consciència de que és Ciutat i les Serres s'inicien en consciència de que és la Ciutat».[60] L'art dels catalans d'avui—diu—cal que sigui un art de ciutadans, un art de selecció, un art allunyat del tipisme localista, que sovint cau en el pecat de la vulgaritat, actitud que explica la indignació de Xènius en sentir com es repetia el qualificatiu de «Fundador del Teatre Català» aplicat a Frederic Soler (Pitarra), quan li fou erigit un monument al Pla de les Comèdies. «L'estatuïtzat Frederic Soler no és el nostre Clàssic, no és el Mestre, no és el nostre Pare. No és, a pròpiament dir, el Fundador del Teatre Català. És, si volen, el Precedent, el Precursor, el Primitiu del Teatre Català».[61]

La prèdica orsiana d'una millora moral i material dels ciutadans, d'una reforma dels costums i de les formes de produir-se els catalans col·lectivament i artísticament, s'enllaça d'una manera ben natural amb una defensa dels ideals polítics regionalistes. El sanejament de l'Admi-

nistració municipal que, per aquells temps, perseguien els partits catala-
nistes, és al·ludit en un escrit sobre «Els Gegants» de l'Ajuntament, que
solien ésser caricaturitzats en les revistes satíriques dels anys prece-
dents, en «aquells dies (en què) l'interior de Ca la Vila era, als ulls dels
barcelonins, com un pou negre desconegut i repugnant»;[62] i la festa del
20 de maig en què se celebrà al Saló de Sant Joan una impressionant des-
filada en honor dels diputats de la Solidaritat Catalana vingué exaltada
en el paper «De com saben moure's les multituds catalanes»[63] i sis glo-
ses més sobre «La Doctrina científica de la Solidaritat»,[64] en les quals
l'autor teoritza sobre el modern «Culte a la Ciutat», defugint, hàbil-
ment, les referències polítiques concretes.

El catalanisme d'Eugeni d'Ors es revela en les qüestions cultu-
rals; en el que ell considerava que era «categòric» i no «anecdòtic». Per
això copsà la veritable importància que tenia el Primer Congrés Inter-
nacional de la Llengua Catalana, que s'inaugurà al Palau de Belles Arts
el 13 d'octubre, i li dedicà tres gloses: «La Vall de Josafat»,[65] en què
descriu els preparatius de la reunió, «Segons la guerra, així el fusell»[66]
i «L'espingarda i el màuser»,[67] en les quals rebat la maliciosa compa-
rança entre l'arma antiga i la moderna que havia fet Miguel de Unamuno
sobre l'ús del basc i del castellà per part dels nadius del seu País d'ori-
gen, en el curs d'una conferència donada, uns dies abans, a Bar-
celona.[68]

En aquell primer any del Glosari la pregona catalanitat de Xènius
anà adoptant unes derivacions estètiques que donaren molt de joc: em
refereixo al mediterranisme o classicisme. Quan, en la nit del 19 de ge-
ner, s'estrenava al Teatre del Liceu l'òpera d'Enric Morera amb lletra
d'Eduard Marquina, Empòrium, escriu: «De vegades penso que tot el
sentit ideal d'una gesta redemptora de Catalunya podria reduir-se avui
a "descobrir el Mediterrani". Descobrir el que hi ha de mediterrani en
nosaltres i afirmar-ho de cara al món i expandir-ho en una obra imperial
entre els homes».[69] I en una altra ocasió, en què glosa un article d'Al-
bert Thibaudet sobre l'harmonia del paisatge marítim de Grècia, pre-
gunta als lectors: «¿No sentiu com, aplicant el sentit d'aquesta
meravellosa i reveladora pàgina, alguna cosa del nostre paisatge guanya

també valor humà? La mar de Cadaqués, per exemple, ¿no significa el mateix, per ventura, que els Pòrtics de Cadaqués?»[70]

L'argumentació orsiana és aquesta: vora la Mediterrània, a Grècia, a Roma, sorgí la cultura clàssica, de la qual encara freturem, pel poc esclat que tingué l'Humanisme renaixentista a Catalunya per una sèrie de causes político-econòmiques que ara no ens pertany d'examinar. Cal, per tant, tornar a la Mediterrània i a l'Humanisme si aspirem al recobrament espiritual del País. «Nosaltres, catalans, restats en terra, ens hi conformarem? ¿Renunciarem, amb resignació covarda, a la nostra part en el botí de l'Humanisme?», exclamà a propòsit d'una lectura de Rabelais,[71] i en el mateix sentit insta el mestre Rubió i Lluch, «devot i professor del Classicisme i del Renaixement i de la Civilitat i de l'Imperi», perquè enllesteixi la publicació del *Diplomatari* dels catalans a Orient.[72]

Eugeni d'Ors tingué la rara habilitat de propagar aquest ideari estètic i patriòtic seu presentant-lo com el de tota una generació. Com diu Capdevila, «es posava al mig i prenia com a precursors aquells qui l'havien precedit i com a deixebles o soldats de la seva ideologia tots els qui venien després d'ell ...; la seva ideologia era, doncs, la que havia d'informar el segle vintè i en deia ''noucentisme''»,[73] denominació que provocà algunes objeccions de tipus gramatical, com les de Carreras Candi, que suggerí que fos substituïda per la de «dinoucentisme»,[74] i nombrosos comentaris irònics com el de Miquel dels Sants Oliver, persona de talent a qui Ors certament respectava, però del qual reconeix, molts anys després, que era «hombre dado a la fácil zumba, que decía que lo de ''novecentistas'' le recordaba aquello de ''Nosotros, los caballeros de la Edad Media''».[75]

Com a definidor del «noucentisme», Xènius considerà[76] dues novetats editorials: *La Nacionalitat Catalana* de Prat de la Riba i *Enllà* de Maragall, que representaven, respectivament, els ideals polític i estètic, i conclogué que el primer no sols s'adeia perfectament amb la doctrina «noucentista», sinó que podia ésser el llibre orientador de la nova generació, mentre que el segon li seria, en el fons, perjudicial. «No sé pensar sense terror en el destí del nostre poble, obligat a sostenir, sobre la seva normalitat tan precària, el pes i la grandesa i la glòria d'aquestes sublims anormalitats: la Sagrada Família, la poesia maragallenca...»

Convertí el «noucentisme» en una mena d'orde nobiliari, l'accés al qual anava decretant pels artistes o polítics que creia interessants o que eren amics seus. El primer a merèixer una tal distinció fou el músic Jaume Pahissa.[77] El seguiren, durant el primer any del Glosari, l'escultor Ismael Smith, el dibuixant Apa, el periodista Aureli Ras, el pedagog Joan Palau Vera i Francesc Cambó. En els anys següents, l'estol de «noucentistes» anà incrementant-se.

Cal esmentar, en aquest breu resum del Glosari de 1906, una sèrie d'articles que, en certa manera, estan dins de la línia de l'estètica noucentista suara al·ludida: els escrits que dedicà en favor de la formació, a Barcelona, d'una «Galeria de catalanes formoses», a l'estil de la dels «Catalans il·lustres», que existia a la Casa de la Ciutat. La idea fou llançada en la glosa «Bellesa Regina»,[78] en comentar un concurs de bellesa femenina organitzat a París durant les festes de la «Mi-Carême». Amb el pretext d'aquesta notícia, Eugeni d'Ors es preguntava si no es podria fer el mateix a casa nostra. Al cap de nou dies reprenia el tema i exposava el projecte d'uns concursos anuals de pintura, en els quals vingués premiat el millor retrat de dona.[79] Hi havia, segons ell, diversos motius que el feien convenient: metafísics: el de perpetuar la bellesa corporal;[80] socials: el d'humanitzar els artistes i polir el tracte entre les persones d'un i altre sexe;[81] artístics: la glorificació de les formes belles;[82] patriòtics: l'orgull de comptar amb dones generalment admirades[83] i glorioses. «Una institució ben nostra ..., filla tipica d'una hora típica del nostre Renaixement ..., l'hora en què l'acció enèrgica ens ha estat, per primera vegada, compatible amb les excelses superficialitats de les madures civilitzacions».[84]

Tot i que en la segona de les gloses esmentades Xènius invitava que «aquells homes de bon parlar, el pa de la paraula dels quals ens sosté i enriqueix l'espiritual viure, hi diguessin la seva» sobre el projecte de la galeria, el qui l'havia concebut gestionà prop dels seus amics publicistes que «fessin ambient» a la cosa. Un d'aquells, Zulueta, ho diu sense embuts: «Este amigo ha venido a saludarme con cesárea decisión y ejerciendo su habitual "despotismo ilustrado", me ha exigido que colabore con él en su propósito que ahora le domina, sin duda por inspiración de los mismos dioses o, por lo menos, de la más bella y amada de las diosas».[85] Maragall tingué envers el seu jove amic, la deferència d'ajudarlo en la campanya, però l'article que escriví en tal sentit traeix una certa reserva, perquè conclou: «Ésta es mi colaboración en una idea que sería pecado civil no realizar, pero, como o todas las bellas ideas, quiere ser realizada en paz y a tiempo».[86] Malgrat la tebior del suport maragallià, Xènius escriví engrescat: «Sempre que uns quants s'ajunten per donar cara de la realitat a un propòsit... es procuren o bé proven de procurar-se aquest mot d'encoratjament: "Comptem amb en Maragall!"».[87]

També feren sentir la seva veu Pere Coromines, que s'estengué en consideracions de tipus social i històric abans de proposar l'esforç de tots per «crear, en la civilització catalana, la Gioconda dels nostres fills»[88] i Josep Pijoan, que gairebé ni al·ludí a la idea de la Galeria de pintures per parlar només del seu autor: «Una criatura meravellada de ser home (que) tenia que proposar, naturalment, la glorificació de la planta home en la seva més bella forma femenina».[89] Segons anuncià el mateix Ors, la Junta Municipal d'Exposicions d'Art acceptà el projecte d'atorgar uns premis als millors retrats femenins en el certamen artístic que havia de celebrar-se l'any següent. (Guanyà el premi el pintor Ramon Casas amb el *Retrat de la Sra. B*, avui exhibit al Museu d'Art Modern, i el segon l'escultor Eusebi Arnau.) Hi hagué, a més dels comentaris periodístics—espontanis o provocats—dels amics, una certa «brometa» a l'entorn del certamen de quadres sobre catalanes formoses. A *El Poble Català*, un humorista, un cop havia al·ludit al rebombori produït per la iniciativa orsiana, contava el cas d'un marit gelós, que només estava disposat a cedir per a l'Exposició el quadre que posseïa de la seva esposa, a condició que al quadre li fos fixat el rètol: «Adquirit».[90] (Alguna cosa així es produí en la realitat, puix que entre la documentació administrativa de l'Exposició d'Art de 1907 hi ha un escrit del pintor Casas en el qual comunica que accepta el premi amb la condició que el quadre no figuri en una galeria separada, bo i aclarint que expressa la voluntat del marit de la dama retratada.) El model de Ramon Casas era

Teresa Mestres de Baladía, de la qual s'enamorà Josep Pijoan al punt de fugar-se amb ella a l'estranger al cap de pocs anys. Per altra part, Eugeni d'Ors coneixia perfectament la identitat de la «catalana formosa» que retratà Casas.[91]

La tasca periodística de Xènius a *La Veu* durant l'any 1906 no quedà reduïda al Glosari. En les pàgines de l'òrgan de La Lliga, les gloses alternaren amb cròniques signades per Eugeni d'Ors. Com aquell qui diu, tot just iniciada la col·laboració regular del nostre personatge en aquell diari, el dia 17 de gener, surt de Madrid cap a Algesires, on s'havia de celebrar una conferència internacional per reglamentar la influència de diverses potències estrangeres sobre l'Imperi del Marroc. Des d'aquella població andalusa, Ors envia a *La Veu* una sèrie de reportatges,[92] en els quals descriu l'ambient de la vila, els més importants delegats a la reunió, els enviats dels principals diaris europeus que es mouen entorn de la conferència. Les cròniques són bones. Vénen escrites en un estil viu, nerviós, per bé que els periodistes no tingueren accés a la sala de reunions. Una vegada acabades aquestes reunions, Xènius visità Gibraltar, on restà impressionat pels signes materials de la puixança britànica (no cal oblidar que el nostre home, en aquella època, vivia plenament el mite de l'Imperialisme) i fins i tot féu una escapada a Tànger. «Quan al "Glosador" li varen preguntar què n'havia tret de l'excursió—refereix ell mateix, l'any següent—va respondre que no n'havia tret ni quartos ni honors, ni un coneixement profund dels afers marroquís, ni un moltó per a la família, com el que portava de Tànger don Francisco Peris Mencheta».[93] Tornà, certament, amb un xic més d'experiència i íntimament satisfet d'haver seguit el consell de Goethe contingut en el seu *Wilhelm Meister*, que reprodueix als començos de les cròniques: «No demoris enlloc, fixa't, arrela't... Aventura't amb ardiment...»

El dia 9 d'abril moria a París Pere Coll i Rataflutis, que era secretari del banquer català Iu Bosch i enviava des de la capital francesa cròniques a *La Veu de Catalunya*, que tenien un cert èxit. Els redactors del periòdic catalanista decidiren que la millor persona per a cobrir la vacant era Eugeni d'Ors, que a Algesires, i anteriorment (llavors de l'eclipsi ob-

servat des de Porta-Coeli) havia demostrat tenir tanta grapa a engiponar
cròniques llegívoles. No cal dir que el nostre home acceptà entusiasmat
la proposta d'anar-se'n a París.

Hi arribà a les darreries de maig. Al cap de quaranta-nou anys enca-
ra es recordava exactament que la primera impressió rebuda en eixir de
l'estació del «Quai d'Orsay» fou la de «encontrar un cielo de color de
perla, donde se recorta la negrura de las casas».[94] Degué experimentar
la mateixa exaltació que sobrevé a tots els joves cultes en trobar-se, els
primers dies, en una ciutat que han somniat tantes vegades a través de
llurs lectures. Segurament volgué admirar els monuments i indrets de
París, dels quals ja tenia referència, per tal de comprovar si eren com
ell se'ls havia imaginat segons els llibres. Xènius explica en una
ocasió[95] haver sentit un especial interès a visitar, al cap de poc d'arri-
bar, el dipòsit de cadàvers vora el Sena, conegut pel nom de «La Mor-
gue». Jo tinc a casa, procedent de la llibreria del meu pare, que l'havia
adquirit d'adolescent, un exemplar de la traducció castellana de la no-
vel·la d'Emile Zola *Thérèse Raquin,* que conté una descripció minuciosa
d'aquell tètric establiment. Asseguraria que també Eugeni d'Ors havia
llegit, de jovenet, la mateixa obra i que si anà a veure «La Morgue» va
fer-ho impulsat pels seus records literaris, com devia anar a tants d'al-
tres llocs.

Hi havia a més per al jove Ors un altre factor excitant: l'espectacle
humà que a París ens és ofert contínuament: pels carrers, pels locals pú-
blics de diversió; el tracte desimbolt que sosté la gent; l'element femení:
aquelles dones atractives, ja siguin elegants, ja vagin modestament vesti-
des, però que revelen una punta de murrieria, en l'esguard o en la con-
versa, a la qual el barceloní no estava acostumat, que adés l'engrescava,
adés el mortificava. Jo crec que, en aquest sentit, constitueixen un frag-
ment autobiogràfic molt important les pàgines del Glosari de l'estiu de
1908 («Curt tractat de la llibertat i poder de Napoleó»), on parla d'un
tímid estudiant català, Pere Solà, perdut de nit en la gran ciutat que es-
guarda neguitós les dones que passen temptadores pel seu costat.

París, com és natural, l'embriagà: «L'ànima de París té un secret.
Aquest secret no pot ésser expressat amb paraules. Quan sou allí cada

cosa us el revela com en un llenguatge mut. Cada despertar de la vila, cada nacrada matinada, cada migdia atrafegat, cada nit intensa (...) ve a ser com una lletra solta i dispersa d'una frase màgica, de profund sentit i meravellós poder. Diu aquesta frase màgica: «Desig de viure»... «set ardent de viure».[96] Degué arribar a la capital francesa els darrers dies d'abril o als començos de maig de 1906, perquè en data 7-v-1906 escriu a Casellas des de París anunciant-li la remesa de la primera crònica i comunicant-li la seva adreça: «Hotel St. Louis, 43. Boulevard Saint Michel», encara que al cap de poc temps s'instal·laria al núm. 11 bis de la Rue Jasmin, i més tard al 27 del mateix carrer.

A la capital francesa, Eugeni d'Ors s'estrenà com a corresponsal amb una nota datada el 2 de juny que aparegué a La Veu del dia 5. Al principi, la seva labor continuà—suposo que amb plena consciència— dins el to frívol que tenien les cròniques de Coll: els capells femenins al teatre, l'exposició canina, les curses de cavalls, etc. Emperò, el primer d'agost, el diari barceloní publicava un reportatge de gran qualitat periodística sobre la cerimònia de rehabilitació del Capità Dreyfuss.

Després d'una certa interrupció durant el mes de setembre i part d'octubre, en què degué retornar a Catalunya, Ors donà, en tres cròniques successives,[97] una idea del Saló de Tardor, breus però plenes d'agudes observacions, i d'altres, com esqueia a una persona que es vantava d'ésser sensible a «les palpitacions dels temps», d'un innegable valor profètic. Així els vaticinis que fa sobre la valoració de l'obra de Paul Cézanne, mort recentment, uns quadres del qual eren exposats en un lloc d'honor.[98]

Era evident que Eugeni d'Ors excel·lia en l'article periodístic de tipus cultural. Dins una tal modalitat també és remarcable la descripció que oferí d'una conferència de Guglielmo Ferrero en un curs que professava al Collège de France sobre la Història romana.[99] Tanmateix, en el grup de les que podríem anomenar «cròniques polítiques», s'ha de reconèixer que a la fi d'any explicà d'una manera molt viva el trist comiat que alguns catòlics militants feren al cardenal Richard, arquebisbe de París, quan hagué de sortir del seu Palau a conseqüència de les lleis anticlericals de la Tercera República.[100]

En el Glosari de 1907 Ors insisteix en alguns dels temes que havia exposat al llarg de l'any anterior i que constitueixen punts fonamentals de la seva ideologia. Veiem, per exemple, reiterat el motiu del voluntarisme, de l'esforç... de l'«arbitrarietat», en fi, a la glosa «Sant Antoni»[101] i, més explícitament, a les intitulades «L'arranjament de les muntanyes»[102] i «Les ciutats arbitràries»;[103] el de la millora moral dels catalans a «El riure civil»,[104] en la qual censura una grolleria comesa en la darrera edició del setmanari satíric Cu-cut!,[105] perfeccionament que li fa desitjar, de tot cor, una pregona reforma dels costums paral·lela a la urbana. «¿A aquesta Reforma corporal de la Ciutat no correspondrà, animant-la, una altra reforma espiritual, la veritable, la importantíssima Reforma?», pregunta en l'escrit «Himne i tragèdia»,[106] on comenta la publicació, per l'Ajuntament de Barcelona, d'un volum referent al traçat del que després s'anomenarà Via Laietana, projecte al qual havia al·ludit amb entusiasme[107] en contemplar, als diaris, la imatge dels regidors i dels directius de l'entitat bancària que havia de finançar-lo, presa en l'acte de signar el corresponent conveni.[108]

El millorament espiritual dels catalans a què aspirava Xènius, el veia assolible no sols amb l'enfortiment de llur civisme, sinó amb el despreniment del llast emocional que, al seu entendre, els perjudicava. Per això enllaçà la notícia de la mort de Grieg amb un concert recent de l'Orfeó Català, en el qual havia sentit l'audició de «L'Emigrant», per blasmar l'eixorc sentimentalisme dels qui deien conrear la música que hom creia representativa del Poble. «El fons de l'ànima popular no és melancòlic, sinó enèrgic. El fons de l'ànima popular no és enyorança, sinó calenta i personal cobdícia d'un més enllà».[109] El Director de l'Orfeó respongué indignat amb una lletra a La Veu,[110] que començava així: «Oh, tu "Glosador", qui saps tantes coses, que ens dónes lleis a desdir, que saltes de la més alta metafísica a les foteses dels bagatges de viatge... Aguanta't una mica les ganes de legislar en música entre nosaltres», dura rèplica en bona fe, que, al seu torn, fou contestada per Xènius amb una glosa, «Caríssim Mestre Millet»,[111] en la qual, tot i afalagar el Director de la Massa coral i comparar-se, a si mateix, a Sòcrates acusat de «corrompre la joventut», no rectificava ni un punt del que havia escrit uns dies abans sobre l'enyorament i el patriotisme.

El Glosari de 1907 continuà, per tant, la labor iniciada l'any anterior, d'educació espiritual o d'il·lustració ciutadana que ell creia que era la millor aportació que podia fer a la causa catalanista; i, certament, ho fou, perquè la tasca de divulgació cultural l'acomplí, de vegades a la perfecció, com pot comprovar-se amb la lectura de la sèrie de gloses alliçonadores que dedicà a l'impressionisme[112] amb motiu de la V Exposició Internacional d'Art, que s'inaugurà a Barcelona el 27 d'abril, en l'organització de la qual intervingué, des de París, amb dos catalans més allí residents, que foren designats, com ell, delegats del municipi barceloní per a una tal comesa: Josep Maria Sert i Alexandre Cortada.[113]

Trobem també en el Glosari d'aquest any dues gloses molt interessants dins de la línia político-cultural, que cal relacionar amb l'acord pres el 7 de juny per la Diputació de Barcelona, de la qual havia assumit la Presidència Enric Prat de la Riba recentment (el 23 d'abril), erigint l'Institut d'Estudis Catalans. Els papers orsians en qüestió, que no esmenten l'Acadèmia, però que evidentment foren escrits pensant en el projecte fundacional i en la tasca que podria realitzar la institució, són «Horacianisme»,[114] glosa en la qual, pretextant uns comentaris als premis dels darrers Jocs Florals, diu que «no té dret una literatura a omplir-se d'estrofes sàfico-adòniques, si abans no l'han incorporada a la Humanitat molta de filologia llatina i grega, molta d'història, molta d'arqueologia, molta de filosofia, molta de fisiologia i tot, i, per dir-ho en quatre paraules clarament, *una intensa febre d'esperit científic*"», i el treball que s'intitula «En què es parla d'un seminari per a la constitució científica de Catalunya».[115]

Aquestes gloses no eren obstacle perquè Eugeni d'Ors seguís el que podríem dir-ne la seva política cultural privativa, discernint el títol de «noucentista» al poeta Josep Carner, a la dibuixant Laura Albéniz, al polític i escriptor Pere Coromines, al músic Cristòfor Taltavull, al pintor Josep M.ª Sert i fins a personalitats de fora de Catalunya, com el japonès, professor de jiujitsu, «Raku», que havia vingut aquí a divulgar-lo, i alguns intel·lectuals madrilenys, qualificats per ell de «noucentistes espanyols», que signaren un missatge d'adhesió a la joventut catalana encapçalat per Gregorio Martínez Sierra i Enrique Díez Canedo, als quals dedica especialment sengles gloses.

Amb tot, no defuig de comentar en termes més o menys el·líptics l'actualitat política. Per la primavera de 1907 se celebren dues eleccions, una de diputats provincials i l'altra de diputats a Corts, de les quals resultarà, en els dos casos, un triomf de les candidatures de Solidaritat Catalana. A l'entorn de les campanyes electorals i de les votacions, publica alguns escrits com «Glosa mediterrània», en què parla de la «formosor civil» de les eleccions mediterrànies,[116] concepte en el qual insisteix en l'escrit «Estètica de les eleccions», on afirma: «De les dues hel·lèniques creacions, la Ciutat i l'Estàtua, encara és la Ciutat la més bella,[117] i les gloses «La Ciutat tria», «Vigília», «Dia d'Eleccions» i «Endemà»;[118] «El Militar civil»,[119] en la qual al·ludeix Francesc Macià i l'elogia pel fet que per tal de presentar-se com a candidat pels districtes de Barcelona i de les Borges Blanques sacrifiqués la seva carrera militar; «El Noucentisme fa eleccions»,[120] «Vetlla»,[121] «Matí reflexiu darrera una victòria electoral»[122] i «Roses de triomf i de sang», glosa en la qual, per aparèixer el dia 23 d'abril, festivitat del Patró de Catalunya, feia jugar la imatge de les patriòtiques roses del triomf ofertes a Sant Jordi amb la vermellor de la sang vessada per Francesc Cambó, víctima d'un atemptat a Hostafrancs.

Quan els diputats catalanistes intervingueren en la discussió del projecte de la Llei d'Administració Local que patrocinava Antoni Maura, Xènius escriví sobre l'estadista mallorquí una sèrie de gloses que foren excloses de les successives edicions del Glosari.[123]

Del que he referit fins ara, la línia ideològica de la col·laboració orsiana a La Veu durant el 1907 no resulta diferent de la que anima la de l'any anterior. Emperò, la que ara examino conté dues gloses que voldria assenyalar com molt simptomàtiques de la insinuació dins de l'estètica i de la peculiar concepció històrico-cultural de Xènius, d'unes preferències que, més endavant, hauran de caracteritzar una bona part de la seva obra; em refereixo al barroquisme i la «il·lustració» setcentista. El 17 de maig Eugeni d'Ors proclamà per «Churriguera, Arquitecte maleït»[124] una admiració que era compatible amb la conveniència d'elaborar un art clàssic i mediterrani que havia predicat abans i seguí predicant tota la vida. Per ell, l'arquitecte castellà no fou un frívol a l'estil dels constructors de l'època «rococó», sinó un representant del «Barroc Heroic», com també ho era el compositor Richard Strauss, amb qui el comparava en una crònica que feia poc havia enviat des de París en ocasió de l'estrena de la seva òpera «Salomé».[125] Quan, responent a una maliciosa al·lusió de Pío Baroja a Gregorio Martínez Sierra i a Eugeni d'Ors, els quals acusava de «semitisme» i, especialment e nostre escriptor, d'haver proferit unes paraules despectives per Madrid, Xènius féu inserir a *La Cataluña* una «Carta abierta a Martínez Sierra (judío-judaizante)»,[126] en la qual, després de donar el tractament que es mereixia Baroja per tan ridícules acusacions, escrivia: «Diga usted a quien por mí le pregunte, como yo adoro Madrid y su cortesanía y los restos de su magnífico ensayo de Civilidad en el siglo XVIII y aquellas mansiones que ornó el heroico churriguerismo. ¿Por qué la juventud española no vindica a Churriguera el gran "arquitecto maldito"?» Remarqui's com, en aquesta lletra oberta, l'exaltació del barroquisme es produeix ensems que la de la civilització del setcents a Madrid, que és la de l'anomenat «Despotisme il·lustrat». La florida del segle divuit, a casa nostra, ve comentada per Eugeni d'Ors amb motiu de la reposició al Teatre Principal d'un sainet de Ramón de la Cruz, en una glosa que s'intitula «Barcelona Selecta».[127]

El dia 25 d'octubre, en una nota que portà, primitivament, el títol «Entrega»,[128] dóna compte d'haver-se acabat la impressió d'un volum que recull el *Glosari* de 1906 «amb les gloses de la Conferència d'Algesires i les gloses al viure de París», o sigui les dues sèries de cròniques que ja han estat relacionades. Està legítimament orgullós de l'edició: «Això fa més de 500 pàgines de text. Això fa vora 400 capítols. Això fa una mena de mística Vall de Josafat on milers d'homes i centenars d'idees es troben citats a judici», per bé que, l'endemà, es mostrava un xic desesperançat en referir també des del Glosari que trobà un venedor ambulant de safrà a qui anava a preguntar, en veure'l tan pobrament vestit: «¿Qui en necessita, d'aquest safrà vostre, aquí? Qui us en demana? ¿Qui ho sap, solament que en vengueu? ... , però», segueix contant, «m'ha acudit a temps a la memòria que jo, avui mateix, havia publicat un llibre "en bell catalanesc". I he callat... En aquest moment, amb indulgència, ha sortit el sol per a tots dos».[129]

El volum, publicat amb una certa dignitat per Francesc Puig i Alfonso, anava ornat amb una caricatura de l'autor pel seu amic de Sant Lluc i dibuixant «noucentista» Feliu Elias (Apa), en la qual accentuava els trets de «dandy» del nostre personatge presentant-lo amb un monocle i tot. El text anava precedit d'un pròleg de Raimon Casellas que Xènius li havia sol·licitat des de París,[130] una presentació força cordial en què s'hi parafrasejaven els principals fils de l'ordit ideològic del Glosador: inquietud, «arbitrarisme», «civilitat», etc., però sembla que el reputat crític artístic de *La Veu* va ésser el prologuista escollit per Ors quan aquest quedà insatisfet d'un que, primerament, havia demanat a Joan Maragall, el qual—home essencialment sentimental com era—no es mostrava massa convençut per l'excessiu intel·lectualisme de Xènius. Almenys aquesta és la versió que ens dóna una persona que era tan íntima de Maragall com Josep Pijoan[131] i que jo he recollit en un altre estudi.

Sigui com sigui, l'edició del llibre constituí un esdeveniment potser no tan sensacional com el que representà pel lector habitual de *La Veu* l'aparició del *Glosari* als començos de 1906, però és evident que, com a balanç del primer any de la seva publicació, el volum feia un cert efecte.

A la premsa barcelonina s'ocuparen del llibre orsià Luis de Zulueta, que ponderà, a *La Publicidad*,[133] la visió actual del món que tenia el seu autor; Aureli Ras, que a *La Cataluña*[134] n'elogià el cosmopolitisme en els següents termes: «¿No estamos aquí lejos, muy lejos de aquella vieja concepción del espíritu catalán que consideraba como sus atributos esenciales e indispensables el "allioli", la barretina y el porrón?», cosmopolitisme que també constituïa el motiu central de les lloances que li tributava, amb algunes reserves, Gabriel Alomar a *L'Esquella de la Torratxa*,[135] setmanari del qual cal dir, entre parèntesis, que venia publicant, des del 21 de juny d'aquell any, una lamentable paròdia del Glosari que signava Santiago Rusiñol amb el pseudònim de Xarau, i Manuel de Montoliu, que a *Poble Català*[136] valorà, per sobre de tot, la seva eficàcia cívica, puix que considerava les gloses com «versicles inspirats d'un Nou Testament de l'ànima catalana (que demostra com) s'ha superat l'època romàntica del sentiment, de desorganització ... per haver entrar en el període de voluntat, d'organització».

Alguns d'aquests comentaris crítics foren contestats des del Glosari naturalment en allò que tenien d'objecció o censura, i així respongué a Ras que ell no tenia cap inconvenient a insistir en els mateixos temes, ans al contrari, ho creia útil.[137] Replicà a Gabriel Alomar que només pretenia ésser «noucentista» i no «futurista»,[138] com hauria volgut que s'hagués declarat l'arravatat poeta balear, que, en una cèlebre conferència pronunciada a l'Ateneu Barcelonès, havia esbossat la seva teoria ètico-político-estètica d'inspiració progressista que anomenà «Futurisme».[139] I digué a Montoliu que no li era lícit dubtar *a priori* de la maduresa de la ideologia continguda en el *Glosari*, ja que, segons el criteri pragmatista del temps, tota teoria era vàlida quan demostrava ésser útil per l'acció.[140]

Abans de considerar el Glosari de 1908, al qual pertanyen aquests tres escrits de rèplica a les crítiques del llibre aparegut a la tardor de l'any anterior, cal que em refereixi—baldament sigui d'una manera succinta—a la labor que Eugeni d'Ors desenvolupà durant el 1907 des de París com a cronista de *La Veu*.

Continuà enviant les frívoles notes a l'estil de Pere Coll, però també escriví alguns papers d'interès en qüestions artístiques relatives a les principals exposicions col·lectives o «salons»: el «dels Artistes francesos», el «dels Independents», el de «Tardor» i el dels «Humoristes», reportatge aquest darrer[141] que després fou incorporat al *Glosari*, com també es féu per una nota en què ens és comunicada la gran impressió que li produí l'estàtua de Rodin *L'Homme qui marche*.[142]

Molt més digna d'ésser remarcada, però, és la crònica que aparegué a *La Veu de Catalunya* el dia 14 de maig, en què descriu la manifestació sindicalista de la Festa del Treball que presencià des de la Plaça de la República. «No se sap prou a l'estranger la potència d'aquesta

"C.G.T." ... És una cosa sense precedents en el Món. No hi ha hagut mai res més "antipolític" i menys "anarquista" alhora.» El que l'atreu en la força i en la ideologia sindicalistes és precisament aqueix sentit intervencionista que infon a tot militant, el qual, paradoxalment, reuneix les qualitats oposades de «revolucionari respectuós de la llei»,[143] i que Ors necessàriament havia de celebrar atesa l'exaltació que venia fent del voluntarisme. A París el nostre personatge experimenta una veritable atracció pel sindicalisme i pel socialisme. Quan morí assassinat Jean Jaurès, Xènius recordava[144] haver anat a escoltar-lo, tot just arribat a la capital francesa, pel juny de 1906, al banquet socialista de Saint-Mandé. Cal afegir que, pels volts de 1920, Eugeni d'Ors manifestà públicament les seves simpaties pels moviments obrers, impulsat per una sèrie de motius en els quals en bona part comptava el seu conflicte personal amb els homes de la *Lliga*, que provocà la seva sortida de la Mancomunitat; simpaties i motivacions que he analitzat en un altre estudi.[145]

Per la tardor del 1906, havia contret matrimoni a Barcelona amb la senyoreta Maria Pérez Peix i retorna amb ella a París; però, naturalment, ja no s'estatja més en aquell sòrdid hotel on anà a parar en baixar del tren per primera vegada, anomenat «Saint-Louis», «el cual reunia condiciones de comodidad por demás elementales, hasta el punto de no disfrutar de luz eléctrica, ni siquiera de gas»,[146] sinó que s'instal·la definitivament en un petit departament moblat a Passy, al número 27 de la Rue Jasmin abans indicat, que ens és descrit per Gaziel en el seu llibre de memòries en referir com s'escapà a París d'adolescent i anà a visitar Xènius.[147]

A la «ciutat llum» Eugeni d'Ors no es limità a enviar cròniques al diari barceloní. Seguint la forta inclinació del seu temperament, es dedicà a estudiar. El preocupava, per aquell temps en què es vivia un ple fervor positivista, la Biologia, la Psicologia i les ciències experimentals, per bé que, més endavant, es mofarà particularment d'allò que s'anomenarà, servint-se de la frase despectiva de William James, la «Psicologia dels instruments de coure», és a dir, la Psicologia dels laboratoris.

Sabem que anà a sentir Paul Langevin al Collège de France, que parlava de la teoria de la relativitat, i ell mateix indica haver assistit, a l'hivern de 1908, als cursos de M. Georges Dumas a l'Hospital-Asil de Sainte Anne;[148] a les lliçons de biologia de Félix Le Dantec al Laboratori de la Rue d'Ulm;[149] i a les classes que sobre la Psicologia de la Imatge donava el P. Peillaube a l'Institut Catòlic, edifici que, passats uns anys, encara recordava amb afecte pel seu pati «color de acero pavonado», al barri del Seminari, prop de l'Església de Saint-Sulpice, i les seves torres «tan dulcemente amarillas en el aire perla de las ocho y media de la mañana ... , cuando los años de feliz aprendizaje en París».[150] Realment, el nostre personatge era feliç per aquell temps en què podia dedicar-se a la seva ocupació predilecta: l'estudi. Ho repeteix en una altra glosa castellana[151] que comença amb la següent afirmació: «Aquel invierno fue muy dichoso para mí en las sesiones de trabajo del laboratorio de la "Rue d'Ulm"», i segueix descrivint, d'una manera molt lírica, el camí que feia per acudir a les lliçons, des de la Muntanya de Santa Genoveva: ... la Rue Mouffetard, l'École Normale Superieure..., amb tots els records literaris que li eren evocats al llarg de la ruta mentre «tiznaba la niebla mi frente con su ceniza y cómo, en una expiación cuaresmal, parecía filtrarse en el alma, con el frío de una desolación muy voluptuosa, la lección severa—acaso matizada de jansenismo—, por obra de ciertas sugestiones de vecindad, de todos los renunciamientos».

La primera classe del curs de Le Dantec va ésser transcrita, com he indicat, en una crònica a *La Veu*; també hi envià un reportatge sobre l'uròleg francès, d'origen cubà, Albarrán,[152] i una altra sobre la lliçó professada per Madame Curie,[153] que foren incloses després al *Glosari*.[154] Crec que aquests tres reportatges han d'ésser interpretats més enllà de l'anècdota que contenen, en el sentit de traduir la intenció del seu autor d'oferir al lector de casa nostra una visió de la vida científica de París que pogués contribuir a formar l'ambient necessari per al rigor i l'exigència que calia atorgar a la labor que havia de realitzar, en el futur, el flamant Institut d'Estudis Catalans.

Amb tot, la curiositat d'Eugeni d'Ors s'estengué a matèries distintes de les ciències experimentals, ja que s'interessà, igualment, per les qüestions filosòfiques. Ell ens diu que quan anà a París portava una lletra de recomanació per poder assistir a les conferències d'Émile Boutroux a la Fondation Thiers i que féu cap al Collège de France, per sentir les lliçons d'un curs sobre Berkeley que professava Henri Bergson, molt més substancioses que no pas les que donà el mateix filòsof sobre «L'évolution créatrice»,[155] a les quals igualment assistí amb l'ambient d'expectació per part d'un públic femení esnob, compost d'elegants dames que feien cua al carrer per poder entrar a l'aula i dins d'ella «se apretujaban o se dejaban apretujar»[156] per oir embadalides—i suposo que sense capir-les masea—les paraules d'aquell conferenciant que havia assolit un èxit mundà que hom no s'explicava i del qual fins i tot es rigueren els «chansoniers» de moda amb allò de:

> Qu'est-ce qu'elles font,
> Qu'est-ce qu'elles font
> Toutes ces belles dames
> Chez Monsieur Bergson?

El Glosari de 1908 tampoc no conté cap innovació respecte de la ideologia exposada el 1906 i reiterada el 1907. Tanmateix, cal que doni una idea del seu contingut. Hi ha unes gloses inserides als mesos de gener i febrer que porten el títol general de «Imatgeria al cor de l'Hivern»[157] i que són d'un to purament literari; descripcions líriques de diversos aspectes de la vida durant l'estació hivernal de la mateixa manera que, durant el mes d'agost de 1907, havia publicat al Glosari una «Imatgeria de l'estiu».[158]

La Diputació provincial de Barcelona, a començos de 1908, havia convocat un concurs per a la concessió de tres pensions per a l'estudi, a l'estranger, de l'organització, procediment i mètodes dels ensenyaments tècnics, secundaris i superiors, d'acord amb l'ambiciosa política del seu president, Enric Prat de la Riba, de potenciar la cultura catalana, que ja donà el primer fruit, l'any anterior, amb la fundació de l'Institut d'Estudis Catalans. Els aspirants a les referides pensions—segons establien les bases del concurs, anunciades al Boletín Oficial de la Provincia del 29-II-1908—, haurien d'ésser llicenciats universitaris o graduats en escoles tècniques superiors; i Eugeni d'Ors, resident a París, optà al susdit benefici pel que es referia als estudis de més categoria, que li fou concedit pel tribunal qualificador en data 21-IV-1908, decisió gens sorprenent perquè, deixant a part els innegables mèrits del concursant, tot fa pensar que el President de la Corporació provincial tingué un especial interès a afavorir econòmicament el corresponsal (no gaire ben retribuït, per cert) del diari *La Veu de Catalunya*, del qual ningú no ignorava la seva funció d'inspirador.[159]

Per optar a la borsa Eugeni d'Ors presentà, en data 31-III-1908, una *Memòria sobre la crítica i els mètodes de la ciència contemporània*, que es conserva a l'Arxiu administratiu de la Diputació;[160] treball manuscrit que consta d'una introducció, nou capítols i un Apèndix. El capítol primer s'intitula «Epistemologia o lògica de la Ciència»,[161] el segon «De la mensuració», el tercer «Del càlcul de probabilitats», el quart «De la transposició», i del cinquè al novè es parla del «mètode en l'ensenyança» de la física, de la biologia, de la moral i de la sociologia. L'«Apèndix» duia el títol «Sobre disciplina personal i el viure científic». Fora de text, Ors relaciona els distints departaments de la Universitat de París i tots els establiments parisencs d'ensenyament superior. A manera d'il·lustració o complement de determinats capítols, l'autor de la *Memòria* va enganxar retalls de *La Veu* amb gloses seves com la que dedicà a Madame Curie (pel capítol v), a Le Dantec (pel capítol vi) i a Albarrán (per l'Apèndix).

Pels volts de la Setmana Santa es veié la causa criminal contra Joan Rull, un antic anarquista que accedí d'actuar com a confident de la policia i exercí un xantatge contra les autoritats barcelonines. Aquell procés desvetllà una gran expectació, puix que l'opinió pública estava molt afectada pel terrorisme i demanava acabar d'una vegada amb l'esglai continuat de les bombes que esclataven un dia rera l'altre. Com que les proves contra ell eren concloents, fou condemnat a mort, però Rull, que era un home llest, es defensà molt bé, la qual cosa féu que restés a l'ambient la sospita de la seva innocència. Xènius, juntament amb Gabriel Alomar, però especialment aquest, promogueren un cert enrenou a l'entorn de la sentència. Hom diria com si haguessin volgut convertir el cas de l'anarquista-confident en una mena d' «afer Dreyfuss català», he opi-

nat en un altre indret,[162] encara que, pròpiament, Ors no afirmà mai
que Rull no fos culpable; sols digué, respecte del veredicte, que «sospito
que, en son fons, no és *injust*. En canvi, sé que és *lleig*».[163]

Quant al que podríem anomenar contribució orsiana a la política
activa, cal esmentar les gloses que escriví en ocasió de les eleccions par-
cials a diputats a Corts, per evitar l'abstencionisme a les urnes: «L'Ho-
me que no llegeix els diaris», «Més detalls sobre el senyor que no llegeix
els diaris» i «Criteri propi».[164]

Continuà en la línia de la missió educadora en una glosa que exaltà
d'una manera molt poètica la tasca de difusió cultural—no aplicable es-
trictament a Catalunya—i que féu una certa sensació; la prova és que
ha estat citada moltes vegades quan hom ha al·ludit a la producció orsia-
na i ha estat inclosa en diverses antologies de la seva obra: «Spinoza a
dinou sous»:[165] «Ah, benaurades eres, oh segle benaurat! Vet aquí com
els llibres a tots ens són donats!»

Seguí atorgant títols de l'orde del «noucentisme» a dos amics seus:
a Joan Llongueres i al meu pare, nomenament que no figura en les edi-
cions posterios del *Glosari* en forma de llibre, com tampoc els que foren
discernits a cinc personalitats per a les quals l'adjectiu «noucentista»
anava acompanyat del qualificatiu d'«acadèmic»: l'enginyer Esteve Ter-
rades, l'hel·lenista Lluís Segalà, el també enginyer Fèlix Cardellach, el
biòleg August Pi Sunyer i el poeta i arqueòleg Josep Pijoan,[166] perquè
Ors els relacionava amb l'Institut d'Estudis Catalans, gloses que cal re-
marcar com una altra forma de col·laboració de Xènius a l'atmosfera ciu-
tadana en pro de l'Acadèmia recentment erigida per Prat de la Riba.
Insistí particularment en el tema de l'Imperialisme com a concreció, en
l'ordre polític i espiritual, del voluntarisme. Són dignes d'esment, en
aquest al·legat a favor dels ideals imperialistes, la glosa «The Empire
Day», en què parla de l'exaltació d'aquells realitzada en tots els dominis
britànics amb una sèrie d'actes que podrien semblar, als nostres ulls,
com un xic ingenus, si no es para esment que «Tot ver Imperi és
—sempre—una obra de Bona Fe»;[167] i el paper «En el Centenari del
Rei Jaume», escrit amb motiu de les commemoracions oficials del Rei
Conqueridor per a les quals, a les darreries de l'any anterior, havia sug-

gerit en una altra glosa com hauria estat desitjable la col·laboració de Rudyard Kipling.[168] Aquest cantor de l'Imperi britànic l'obsessionà per un temps, com l'obsessionaren els altres personatges, símbols de la mitologia imperial, als quals hem al·ludit: l'Heroi carlylià i Lord Chamberlain. Per això el nom de Kipling es repeteix tantes vegades en la taula onomàstica dels Glosaris dels primers anys.[169] També per la referida causa li dedicà un escrit en castellà que aparegué a la revista *La Cataluña*, intitulat «A Rudyard Kipling»,[170] en el qual deia que llavors «que nosotros empezamos a balbucear palabras imperiales llegue hoy hasta aquí un eco de tu cantar grave». Ramiro de Maeztu, que l'havia llegit, advertí des de les planes de *Nuevo Mundo* el perill que, per als catalans, comportava deixar-se seduir per mites com els d'Imperi i el mal exemple que constituïa l'obra de Kipling, que s'havia dedicat a adular els seus compatriotes. L'adulació—deia Maeztu—no enforteix els pobles, sinó que els corromp. Ors replicà al basc anglòfil amb un article, també publicat a *La Cataluña* i que portava el títol de *Las Palabras Imperiales*.[171] «Cataluña—escrivia Xènius—viene entregándose, desde hace cincuenta años, a una sagrada embriaguez de nominación ... Un hombre empezó por ser, entre nosotros, eso de la Nación y ahora ya sentimos una Nación viva entre nuestros dedos y próxima a marchar. Un nombre solo fue el principio de esa Lengua catalana para designar lo que, de hecho, como un técnico entre nosotros, Pompeyo Fabra, denunció como dialecto nada más; pero ya el dialecto del Rector de Vallfogona vuelve a ser lengua y lengua de civilización ... las palabras imperiales son entre nosotros las últimas consecuencias de este juego mitogénico nacional en que se cifra la excelsitud de nuestra vida». Breu: hom podia ésser imperialista si s'aspirava a un Imperi. La qüestió dels noms era una qüestió de voluntat.

La puixança de la voluntat vingué exaltada per Xènius aquell estiu del 1908 amb una sèrie del Glosari que primerament anomenà «La ruta de Santa Helena» i a la qual afegí després el subtítol de «Curt tractat de la Llibertat i Poder de Napoleó»[172] i on, seguint el *Memorial* del Comte de Les Cases, donà una versió *sui generis* del turmentat estat anímic de l'Emperador durant el viatge que el portà a l'illa atlàntica, on fou confinat i morí. Tot i que les gloses són un xic confuses i no semblen haver tingut—al seu temps—massa acceptació (Maragall confessà al seu amic Antoni Roura en una lletra del 16 d'agost de 1908 que no seguia el Glosari, puix que preferia llegir directament el Memorial de Santa Helena), es desprèn de la sèrie un desig de proclamar, per sobre de tot, la voluntarietat i l'esforç humà. Hi ha, per exemple, un diàleg a la coberta del *Northumberland* entre Bonaparte i el Vent desfermat que representa el Maligne, que confessa «udolar de ràbia cada vegada que es formula una Llei, quan es guanya una bona batalla, quan un animal es domestica i ajuda un home, quan enmig d'un bosc és obert pels peus dels homes un camí, quan l'arada dibuixa un solc tot al llarg d'un camp...», o sigui sempre que l'Home triomfa sobre la Natura, i sempre que la Cultura venç la Barbàrie... un tema que anirà repetint-se tot al llarg de l'obra orsiana.

Aquest Glosari estival de 1908 va ésser escrit—com ell té interès a fer constar—a «Terwueren, prop de Brussel·les i del camp de batalla de Waterloo». A les darreries d'agost partí de Bèlgica cap a Alemanya per assistir al Congrés Internacional de Filosofia que havia de celebrar-se a Heidelberg. Això marcarà una nova etapa en la vida d'Eugeni d'Ors. Crec que val la pena que li dediqui un altre capítol.

IV

VOCACIÓ DOCENT

El Congrés de Filosofia de Heidelberg. Els cursos als Estudis Universitaris Catalans. El Congrés de Psicologia de Ginebra. Pròlegs i conferències. L'estada a Munic.

Per aquell temps Eugeni d'Ors experimenta un delit de comunicació i d'adoctrinament que sols pot satisfer, en part, amb el Glosari. Tot allò que ha estudiat, tot allò sobre què ha reflexionat, vol fer-ho arribar als altres, i les pàgines de *La Veu* no són, sempre, les més adients per a satisfer el desig d'exteriorització del seu intel·lecte. En el present capítol relacionaré el mestratge orsià exercit al marge de la labor periodística, del qual pot dir-se que es comença a revelar el 1908 amb la seva participació al Congrés de Heidelberg.

Per la primavera d'aquell any, a Barcelona ja volgué adreçar un missatge estètic als seus amics del Círcol Artístic de Sant Lluc que exhibien a Can Parés. El 4 d'abril, al vespre, els reuní en un acte en la mateixa galeria, on, després d'una hàbil introducció, llegí una de les cartes de Leonardo da Vinci als seus deixebles com si fos el mateix mestre qui els parlés. «Tothom sortí de la lectura—explica una gasetilla periodística—amb el convenciment d'haver assistit a la lliçó de comiat de Leonardo. La virtut de les paraules fou tan gran, que va realitzar-se el miracle».[1] Al cap d'una setmana repetí l'experiment de presentar com si fos llegit pel seu autor el text d'algun artista desaparegut. Al segon dia es tractava del francés Eugène Carrière. Per evocar l'escena en què havien estat pronunciades per primera vegada les paraules que reproduïa—les d'una conferència del pintor donada al Museu d'Història Natural de París—situà a la sala del carrer de Petritxol els esquelets d'un home, d'un simi i d'un rèptil, que li foren cedits, per a tal ocasió, pel naturalista barceloní Mossèn Norbert Font i Sagué.[2]

Emperò, el seu desig de comunicació no es limitava a les qüestions artístiques. Afectava també matèries més abstractes, com la Ciència i la Filosofia.

A principis de 1908, la revista *La Cataluña* reproduïa[3] les declaracions que Xènius havia fet a un periodista madrileny, en les quals, bo i desmentint les insinuacions que ell estava realitzant una tasca política, afirmava el seu propòsit d'adoctrinament en dir que, al seu entendre, en la regestació de Catalunya hi havia una perfecta divisió del treball en mèrits de la qual l'acció exterior, és a dir, les relacions amb els altres pobles d'Espanya, l'acomplia, al Parlament, Francesc Cambó; l'acció interior «ha empezado a realizarla con sabia y sólida arquitectura, desde una propicia posición oficial, Prat de la Riba», i a l'acció de «llenar de alma, que es de Eternidad, todas aquellas cosas» que era pròpia de la joventut, el declarant hi contribuïa «posant-hi el coll» (ho deia, així mateix, amb la típica expressió catalana). Aquesta esforçada tasca juvenil era inspirada per un ideal moral d'intervenció i no d'abstenció, anomenat «Arbitrarisme» o Imperialisme; un ideal estètic de Classicisme mediterrani i per un ideal científic que es reduïa al convenciment que l'acció era la prova de la veritat, és a dir, una filosofia pragmàtica com era «la de Pierce, James, Schiller, mi maestro Bergson y del pequeño grupo intelectual de "Leonardo" de Florencia». Les recents generacions catalanes—explicava—comparteixen amb les noves escoles d'Europa y d'Amèrica aquest criteri filosòfic de certesa que rau en la utilitat, en l'aplicació de l'energia humana, i concloïa dient que «al ciclo de la Lógica *defensiva* que ha dominado en nuestro país y que tiene su más filosófica representación en *El Criterio*, de Balmes, debe suceder un ciclo de Lógica *agresiva* que incorpore a nuestra idealidad nuevos mundos».

La participació d'Eugeni d'Ors al III Congrés Internacional de Filosofia que se celebrà del 31 d'agost al 6 de setembre d'aquell any a Heidelberg marca—com he dit—una fita molt important en la seva vida. Hi fa cap des de Bèlgica, portant la representació de l'entitat catalanista d'extensió universitària que s'intitula Estudis Universitaris Catalans i que li és atorgada al darrer moment—jo crec—per poder assistir-hi proveït d'algun títol relacionat amb la docència, baldament els organitzadors del Congrés, que tenien una idea bastant remota de Barcelona, ignoressin del tot el que fos allò dels seus Estudis Universitaris. Un dels delegats, el professor Aars, d'Oslo, en relacionar, en l'acte inaugural, les universitats representades anomenà la Universitat de Barcelona. «Una equivocació feliç—diu Xènius en una de les cròniques que envià a La Veu,[4] i afegeix esperançat—: Vet aquí que alguna cosa comença amb això». El fet és que ell era l'únic assistent espanyol, puix que el diari de la Lliga, en publicar la nota sobre la tasca preparatòria del Congrés, deia[5] que «entre les gents ibèriques» hi acudirien només Eugeni d'Ors i el Secretari de la Legació Peruana a Londres, i quan se celebrà el Congrés de Filosofia de Roma el 1946, Xènius recordava com «en los anteriores congresos ... la representación española, cuando no ausente, había sido singular. En el de Heidelberg, en 1908, el fotógrafo interesado en reunir grupos nacionales, para no dejarme colgado y triste, me anexionó a la representación italiana».[6]

A Heidelberg assistiren, com a figures capdavanteres: Émile Boutroux, a qui Ors ja coneixia de París; Josiah Royce, professor de Harvard, i F.S. Schiller, de la Universitat d'Oxford, que eren dos pragmatistes; i el neo-hegelià Benedetto Croce, amb qui en nostre personatge establí relació ben aviat, invocant sens dubte el nom de llur comú amic Pijoan, que l'havia tractat a Nàpols el 1904. També lligà amistat amb altres congressistes: C. A. Borghese, professor de Literatura italiana en una universitat d'Alemanya; Karl Vossler, que ensenyava filologia romànica precisament a Heidelberg, i Georges Dwelshauvers, catedràtic de Brussel·les, que després havia de venir a Barcelona i convertir-se en pretext i víctima alhora d'un conflicte administratiu que féu escàndol.

La participació d'Eugeni d'Ors al Congrés consistí en la lectura, dins de la secció dedicada a la Filosofia religiosa, d'un treball en francès intitulat «Religio est Libertas», informat d'«un esperit de resistència contra les ambicions de certs treballs contemporanis com els de William James i de Harald Höffding»[7] i d'altres pragmatistes que reduïen el fet religiós al terreny sentimental. Ors sostenia que el conflicte entre la Potència i la Resistència, entre la Llibertat i la Determinació, entre l'Home i la Natura, el nucli que, dins de l'individu, restava irreductible a tot el que significava resistència, coacció o determinació, matèria pròpia del coneixement humà (el que ell en deia, emprant una comparança geològica, «la capa més pròxima al foc central de l'esperit», és la Llibertat; aquesta Llibertat sostreta a l'imperatiu de les ciències, i per tant incognoscible, és la Religió. La tesi orsiana, que va ésser discutida, en alguns punts per M. Noréro, redactor de la *Revue de Metaphisique et Morale*, i pel professor Waldapfel de Budapest, fou posteriorment publicada en versió italiana a la *Rivista di Filosofia* de Bolonya en el número de febrer de 1909, de la qual es tiraren unes separates. Anys més tard, el mateix Ors la traduí al castellà i la donà a conèixer en una lectura a l'Ateneu de Madrid el febrer de 1914, però aquesta versió espanyola fou publicada més tard.[8]

L'aportació orsiana al Congrés de Heidelberg no quedà reduïda a la lectura de «Religio est Libertas». En la secció de Lògica i Crítica de les Ciències dissertà sobre «El residu en la mesura de la ciència per l'acció,[9] treball en el qual, partint de la teoria de Frederic Schiller sobre la creació estètica i el joc, considerats com una superabundància de la força de l'esperit humà, opinava que també en el coneixement hi ha un sobrant de tipus lúdic o estètic pel fet de no quedar esgotat aquell per l'acció a causa de la constitució econòmica de la ciència que es regeix—com en el treball humà—per la llei del mínim esforç. D'ací la idea del residu en aplicar l'acció a la ciència o matèria del coneixement. El descobriment d'aquesta part baldera, que té quelcom de gratuït, de joc, de llibertat, de bellesa i de vida, fa pensar en la conveniència de la instauració d'un nou cicle lògic en superació del deductiu d'Aristòtil o de l'inductiu de Bacon, amb el qual pugui assajar-se una síntesi dels dos sistemes aprofitant els nous descobriments de la Biologia; un cicle antropològic o humanista pel qual l'individu no serà esclau de la Raó i de la Ciència, sinó que mantindrà en l'acte cognoscitiu una superior llibertat amb la mitja creença, l'adhesió parcial o la ironia.

Eugeni d'Ors podia estar satisfet de la seva presència al Congrés de Filosofia. Les seves cròniques reflecteixen l'eufòria que el domina. Mentre llegia, «El residu—explica en una d'elles—el cel ennuvolat es va

aclarir un xic i un raig de sol daurat entrà a l'aula "color de sol mediter-
rani, color de pàtria"».[10] Els lectors de La Veu pogueren comprovar
també con Xènius havia restat corprès pel romanticisme de Heidelberg:
el vell castell, el Neckar, les cançons dels estudiants al capvespre... però
no sospitaven el revers de la medalla, les angúnies que havia passat
Eugeni d'Ors per presentar aquelles comunicacions originals. Les confià
al seu amic, Josep Maria López Picó, en una lletra datada a Versalles,
el mes d'octubre, després del Congrés:[11] «Els dies de Heidelberg van
ésser molt dolents per mi. Vaig estar malalt en un hospital alemany i
vaig llegir amb febre els meus treballs al Congrés de Filosofia. Aquests
treballs darrers, havent-los escrits en francès, feina encara ingratíssima
per mi, vaig tenir que recopiar-los encara un parell de vegades per donar-
los a la Revista que me'ls demanava, etc. Vaig tenir i tot que traduir a
l'italià! Cada vegada me n'anava al llit mig mort i petant de dents!»

Mogut per un sentiment molt explicable, el nostre personatge vol-
gué novament experimentar al seu país l'embriaguesa que sentí a Hei-
delberg en comunicar, a un públic entès, les seves reflexions sobre
nobles problemes, i així decidí donar una sèrie de conferències a Barce-
lona per la primavera de 1909 als Estudis Universitaris Catalans. Prime-
rament pensà professar, com digué en una carta[12] a López Picó, «unes
poques lliçons, no conferències, per estudiants, no per amics que ja sa-
ben de què va», però després canvià de parer, puix que cregué que seria
millor oferir-les a un públic de persones afectes, i, certament, en les crò-
niques periodístiques d'aquell curset de tres lliçons que es donaren, en
havent sopat, els dies 20, 23 i 26 d'abril al local dels Estudis (carrer del
Pi, núm. 7), llegim, en la relació dels assitents, els noms de Joan Mara-
gall, Antoni Rubió i Lluch, August Pi i Sunyer, Eduard Marquina, Josep
Pijoan, Hermen Anglada Camarasa, Josep Carner, Alfons Maseras, Jo-
sep Farran i Mayoral, Josep M.ª López Picó, Josep Lleonart, Ramon Ru-
cabado...; breu, un grup de persones que, si en una minoria eren oïdors
deferents, en major part eren devots de la persona del conferenciant
com l'esmentat darrerament, Rucabado, que en reportar a La
Cataluña[13] el curset escrivia: «Eugenio d'Ors, el Maestro Glosador as-
cendido y consagrado Maestro de Filosofía, ha plantado en nuestras al-

mas, no ya uno de sus famosos alfileres de inquietud, sino una hoja de acero enrojecido al vivo», i acabava així: «Sea bendito mil veces el noble gesto, augusto y caritativo, del Maestro Ors, que nos ha proporcionado esta inefable sensación: sentir la Ciencia cerca».

L'endemà d'una d'aquestes conferències, Xènius, que s'adonà d'haver-se fet seu l'auditori, escrivia en una glosa, amb un afectat desmenjament: «Sí, una certa exaltació. Ja ho vaig notar. Curiós. No és cert? Coses tècniques dites austerament i no obstant exalten».[14] El tema general de les tres lliçons anunciades com formant part d'un curs sobre «Lògica i Metodologia de les ciències», era el de «La lògica com a fenomen diastàsic», en les quals vingué a dir que en la relació entre la facultat cognoscitiva de l'individu i el món circumdant al qual s'hi aplica hi havia una lluita de forces representades, d'una part, per l'energia de l'ésser humà, i de l'altra, per la capacitat d'excitació que li produeix la Natura. Aquesta és tan considerablement superior a la vitalitat de l'home, que arribaria a destruir-lo, si no fos que disposa d'una defensa específica adquirida a resultes de la primera victòria de l'energia individual sobre l'excitació exterior, complint-se una funció d'immunitat anàloga a la que ens és explicada per la Biologia amb la teoria de la fagocitosi. La raó—deia emprant un símil pres d'aquella ciència—és com una diastasa que desvirtua els efectes tòxics que puguin tenir sobre l'organisme les excitacions provinents del medi exterior. La Lògica, per tant, és una immunitat. Xènius enllaçà això amb el seu concepte biològic i antropològic de la Lògica exposat en la tesi sobre «El residu en la mesura de la ciència per l'acció», defensada a Heidelberg i que llegí, novament, per als oients de Barcelona.

Els de L'Esquella de la Torratxa trobaren en aquelles conferències, en què Eugeni d'Ors havia manllevat la terminologia biològica, una ocasió de broma, oïmés quan podien riure's de retop d'un regidor lerrouxista que escrivia uns feixucs articles de divulgació científica:

> Perquè en Xènius l'altre dia,
> davant d'un triat auditori,
> va parlar de la diastasia [sic]

i de la fagocitosis,
diuen que en Valentí i Camp
està donat als dimonis.
Es comprèn molt bé el disgust
del regidor catastròfic.
És trist que les competències
vinguin a espatllar els negocis!»[15]

En les lliçons de referència, Ors s'estengué respecte d'altres formes de defensa de l'individu enfront del món hostil, com les al·lucinacions en els pertorbats mentals i la parla humana, de la qual no sols remarcà el fons afectiu com feien els filòlegs idealistes del tipus Croce o Vossler (recordi's que acabava de relacionar-se amb ells a Heidelberg), sinó, més particularment, el substràtum lògic que servia a l'home primitiu d'instrument per a l'ordenació del caos; i, en aquest punt, aprofità l'avinentesa per a combatre la teoria maragalliana de la paraula pura (el poeta, que assistí a la primera conferència, no era present a la tercera, on Xènius rebatia la seva teoria més cara), amb plena consciència com ho féu, d'una manera constant tot al llarg de la seva obra,[16] des del cèlebre pròleg a *La muerte de Isidro Nonell* (quan parla de l'art «arbitrari», tan allunyat de l'art imitatiu com de l'art «lírico, impresionista—"interjeccional", le llamo yo—, que ha alcanzado cabal expresión poética en la teoría de la "Palabra viva", de Maragall, nuestro Esencial Maestro en Gay Saber»), fins el 1948, quan escrivia:[17] «¡Sí, sombra querida, Juan Maragall! ¡Qué misterio el de la palabra! Pero no en el orden de lo que tú creías. No como derrame sentimental, amorfo y volandero; sino como sabiduría, de antemano volada a eternidad. No como deslumbramiento, sino como definición».

El text de les conferències als Estudis Universitaris Catalans, corregit i traduït al francès, eixí, a principis del 1910, en una revista de Neurologia, de la qual també es feren separates.[18] Un exemplar el remeté a Henri Bergson, al qual, després, anà a visitar, i se li mostrà molt atent i interessat per la seva obra.[19] No era la primera vegada que ho feia, perquè en una altra ocasió li havia confiat, a casa seva, el parer que era més útil biològicament l'acceptació de la primacia de la Raó, com ho provava el domini dels pobles d'Occident sobre els d'Orient.[20]

Cal també relacionar l'aparició de la separata de «La formule biologique de la logique» amb la visita que Eugeni d'Ors féu a Boutroux per aquells dies, per bé que ell no n'indiqui el motiu.[21] En un altre indret de la seva obra[22] ens diu que s'ocupà del seu treball sobre la Lògica biològica el professor Pierre Janet el 1915, en el curs que donava al Collège de France.

Com he dit abans, les tres lliçons professades a la primavera del 1909 als Estudis Universitaris Catalans formaven part d'un curs sobre «Lògica i metodologia de les ciències», que Ors reprengué a l'entrada d'hivern amb tres lliçons més sobre el tema: l'atenció,[23] en les quals comentà principalment la teoria del psicòleg nord-americà Pillsbury, que sostenia que la nostra atenció es dirigeix vers els objectes que ja coneixem anteriorment i que ens interessen, teoria que Ors desenvolupà, més tard, en un article sobre temes pedagògics, que pot servir-nos per a reconstruir, parcialment, el que digué en el segon cicle dels Estudis.[24] D'aquestes tres conferències, en sortí un «Seminari de lògica biològica», constituït amb la pretensió de realitzar una labor de psicologia experimental per mitjà d'un equip al qual participaren alguns fidels orsians com Rucabado, Farran i Mayoral, Lleonart i els pedagogs Pau Vila, Joan Palau Vera, Manuel Ainaud, Alexandre Galí i el Dr. Jeroni Estrany, i que començà la seva comesa amb una enquesta entre els infants de les escoles municipals del Districte sisè, el resultat de la qual Xènius resumí després en una sèrie de gloses intitulades «Els petits noucentistes».[25]

Entre el primer i el segon curset dels Estudis Universitaris Catalans, a començos d'agost d'aquell any, Eugeni d'Ors assistí al VI Congrés de Psicologia que se celebrà a Ginebra, on es discutiren preponderantment els temes de la Psicologia religiosa i de la psicologia dels animals. Aquella vegada la representació espanyola fou més nodrida. A més del nostre personatge, hi concorregueren Plàcid de Montoliu, un sacerdot gironí, el P. Dalmau, i el cèlebre catedràtic de la Universitat de Madrid, Dr. Simarro. Sobre el Congrés trameté quatre cròniques a La Veu.[26] Acabava de produir-se aquella inexplicable commoció que

s'anomenà la «Setmana Tràgica», i Xènius confessa que en l'acte inaugu-
ral de la reunió de Ginebra temia que els delegats estrangers no li pre-
guntessin: «I, doncs, ¿què passa a Barcelona?», i que quan ell anés a
parlar-los de la «Lògica com a diastasa», «ells parlarien de l'alçament
dels riells», però, afortunadament, segueix explicant, «una pietat, no
l'habitual irònica, sinó respectuosa i sincera», els mantingué discrets, tot
i que el nostre personatge (que, en arribar-li els rumors d'una imminent
acció militar al Rif—que provocà la mobilització de les lleves, motiu de-
clarat de la insurrecció—havia escrit una glosa, «Lo del Marroc i l'acti-
tud catalanista»,[27] en la qual afirmava que les noves generacions
catalanes veurien amb ulls molt distints de com haurien considerat les
antecessores aquell acte d'intervenció a l'Imperi marroquí) se sentí en-
tristit en conèixer els detalls d'aquella explosió de barbàrie i mental-
ment comparava l'estació de París, on havia d'agafar el tren cap a
Suïssa, les multituds que a la capital francesa celebraven el vol de Blériot
sobre el Canal de la Mànega, engrescades per un noble sentit d'emulació
patriòtica, amb les que, a casa seva, s'havien revoltat estúpidament, in-
cendiant esglésies i convents.[28] El prengué una gran indignació i en un
altre escrit exclama: «Gents catalanes! Silencioses gents catalanes! On
sou? Què penseu?»[29] A l'abaltiment i a la posterior ira seguí la reflexió.
Volgué explicar-se el motiu de tot allò i la resposta seva—val a dir-ho—
no tingué de bon tros la noblesa de la de Maragall, tan sagaçment co-
mentada per Benet.[30] Fou més superficial, tot i que tenia un cert fona-
ment. La culpa—deia—era dels forasters, dels immigrants, dels
«metecs»,[31] insistint en un tema que ja havia tocat en el Glosari de
1907.[32] No ens en escandalitzem, però, puix que Eugeni d'Ors no tin-
gué mai la vocació de moralista, ni menys la de sociòleg. Era un intel·lec-
tual pur. Per això, a principis d'octubre, quan la ciutat s'anava refent,
a poc a poc, dels efectes de la maltempsada i s'acabava d'afusellar Ferrer
i Guàrdia, dedicava cinc gloses a un professor nord-americà que havia
escrit una obra contra el pragmatisme,[33] i l'endemà d'inserir-se la da-
rrera, advertia als seus lectors que no fessin escarafalls pel fet d'haver
tractat d'aquell tema «enmig de les tribulacions més greus de l'actualitat
ciutadana», ja que el seu gest no podia comparar-se al dels personatges

descrits per Boccaccio al seu *Decamerone*, que es recloïen en un palau
en temps de pesta per contar-se històries galants, sinó més aviat al dels
estudiosos, que es tancaven dins un laboratori microbiològic per estu-
diar l'epidèmia que assolava la ciutat, una actitud que, per tant, no tenia
res d'abstenció covarda, sinó d'eficàcia.[34]

Però tornem al Congrés de Psicologia. D'aquell en derivà l'organit-
zació d'una labor d'investigació en equip sota la direcció dels professors
Flournoy i Claparède, per la qual havien de portar-se a terme unes en-
questes entre investigadors científics i catedràtics sobre el tema «Mèto-
des del treball personal en les matemàtiques». A Eugeni d'Ors, que
participà en el grup dels que havien de realitzar l'enquesta, li fou assig-
nada la tasca d'interrogar a l'hivern següent, quan retornés a París, el
gran matemàtic Henri Poincaré, el qual li revelà la decisió adoptada, feia
temps, de no estudiar mai de nits, puix que en aquelles hores de tran-
quil·litat la seva imaginació es desfermava i després li resultava impossi-
ble de conciliar el son.[35] No cal dir com la personalitat de Poincaré
impressionà Xènius. Al cap de dos anys i en ocasió de la seva mort, es-
crivia que el considerava encara «el filòsof a la manera grega, el desinte-
ressat amic de la saviesa i gustador profon del subtil plaer estètic que
és la investigació», i que, a més, sabia expressar-se amb una claredat i
una elegància tals que determinades teories seves «semblen pàgines de
Mozart».[36] També haig de remarcar el gran partit que Eugeni d'Ors
tragué de la seva relació ocasional amb el savi francès, que invocà nom-
broses vegades.

Com a vacances ben guanyades de la seva activitat hivernal i prima-
veral, i per recobrar-se del tragí del Congrés de Ginebra, el nostre bio-
grafiat s'atorgà, a mitjan setembre, uns dies de repòs en un petit hotel
de Les Marecottes, un llogarret del Cantó del Valais. Això del repòs és
una manera de dir, perquè Eugeni d'Ors, com la majoria dels treballa-
dors intel·lectuals, descansava només en canviar de feina, i sabem que
en aquell hotelet alpí «traduïa febrosament Pascal»[37] al castellà. Suposo
que és aquella versió que, segons les seves notícies, romangué inèdita
fins al 1955.[38]

Del fervor amb què realitzava la seva tasca, en dóna proves en un

altre indret del Glosari, en què explica com, una vegada a París, havia
volgut visitar, per ambientar-se, dues ancianes religioses que habitaven
a la Vallée Chevreuse i encara eren les últimes supervivents de la comu-
nitat de «Port Royal des Champs», tan esplendorosa en temps de Pas-
cal.[39] Afegiré que aquest angoixat pensador cristià fou sempre un autor
predilecte d'Eugeni d'Ors, el qual el qualificà, una vegada, de «El Greco
de la Filosofia».[40]

Jo crec que potser s'hauria de relacionar aquesta traducció de Pas-
cal amb el projecte que, pels volts de 1909, concebé el nostre personatge
d'una biblioteca d'obres filosòfiques que haurien d'ésser publicades en
castellà, segurament per una editorial parisenca. En parlà amb Maragall,
ja que es coneix una lletra del poeta del 28 de juny de 1909 adreçada
a Eugeni d'Ors a París, en la qual li comunica que potser es podria editar
traduït el seu *Elogi de la Poesia*. La biblioteca en qüestió ve al·ludida més
d'una vegada en la correspondència Ors-López Picó del 1909 i de l'any
següent. El 28 de juliol proposa al jove poeta la traducció d'una obra de
Benedetto Croce; el mes d'octubre li dóna a entendre que el ritme de
les edicions serà bastant espaiat, i pel març de 1910 li comunica que «la
publicació de la meva biblioteca és suspesa».

A les darreries de 1909 explica[41] haver enviat als redactors d'un
calendari que editava una entitat filosòfica de Lugano anomenada Ceno-
bium (on, per cada dia de l'any, s'inseria una màxima o pensament de
diverses personalitats mundials), un text que es fa traduir al llatí sobre
els conceptes «Filosofia i Vida», en el qual parafraseja la cèlebre màxima
«Primum vivere deinde philosophare», escrivint que «en aquest terreny
no conec *primer* ni *després*. També filosofar és viure! "Filosop" és ano-
menat Publi, perquè viu en la consciència de l'eternitat del moment».
L'almanac de Cenobium eixí els últims dies de febrer de 1910. Dels
autors espanyols, a més de Xènius, hi havia la col·laboració de Miguel
de Unamuno i del catedràtic de filosofia de Granada, Gómez Izquierdo.

Quant al Glosari de 1909, considerat en conjunt, cal remarcar-ne,
ultra la sèrie estival «La donzella curiosa»[42]—que després suprimí en
l'edició de 1950—, escrita a Suïssa inspirant-se, sens dubte, en alguna
d'aquelles turistes anglo-saxones que un troba anant pel món i que sem-

blen impulsades, en llur febre de viatjar, per un desig de distreure's del problema personal que els afecta: la pèrdua de la joventut i la renúncia—no sempre voluntària—al matrimoni; els nomenaments de «noucentista» discernits en favor del poeta Guerau de Liost, del decorador Oleguer Junyent, del dibuixant Torné Esquius i dels escultors Clarà («Els Clarà noucentistes», diu la glosa referida no sols a Josep Clarà, sinó també al seu germà Joan, que no arribà a assolir la celebritat de l'altre) i els escrits redactats amb una evident intenció de contribuir a la política cultural empresa per Prat de la Riba i els homes de l'Institut, tals com «Un museu»,[43] en la qual donava notícies del «British Museum»; «La Nova pinacoteca vaticana»;[44] «De la Biblioteca»,[45] on afirma que «Una biblioteca seriosa representa avui a Barcelona, a Catalunya, un objecte de primera necessitat. Cap resultat sòlid i nacional pot assolir-se en la lluita per la Cultura si no es compta, per endavant, amb aquest...»; i «S'hi parla també de la Biblioteca».[46]

Aquest ideal de cultura, projectat devers el futur de Catalunya, el portà a una interpretació ben curiosa del passat referit a tota la Història espanyola en dues gloses: «El motí d'Esquilache» i «El Manolo»,[47] on afirma que «Espanya és un perpetual motí d'Esquilache, on el "Manolo" s'arrapa al que és pintoresc. El Ministre tracta d'instaurar urbanitat, Política. La qüestió de les capes i els barrets: un mer episodi. Però la rebel·lió ve de molt més lluny! Ja ha estat dit: tota la Història d'Espanya». Un dia, el «Manolo» és Viriat que s'alça contra Roma, contra la Civilització, i la pellissa del bàrbar, plena de puces, «derrota més d'un cop la toga»; l'altre dia és «un Rei de Castella», «Se l'anomena en la Història, Sancho IV, "El Bravo", que es revolta contra el seu pare "Alfonso el Sabio", i tot el que ell encarna: "L'Imperi, la Cultura, la Tolerància", el Dret Romà; després són els "Comuneros de Castilla"», etc.

A Catalunya aquest «Manolo», representació del poble que es resisteix a la Civilització, ve personificat per una glosa sensacional, en «La dona de l'òmnibus»,[48] la «Marmanyera simbòlica», l'«eixerida», la que «no té llana al clatell», la «que no es posa cap pedra al fetge», la que «ha donat to i fesomia al modern català del carrer», la que «fa cruel burla

i inutilitza aviat les nostres temptatives de reforma i d'apartament», la
que «ha escarnit tot esforç nostre» i «a qualsevol temptativa d'ideal ens
ha perseguit amb els mals mots de son argot de "sss" xiulades i arrosse-
gants: "Catalaniztas!", "Mudarniztas!"... "Zebas"». «Ella és la gran
nosa, la gran resistència, la fossa comuna dels nostres benvolers...». I
conclou en la glosa següent: «No hi ha altre remei. Cal acabar amb ella.
Cal matar-la. "Delenda est"».[49]

Per això, a les darreries de l'any anterior protestava pel fet d'haver
estat sorpresa la seva bona fe quan envià dos treballs a una nova publica-
ció, el director de la qual—amic seu—li havia indicat que seria de caràc-
ter artístic, notícia que ell havia acollit il·lusionat i fins havia comentat
des del Glosari,[50] i resultà que aquell setmanari—que s'anomenava
Papitu—inserí en el seu primer número (25 de novembre) una «Glosa
exorbitant» de Xènius sobre les persones grasses i en el segon (2 de de-
sembre) la reproducció fotogràfica d'unes línies autògrafes seves en
«Homenatge a James Ensor», molt líriques i penetrants sobre l'obra del
fantàstic pintor belga, no adoptà el to que ell s'esperava, puix que resul-
tà un full satíric i un bon xic picant, que cultivava la maledicència i el
«potin»: «perquè no m'agrada treure el cap per la finestra del celobert,
ni que sia per esguardar els astres quan les cuineres del veïnat s'insulten
i conten històries»[51] i que, en definitiva, representava tota aquella «ba-
rrila», tot aquell «deixar-s'hi anar» que ell condemnava en «La dona de
l'òmnibus».[52] La història de la col·laboració inicial d'Eugeni d'Ors a
Papitu i la seva retirada gairebé immediata, del cos de redactors del set-
manari, fa més complicada del que deixen entendre les gloses abans refe-
rides, com es desprèn de la correspondència Ors-Casellas.[53]

La glosa contra la «marmanyera simbòlica» constituí una de les més
importants aportacions a la seva campanya a favor de la reforma moral
dels catalans.[54] Tanmateix s'ha d'esmentar la glosa que escriví quan, en
la revetlla de Sant Pere, l'alcalde de Barcelona, amb uns quants regidors
i tècnics municipals, procedí—mentre començava a sonar la Banda Mu-
nicipal que acompanyava el seguici—a encendre, al carrer de Basea, una
pira amb totes les fustes velles que havien quedat abandonades per
aquells encontorns per efecte de les obres de reforma interior. Llavors

Eugeni d'Ors digué que «també voldria que la bella foguerada encesa ahir simbòlicament al bell centre dels barris podrits en camí de desaparèixer no fos sinó una flama despresa d'una altra foguerada, de la Gran Foguera... Plau-me aquest signe: la Foguera per significar les nostres revisions... El foc és un purificador».[55]

El problema del millorament moral dels ciutadans es fa sentir amb més agudesa després de l'esclat revolucionari de juliol. Els qui, com Eugeni d'Ors, han anat predicant el civisme i l'honestedat en els costums públics viuen uns mesos de desconcert. Per a major torbació de la gent d'ordre, dels catalanistes de dreta, en les eleccions provincials d'octubre i en les municipals de desembre surten triomfants—per un fenomen que serà ben natural dins la peculiar lògica política del país—les candidatures antigovernamentals, les que han convertit la repressió de la «Setmana Tràgica» en una arma de la campanya electoral. Cal llegir en aquest sentit la glosa «Un psicòleg al míting»,[56] per inferir quin era el to dels discursos de propaganda.

En publicar-se el resultat de l'escrutini de les eleccions municipals advers a la Lliga, Xènius aprofità la commemoració de Santa Llúcia, l'endemà de les votacions, per escriure[57] que havia vist al barri de la Catedral i pels volts de la capella dedicada a la Màrtir de Siracusa una munió de persones cegues: «També la ciutat és plena d'orbs. També n'hi ha a l'una banda i a l'altra...

> *Santa Llúcia Gloriosa*
> *la vista i la claretat.*

La Junta Directiva del Centre Autonomista de Dependents del Comerç i de la Indústria organitzà un Cicle de Conferències d'Educació civil i Eugeni d'Ors fou sol·licitat per pronunciar-hi la inaugural. L'acte se celebrà el 21 de desembre. El parlament de Xènius fou magnífic, tot i no dissimular la desorientació de què patien els homes de la seva corda arran dels successos de juliol, professà una lliçò de civisme d'una manera molt lírica, aprofitant, com ho havia fet en una glosa publicada a *La Veu* en plena campanya electoral,[58] el fet de la troballa, a les excavacions

iniciades feia poc a Empúries per compte de l'Institut d'Estudis Cata-
lans, de l'estàtua d'Esculapi i d'una petita testa de Venus.[59] Eugeni
d'Ors digué en tal ocasió que els capdavanters de les noves generacions
havien volgut instaurar el Classicisme com ho provaren, d'un temps en-
çà, l'abundor de realitzacions, projectes i idees com «Sonets, Horacia-
nes, Escalinates, Medallons, Imperi, Parcs, Museus, Acadèmies,
Instituts, Gloses, Eleccions, Ciutadania, Imperialisme, Ètica civil, Èti-
ca sexual i Reformes urbanes», però, «quan crèiem que totes aquestes
aspiracions diverses i aïllades havien ja impregnat la consciència popu-
lar, la lliçó de la realitat, després de la brutal caiguda, demostrà que fal-
tava encara un lligam, un esperit comú», aquell havia estat revelat per
les troballes arqueològiques que infondrien una nova força al poble com
la que, durant la Reconquesta, estimulà el renovellament del fervor reli-
giós per l'aparició de les imatges que havien estat sepultades en sobreve-
nir la invasió sarraïna. Les estàtues gregues faran incorporar novament
els catalans al Classicisme, «Pa i sal de la Cultura», el qual els infondrà
el sentit de la Ciutat «com una religió, portant-la, si convé, fins al fa-
natisme».[60]

El dia 1 de gener de 1910 signa, datant-lo a la Casa de les Punxes
(Barcelona)—detall significatiu perquè revela que ja està establert defi-
nitivament a Barcelona i té el seu domicili a l'original edifici neogòtic
de l'Avinguda Diagonal, que bastí l'arquitecte Puig i Cadafalch, amb el
qual, després, topà quan fou segon president de la Mancomunitat—, el
pròleg al llibre de poemes del seu amic Josep M.ª López Picó, *Turment-
Froment*. El llibre no apareixerà fins el mes de juny, i en el carteig Ors-
López Picó es veu com el jove poeta s'assessorà en Xènius per molts de-
talls de l'edició. Hi ha, per exemple, una carta orsiana del mes de maig,
en la qual li indica el tipus de lletra que hauria d'ésser com el de l'imprès
que li adjuntava i li suggereix «una idea que se m'ha ocorregut i que té
encís i novetat: és que podríeu enumerar les vostres obres a la manera
dels músics. "Opus 2", "Opus 24"», etc., i que, efectivament, acceptà,
puix que *Turment-Froment* es publicà com a «Op. 1». López Picó era un
home essencialment honest, fervent cristià, i Eugeni d'Ors al·ludia a la
puresa de la seva vida com una de les determinants d'aquella poesia feta

de concreció: «Timidesa, pobresa, castedat... quan aquestes coercions encerclen i empresonen una joventut és una cosa augusta com un cónclave o com el ventre d'una prenyada». Llavors, seguia dient, la creació poètica esclata com una fruita, «com una espiga» premuda amb una duresa i un rigor intel·lectual gairebé geomètric que satisfeia Xènius, perquè «nosaltres, els grecs i hereus de grecs, som i serem perdurablement geòmetres».

El mes d'octubre de 1908 havia prologat un altre llibre de poesies, *La Muntanya d'Ametistes*, de Guerau de Liost, o sigui Jaume Bofill i Mates, que com a diputat provincial jugarà un paper tan decisiu—en un sentit perjudicial per a Eugeni d'Ors—en el debat que seguí a la seva destitució del càrrec que ocuparà en la Mancomunitat. És curiós el que succeí amb l'escrit proemial a l'obra de Bofill; quan el poeta va sol·licitar-lo, Xènius ja acceptà de bon grat la proposta, com ho prova que escrivís[61] «un llibre que es diu "La Muntanya d'Ametistes", per exemple, ha de tancar al dins algun fulgor de pedra preciosa». Amb aquella publicació es donà el cas paradoxal que mentre que el llibre responia, clarament, a una filiació estètica «noucentista», que el mateix Ors assenyalà complagut en una glosa del 21 de gener de 1909,[62] amb la qual li atorgava—condescendent—aquella distinció, el pròleg encara palesava moltes reminiscències del decadentisme del final de segle. Per exemple, quan comparava el que havia fet el poeta amb la gesta d'un heroi llegendari que hagués arribat a la salvatge muntanya per trobar un monstre femení i seductor, la personificació de la Natura, i arrabassar-la i recloure's amb ella en la solitud de la seva cambra, talment un nou ermità; però en lloc de rendir-se als seus encants l'havia apaivagat i torturat, perquè «aquell Sant Antoni guardava, als dintres, una ànima de Marquès de Sade». Amb la violència convertí l'Esperit maligne de les muntanyes en una obra d'art. Hom diria estar llegint una pàgina treballada de Flaubert (el de *Salambô* o, més exactament, el de *La tentation de Saint Antoine*), o estar contemplant una preciosista il·lustració d'Aubrey Beardsley, el dibuixant admirat per l'Ors dels primers anys. Cal afegir que fou substituït aquest pròleg «modernista» per un altre de Josep Carner, ben «noucentista», en la segona edició del llibre el 1933.

Després de presentar les obres de Bofill i Mates i de López Picó, Eugeni d'Ors escriví, una mica més tard—mitjan 1911—, un pròleg per a un llibre de Joan Llongueres, que llavors vivia a Terrassa i signava amb el pseudònim de Chiron. L'obra en qüestió[63] era, en definitiva, un recull d'articles que Llongueres havia publicat en un full terrassenc, uns comentaris breus que gairebé eren un calc de les gloses. En ells parlava del «Noucentisme», de «Civilitat», d'«Imperi»... fins havia escrit una «Meditació per als qui vetllen en aquest mes de gener», a l'estil de «Hores inquietes de l'avui...». Val a dir que Chiron no dissimulava la influència rebuda i escrivia que així com en tot aparell motriu hi havia rodes grosses i rodes petites, allí «"Xènius" Imperi era el volant i "Chiron-Ciutat" la roda petita», i Eugeni d'Ors responia, paternal, en el seu pròleg que «Bo és aquest ofici de "Glosador" quan a tan despertes ànimes tempta».

L'obra del nostre personatge era imitada. Uns poetes joves li demanaven consell; uns altres li sol·licitaven pròlegs, i es trobava al centre de moltíssimes iniciatives... Per això recordava, anys després, amb una punta d'orgull i amb un xic de recança, aquells en què «yo tenía cura de almas, o siquiera cura de mentes en Cataluña».[64]

Llongueres representava un dels nuclis d'intel·lectuals forans més addictes a la doctrina orsiana: els qui vivien a Terrassa, població que era una d'aquelles «Serres» que tenien consciència de «Ciutat», com les definí en la cèlebre glosa en què, precisament, al·ludeix a la feina que, pel que respecta a l'educació cívica, literària i musical dels seus conciutadans, hi estava realitzant un «desconegut amic meu, "Chiron"», amb el qual anà comunicant-se després per mitjà del Glosari[65] i acabà per designar "noucentista" amb el seu veritable cognom, dos dies després d'haver celebrat, amb entusiasme, la presentació al Palau de la Música Catalana del seu espectacle de gimnàstica rítmica en l'escrit «Aquests nois de Terrassa».[66]

Llongueres-Chiron era, per tant, un dels elements més actius d'aquella tasca de difusió cultural que plaïa a Eugeni d'Ors i que per força havia d'encoratjar, com ho féu amb la glosa «Els lliris de Terrassa».[67] Allà es publicava una revista catalanista, *La Sembra*, en la qual, com és natural, col·laborava Chiron; es portaren a terme els experiments pedagògics de Joan Palau Vera amb l'Escola Mont d'Or i d'Alexandre Galí amb les Escoles de Vallparadís; Diego Ruiz intentà erigir-hi una Universitat Popular, es donaren concerts, s'organitzaren exposicions de pintura... A principis de 1910 els terrassencs amics de Xènius projectaren un cicle de conferències d'estímul per a la joventut, en el qual fossin estudiats aspectes de la vida dels grans homes. La figura escollida fou Miquel Àngel. Ors s'acuità a comunicar la notícia a través del Glosari amb un escrit intitulat «Miquel Àngel vindrà»,[68] on deia que el geni no aniria a Barcelona, sinó a Terrassa, «que ja és un caliu de foc d'Humanisme», per donar lliçó, amb la pròpia vida, del «deure de grandesa» que necessitaven tots els pobles que volien ésser imperialistes. El curs s'inaugurà el 29 de maig, un diumenge, en què malgrat escaure's en plena estació primaveral, els carrers eren coberts de neu. La lliçó fou professada al Saló de Sessions de la Casa Consistorial per Josep Lleonart, però abans que el poeta fes ús de la paraula Joan Llongueres llegí un paper orsià en què deia als seus amics que «no volia enviar-los paraules amables, sinó paraules severes» i que «el millor èxit del curset seria que dintre d'uns anys sortís de Terrassa un altre Miquel Àngel», per la qual cosa recomanava el treball esforçat, «el silenci, la soletat de la sembra i la humiltat d'esperar».[69]

El Glosari de 1910 començava amb un escrit intitulat «Programa»,[70] pel qual Xènius, en encetar el quart any de la seva tasca, traçava uns plans sobre la seva continuació que ara, en recordar la corba vital d'Eugeni d'Ors i com el Destí va tòrcer uns projectes tan optimistes com els que allí formulava, fan una certa angúnia de llegir. Dintre de tres anys—deia—el Glosador tindrà trenta anys i llavors, serà ocasió per a cloure la present etapa, que serà la de les gloses de la Joventut. Després, caldrà un període de silenci d'uns deu anys, escolats els quals, a la manera dels arquitectes que erigeixen un replà o pis sobre la planta baixa, o «segon ordre», escriurà, durant set anys més, les gloses de l'Edat viril; després d'un altre silenci, als cinquanta-set anys, serà qüestió de coronar l'edifici amb una gloses de la Senectut. Pobre Xènius, amb quina poca regularitat i simetria hagué d'acabar l'ambiciós palau que projectava, interrompent el Glosari i publicant-lo en diversos diaris i llengües!

Cal remarcar en la seva obra periodística del 1910, des del punt de vista de les innovacions o notes més característiques en l'ordre de la ideologia política, la manifestació de franca simpatia per la figura i l'obra del teòric del sindicalisme d'acció o doctrinari de la violència Georges Sorel. Recordi's que en les cròniques parisenques de 1907 Eugeni d'Ors ja havia revelat un gran interès per la «violència legalista» de la «C.G.T.» Ara, però, escrivia que «Un Esperit únic bufa avui sobre les joventuts dels pobles civils ..., esperit (que) no aboleix entre nosaltres diferències d'escola ni de situació. Som, els uns, tradicionalistes dintre d'una tradició nacional concreta ... Som imperialistes els altres ..., som altres, en fi, sindicalistes i combreguem en la noció de la Nova era proletària, en el mite de la Vaga general, i fem, àdhuc, amb Georges Sorel, l'apologia de la Violència»,[71] i que «els nostres sindicalistes no llegeixen prou a Sorel», cosa de la qual ell es plany, puix que considera que mentre «les concepcions democràtiques tenen una data: són, del tot, segle XIX, el sindicalisme és absolutament noucentista».[72] Anys més tard, admetrà haver sofert una forta influència de l'obra del teòric del sindicalisme revolucionari: «Había pocas mentes entre aquellas a quien el principio del siglo actual encontró en adolescencia y, adviértase que esto quiere decir, entre aquellas a quien hoy toca pronunciar, en el mundo, las grandes palabras eficaces, que no hayan desarrollado su formación intelectual bajo el influjo del signo de Georges Sorel», malgrat, afegeix, «que los caminos han podido ser, después diversos», com el que seguiren Mussolini, Rainer Maria Rilke, el Comte de Keyserling o «como el de su comentador, en las presentes "glosas"».[73]

En matèria artística és estimable la glosa que dedicà a Isidre Nonell amb motiu de la seva darrera exposició en vida a la galeria Fayanç Català —l'única en què assolí un cert èxit de públic i de crítica— i en la qual Xènius assenyalà molt bé l'esperançador canvi que estava operant-se en la producció nonelliana: «Hi ha dos Isidre Nonell: l'un és un realista, l'altre un arbitrari; l'un és un auster, l'altre un voluptuós ..., l'un pot recordar Cézanne, l'altre recorda a Goya i tot».[74]

També dins de l'especialitat estètica, són notables les gloses que escriví en defensa del qui, per un temps, fou gran amic seu i artista predilecte, el qual, per dir-ho d'una manera gràfica, fou «pintor de la Reial Casa orsiana», Joaquim Torres Garcia, les relacions amb el qual s'agreujaren posteriorment, segons es desprèn del llibre de *Memòries* d'aquest darrer.[75] Quan es promogué en el Consistori barceloní un debat per la supressió, per ordre dels regidors de la majoria lerrouxista, de les pintures murals que Torres havia realitzat per al despatx del cap de la Secció d'Hisenda, Pere Coromines, Xènius escriví: «Nosaltres ignorem si en Torres Garcia pot comparar-se amb el Tiziano, però sabem, sense el menor dubte, que el senyor Mir i Miró[76] no té res que veure amb Carles V».[77]

Parlà novament d'Auguste Rodin[78] en ocasió d'haver concorregut en un restaurant del Bois de Boulogne a un banquet en honor seu, al qual, naturalment, assistí «le tout Paris», és a dir, els qui comptaven en el món de la política, de les lletres i de les arts. Una de les grans figures literàries parisenques amb qui més es relacionà Eugeni d'Ors fou el poeta grec, francès d'adopció, Jean Moréas, que morí precisament aquell any 1910 i al qual dedicà tres gloses,[79] en la darrera de les quals explicà, amb els detalls propis d'un testimoni presencial, la cerimònia de la cremació del seu cadàver al Cementiri del Père Lachaise. Xènius aprecià moltíssim Jean Moréas pel seu tracte exquisit i, sobretot, pel seu ideari estètic, que li feia valorar, per sobre de tot, la bellesa perenne i admirar l'art clàssic. En una conferència que pronuncià el nostre personatge a l'estiu de 1915 al Saló de sessions de l'Ajuntament de Sabadell, amb motiu d'una exposició d'artistes locals,[80] reportà la frase proferida pel seu amic parisenc poc abans d'entrar en període agònic: «Il n'y a pas d'"Ancien" en Art; il n'y a pas de "Nouveau"; tout cela sont des bêtises».

No cal dir que durant el 1910 anà prosseguint la seva campanya a favor de la fundació d'institucions de cultura a Catalunya, començant per la d'un Museu digne com el que ja tenien en altres països que hom considerava endarrerits. «Perquè a Turquia hi ha Museus, per molt que això sorprengui a aquells coneguts nostres que opinen que aquí ens en podem ben bé passar», escrivia en un incís a un comentari d'una notícia intrascendent,[81] de la mateixa manera que havia remarcat l'any anterior, en tenir esment que en una petita vila de la nostra costa s'havia organitzat una modesta representació teatral per recollir diners per exhibir, en un local decent, els objectes trobats a les veïnes excavacions d'Empúries. «Als pobles—deia—la gent desitja, en general, poca cosa: que una carretera, que una indemnització per l'aiguat. A l'Escala, desitgen, volen, un Museu».[82]

En aquesta lluita per la Cultura posà particularment l'accent sobre la conveniència d'establir, a Barcelona, una gran Biblioteca. He d'aclarir, per no pecar d'unilateral, que Eugeni d'Ors no portà, tot sol, la campanya pro-biblioteca. Qui repassi la premsa barcelonina d'aquells anys i, especialment, la de 1910 s'adonarà que s'eleven—com si fossin orquestrades—una sèrie de veus que demanen la mateixa cosa. Són les dels intel·lectuals catalanistes, vells i joves, sobretot aquests darrers, com Manuel de Montoliu, pensionat a Halle per la Diputació, que escrivia un article a *La Veu* el 21 de setembre, o la d'Agustí Calvet, l'escriptor que, més tard, signarà amb el pseudònim de Gaziel, que publicava el 4 d'octubre «De la Biblioteca com a fonament de l'Escola» al mateix òrgan regionalista. Xènius, des d'Alemanya, confiava, en una lletra a Josep M.ª López Picó, el 31 d'agost: «Ja que torneu a fer articles a "La Veu", ¿per què no en feu un sobre el moviment per una biblioteca moderna?... Feu-ne un, digueu a tots els amics que facin el seu. Convé que insistiu tots en aquesta qüestió, que hi col·laborin i, sobretot, que no la deixin desviar». Josep Pijoan, que, com a Secretari de l'Institut d'Estudis Catalans, havia redactat el 1907 una petició d'ajuda econòmica dirigida a l'Ajuntament barceloní per a la constitució d'una Biblioteca catalana,[83] ja havia vingut assenyalant, d'una manera indirecta, la necessitat d'un gran centre de lectura amb una successió d'articles espaiats iniciada el 1905 i que culminà el 1910 amb un arravatat article «Els xatos vells de la bandera nova i els xatos nous de la bandera vella»,[84] que féu sensació, per tal com evitava aquells «desviació» que temia Ors i a la que al·ludia en la seva carta a López Picó, pensant en els suggeriments formulats per alguns republicans que adulteraven, conscientment o inconscientment, el projecte de l'Institut.[85]

Per tant, pot dir-se literalment que l'opinió pública barcelonina fou sotmesa a un intens bombardeig, encara que s'ha de reconèixer—en honor a la veritat—que els projectils que llançà Eugeni d'Ors foren abundants i d'un gros calibre.

«"Una ciutat sense llibres!" Jo exiliaria, sense remordiments, de la nostra república, a qualsevulla català que no sentís, de seguida, tot l'horror—tot l'horror migeval—d'aquest mot!», escriu en una glosa, «Llibres»,[86] on comenta l'oferta d'Alfred Lorentz, llibreter de vell de Leipzig, d'uns nou mil volums sobre Filosofia i en suggereix l'adquisició per Barcelona «amb dos mil duros miserables».[87] «Llibres! Llibres!», exclama al final d'un altre article,[88] en què explica el descoratjament que experimentà un jove sacerdot, Antoni Griera, al seu retorn d'Alemanya, on havia anat a estudiar filologia, pel fet que ell, com altres pensionats a l'estranger, no trobava a Barcelona una biblioteca on poder continuar els seus estudis. Finalment, el mes de setembre dedicà tretze gloses seguides[89] al tema de la Biblioteca, descrivint els fons extraordinàriament nodrits que contenia la Reial Biblioteca de Munic, que ell visità en l'estada que féu a la capital bavaresa des dels últims dies de juliol. «Sóc a Munic—escriu a López Picó—el 4 d'agost, preparant-me a la meva experiència llarga del món germànic», perquè certament la que pogué adquirir a Heidelberg fou massa curta i aqueferada per poder conèixer mal que fos superficialment aquell país que trobà tan agradable, com es dedueix de les descripcions que fa en el Glosari dels carrers de Munic, de l'aspecte dels infants, dels mercats, de les cerveseries, etc. En aquella ciutat conegué alguns compatriotes: el metge Víctor Conill, el violinista Joan Manén, el dibuixant Josep Porta, uns fruitaires mallorquins i un taverner del Vendrell, que tenia tots els dependents de la mateixa població, que esmenaren, indignats, els cartells fixats per les parets de Munic i que anunciaven un imminent concert de Pau Casals, en els quals, al costat del nom del violoncel·lista, deia «de Madrid», i que quan els clients de l'establiment on ells servien no es mostraven massa esplèndids en les propines murmuraven baixet fent unes obsequioses reverències: «Així te rebentessis!»[90]

També freqüentà el tracte de la infanta Paz, germana d'Alfons XIII, que s'havia casat amb l'arxiduc de Baviera i era persona molt sen-

zilla i afectuosa. S'interessà pels seus estudis i li pregà, en pla confiden-
cial, si volia informar-se de la certesa de les afirmacions d'una ballarina
flamenca que havia anat a parar a Munic sense un clau i li demanava
ajuda, cosa que féu Eugeni d'Ors ben malagradosament, suposo.[91]

A la capital bavaresa conegué, en un parc, quan ell estava llegint
un llibre espanyol, l'hispanista italià Arturo Farinelli, que llavors era
professor a la Universitat de Munic, el qual, només en saber la seva pro-
cedència, l'abraçà i esdevingueren amics per tota la vida.[92] La prova és
que anys més tard Ors dedicà a Farinelli el seu llibre *Epos de los
Destinos*.

Allà tornà a veure Vossler i Cesare Antonio Borghese, volgué
informar-se de l'organització universitària i dels plans d'estudis de les
diverses facultats i especialment per la Clínica Psiquiàtrica, que depenia
de la de Medicina, on s'assabentà detalladament de les teories de Sig-
mund Freud, que llavors començaven a difondre's per l'Europa Central.
Anava comunicant als lectors de *La Veu* tot el que observava a Munic
i creia que podria ajudar a la formació del clima de fervor científic que
havia de rodejar la tasca de l'Institut.

És evident que també pensava en aquest organisme articulador, a
Catalunya, de la Cultura superior en la glosa «George Washington i
l'Acadèmia de Calví»,[93] on explica que al primer president nord-
americà, que planejava fundar una universitat nacional, li proposaren
que confiés aquella tasca a uns professors calvinistes de Ginebra, i que
Washington, molt encertadament, rebutjà el concurs estranger, perquè
«ell estava fonamentant un poble i sabia el valor de què la Ciència, que
n'havia d'ésser un dels pilars, fos homogènia...; consentir el contrari
equivalia a condemnar son poble a una servitud mental, que és la pitjor
de les servituds».

La nit de Sant Silvestre de 1910 signava un escrit importantíssim,
en castellà, perquè anava destinat a la revista *La Cataluña*, que es publi-
cà en un número extraordinari «dedicado a la juventud catalana», i que
aparegué els dies 7 i 14 de gener de 1911. S'intitulava «El renovamiento
de la tradición intelectual catalana» i constituïa una valenta afirmació
de la seva fe en el futur de la Ciència a Catalunya. Començava per dir

que les noves generacions, com a revolucionàries que eren, havien hagut de reivindicar un passat per tal que els servís de precedent. «Nosotros hemos tenido que realizar un esfuerzo heroico, un esfuerzo mental, sentimental y "casi físico" para encontrar, bajo la capa espesa y pétrea de la barbarie, el filón áureo de la antigua tradición». La veritable tradició catalana era la dels homes creadors, originals, arriscats: Jaume el Conqueridor i no Pi i Margall; Alfons el Magnànim i no Joaquim Roca i Cornet; Ausiàs March i no els falsos Mestres en Gai Saber que consagraven anualment els Jocs Florals; Ramon Llull, Ramon de Sibiuda, Arnau de Vilanova o Bernat Metge, i no Quadrado, Balmes o Mañé i Flaquer... «La falta de información acerca de nuestro pasado de gloria» era una de les causes de l'estat d'ensopiment a què havia arribat l'espiritualitat catalana, contra la qual, afortunadament, s'estava reaccionant. Una altra de les causes havia estat l'abandó del català com a instrument d'expressió científica. «Todo, absolutamente todo cuanto se ha intentado en castellano se ha visto condenado a la ineficacia..., la vida mental es una..., dividir el espíritu en dos mitades equivale a matar el espíritu.» Rebutjava de ple el bilingüisme, dient: «¡No! ¡O todo o nada!», i per això atacava Josep Yxart, «que fue ...uno de los escritores menos inteligentes, más ignorantes i más lastimosamente provincianos de su tiempo», pel fet d'haver recomanat als seus conterranis limitar el català a la poesia i escriure en castellà la prosa. Per sort, segueix dient, la Renaixença literària obrà el miracle i «La ingenua colección de mi venerable pariente (al·ludeix a Joaquim Rubió i Ors) traía entre sus posibilidades de violencia, contenía ya en lo que llamaríamos—en imagen tomada de la biología—su plasma germinativo, no sólo "El Canigó" y "Els fruits saborosos", no sólo la política "Nacionalitat Catalana" y la erudita "Arquitectura romànica a Catalunya" y el periodístico "Glosari" y la industrial "Pràctica dels teixits", sino todos los científicos tratados de la Lógica biológica, de Malacología y de Geometría no-euclidiana que, escritos en catalán, han de ver, si Dios quiere, nuestros ojos antes de que se los coma la tierra».

Les altres causes del decandiment cultural de Catalunya eren la timidesa o covardia mental, la manca d'informació tècnicament científica i la falta de coneixements dels moviments universals contemporanis. Tots aquets defectes—afirmava a tall de conclusions—aniria corregint-los l'Institut amb la seva tasca prometedora.

Gairebé sembla una coincidència, però, al cap de trenta dies escassos d'haver aparegut aquest article sensacional, Enric Prat de la Riba el cridava com a secretari de l'Institut d'Estudis Catalans.

Una altra etapa, molt fecunda, s'iniciava en la vida d'Eugeni d'Ors.

PERÍODE ASCENSIONAL

La secretaria de l'Institut d'Estudis Catalans. Un any fecund: la «Filosofia de l'home que treballa i que juga», «La Ben Plantada» i els Jocs Florals de Girona. El Glosari de 1912 i 1913.

Un dictamen-acord de la Diputació Provincial de Barcelona del 14 de febrer de 1911 creava, dins de l'Institut d'Estudis Catalans, una Secció Filològica i una altra de Ciències, a més del grup format per especialistes en matèria històrico-arqueològica que ja funcionava des del 1907. Eugeni d'Ors, nomenat membre de la Secció de Ciències, fou designat secretari general de l'Institut. Josep Pijoan, l'anterior secretari, se n'havia anat a Itàlia per endegar un Instituto Español a Roma, creat pel Govern el 1910 per al foment dels estudis històrics. La seva expatriació havia tingut quelcom de fugida provocada—es diu—per motius que pertanyen a la seva vida privada o per una incompatibilitat temperamental amb alguns polítics del país, que anà accentuant-se en el darrers anys. El fet és que partí empès per un malestar personal i que Prat de la Riba deixà marxar, sense massa recança, el qui havia estat el seu fidel col·laborador amb el convenciment—com diu Gaziel—que «la seva preciosa i imprescindible funció ja era esgotada». Pijoan fou, al seu temps, la persona ideal per a estructurar l'Institut, però, «per ampliar-lo i donar-li una marxa ordenada i acadèmica calia un altre home».[1] Aquest era Eugeni d'Ors, que entrà en escena amb la sortida de Josep Pijoan.

Llavors començà la fructífera col·laboració de Xènius a l'obra de Prat, que marcarà en l'existència del nostre personatge el punt més alt de la seva ascensió en la vida pública de Catalunya i que li atorgarà més glòria.

El president de la Diputació de Barcelona i, després, primer presi-

dent de la Mancomunitat de les províncies catalanes coneixia els homes
i sabé veure el partit que podria treure d'aquell jove ambiciós i ple de
talent que havia conegut a la redacció de *La Veu*. Per la seva part, Euge-
ni d'Ors correspongué a la confiança que li atorgà Prat de la Riba amb
un afecte que mai no renegà, ni durant els anys de màxim distanciament
de l'espiritualitat catalana que seguiren als de la seva partida. El 1936,
en un breu sojorn que féu a Barcelona, de pas cap a París, provinent de
Lisboa (on acabava d'entrevistar-se amb Oliveira Salazar), escrivia unes
línies emocionades en record de «el otro Presidente, el nuestro, el
mío».[2]

   Prat aprofità molt bé Eugeni d'Ors i val a dir que aquest el serví
lleialment. És clar que, amb el temps, Xènius donà una versió completa-
ment falsa d'aquella útil col·laboració, en presentar-nos-la com una
aliança estipulada per raons tàctiques, per tal que Eugeni d'Ors pogués
assolir el triomf de la seva ideologia a través de la política de Prat de
la Riba. Heus ací com l'explica: «Érase que era, en un pueblo español,
un grupo de hombres juvenísimos, enamorados impacientes de valores
de unidad. Esta unidad la sentían ellos, por el instante, en forma de am-
bición hegemónica, idea primordial sujeta a dos condiciones. De una
parte, había de ejercerse en forma siempre integradora, excluyendo por
definición cualquier tendencia al separatismo. De otra parte, había de
.fundarse en un sentido de responsabilidad de suerte que a más potencia
correspondiese más sacrificio; a mayor número de facultades, mayor nú-
mero de deberes. Razón por la cual estos recién llegados se daban, a sí
mismos, el nombre de "Imperialistas" ... Uno de ellos, para defensa e
ilustración de tales ideas, escribió una tesis de doctorado ... Érase a la
vez que estos jóvenes un hombre de otra edad, que cronológicamente
pudo llamarse joven todavía, pero a quien, por sus condiciones precoces
de serena madurez y buen consejo, tuvieron siempre, no sólo sus suceso-
res, sino sus próximos contemporáneos, por una persona dotada de esa
grave autoridad directiva que sólo puede atribuirse a los viejos ... Su for-
ma de intervención era la política y en calidad de política figuraba a la
cabeza de un movimiento que empezaba a tener fuerza grande sobre las
multitudes ... La inspiración de este movimiento era nacionalista. Ello

no fue óbice para que este político sagaz se acercara a aquellos jóvenes para decirles: "Nacionalismo e Imperialismo pueden no ser compatibles. En la próxima edición de mi pequeño catecismo doctrinal voy a añadir un capítulo para demostrarlo. ¿Queréis, pues, que en buena voluntad y a fines de bien, enlacemos nuestra acción? Será una gran obra. Como en lo teórico me han convencido ustedes, nuestra común política tenderá, pues, remotamente, al Imperio, a la Unidad"». Llavors—segueix explicant—, es va concloure el pacte i es convingué que els polítics, Prat, no parlarien per res d'Imperialisme per raons d'oportunisme, mentre que els joves intel·lectuals romandrien en llibertat per referir-s'hi en llurs escrits. Mentrestant, uns i altres prepararien «la mente del pueblo en una obra de cultura para la que yo proporcionaré toda suerte de facilidades y donde ustedes encontrarán no poco que hacer. El tratado pareció viable ... Tardaron mucho los de una y otra parte en advertir que se habían equivocado ... En 1906, el pacto promiscuo se concretaba. En 1920 se rompía. Desde entonces, lo que había sido un gran movimiento doctrinal y popular flotó ya, cuerpo sin alma, a merced de las corrientes de las varias concupiscencias personales».[3]

Suposo que el lector informat convindrà amb mi que aquest llarg paràgraf constitueix—en el millor dels casos—una equívoca simplificació de la relació polític-administrativa Prat-Ors, per bé que, personalment, jo m'inclino a qualificar-lo de deliberada distorsió de la veritat, sobretot per l'afirmació que Prat hagués dit als joves com ell que l'havien convençut respecte de les teories imperialistes i que en la nova edició «de mi pequeño catecismo doctrinal» demostraria la compatibilitat dels conceptes «Nacionalisme» i «Imperialisme». ¿A quin «catecisme» al·ludeix Xènius? Certament no seria el *Compendi de la Doctrina Catalanista* que Prat redactà amb la col·laboració de Pere Montanyola i publicà, per primera vegada, el 1894 i es reedità, pòstumament, el 1917,[4] sense cap referència a l'Imperialisme. Tampoc no pot reflectir aquella suposada «conversió» imperialista de Prat *La Nacionalitat Catalana*, perquè la segona edició de 1910[5] reprodueix íntegrament el text de la primera de 1906,[6] que ja contenia un capítol, el IX, intitulat «Imperialisme», raó per la qual Eugeni d'Ors escrivia en la glosa que he

comentat, que el llibre en qüestió era plenament «noucentista», perquè
assumia l'ideal de les noves generacions. «L'Imperialisme català ha tro-
bat la seva primera reconeixença autoritzada en l'obra d'en Prat», hi es-
crivia, tot recordant que, feia pocs anys, la teoria imperialista havia
estat qualificada de «Convicció manicomial exclaustrada».[7] En resum,
que Ors no pogué convertir Prat a la doctrina imperialista, perquè ja es-
tava convertit abans.

Examinem els començos de la seva tasca a l'Institut. La seva am-
pliació amb una secció filològica, de la qual foren nomenats membres
per llurs mèrits literaris Àngel Guimerà, Joan Maragall, Josep Carner i
Frederic Clascar,[8] i per llurs especials coneixements en la matèria Pom-
peu Fabra i Antoni M.ª Alcover (la incorporació de l'altre membre,
Lluís Segalà, fou motivada, sens dubte, per la seva condició d'hel·lenis-
ta), era del tot necessària en aquells dies en què el progressiu increment
de la producció editorial catalana feia imprescindible una fixació orto-
gràfica que s'assolí pel gener de 1913, després d'una sèrie d'entrebancs
que no cal reportar aquí. Sols diré, pel que afecta el nostre personatge,
que no sempre fou el més dòcil a acatar el criteri dels lingüistes. Tenia
idees pròpies sobre l'ortografia que es discutia i així escriví una glosa,
«La qüestió ortogràfica», que acabava així: «Deixeu-me terminar avui
amb una petita professió de fe: Jo amo els Reis, la Metafísica, les bones
maneres, la Poesia, l'Església de Sant Pere de Roma, el paper japó i les
"h h h" inicials, terminals i medials. I anomeno correligionaris meus els
qui amen com jo a la vegada totes aquestes nobles coses inútils».[9]
Prevalent-se de la seva condició de secretari general, tractava d'imposar
les seves idees. «Com que disposava d'una bona dialèctica i fins i tot
quan es veia perdut, sabia valer-se del Reglament, allargava les discu-
sions en forma inacabable», conta Domènec Guansé en la seva petita
monografia sobre Pompeu Fabra, en la qual també explica que Pere Co-
romines «decidí d'acabar amb aquesta obstrucció. S'entrevistà amb Prat
de la Riba i després d'explicar-li el que passava afegí: "Fabra se'n va ca-
da tarda disgustat de tanta discussió estèril". Prat de la Riba dirigí una
petita amonestació a Eugeni d'Ors, que produí efecte».[10]

El 27 d'octubre de 1911 Ors, en qualitat de secretari, acompanyava una comissió de l'Institut en una visita oficial que es féu al batlle de Barcelona, marquès de Marianao, per demanar-li ajuda econòmica del Municipi per a la creació d'una biblioteca «digna d'una ciutat moderna com Barcelona sembla que vol ésser». Així deia el missatge adreçat a la primera autoritat municipal, redactat per Maragall, que formava part de la delegació. També anà a la Casa de la Ciutat una gloriosa figura, Guimerà, amb qui Xènius parlà per primera vegada. «Com dos pobres que es coneixen a la porta del temple, així el "glosador", com sortís a demanar almoina l'altre dia, va tenir l'honor de conèixer don Àngel Guimerà».[11]

Si la constitució de l'Institut d'un departament filològic era absolutament imprescindible, l'erecció d'una Secció de Ciències prestigiava una corporació que s'havia proposat no limitar-se a la pura arqueologia. És aquell departament el que realitzà una labor de la qual Eugeni d'Ors s'enorgullí, àdhuc després d'haver romput amb el país, quan reconeixia que «durante todo el tiempo en que tuvo un valor ejemplar, el Instituto de Estudios Catalanes fue, más bien, un Instituto Catalán de Estudios».[12] Emperò el mal fou que Xènius, que tenia una veritable vocació per la Filosofia, interpretant àmpliament el sentit etimològic del mot grec equivalent a «amor a la saviesa», cregué que el seu lloc no corresponia més que a la Secció de Ciències i en ella féu encabir també un literat afeccionat a la filosofia, Pere Coromines (que havia abandonat la de Filologia). Un i altre s'asseguren al costat d'autèntics homes de ciència, com el metge Miquel A. Fargas, el matemàtic Esteve Terrades, el biòleg August Pi i Sunyer i el també biòleg i alhora pensador Ramon Turró, el qual arribarà a enfrontar-se amb Eugeni d'Ors per una incompatibilitat de temperaments que ocasionà molts episodis desagradables. Els inconvenients de l'adscripció de Xènius a la Secció de Ciències no vingueren de les qüestions personals, sinó que són atribuïbles a la dèria del nostre biografiat que el consideressin un científic, cosa que no era. Quan volgué actuar com a tal, féu un paper ben poc lluït, i aquesta no és pas una opinió meva. L'he recollida de diversos contemporanis.

La tasca d'Eugeni d'Ors com a organitzador de l'Institut, i més concretament dins la Secció de Ciències, fou una altra cosa. S'apuntà un triomf, per exemple, amb l'edició d'uns *Arxius de l'Institut de Cièn-cies*, molt dignes i que eren publicats amb una gran il·lusió pel nostre personatge per tal com representaven «la doble nota de unas exigencias de seriedad en los trabajos científicos ..., limpios de toda escoria socioló-gica y de una amplitud humanística en el criterio muy lejano del empiris-mo positivista».[13] Ors posà tanta il·lusió en aquella revista, que molts anys després explicava que davant les resistències dels fadrins de la im-premta, encarregats d'estampar unes pàgines atapeïdes de fórmules ma-temàtiques d'un treball d'Esteve Terrades, «tuve yo mismo que ponerme personalmente a ello para que los demás vencieran su repug-nancia. En los días de agosto barcelonés—y Dios sabe si agosto apretó aquel año—y mientras las gentes me creían en serena contemplación de "La Bien Plantada", yo me gané con el sudor de la frente, en unos sórdi-dos bajos de la calle de Méndez Nuñez, no ya el pan, sino alguna inteli-gencia de lo que aquello quería decir».[14]

En el número primer dels *Arxius de l'Institut de Ciències*,[15] Eugeni d'Ors publicà un llarg article filosòfic, «Els fenòmens irreversibles i la concepció entròpica de l'Univers», on deia que l'actitud científica de l'home davant del Món pot reduir-se a un moviment de curiositat que cerca les causes de totes les coses per mitjà d'un element genètic i que és característic dels estudis històrics, i un moviment de racionalitat, que tracta de formular lleis per un sistema lògic o de legalitat i que és típic de les matemàtiques. D'un temps ençà totes les ciències eren racionals, legalistes, mecanicistes i tendien a concebre estàticament l'Univers, pe-rò «aquest déu té, també, son diable» i darrerament la ciència ha revelat com el món ja no és immutable i com ja no apar regit fatalment per les lleis de la matèria i pels principis de la mecànica. En el coneixement, també hi entra un element maligne, de joc (i llavors s'estén en les matei-xes consideracions fetes en treballs seus anteriors com «La lògica biolò-gica», «El residu», etc.) El principi de la immutabilitat del món físic era tingut com a axiomàtic pels científics, i formulat a partir de Lavoisier amb la llei de la conservació de la matèria o de la transformació de l'energia (la força no es perd, només es transforma), però Sadi Carnot, en estudiar el treball de les calderes de vapor, s'adonà que per tal que funcionessin calia la pèrdua d'una quantitat d'energia;[16] d'ací la idea de pèrdua caiguda o «entropia» en els termes de Clasius, és a dir, que en el camp de la mecànica, en el món de la matèria, intervé una noció moral, una dosi ètica que invalida la clàssica oposició dels judicis d'existència als judicis de valor i que es palesa en el coneixement humà en una confusió d'exigència de racionalitat i l'instint de curiositat.

Aquest tema de la dualitat de la racionalitat i la curiositat va desenvolupar-lo el nostre personatge al IV Congrés Internacional de Filosofia que se celebrà a Bolonya del 6 a l'11 d'abril de 1911. Hi assistiren les grans figures: Poincaré, Bergson, Croce, Boutroux, Durkheim... S'organitzà en vuit seccions. En la denominada «Lògica i Teoria de la Ciència», presidida per Peano, una de les figures més representatives de l'anomenada «Lògica simbòlica», Eugeni d'Ors hi llegí una «Note sur la Curiosité», que publicà després als *Arxius*,[17] en la qual assajava una síntesi entre la curiositat que contribueix a la investigació de la part causal de la Ciència, i la racionalitat, que en nodreix la part normativa—els dos elements que havia distingit Meyerson[18]—fins a proposar-ne àdhuc una mitologia a la manera platònica per la qual la curiositat és l'element femení i la racionalitat el masculí. La ciència, com la fesomia dels fills, «es retira» al pare i a la mare.

El Congrés de Filosofia li donà l'ocasió de realitzar el que jo crec que constituí el seu primer viatge a Itàlia, país que, naturalment, degué produir-li una impressió extraordinària, però de la qual no queda en la seva obra tanta constància com la que palesa l'entusiasme que li suscità París en arribar-hi per primera vegada. De la ciutat on se celebrà la reunió de filòsofs, en recordà, anys més tard, les tombes d'uns romanistes que hi ha al bell mig de la via pública, enlairades sobre unes columnes,[19] i convertí les torres medievals de Bolonya en símbols de particularisme feudal, per oposar-lo a la Cúpula de la Monarquia Absoluta.[20]

Sabem concretament que visità a Castelgüelfo, prop d'aquella ciutat universitària, el manicomi d'Imola, on es realitzaven notables experiments en matèria de coeducació de sexes i de rehabilitació de delinqüents psíquicament tarats.[21] És més que probable que s'arribés fins a Roma i experimentés la mateixa exaltació que ell atribueix a Octavi de Romeu, «el cual, como a los veinte años se encontrase en Roma y visitase por primera vez la Capilla Sixtina, se juró a sí mismo hacer, desde aquel día, lo que el Destino le deparase: grandes obras, hazañas, pecados o crímenes; pero de ninguna manera, en ningún caso, una mezquindad».[22] En canvi, hi ha plena constància de les hores que Eugeni d'Ors passà als jardins de Tívoli. «I enmig de la calda horrible—escriu de Barcelona estant, en ple estiu—me deixo restaurar pel record de les aigües meravelloses, en el jardí meravellós de la Villa d'Este»,[23] l'escenari on, dintre de poc, situarà el darrer episodi d'una narració que farà sensació, *La Ben Plantada.*

Deixem el viatge a Itàlia i el cúmul de records que s'emportà d'aquell bell país i tornem al nostre, a començos de 1911. L'inquiet grup de terrassencs afectes a la persona i a la doctrina d'Eugeni d'Ors editaven una revista mensual intitulada *Ciutat*, que «fa goig, ... sembla editada per un senyor ric», com digué en una glosa encoratjadora per als seus amics, en la qual afirmava que «si Miquel Àngel ve a passar, dintre de poc, una temporada a Terrassa trobarà amb qui entendre's».[24] En el número de Nadal-Reis (desembre de 1910 i gener de 1911) d'aquella publicació, aparegué un text de Xènius molt bonic, «L'amor a l'Ofici. Bernard Palissy»,[25] que degué llegir-se en l'acte inaugural o de clausura d'un altre cicle de conferències celebrat a la ciutat vallesana, que Ors havia anunciat en la mateixa glosa en què donava notícia de la pròxima «anada» de Miquel Àngel a Terrassa.

El nostre biografiat, que, d'infant, llegí amb molta curiositat una obreta de divulgació sobre la vida de Bernard Palissy escrita per Alphonse de Lamartine,[26] i que quan era a París començà a interessar-se per les realitzacions d'aquell hugonot,[27] anà transformant-lo «en un home ... entre tots els homes en què l'ofici de les mans hagi assolit plenitud de llibertat i màxima altura d'ennobliment ... Ningú com ell no representa el tipus de l'Heroi Artesà», per l'exemple que donà amb el seu treball esforçat fins a sacrificar tots els mobles de casa seva per alimentar el forn on es coïen unes peces de ceràmica per ell creades i amb el cos de la doctrina que elaborà «en alguns petits llibres, no massa coneguts encara, però que contenen pàgines d'or»,[28] com *L'Art de treballar la Terra* i *Recepta Veritable*.

No m'entretindré a glosar l'article que publicà a la revista terrassenca sota l'advocació de Bernard Palissy, ja que el seu títol és prou explícit. Remarcaré, però, la seva transcendència, puix que, amb ell, comença a manifestar-se un tema molt característic de la ideologia orsiana, que serà recurrent en tota la seva producció: el tema de l'«Obra Ben Feta». Dintre de poc, aquell mateix any, torna a fer-lo jugar amb la publicació d'un recull de treballs literaris i artístics extraordinàriament ben presentat, en l'edició del qual esmerçà tot el seu gust, i que considerà tan representatiu del pensament i de l'estètica de la nova generació que volgué intitular-lo *Almanac dels Noucentistes*.

El volum no tindria transcendència si Eugeni d'Ors no hagués volgut imprimir, al que altrament hauria estat un calendari amb bones col·laboracions artístiques i literàries, dos segells ben distintius: el «noucentisme» i una pulcritud d'execució material reveladora d'aquell «amor a l'ofici» que ell predicava. Les dues notes característiques són evidents. Quant a l'aspecte generacional, perquè incorpora treballs de Pere Coromines, Ramon Rucabado, Josep Carner, Josep M.ª López Picó, Guerau de Liost, Francesc Cambó, Josep Pijoan, August Pi i Sunyer, Francesc Pujols, Joaquim Folch i Torres, etc., i reprodueix obres d'Ismael Smith, Joaquim Torres Garcia, Pau Gargallo, Isidre Nonell, Xavier Nogués, Ricard Canals, Josep Clarà, Pablo Picasso, Josep Aragay, etc. Fins i tot es «noucentitzen» els clàssics: Goethe traduït per Manuel Reventós, i Homer, en la versió de Lluís Segalà. «Com són moderns, com ens resulten deliciosament pròxims els vells poetes grecs i llatins», escriu en una glosa en què Eugeni d'Ors, com si assabentés els seus lectors d'una novetat, indica que «el pare Homer figura entre els col·laboradors de l'imminent "Almanac dels Noucentistes"».[29]

Pel que respecta a la presentació, el volum té la difícil elegància que resulta de la contenció i de la sobrietat. Ho indica el mateix Ors, que diu haver assolit «l'eliminació de les falses elegàncies ..., res de refinaments ni luxes ... Tal volta algú trobi que l'"Almanac dels Noucentistes" no té res de particular. Però una "Oda" d'Horaci tampoc té res de particular».[30]

És realment, una «obra ben feta», que encara avui és agradable de contemplar, i no cal dir que l'any 1911 (eixí a mitjan febrer) degué produir un gran efecte per la noble depuració que representava. «A Catalunya el més revolucionari que es pot fer és tenir bon gust», deia Xènius en una de les dotze màximes—una per a cada mes de l'any—a què quedava reduïda l'aportació orsiana, en la part literària, s'entén, perquè de l'altra, la més important, la de recopilar, seleccionar i compaginar, tot traeix la mà d'Eugeni d'Ors, des de la coberta on ve reproduïda l'estatueta de Venus trobada a Empúries, fins a la darrera pàgina, en la qual els col·laboradors signen un escrit regraciant l'impressor Joaquim Horta en els següents termes: «Vós sou dels qui saben voler, vós sou un Imperial, vós sou, també, un "noucentista"».[31] No sols és orsiana de cap a peus la publicació, sinó que també té un accentuat regust de Xènius tot el que es féu entorn d'ella, com el banquet que es donà el dia 6 de març per celebrar l'aparició del volum. «Els banquets estan desacreditats, però també estan desacreditats els Parlaments i les Universitats», digué en el curs del seu brindis el nostre personatge, que volgué tenir asseguts al seu costat J. Alcoverro i E. Duran, dos fadrins de la impremta Horta, perquè considerà que s'havia de retre un «Homenatge a la Santa Realització», i als qui havien lluitat per «la Causa de l'Espiritualitat en els oficis».[32] El seient que corresponia a un il·lustre col·laborador, Isidre Nonell, era buit perquè havia mort el 22 de febrer. A la seva cadira, s'hi col·locà una branca de llorer. «Després del mort recordem el màrtir», digué Xènius en el seu discurs, en el qual proposà, «després d'una oració per en Nonell, un civil renec» per l'afront causat a un altre artista que havia contribuït a l'*Almanac*, Joaquim Torres Garcia, amb l'afer de la supressió de la seva pintura a la Casa de la Ciutat.[33]

En el conjunt del Glosari de 1911 són remarcables, pel que tenen de reiteració de temes coneguts, l'escrit que dedicà a les festes de la Coronació del rei Jordi V d'Anglaterra, que palesa, novament, el seu entusiasme imperialista i la seva devoció per Kipling, ja que entona una lletania a l'estil del poeta anglès que el porta a imitar—en un eclipsi momentani del bon to—la salutació angèlica: «Déu te salvi, Anglaterra, plena de Justícia, el seny és tal volta amb tu, encara que execrada sies tu entre totes les nacions; més beneït és el fruit de ton ventre: la hulla».[34] En els dos dies següents publicava les gloses «Déu salvi el Portugal» i «Déu salvi la nostra Tarragona», que responen a una altra intenció, especialment la dedicada a Lusitània, que és digna d'esmentar-se pel seu lirisme: «Tu ets com un cargol marí que se'l pren amb les dues mans i si en porteu la valva a les orelles sentiu, al dintre, confosa i amb uns planys humans gairebé, la cançó del mar». La que dedicava a Tarragona, en ocasió de les festes commemoratives del Setge durant la Guerra napoleònica, enaltia la «fortíssima Ciutat que vals com una Nació», i responia, al mateix temps, a una intenció imperialista catalanista: «Déu salvi el nostre Imperi, en Tarragona».

Els comentaris a la tasca política concreta que estava realitzant Enric Prat de la Riba per l'aprovació del projecte de la Mancomunitat de Catalunya els podem trobar en la glosa que porta, com a títol, la data «16 d'octubre de 1911», que és la de la reunió al Palau de la Generalitat dels delegats de les diputacions catalanes per aprovar les Bases de constitució de l'organisme mancomunal i que per text només conté una cita del Capítol I dels Fets dels Apòstols: «Aleshores, els qui s'havien ajuntat l'interromperen dient-li: Senyor, ¿restituiràs la potestat a Israel en aquest temps?»; o en l'escrit que aparegué l'endemà d'haver partit cap a Madrid el president de la Diputació de Barcelona i altres delegats de les Diputacions catalanes per lliurar al president del Consell de Ministres, José Canalejas, el document anteriorment aprovat: «El nostre cor acompanyava la representació que tenim a Madrid com el d'una mare son fill viatjant».[35]

Emperò, la nota d'actualitat política és una excepció dins la tònica general del seu catalanisme voluntàriament circumscrit a l'aspiració vers una hegemonia cultural, en la línia del vigorós article aparegut al número extraordinari de *La Cataluña* de principis de l'any. Per això, quan al Faianç Català realitzaren una exposició diversos artistes (Néstor Fernández de la Torre, Ismael Smith, Laura Albéniz i Alexandre de Riquer), es dol que aquest darrer hagués estat presentat en el catàleg amb un text editat en castellà. «Quan es tracta de l'esperit no hi ha a Catalunya sinó un vehicle verbal. Tothom sabia que el català és l'única llengua oficial per a coses de la intel·ligència».[36]

En matéria d'art publicà, al traspàs d'Isidre Nonell, un agut comentari remarcant l'essencial barcelonisme de l'artista: «Barcelona fou la seva musa amb ses pobreses, amb ses limitacions, amb ses dolceses, amb sa sensualitat ..., l'estimava follament, àdhuc sense donar-se'n compte, àdhuc malparlant-ne! Vet aquí que és Barcelona que l'ha matat», no com havia imaginat, anys abans, amb «la meva fantasia ..., una mica superficial ..., anecdòticament podia morir en mans de miserables. Però és més lògic i més tràgic que l'enamorat de Barcelona hagi mort per obra de Barcelona».[37]

El 23 d'abril s'inaugurà la VI Exposició Internacional d'Art amb una nodrida aportació estrangera especialment francesa, que ell valorà enfront de les crítiques una mica desmenjades de la premsa local, remarcant la importància de la Secció de França per les obres que contenia de Desvaillières, Bonnard i Vuillard. «De quin pa fem rosegons!», exclama amb la típica expressió catalana en el títol de la glosa que dedicà als pintors francesos[38] per bé que reconeix en un altre escrit que, tot i la seva gran qualitat, aquelles pintures eren massa líriques i per això no responien a les exigències dels temps, en què tant en l'art com en les altres manifestacions de l'esperit es cercava un major rigor, una major construcció, una perfecta estructura com la que demostraven posseir en la secció catalana les obres de Joaquim Torres Garcia o de Josep Clarà.[39] En el fet que tals realitzacions artístiques haguessin coincidit amb l'aparició del llibre de l'enginyer Fèlix Cardellach, *Filosofia de les Estructures*, hi veu una altra manifestació de la «palpitació dels temps»,[40] cosa que fa preguntar-se si «Noucentista i estructural, ¿no seran, fins a cert punt, sinònims davant l'Esperit?»[41] I conseqüentment, atorga el títol de «noucentista» a l'escultor Enric Casanovas, que ha retornat de París, guarit del modernisme, com Clarà, artistes que ell agermana, puix que un i altre «es troben combregant en la Santa Estructura», i afegeix com a colofó dels seus comentaris a l'obra de Casanovas que «amb uns quants reforços com aquest la victòria és nostra».[42]

Pel que té d'afirmació del credo estètic i ideològic de la generació «noucentista», són tan o més importants que les gloses suara esmentades dues que també pertanyen a la seva producció periodística del 1911, en les quals remarca tot el que es «noucentistes» tenen de tradicionalistes i solidaris amb el passat. «¿Iconoclastes nosaltres?»—escriu en una d'elles[43]—. «Nosaltres, els de la Santa Continuació! Nosaltres, els tradicionalistes, els clàssics! Sabem que tota obra d'eficàcia és una obra de col·laboració social, de reunió de voluntats humanes en l'espai i en el temps. Res d'iconoclàstia. Res de trencar terrissa. Els "professionals de l'espaterrament"[44] ens fan riure ... Nosaltres som, per definició, uns respectuosos». I en una altra glosa diu: «Juren avui els nous artistes per Mestre Poussin, fugint de l'Impressionisme, de sos antecessors immediats. Els filòsofs reclamen la tradició del Renaixement contra la tradició postkantiana. Un Georges Sorel, sindicalista, pot entendre's amb un Charles Maurras, monàrquic, per a combatre, plegats, la força democràtica dels Briand i dels Jaurès. Arreu el pensament noucentista troba menys obstacles en els homes de la Tradició que en els liberals».[45]

Tanmateix, no foren aquestes gloses les que contribuïren a donar una brillantor peculiar al Glosari de 1911. Les de més qualitat foren les publicades en dues sèries. Una estival, a la qual em referiré aviat, i una altra durant l'època quaresmal. Xènius havia acostumat els seus lectors a trobar en els números de *La Veu* que apareixien els divendres de quaresma unes gloses que, si no eren de tema religiós, almenys incidien en matèries elevades, de manera que el 1907 havia escrit uns comentaris a les visions d'Agna Caterina Emmerich sobre la Passió del Senyor i el 1908 unes reflexions a l'entorn de la *Introducció a la vida devota* de Sant Francesc de Sales, i l'any següent escrivia una «Guia de l'albir en els nerviosos escrupolosos». El 1911 reprengué el costum que havia interromput l'any anterior per publicar unes gloses al llarg dels divendres quaresmals,[46] que venien a ésser una recapitulació—més a l'abast del públic del diari—de tots els anteriors treballs filosòfics seus editats a l'estranger i d'algunes idees disperses en els Glosaris anteriors, i que ell considerava com un avanç esquemàtic del que era la seva teoria filosòfica que denominà «Filosofia de l'Home que Treballa i que Juga». La Filosofia era—per Eugeni d'Ors com pels pragmatistes—«una contemplació inserida en l'acció» (en aquest punt glosava la seva contribució a l'Almanac de *Cenobium* de Lugano), de tipus dualista, perquè concebia el món com una lluita de dues forces: Potència i Resistència, Esperit i Natura («Religio est Libertas»), però que permetia un cert grau de compaginació entre l'una i l'altra per obra de la Voluntat («Arbitrarisme»), puix que la unificació funcional d'una part de les forces naturals amb l'albir era una síntesi que ell anomenava «Esperit» (i els intents d'eliminació dels ingredients naturals de l'ànima no eren altra cosa que formes de l'Ascetisme) i la unificació funcional de los forces històriques amb l'albir en una altra síntesi que ell en deia «Cultura» (i els esforços per prescindir d'aquesta col·laboració representaven el Romanticisme). Una recta manera d'entendre el món—segons Xènius—era la de fugir tant de l'Ascetisme com del Romanticisme, aplicant la raó integralment, que no vol dir el racionalisme estricte, sinó la raó viva, la Intel·ligència, una facultat mental i moral alhora, el que els francesos anomenen «sagesse» o, sense anar més lluny, el que ell en digué amb «una altra temptativa, la de restaurar el magnífic mot ''Seny'', tan clàssic dins el parlar català». S'estenia en el significat d'aquesta paraula invocant la seva teoria de la Lògica biològica i el que havia dit sobre l'assimilació, per part de la raó, de tot el que hi ha d'irracional en l'Univers, ja que «forma part de la realitat no comprenent-la tota, però essent d'ella la part millor, aquella que cal exalçar i cultivar, ... la raó que respecta els furs de la vida tot combatent-la és justament el que havem anomenat ''Seny''». El «Seny», aquesta «forma de pensar segons l'harmonia», té una traducció epistemològica en la «Filosofia de l'Home que Treballa i que Juga», denominació que no és tan sorprenent com sembla de bell antuvi, ja que al·ludeix al Treball que sempre es realitza segons la llei del mínim esforç, i al Joc, que és producte d'unes forces sobreres («Le résidu dans la mesure de la science par l'action»). El mínim esforç és exigit pel principi de racionalitat que formula normes i lleis científiques; el joc determina el principi de causalitat («Note sur la curiosité», «Els fenòmens irreversibles i la concepció entròpica de l'Univers»). Tenint en compte un i altre element, fent-los jugar en proporcions adequades, podrà elaborar-se una

«Protofísica», és a dir, «el fonament indispensable per a qualsevulga coneixença concreta del món». Emperò, la «Filosofia de l'Home que Treballa i que Juga» és un concepte que té altres repercussions que les referides al camp de l'Epistemologia. Les té en Psicologia, perquè, partint de la idea de la unitat funcional de l'Esperit, admet l'existència de la subconsciència, aquelles zones que escapen al coneixement; en Lògica i Metodologia, perquè el «Novissimum Organum», contruït amb les aportacions biològiques, permetrà la introducció de la ironia que desvirtuarà tot dogmatisme; en la Estètica, perquè instaurarà el Classicisme, no com una imitació erudita, sinó com una actitud humana d'harmonització de la Natura o d'«"Arbitrarització" de l'Aparença»; en Ètica, perquè establirà un patró racional de conducta com la que elaborà, per ell mateix, Sòcrates, en mèrits de la qual la moralitat s'escau en l'observança de la pròpia norma («el secret rau en l'elegància», afirma traint el fons de «dandysme» que cova dintre d'ell des dels anys d'adolescència) i en Sociologia, perquè, admetent-se la unitat funcional de l'esperit humà, la persona ja no serà entesa com a individu, sinó com a quelcom de col·lectiu, de civil (recordeu les seves gloses sobre la Civilitat, Imperialisme, etc.)

L'altra sèrie del Glosari de 1911, la que publicà en la segona meitat de l'estiu amb el títol de *La Ben Plantada*,[47] va fer sensació per la qualitat literària i el contingut ideològic que li sabé infondre. Constitueix una narració de tipus complex, perquè no pot ésser qualificada, pròpiament, ni de conte ni de novel·la, que Xènius situa en un lloc imprecís de la Costa catalana que, més que respondre a una localització concreta, era, com admet ell mateix, una síntesi d'impressions rebudes en diversos indrets de la geografia mediterrània. «Había notas extraídas de Port de la Selva, de Argentona, de Vilasar de Mar, de Sóller de Mallorca y del "Porta-Coeli" de Valencia; acaso de otros lugares».[48] Era, evidentment, un lloc d'estiueig preferit d'una bona part de la burgesia barcelonina de la seva època, els costums de la qual ell descriví molt bé en el mes d'agost de 1907 amb tres gloses: «Tren matinal», «La Damisel·la d'Honor» i «La Balladora»,[49] i les que immediatament seguiren, que batejà amb el títol general d'«Imatgeria de l'estiu», en les quals ens parla de l'envelat que s'erigeix per la Festa Major del poble, els episodis que se susciten amb motiu de la seva celebració, etc.[50] En aquest ambient pefectament conegut de l'autor, hi situà una noia d'origen sud-americà, però de pares catalans—ja he remarcat en el primer capítol la importància que Eugeni d'Ors volgué atorgar a aquest detall de l'exotisme—que s'anomenava Teresa, «un nom castellà; allà dalt és un nom adust, encès, groc, biliós i aspre», que evoca tota una mena de literatura segregada a l'entorn de Castella; Àvila, Zuloaga, el paisatge aspre i el misticisme. «Ja saben quina mena de coses vull dir», però que posat en boca de catalans «té una sabor alhora dolça, calenta i substantiva com la de coca ensucrada». Teresa posseeix una figura esplèndida. És senzillament ben plantada. Amida un metre vuitanta-cinc i la seva anatomia revela un punt de desproporció feliç; és un xic més llarga de cames que de tronc. Es vesteix d'una manera elegant, però no gens rebuscada, que modela el seu cos ben fet com les túniques de les estàtues gregues. El major encant de la seva persona s'escau, però, en el seu capteniment, en la manera harmoniosa de moure's, en la forma d'expressar-se clarament i serena, sense afectacions. Un imponderable atractiu emana de la seva persona. Breu: els homes de la colònia estival, qui més qui menys, n'estaven mig enamorats. «Todo el mundo quiso averiguar cuál era el modelo que servía al autor para sus descripciones»—explica Ors a les darreries de la seva vida, recordant la sensació que produïren aquelles gloses a mesura que anaven apareixen—. «Hubo chica, sin excluir la que según el Tenorio "pesca en ruin barca" ... , que se midió o se hizo medir por una amiga y, en secreto, la talla en centímetros para ver si correspondía exactament a la que pudo el autor atribuir a la ideal Teresa».[51] Totes les conjetures fetes a l'entorn de la identificació de la "Ben Plantada" fallaren, com és natural, perquè es tractava d'una figura imaginària, per bé que Xènius, tal com havia fet per descriure el poble on estiuejava, havia compost un retrat de noia amb el de diverses conegudes seves, servint-se de «cuanto el autor aprehendiera en María Gay, en Úrsula Matas, en Teresa Baladía, en la hermana de Maynés, en Mercedes Gaspar, en la Mercedes Nicolau adolescente y, como decía Rafael de Urbino, sobre los rasgos fisonómicos, en La Fornarina y en Simonetta, no había más que un paso».[52]

Això, en definitiva, és anecdòtic. L'important en el llibre era la forma en què l'autor havia reeixit a simbolitzar amb aquella figura femenina tot el que ell venia predicant sobre la mediterranització de la nostra sensibilitat i el classicisme de la nostra cultura, i la manera com suggeria la doctrina del catalanisme estètic i polític del «noucentisme», per mitjà del que deia o feia la "Ben Plantada" o de «les coses al seu entorn»: l'orografia suau, la vegetació modesta, el molí de vent, la blancor d'una vela contrastant amb la blavor de la mar, el poble de la costa amb les cases pintades amb calç i porxos d'arcades ... tot allò que és humil, noble i assenyat i que ens invita a pensar, com deia Ors, en la «Teologia Natural» de Sibiuda, en la sardana, en els «Usatges» i consuetuds del nostre Dret, la taula d'en Dalmau i el «Llibre del Consolat del Mar». «Pensem—continuava dient Xènius en la llarga relació de símbols que feia—en Empúries i en les excavacions d'Empúries, pensem en Esculapi, numen tutelar de la nostra actual restauració clàssica. Pensem en l'escultura d'en Clarà, en l'escultura d'en Casanovas, en la pintura de Sunyer.[53] Pensem en la "Filosofia de l'Home que Treballa i que Juga". Pensem en el gran fris d'un altre pintor: "Pal·las presenta a les nou muses la Filosofia, que entra a ésser dècima Musa".[54] Pensem en la deliciosa decoració reposanta del vestíbul de l'"Institut" ... Pensem en la restauració que presenciem de l'ensenyança de les Humanitats ... Pensem en les nostres velles masies i en algunes modernes que ara els arquitectes saben fer ... Pensem en les parets blanques i llises i en la indústria de les puntes, en el mar blau, en la línia suau de les nostres costes i de les nostres muntanyes. Pensem en el nostre culte als Sants i en el "Cant espiritual", on Maragall celebra l'eternitat del sensible ... Pensem en els nostres Homes, en els poderosos i en els humils, en els avis i en els del dia ... , en els de l'"Art Magna" i en els de les "Cròniques", en els qui van fer la Llotja i en els qui van fer el Liceu i en els grans Metges ..., en els grans Jurisconsults ... i en els grans treballadors ... i en aquest altre que ja presideix amb una eficàcia tranquil·la, que sembla apresa directament de les vives fonts de "La Ben Plantada", l'encara implícita República dels catalans»... Resumint: a través d'una dona formosa i del seu petit univers circumdant, evocava tot un cúmul de realitzacions es—

pirituals i d'aspiracions en l'ordre de la Cultura i de l'actuació política que eren les de les noves generacions catalanistes.

Ha estat insinuat que *La Ben Plantada* té un precedent claríssim, «Le Jardin de Berénice», de Maurice Barrès, obra que Eugeni d'Ors coneixia i apreciava; la prova és que ja la cita en el Glosari de 1907,[55] però «tal vegada el mateix "Xènius" ni s'adonava de com imitava Barrès», conclou Capdevila,[56] que és un dels crítics que més ha insistit en el paral·lelisme evident entre un llibre i l'altre.

Tota la càrrega ideològica que el nostre biografiat volgué infondre a *La Ben Plantada* fou sintetitzada en el mot equívoc de «Raça», que havia començat a posar en circulació molt poc abans de començar la famosa sèrie estiuenca, puix que el dia 20 de juliol escrivia que: «Una Renaixença no és un punt històric. Es composa d'una sèrie infinita de petits punts ..., mes juntem-los, aquests moments. Juntem-los amb l'obra de la Raça, amb l'ansietat de la Raça. ¿Què signifiquen? Significa—salta cor, salta dins del pit!—que la Raça torna a cantar; que la Raça torna a pensar!; que la Raça torna a legislar; que la Raça, en fi, reneix a la llum!»

És clar que el terme era prou vague perquè ell pogués dir—quan l'interessà que així fos—que se l'havia interpretat malament i que calia sortir al pas d'«una tumefacción nacionalista» i que, per tant, calia «definir la Raza no en función de Naturaleza, sino en función de Cultura», com explica en el seu darrer llibre *La verdadera historia de Lidia de Cadaqués*, que, en certa manera, complementa *La Ben Plantada*. En ell, parlant de les gloses de l'estiu de 1911, afirma que «Cuando "Xènius" al abrirse el tercer decenio del presente siglo se sintió próximo a morir, murmuraba en su contrición: "Me confieso de haber escrito un libro demasiado puro"». Personalment, jo discrepo en això de la puresa, perquè ja he assenyalat el caràcter equívoc d'alguns conceptes que fa jugar, i consti que aquesta objecció no té res a veure amb la bellesa literària de l'obra, que és innegable. A més, Eugeni d'Ors cometé, en escriure-la, alguna d'aquelles falles en què, per desgràcia, incorria en molts dels seus llibres, una d'aquelles inflexions en el to general, que no diré que esguerren el conjunt de l'obra, però sí que el perjudiquen, puix que en ells sen-

zillament queia en el ridícul, com, al meu entendre, hi incorregué a la
darrera part de *La Ben Plantada*, quan Teresa, des dels jardins de la Villa
d'Este de Tívoli, puja al cel després de consolar Xènius, que està desolat
en veure com acaba l'existència mortal d'aquella noia, i li comunica els
fonaments de la seva doctrina, per tal que els faci arribar a tots els ho-
mes: «Que cadascú desvetlli i cultivi el que hi ha d'angèlic dins d'ell.
Això és, el ritme pur i la suprema unitat de la vida, el que, declarat, vol
dir: l'elegància». Hom havia de convertir la pròpia vida «en una cosa
tan elegant com un teorema matemàtic». Abans de la seva ascensió, la
Ben Plantada consagrava l'autor com una mena de Suprem Sacerdot
d'aquell culte estrany: «Vés, doncs, i instrueix a les gents batejant-les
noucentistes en nom de Teresa». Després d'aquest desconcertant episo-
di místic l'obra acabava amb una mena de missatge de simpatia al prole-
tariat, a l'«Home del Poble» personificat en un pescador, Nando, que
rema a la barca on va Xènius. «Hi ha, dins una Nació, una sola Ben
Plantada, però hi ha milions de treballadors silenciosos i esforçats». El
pescador els personifica i ensenya a l'autor quelcom tan profitós com el
que aprengué de Teresa «la lliçó de la callada energia, del treball quoti-
dià i humil».

Insisteixo que, malgrat les caigudes indicades, el llibre és bonic,
molt bonic, cosa que fa comprensible l'enlluernament que produí en
aparèixer i l'èxit que ha anat tenint. Potser algú trobarà que exagero,
però crec que amb aquelles gloses, tot i els seus defectes i caigudes, i
malgrat tot el que va fer i dir (més tard) el seu autor en detriment de
les nostres figures i de la nostra literatura, convertí al catalanisme molts
lectors, gairebé tants com aquells als qui ha caigut a les mans l'obra capi-
tal de Prat de la Riba.[57] Probablement és la prosa orsiana que ha estat
reeditada més vegades. Suggestionà fins els qui han discutit l'autor, com
és el cas de Rodolf Llorens i Jordana, que volgué escriure una rèplica
proletària a *La Ben Plantada* amb el llibre *La Ben Nascuda*,[58] que és el
nom que donà a l'operària d'una fàbrica de fulles d'afaitar de Vilafranca
i que «no és cap símbol ni arquetipus ..., que no representa res, ni és
cap abstracció ni recapitulació. No és més que una treballadora de carn
i sang, de carn i cor palpitant ... És la gota d'aigua de l'inestroncable

manantial de la Vida i de l'ample oceà del Poble ... És una simple unitat de la massa productora».

Eugeni d'Ors podia dir en el mes d'octubre de 1911 que «Aquest any ha sigut per al "Glosador" un bon any d'aprofitament»,[59] atès que—com ell tingué interès a remarcar— l'any havia començat amb un article no publicat a *La Veu*, puix que era redactat en castellà, sobre la restauració de la tradició ideològica catalana; havien seguit les gloses filosòfiques de Quaresma; i havia culminat amb *La Ben Plantada*. Emperò, no puc donar per acabada la relació dels actes del nostre biografiat durant l'any 1911, perquè durant aquella tardor participà en una manifestació literària amb un discurs que provocà un cert aldarull. Em refereixo al que ell pronuncià com a president dels Jocs Florals que se celebraren a Girona en ocasió de les fires autumnals, certamen que, d'altra banda, fou lluït, si es té en compte que guanyà la Flor Natural un jove poeta, Carles Riba, i es discerniren premis a Josep Carner, Jaume Bofill i Mates, Llorenç Riber, Miquel Ferrà, Manuel Brunet, Vicenç Soler de Sojo i Lluís Valeri. Eugeni d'Ors, a qui havia complagut moltíssim la deferència dels gironins d'oferir-li la presidència de la festa literària, com declarà en una glosa,[60] arribà a la ciutat del Ter i de l'Onyar per Sant Narcís, quan la seva bellesa és més corprenedora, perquè els arbres de la Devesa prenen un to d'or vell que harmonitza amb el color de les pedres velles. En restà encisat i escriví un «Elogi de Girona» en uns termes tan lírics que Alexandre Plana no vacil·là a incloure'l en el seu recull de poesia catalana moderna, tot i ésser fet en prosa.[61] «Sí, Girona. Tu sembles ordenada per una febre del Dant. Les muralles. L'Infern. Les esglésies. El Purgatori. Les arbredes. L'Empiri... Ets, Ciutat, com una seca nou de closca pètrea i arrugada, però blanca al dins, tendra i lletosa, dolcíssima».[62] Al Teatre Principal, el dia de la Festa, Xènius degué llegir, meravellosament com solia fer-ho, el seu discurs presidencial, que començava així: «Girona, a punta de Tardor, no és en veritat menys subtil que Venècia, en hora de Primavera», i tot seguit arrencava una peça oratòria de gran qualitat, que no sé exactament per quina raó convertí en una poètica evocació de la meravellosa ciutat adriàtica que, gradualment, anà portant cap al seu tema preferit: el de la lluita esforçada per la Cultura, perquè el que era un motiu constant del seu discurs (el contrast de la misèria humana amb l'esplendor que havien assolit les arts a Venècia i que anava repetint ara i adés com el graciós «ritornello» d'una cançó: «Però hi havia un geperut al pòrtic de Santa Maria della Salute»), es concretava amb una afirmació: «Així, llavors i sempre, s'alça la Cultura de si del dolor transfigurat. Així, mes dames i senyors, els pobles més humiliats poden encara trobar sa redempció en jocs de flors, en jocs de poesia i galania».[63] El text d'aquest discurs, llegit avui, encara fa un cert efecte per la brillantor de les imatges i pel to que s'endevina que devia adoptar en boca de Xènius un parlament tan abarrocat. «Son para mí estas páginas ... las más legítimas de la inflamada pluma de Eugenio d'Ors, sin excluir las de ''La Bien Plantada''», opinà, al seu respecte, un home tan sensible com Gabriel Miró.[64]

A La Publicidad de Barcelona, després d'haver comentat en la secció Ecos del dia 10 de novembre el discurs gironí «del más aristócrata de nuestros intelectuales», pel que havia dit «cosas nuevas ..., de una manera sutil, elegante y refinada», s'insinuava, en la mateixa pàgina del dia 14, que l'oració del nostre personatge recordava «L'Allegoria dell'Autunno», intercalada en l'obra de Gabriele D'Annunzio Il Fuoco,[65] i invitava a la publicació íntegra del discurs orsià, cosa que es féu a La Publicidad del 16 de novembre. L'endemà, i a l'edició matinal de La Veu, Eugeni d'Ors reponia amb un escrit: «Una petita qüestió d'honestedat periodística: al senyor don Emili Junoy», cèlebre diputat i, més tard, senador que, en aquell temps, dirigia La Publicidad, en la qual rebutjava indignat l'acusació de plagi i demanava a l'òrgan republicà una rectificació i la inserció a doble columna, del discurs presidencial i del fragment dannunzià (en realitat es tractava de Les Noces de la Tardor i Venècia), com indicà que es faria a La Veu i es portà a terme en l'edició vespertina del mateix dia 17 de novembre. No m'entretindré a detallar massa la polèmica, però diré que Xènius en sortí força malparat, no perquè amb la comparança dels dos fragments quedés demostrada la còpia, puix que pròpiament no pot dir-se que hi hagués plagi, encara que tothom s'adonés que el to del discurs presidencial era el mateix que el de la peça de D'Annunzio, sinó perquè el nostre biografiat perdé els estreps, primerament invitant Junoy que presentés excuses, bo i reproduint una carta d'un periodista parisenc que havia agreujat Madame Curie;[66] després, fent inserir a *La Veu* el text d'una imaginària lletra del director de *La Publicidad*, la que ell creia que hauria hagut de rebre,[67] i, finalment, perquè, en donar per acabada la polèmica,[68] no del tot satisfet del que efectivament li digué Junoy, s'adreçava «als profundíssims coneixedors de la literatura italiana dels quals un excessiu escrúpol de modèstia ens oculta els noms, que des de Girona llençaren la insídia. Què dir-los? Ja els complaurem. Una altra vegada donarem accèssits».

Els de *La Publicidad*, tot i tractar-se d'un full més combatiu i descordat que *La Veu*, es mantingueren dins un to de correció que no observà Eugeni d'Ors. Junoy, des de la Secció Pequeña Tribuna, escriví: «El aristócrata "Glosador" díjole un día a la plebeya "Pequeña Tribuna": "Resuélveme una cuestión de honestidad periodística, dame la razón", y la plebeya "Pequeña Tribuna", llena de palabras amables, de espontáneas y amplias justicias para todos, calló. Y el "Glosador" soberbio, no acertando con la razón de su callamiento, no comprendió tampoco su delicadeza»; volia que es pronunciessin, seguia dient; doncs bé, s'han pronunciat amb la publicació a doble columna dels dos fragments per tal que els lectors poguessin comprovar les analogies que existien entre ells, cosa per altra part insignificant, afegia Junoy, perquè tothom sap que hi ha trossos de Bach, Beethoven i Wagner que s'assemblen. El resultat de la picabaralla—acabava el republicà—ha estat perjudicial per a Xènius, «para quien, no obstante ser la vida literaria un camino de flores, en lugar de señoriales benevolencias, ha tenido gestos airados, en una pequeña querella en la cual su pluma ha prodigado orgullosos adjetivos y menospreciadoras alusiones».[69]

Emili Junoy era un home de món, que es convertí en una figura molt popular pel seu extraordinari «savoir faire». Per això, quan el seu germà Josep Maria li comunicà, en el fort de la polèmica, que l'havia anat a trobar Eugeni d'Ors perquè advertís el director de *La Publicidad* que anés amb compte perquè, altrament, estava disposat a adreçar-li un escrit que el fulminaria, Emili li respongué, més o menys, en els següents termes: «Digues a l'Ors que faci el que vulgui mentre no m'anomeni "noucentista"».[70]

Josep M.ª Junoy, que era bastant més jove que Xènius, el coneixia del Guayaba. Quan el taller desaparegué amb l'obertura de la Via Laietana, el grup d'assidus es reuní en una «penya» al cafè Lyon d'Or del Pla del Teatre, que després anà ampliant-se amb elements que ja no procedien d'aquell cenacle i a la qual Eugeni d'Ors anà assistint amb regularitat quan s'establí novament a Barcelona. El grup dels seus amics del Lyon decidí de costejar la primera edició en forma de llibre de *La Ben Plantada* que l'autor havia planejat per la tardor amb il·lustracions de Regoyos, Torres Garcia i Jaume Llongueres, segons reportà la secció Ecos de *La Publicidad*.[71] Però no es féu així, perquè la que li oferien els contertulians seus només anava ornada amb la reproducció fotogràfica d'una estatueta de ceràmica blanca d'Alcora que representava una dona que es tapava mig cap amb un vel que bé podia passar per la representació de la "Ben Plantada" i havia estat descoberta en la col·lecció d'Oleguer Junyent per Josep M.ª Junoy, al qual també explica[72] que s'encarregà de la redacció del text, amb el qual els amics li feren ofrena de l'edició. El llibre, que es posà a la venda a la botiga d'Àlvar Verdaguer, era dignament imprès per Joaquim Horta i s'enllestí, com indica el colofó, el darrer dia de l'any 1911.[73] Ors hi posà la següent dedicatòria: «Als amics fidels. Als artistes i teoritzadors del nou esperit mediterrani».

Quan Xènius estava preparant tot il·lusionat l'edició de *La Ben Plantada*, sobrevingué el traspàs del seu venerat amic Joan Maragall,[74] notícia que ell comentà d'una manera sòbria en una glosa d'inspiració feliç que Alexandre Plana recollí igualment en la seva antologia, com si fos obra d'un poeta: «Jo, d'aquest mort, no en sabria parlar sinó darrera d'un silenci molt pur». En l'últim domicili del «nostre essencial Mestre en Gai Saber», al carrer d'Alfons XII, Ors aprofità una estona en què acabava d'ésser rellevat en el torn de la vetlla del cadàver del gran poeta per corregir les proves d'impremta de *La Ben Plantada* que li havien estat trameses amb les presses habituals en aquesta mena d'afers. El nostre personatge tingué un especial interès a remarcar[75] aquesta coincidència, per tal que hom pogués deduir el simbolisme implícit de l'episodi: la liquidació del «modernisme» i la majoria d'edat del «noucentisme».

En el Glosari de 1912 es reflecteix la preocupació de l'opinió catalana pels apassionats debats que s'estaven desenvolupant a les Corts per la discussió del projecte de la Mancomunitat. Un dels diputats que més s'oposà a les aspiracions catalanistes—qui ho hauria de dir!—era el romanonista Niceto Alcalá Zamora, amb la seva oratòria florida a l'estil del segle passat, que «em recorda, no sé per què, les cobertes dels volums de la "Biblioteca Renacimiento"».[76] Quan després de molts entrebancs s'hagué aprovat la llei, moria, víctima d'un atemptat anarquista, l'estadista espanyol que més decidit estava a portar endavant la idea de la Mancomunitat, el president del Consell José Canalejas, que per les seves qualitats personals i la seva inquietud intel·lectual és considerat, per Xènius, com «un polític que treballa i que juga», és a dir: l'home complet».[77] L'assassinat de Canalejas produí a Catalunya una gran consternació, puix que hom cregué ajornada indefinidament l'entrada en vigor de la llei que tant interessava. El Glosador volgué infondre esperança: «Res ha canviat a l'Espanya; hi ha tan sols en ella una intel·ligència menys ... Només m'importa—i això m'omplena d'una plena joia d'intel·lecte—el que això signifiqui: *la indestructible permanència de la Ciutat*».[78]

Continuà batallant per tot el que el catalanisme tenia de selecció, de millorament. Per això s'oposà a la idea de Frederic Rahola d'erigir a Sant Privat d'En Bas un monument a Francesc Verntallat, el cabdill dels remences que es posà al front de «la revolució social més grossa de Catalunya» i retreu, indignat, que al nostre país hi ha altres monuments per fer: els de Llull, Muntaner o Bernat Metge. «¿Glorificaríem, abans que al Creador, al Revoltat? ¿No hi hauria aquí com un immoral afalagament de certes notes inferiors del caràcter nacional que tots desitgem veure contraposades i superades per més fecondes virtuts?»[79]

En qüestions d'art publicà com a glosa un escrit que també s'imprimí al front del catàleg de l'exposició que realitzà el seu amic pintor Torres Garcia a les Galeries Dalmau, «A la porta de l'Exposició Torres Garcia», en la qual recomanava al visitant de despullar-se, abans d'entrar a la sala, de tota idea preconcebuda, en un procés d'ascetisme, per revestir-se, després, de seny, talment com ell havia indicat en les gloses quaresmals de l'any anterior, ja que «En Joaquim Torres Garcia és, en aquest punt, entre nosaltres no solament una alta figura artística, sinó una alta figura moral».[80] En l'obra del català-uruguaià celebrava, per sobre de tot, la sobrietat, l'antisensualisme i el seu concepte de l'estructura, tan «noucentista» com havia dit el 1911. Insisteix en aquest tema en un escrit, que no publicà al Glosari, sinó a la Pàgina Artística de La Veu, intitulat «Pel Cubisme a l'Estructuralisme»,[81] on valorava el que tenia de constructiu aquell moviment pictòric que, a la seva irrupció en el món artístic de París, semblà tan revolucionari. Això, al meu entendre, demostra fins a quin punt el nostre biografiat era sensible en qüestions plàstiques, si es considera que fou publicat el 1912. Potser són més importants encara les gloses que escriví amb motiu de celebrar-se una exposició de pintura cubista, també a les Galeries Dalmau. Jo crec que en aquella sèrie de quatre articles[82] la sagacitat crítica d'Eugeni d'Ors hi és més palesa, puix que garbella el bo i el dolent i sap distingir entre els expositors quins són els «genuïns», els «adventicis» i els «desorientats».

Al Glosari d'aquell any aparegué un escrit que cal remarcar pel que té de manifestació de les seves inclinacions sindicalistes, que, com he dit, anaren accentuant-se fins que les proclamà obertament pels vots de 1920. Es tracta del paper «L'home ciutadà i l'home productor»,[83] en què parla d'una aspiració vers un equilibri «de tots dos elements; fer que tots dos deixin sentir la seva influència en la vida nacional i en la solució dels problemes de la política».

A les darreries de març apareix la tercera edició de La Ben Plantada, que, en realitat, era la segona en forma de llibre després de la que li fou oferta pels amics. A la coberta, Ors volgué posar-hi un aiguafort de Xavier Nogués que representava la figura simbòlica que ell havia imaginat: una dona elegant que romania impassible voltada d'uns homenics que es mofaven d'ella o l'apedregaven i que personificaven el que hi ha de salvatge en els catalans, «els ibers furiosos perdent el nostre guany de civils mediterranis», com es diu en un passatge del text, on l'autor reiterava allò de la comare de l'òmnibus. A més, el gravat era estèticament un encert. En ell, el subtil artista reeixí a fondre les dues inspiracions que el dominaven: la clàssica i la gòtica, «una Tanagra metida entre unas cuantas gárgolas gesticulantes».[84]

La publicació de la segona edició del llibre a tan poca distància de la primera (de fet l'edició prínceps començà a distribuir-se pel gener) demostrava que l'obra havia «fet forat». Joan Alcover li deia, de Mallorca estant, en una carta que reproduí La Veu:[85] «Admirable "Xènius": Heu fet un petit llibre extraordinari». En un diari de Madrid comentà La Ben Plantada una personalitat il·lustre i regularment assabentada de les coses de Catalunya com Miguel de Unamuno, però ho féu en uns termes que demostraven, una vegada més, com en el seu cas «conèixer» no significa necessàriament «estimar», puix que posava moltes objeccions al missatge catalanista que Eugeni d'Ors havia volgut donar amb el seu llibre.[86]

Naturalment que la crítica d'Unamuno degué contrariar bastant el seu autor, però el que sens dubte va ferir-lo més fou l'animositat que a Barcelona mateix demostraren tenir contra ell i la seva obra determinats nuclis intel·lectuals que, per entendre'ns, poden personificar-se en el grup dels més conservadors que dominaven l'Acadèmia de Bones Lletres i al Consistori dels Jocs Florals. Sembla que en la festa poètica que aquell any se celebrà el dia 5 de maig, qui havia de presidir-la i pronunciar el discurs de ritual, que era el catalanòfil d'Aachen, Eberhard Vogel, autor d'un diccionari alemany-català, féu, en el text del discurs que havia preparat, una al·lusió a La Ben Plantada com l'esdeveniment literari més destacat de 1911, i que en sotmetre el seu manuscrit a Francesc Matheu, president del Consell Directiu, aquest, que era un dels qui més discutia els homes de l'Institut per la reforma ortogràfica que havien emprès, li recomanà que suprimís tota referència a l'obra de Xènius. La cosa hauria romàs entre bastidors si, intencionadament o per atzar, El Correo Catalán no hagués donat la versió original de Vogel, que diferia de l'oficial, o sigui la censurada, puix que en la que redactà primerament l'alemany es parlava dels fruits que hom esperava de les noves promocions d'artistes «aplegats en amiguèvola rivalitat entorn de "La Ben Plantada", mentre que en la que donaren els altres diaris només s'al·ludia als joves "aplegats en amiguèvola rivalitat entorn a la Catalunya florida"». A través de la premsa es demanaren aclariments i hi hagué explicacions,[87] però resultaren poc satisfactòries, i Eugeni d'Ors aquella vegada donà per clos, amb molta elegància, el desagradable incident amb una glosa intitulada «Dolça Catalunya»: «Moltes misèries ens envolten encara, molts vicis d'esclau ... Deia Montaigne, de París: "L'estimo tendrament fins en ses berrugues i tares". Així nosaltres estimem Catalunya».[88]

El mes d'abril, concretament el dia 6, dissabte de Glòria, l'actor Ramon Tor havia llegit al Teatre Principal de Barcelona un bell escrit d'Eugeni d'Ors, «La Victòria de la Paraula sobre la Mort», redactat expressament per a aquell acte: una sessió d'homenatge a Maragall amb la representació de *Nausica*.

A mitjan estiu, el nostre personatge se'n va als Països Baixos per assistir a La Haia al II Congrés Internacional d'Educació Moral, que se celebrà del 22 al 27 d'agost i al qual participaren també Pere Coromines i el diputat José Jorro y Miranda. Eugeni d'Ors hi presentà una comunicació sobre «L'actitud moral en l'acte d'aprendre», per la qual, substancialment, recomanava el retorn als sistemes pedagògics que hom ja considerava periclitats: la repetició, la insistència i la humilitat en l'aprenentatge, temes que trobem repetits manta vegada al llarg de la seva producció.

De la seva anada a Holanda en quedà un record a la glosa «Història exemplar i lamentable de la ceràmica de Delft», en la qual el tema de la ceràmica fabricada en la referida població neerlandesa, que assolí un major èxit quan reproduïa motius decoratius inspirats en l'Extrem Orient que al temps en què volgué divulgar motius folklòrics, li serví de pretext per a desaconsellar els nacionalismes i regionalismes en l'Art. Per això deia: «Quan un crític de l'avenir es trobi davant d'un nu d'en Sunyer o d'una fantasia parisenca de l'Ismael Smith o una fantasia ultraterrena de l'Aragay, no tindrà necessitat de veure pagesets ni panorames montserratins per a exclamar de seguida ... "Quina cosa tan catalana!"

... ¿On seran, aleshores, tots els Romeros de Torres? ... Es vendran a rengleres, a 9'95 la peça als basars de Madrid».[89]

Altres rastres de la seva estada als Països Baixos es troben als escrits «Huygens, l'holandès inventor de la teoria dels rellotges», «Per sota la finestra del savi passen soldats», que reprodueix una escena real que ell visqué en el curs d'una visita al filòsof C. Bolland a Leyden i «Huc de Vries en son jardí», en la qual també recorda l'entrevista sostinguda amb aquell cèlebre biòleg, prop d'Amsterdam. Les tres gloses esmentades pertanyen a una sèrie estival[90] parcialment escrita a Holanda, que intitulà, a la manera dels «Flos sanctorum», llibres pietosos que narraven vides de sants, «Flos sophorum», és a dir: florilegi dels savis, o com explicà entre parèntesis al costat de la denominació general: «Petit eximplari dels grans scients». A la glosa epilogal de la sèrie, Xènius escrivia: «L'ambició d'aquesta petita «Flos Sophorum» ha estat fer obirar Mestres a molts amics a qui la fatalitat de néixer en un país sense ciència ha privat de veurel's de prop». Aquests papers, redactats amb l'expressada finalitat, no varen ésser col·leccionats per a llur edició conjunta fins al cap de dos anys i, encara, en una traducció castellana.[91] Ors volgué dedicar-la a Prat de la Riba[92] i en el text pel qual feia l'oferiment recordava que el president li havia dit que quan ell era un infant els grans li semblaven uns personatges fantàstics, inassolibles i, per a més detall, estrangers. Xènius afegia que la seva generació havia estat més sortosa que la de Prat, perquè «ha visto cómo moría Jacinto Verdaguer y cómo vivía Juan Maragall», però, malgrat això, «tampoco nuestra infancia ha conocido la viva presencia del sabio». D'aquí que s'hagués decidit a evocar escenes de la vida quotidiana d'uns quants científics com a homes de carn i ossos que eren.

L'estiu de 1912 s'inseriren a La Publicidad cinc articles molt extensos sobre la filosofia d'Ors, que portaven un títol comú: «Las bellas mentes de aquí (ensayos sobre el estado actual de las ideas y de las letras en Cataluña)». Els havia escrits Diego Ruiz.[93] Aparentment els inspirava una gran devoció per la doctrina orsiana, però contenien tantes observacions marginals i tantes objeccions en els detalls, que fan sospitar si l'autor no pretenia, més aviat, atacar subtilment el sistema que deia

admirar, tàctica que, d'altra part, era pròpia d'aquell pintoresc personat-
ge, dotat d'un gran talent, però que al mateix temps actuava com un des-
aprensiu, i no crec, en dir això, calumniar-lo, puix que Maragall ja se'n
planyé per haver sorprès la seva bona fe quan li demanà un pròleg per
al seu llibre *Contes d'un filòsof*, i també perquè existeix de Diego Ruiz
un retrat literari ben poc afavorit amb una narració de Prudenci Bertra-
na: *Jo! (Memòries d'un metge filòsof)*, que no pot dir-se que sigui una no-
vel·la de clau de tan diàfanes al·lusions com conté.

Les relacions entre Eugeni d'Ors i aquella desconcertant figura,
que l'escriptor que signa amb el pseudònim de Luis Cabañas Guevara
qualifica com a posseïdor d'«un alma retorcida y una fuerte inteligen-
cia»,[94] semblen haver-se centrat a l'entorn de llur comuna preocupació
pels problemes filosòfics. L'any 1906 Diego Ruiz tractava d'engegar una
Fundació Catalana de Filosofia, el primer acte de la qual se celebrà a
l'Ateneu Barcelonés dins de la primera quinzena de desembre. El 21 de
març del mateix any Xènius dedicava la glosa «Un filòsof» a Ruiz, al
qual discernia el títol de «noucentista» per haver publicat a Barcelona
«aquest llibre únic que es diu "Genealogía de los Símbolos", i per haver
escrit l'obra *Llull, maestro de definiciones*, que constituïen la millor pro-
va del seu amor a la terra catalana, on havia estat ben acollit, després
de fracassar en el seu intent d'arrelament a Madrid, on «dos o tres pro-
fessors d'Universitat, un parell de soliloquis al mes del Rector de Sala-
manca, unes quantes cites de Montaigne servides per l'«Azorín» als
burgesos subscriptors de l'*ABC*, són prou i massa filosofia pel que es
consum».[95] Probablement, el tracte Ors-Ruiz degué agreujar-se i poste-
riorment rompre's de mala manera, i sospito que fou motivat per una
qüestió de precedències en el patronatge. Conta Cabañas Guevara que
Diego Ruiz anava per Barcelona dient: «Jo he fet l'Eugeni d'Ors!»[96]

Com ha estat indicat abans, Xènius es llicencià en Filosofia quan
ja era un home de prestigi. Per la tardor de 1912 és a Madrid pels estudis
del Doctorat. Pel juny de 1913 s'hi doctora amb una tesi sobre «Las apo-
rías de Zenón de Elea y la noción moderna del Espacio-Tiempo»,[97]
amb la qual pretenia, com deia en les conclusions: «Una contribución
traída con cierta amplitud al gran debate contemporáneo entre el inte-

lectualismo y el anti-intelectualismo ... En diversos trabajos, estamos llevando, en la medida de nuestras fuerzas, un sostenido combate contra algunos *lugares* de la filosofía romántica y a favor de las *ideas claras, concretas y precisas* de la sacra cultura de los griegos. Hemos luchado, luchamos y queremos luchar aún, contra el fantasma del *misterio*, contra el fantasma de la *vida interior*, contra el fantasma de *lo inconsciente*, contra el fantasma de *lo inefable*. La presente tesis es un episodio de una batalla paralela contra *el infinito y la continuidad*.[98]

En el seu treball, Eugeni d'Ors comença al·ludint a la ciència grega i a l'aportació racionalista dels pitagòrics i llur idea, en certa manera intuïtiva, del nombre i del conjunt d'unitats com a pluralitat discontínua, que portà a la noció d'infinit que repugnava als dialèctics eleates (d'Elea, a l'Àsia Menor), els quals, posseint un concepte intel·ligible de l'Univers com el d'una realitat fixa i inalterable, s'esforçaren a negar el moviment amb les cèlebres «apories», problemes o dificultats plantejades als interlocutors. Un dels més famosos d'aquells «discutidors» fou Zenó, que esgrimí contra el moviment uns arguments d'inspiració finitista, considerats per Ors com a «veritables monuments de la Raó». Les «apories» que formulà eren les de la dicotomia: un espai, per petit que sigui, sempre és subdivisible; la d'Aquil·les i la tortuga: l'atleta més veloç no aconseguirà mai el lent animal, perquè quan el corredor hagi arribat al punt de partida de la bèstia, aquesta ja s'haurà desplaçat a un altre; el de la sageta i l'estadi, que es raona, com l'anterior, procedint a la indefinida divisió dels espais que separen els dos punts de referència de tot moviment; etc. El nostre personatge explicava en la seva tesi cada una de les «apories» de Zenó i les refutacions que, al llarg de la Història, han assajat diversos filòsofs, i acabava referint-se als treballs de la ciència contemporània, que desmentien les tradicionals nocions d'infinit i continuïtat: l'entropia, la teoria de la relativitat i l'obra de Hermann Minkowski, per qui l'espai és un conjunt d'esdeveniments simultanis. A través dels comentaris d'un tema propi de la dialèctica de l'antiga Grècia, Eugeni d'Ors arribava al finitisme de la ciència contemporània, cosa que indubtablement el satisfeia: «¿Por qué un filósofo catalán tenía que seguir dándole eternamente vueltas a Ramón Llull o a Francisco Xavier

Llorens, en vez de meterse con tanto derecho y con tanto aplomo, cual si prusiano fuese, con los argumentos de Zenón eleata o con la noción moderna del espacio-tiempo?»[99]

En ocasió de la lectura de la seva tesi féu un viatge per Castella. Sabem que pel juny de 1913 visità a Salamanca Miguel de Unamuno, que es convertí per ell en un «cicerone» aclaparador, perquè no deixà, ni per un moment, els seus famosos soliloquis i el féu deambular per la ciutat sota els raigs d'un sol tan fort que, als seus dintres, Ors estava desitjant un descans reparador a l'interior d'un cafè provincià.[100]

Del Glosari de 1913 cal que remarqui dos papers en els quals, davant la creixent agitació social, s'adreça als qui es diuen sindicalistes sense tenir—com deixa entendre—la formació doctrinal que ell posseeix: «Sindicalistes? Sindicalistes entre nosaltres? ¿I amb quina ideologia, digueu-me, per a donar sentit i valor a son actuar?»[101] Hi ha, en aquest escrit, com una mena d'oferiment tàcit per acabdillar intel·lectualment els moviments revolucionaris, com efectivament arribà a formular en una etapa de la seva vida de la qual m'he ocupat en un altre estudi.[102] Els de la classe benestant encara surten més malparats en la glosa següent: «I els altres? I els burgesos que resisteixen, dic? ¿És que ells n'estan, d'armats, per son cantó, d'una veritable ideologia i no solament d'un instint obscur? ... Senyors de Barcelona! Homes neutres, classes neutres, allunyats de tota cabòria, allunyats de tota lectura, allunyats de tot compromís...»[103]

També crec important, per a demostrar que Xènius es posà incondicionalment al costat de Prat de la Riba i no conclogué amb ell allò del «pacto promiscuo», l'escrit que publicà el dia abans d'una gran manifestació que es preparava a la Plaça de Sant Jaume per demanar l'aplicació immediata de la llei de Mancomunitats: «Ahir vaig rebre de mon Director—explica—una lliçó magnífica que ja mai més oblidaré. Com jo li demanés: "Un hom ... ¿què pot fer, divendres, per a mostrar son entusiasme per la causa de la Unitat de Catalunya? Ell me va respondre: "Vós fareu una glosa"... Cadascú a son lloc».[104]

Només esmentaré, pel fet de pertànyer al Glosari de 1913, l'article «Un Amiel vigatà», aparegut el dia 3 de maig, perquè ja crec haver indicat tot el que significa com a manifest de la nova generació aquest comentari al diari íntim de Francesc Rierola.

A començos del 1914 va viure a Madrid «una vulgar aventura acadèmica»: unes oposicions a càtedra que no tingueren èxit. Tot seguit la referiré.

EL CONTRATEMPS I LA CONSOLIDACIÓ

L'«AVENTURA ACADÈMICA». «LLETRES A TINA» I «GUALBA LA DE MIL
VEUS». ACTIVITATS EN EL PERÍODE 1915-1917.

Eugeni d'Ors, en el seu llibre *Epos de los Destinos* i en un punt de les
notes biogràfiques referides al cardenal Cisneros que apunta dins l'estu-
di dedicat als Reis Catòlics, parla de la inevitable prova a què han de
sotmetre's tots els qui volen distingir-se en la vida cultural d'Espanya.
«¿No es español? ¿No quiere ser algo? Pues que tasque el freno; que haga
oposiciones».

Les que el nostre personatge hagué de fer, a principis de 1914, eren
per a la provisió de la Càtedra de Psicologia Superior de la Universitat
de Barcelona, un lloc per al qual, certament, cregué que valia la pena
de realitzar un esforç, baldament hagués d'acceptar, per a assolir-lo,
d'entrar en aquest tipus de joc pel que sentia, des de feia molts anys,
una profunda repugnància, que ja demostrà el 1905 quan, amb motiu
d'haver guanyat una càtedra Tomàs Carreras i Artau, escrivia un article
satiritzant les estranyes competicions de talents en què es disputen no
sols les rivalitats personals, sinó també les ideològiques amb aspirants
cegament adscrits a un o altre bàndol, «el catòlic i el krausista, els candi-
dats dels «Lluïsos» i els de la «Institución Libre de Enseñanza», els qui
es mofen de la «vana Escolástica» o del «absurdo Panteísmo ger-
mánico».[1]

La posició capdavantera que ocupava Ors dintre el nostre panora-
ma intel·lectual l'obligava, en certa manera, a intentar la conquesta
d'una càtedra on pogués professar una matèria tan adient amb les seves
afeccions i en una Universitat com la de la Ciutat, on venia exercint el

seu mestratge des d'un periòdic o en diverses tribunes, però sense estar revestit d'aquella «oficialitat» en la docència que sempre fa goig d'esgrimir. Així és que les anteriors consideracions degueren vèncer tots els arguments que podien haver-lo frenat a participar en el sistema i el determinaren a presentar-se a les oposicions i fer com els altres, preparant-se a posar en joc influències, acreditar mèrits, etcètera.

Crec que cal atribuir a aquest desig—explicable—d'Eugeni d'Ors a «fer ambient» entorn de la seva personalitat intel·lectual l'article que el meu pare va escriure—sens dubte pressionat pel seu amic—sobre la filosofia orsiana,[2] que desapassionadament em sembla una síntesi molt bona de tota la doctrina de Xènius exposada fins aquell moment. És probable que també formés part d'aquest pla propagandístic, concebut per Ors amb vista a les oposicions, la publicació del llibre *La Filosofía del Hombre que Trabaja y que Juega*, que és un recull, compilat pels seus addictes Rucabado i Farran Mayoral, d'escrits filosòfics: la traducció d'algunes gloses de la Quaresma del 1911 i d'altres més velles de caràcter moral o metafísic; versions castellanes de fragments de *Religio est libertas*, de «Le résidu dans la mesure de la science par l'action», de l'Almanac de *Cenobium*, i cites de les parts elogioses dels articles de Diego Ruiz, d'Unamuno, etc. Tanmateix, aquesta obra no eixí abans de celebrar-se els exercicis,[3] potser a causa de dificultats inherents a l'edició.

La càtedra no s'atorgà a Eugeni d'Ors, sinó a Cosme Parpal i Marquès, que no tenia, ni de bon tros, la brillantor ni la profunditat del seu contrincant, però que Gaziel qualifica de «model del buròcrata docent», «ben arrelat» i amb molta «mà esquerra».[4]

¿Què passa?

El mateix biografiat ens dóna una versió indirecta de les proves quan evoca la figura d'un curiós personatge de l'Ateneu de Madrid, el basc Àngel Soltura, afeccionat a seguir, com a espectador, tota mena d'oposicions, el qual «presenciaba, cierto día, la que, según todas las previsiones, habían de otorgar una cátedra a un recién llegado, por cierto de Barcelona, y precedido de una brillante reputación. Desgraciadamente, los augurios de quienes andaban en el ajo no concordaban con los de los justicieros. Inocentemente retirados ante el resplandor de la estrella, algunos terceros, quedaba empero, enfrente de ésta, un satélite oscuro, a quien la misma oscuridad había venido procurando, durante un cuarto de siglo, modestos pero bien seriados favores oficiales ... Llegó por fin el día del ejercicio contradictorio. Ni que decir tiene que, en el mismo, el barcelonés apabulló a su adversario; consultado el señor Soltura por este último, al final de la sesión, hubo, no obstante, de formular como impávida profecía: "Hoy ha ganado usted terreno. El otro ha dejado en el Tribunal la impresión de quedar demasiado bien". "¿Y esto no le favorecerá?", inquirió la inquietud relativa del candidato oscuro. "Esto, joven, no se perdona", sentenció la avisada experiencia del señor Soltura».[5]

Del fet que el Tribunal restés sorprès pels coneixements que exhibia l'opositor i en comprovar la manera enlluernadora com els exposava, en dóna testimoni presencial el Dr. Font i Puig,[6] però també diu que en les proves revelà la seva poca formació sistemàtica i didàctica i que els catedràtics que componien aquell Tribunal obriren un ulls com unes taronges quan Ors els digué que, al seu entendre, Aristòtil no era un filòsof, sinó, com a màxim, un autor enciclopèdic. D'altra banda, s'ha repetit que, en el curs d'una de les seves abrandades dissertacions, Eugeni d'Ors afirmà que «La Filosofía no es mujer que se rinda fácilmente y se acueste con el primer llegado».[7] Expressions com aquestes, pròpies de la inexperiència d'un opositor, més brillant que rutinari, degueren contribuir decisivament al fet que el nostre personatge fos eliminat en favor del «buròcrata docent», que avantatjava el seu contrincant en el domini dels trucs necessaris per a sortir-se amb èxit d'un afer tan complicat i tan ple de matisos com és la provisió d'una Càtedra.

Tanmateix crec que pot interessar conèixer una versió directa, «desde dintre», de l'afer, que és la que ens dóna el mateix Ors en unes cartes que envià al meu pare en el curs de les oposicions, lletres de les quals en permeteré transcriure alguns fragments a continuació. En una del 17 de gener de 1914 diu: «Les meves coses, malament. Les oposicions comencen la vinent setmana. Segurament només serem en Parpal i jo, però segurament també guanyarà els vots en Parpal. Es repetirà la història de *La Ben Plantada* i el Premi Fastenrath. Tindré els vots dels competents, com si ho veiés, de l'Ortega i d'en Bonilla i els *vocals associats*, tres! votaran per l'altre». En una del 23 del mateix mes explica que va quedar molt satisfet de l'exercici escrit, ja que «en un dels dos temes vaig poder abocar-hi barrils enters de vi de ciència. Tot hi surt en gran. Mes no per això vull fer-me gaires il·lusions sobre el resultat final». El 6 de febrer opina que va estar molt afortunat «en l'exercici d'objeccions (per) matar, materialment matar Parpal reduïnt-lo a bocins, a pols, a res. Sembla que fora de que el meu ensenyament va repugnar una mica a les gens sensibles l'espectacle tot com a cosa fina i florentina, va resultar magnífic. El pobre home ni va poder contestar un mot. Es va alçar i materialment tremolant va dir que no volia seguir per aquest camí i que s'assentava''». En una altra lletra que no he pogut datar exactament, però que és posterior, explica al meu pare el seu fracàs d'aquesta manera: «Ara em donaràs la raó de mon pessimisme. Sembla impossible però hi ha hagut 3 homes capaços de votar a Parpal. No solament Daurella i no solament el bisbe. L'ha votat en Bonilla també mogut per no sé quina cosa oscura, bruta i baixa, d'alguna cosa que no puc endevinar. Tu em coneixes, amic meu, i saps que jo no sabria posar vanaglòria en una cosa com el parlar més o menys bé en improvisacions oratòries o en la sort d'uns exercicis. Podia saber igual psicologia, tenir igual llum de merit i haver fet uns exercicis fluixos, desiguals o menys opacs. Pero no, paraula d'honor! Tots, tots els exercicis m'han donat una immensa, una imponderable avantatge. En tots, en tots, ha estat en Parpal fluix, baix i ignorant i fins infelicíssim de paraula i de manca d'aplom». Més enllà descriu algunes de les reaccions immediates al veredicte per part de distintes persones. Observa una «gran indignació a la gent, ovació a l'Ortega en sortir de la votació, xiulets al Bisbe, grups furiosos d'estudiants que volen menjar Bonilla».

El fracàs d'aquella «aventura acadèmica», a part de tenir unes conseqüències perjudicials per a Catalunya i, principalment, per a la mateixa Universitat de Barcelona, produí a l'interessat una contrarietat ben natural. Tot i que passà la resta de la seva existència dient penjaments del sistema espanyol d'oposicions, com per exemple al pròleg de *El Nue-*

vo *Glosario*, intitulat «Yo no soy el que hace oposiciones» (en que enumera els vicis dels opositors d'aquesta forma: «Impenetrabilidad mútua, erudición empleada como arma, ocultación de fuentes, nunca cita del émulo, ambición de deslumbramiento, imposibilidad de colaboración y sequedad agresiva), és evident que durant els anys que li quedaren de vida enyorà un càrrec universitari que no li fou atorgat, i encara amb caràcter extraordinari, fins pocs mesos abans de morir. Hi ha unes línies orsianes molt reveladores del seu desig d'una càtedra que al·ludeix a les funcions docents que complia a la Escuela Social de Madrid: «Doy un curso en una querida escuela, donde, con un poco de buena voluntad, todavía puedo creer que el asiento que me dan, sobre una tarima y tras de una mesa, es una cátedra».[8]

A Barcelona el fracàs d'Eugeni d'Ors en les seves oposicions va ésser interpretat com un acte polític: «El darrer episodi d'aquesta aversió del centralisme contra la nostra Cultura», com deia una nota anònima publicada a *La Veu* el 24 de febrer de 1914 amb el títol «Kulturkampf».[9] També la revista *Catalunya* dedicà un número (14 de març) a l'afer de les oposicions orsianes amb la inserció de tres comentaris: un de Pere Estades, «Una ferida més a la Universitat»; un altre de J. Farran i Mayoral, «Ço que hem perdut»; i un tercer de Josep Carner, «El triomf de "Xènius"», molt cordial. Si hi hagué quelcom de semblant a una conjura contra aquell opositor català que comparegué a Madrid investit d'un gran prestigi guanyat a la seva Ciutat natal, no és lícit de referir-s'hi en termes massa generalitzats, puix que a la capital d'Espanya hi havia diversos nuclis que estaven convençuts que en el seu cas s'havia comès una injustícia. Un d'ells era el de la Residencia de Estudiantes, els quals, com a petita reparació al greuge que consideraven que s'havia comès contra Xènius, l'invitaren a donar una conferència en aquell estatge on, segurament, havia passat moltes hores preparant els exercicis de l'oposició i on hi havia una sala presidida per la reproducció fotogràfica d'una imatge mariana del tallista andalús Pedro de Mena, que ell convertí, fàcilment, en la personificació de «Nostra Dona de l'Amistat», perquè «mediterrani de mi, tota idea se'm torna imatge».[10] En aquella residència universitària dominada com és sabut pels homes de la Institu-

ción Libre de Enseñanza, Ors llegí, la nit del 16 de febrer, un text molt
bell: «De la Amistad y del Diálogo», que, en realitat, era la traducció
arrodonida d'algunes gloses seves sobre l'amistat, el respecte mutu, el
diàleg i el mestratge que havien estat publicades l'any anterior: «L'inter-
locutor»[11] i «Notes sobre el diàleg i la incapacitat per al diàleg»,[12] «La
tragèdia de l'amistat a Catalunya», que datava de 1912[13] i una altra in-
serida al Glosari de 1911: «Del Tuteig»,[14] és a dir, temes que eren ob-
jecte d'una preocupació seva que venia de temps. Fins i tot l'any 1908
havia escrit una nota intitulada «Cher Maître»,[15] que no fou recollida
textualment en la referida conferència però que respon molt bé al seu
esperit: «Els catalans ens encallem al dir "Cher Maître", o "Maestro"
com a Madrid ... La major part dels nostres homes són típics "parve-
nus", en cap hora deixebles, en cap hora mestres veritables». La lectura
donada a «la Residència benorosa on el meu anhel s'agermanava amb
tants d'anhels i la meva mà estesa a l'encaixada va trobar tan magnífic
tumulte de mans»,[16] es publicà pulcrament[17] amb una dedicatòria com
si fos escrita pels interns d'aquella institució: «Teniendo el libro con no-
sotros, pensaremos, claro amigo, que sigues siendo nuestro, que te senti-
mos en tu celda libando flores del espíritu y cargando de transparente
miel la blanda arquitectura de tu panal, que te vemos aparecer, cada tar-
de a nuestro lado, sereno, seguro y sonriente».

Un altre acte de desgreuge li fou ofert a l'Ateneu de Madrid en és-
ser convidat a inaugurar, el 20 de febrer, la Secció de Filosofia de la ca-
sa, que havia romàs inactiva, des de la seva creació, a la primavera de
1913, per obra de José Ortega y Gasset, el qual féu la presentació del
nostre personatge qualificant-lo com un dels més eminents escriptors ca-
talans amarat d'idealisme que des de la seva columna de La Veu venia
clavant «cotidianos lanzazos en pro de la cultura española». Ors llegí la
traducció castellana de Religio est libertas. Al diari ABC d'aquell mateix
dia Azorín feia una discreta propaganda de l'acte amb un article, «"Xè-
nius" en el Ateneo», amb frases com: «No es nuestro amigo morador
que discursea sino un hombre que va pensando».

Després de la desafortunada «aventura acadèmica», el nostre perso-
natge tornava a Barcelona. Una certa compensació al seu fracàs li vingué

donada amb un càrrec: la direcció del Departament d'Educació Superior del Consell de Pedagogia de la Mancomunitat de Catalunya, l'òrgan de Govern tan desitjat que, finalment, fou aprovat per R.D. el 18 de desembre de 1913 i pogué constituir-se sota la Presidència d'Enric Prat de la Riba a partir del dia 6 d'abril de 1914. Era aquella «implícita República dels catalans», de la qual parla Xènius a *La Ben Plantada* en al·ludir Prat i que, anys més tard, reputarà com una veritable «República coronada», bo i advertint als seus lectors que no es tracta de San Marino o del Principat d'Andorra, sinó d'una cosa més immediata i d'una «experiencia de la que hemos sido personalmente actores ..., del gobierno de una República española cuyo florecimiento tuvo lugar entre los años 1915 y 1920 y bajo el reinado de Alfonso XIII de Borbón. Esta República se llamaba oficialmente "Mancomunidad", pero Mancomunidad, República o "Politeia", el nombre ¿qué importa? Cada Ministerio tenía en ella categoría de Dirección. ¿Disminuía, con esto, su eficacia? Sus atribuciones eran, cierto, bastante reducidas; no tanto, con todo, como se podía suponer. No sólo se fundaban y regían allí escuelas, sino Universidades; no sólo se inundaban de libros las aldeas, sino que se enviaban misiones científico-diplomáticas al extranjero».[18]

Al llarg d'aquestes pàgines aniré indicant quina fou la contribució d'Eugeni d'Ors a l'obra de la Mancomunitat de Catalunya. Ara, pel que afecta el període que examino, només diré que l'any 1914 intervingué, com a secretari de l'Institut d'Estudis Catalans, en la inauguració d'aquella Biblioteca a la qual ell, com tants homes de la seva corda, havia aspirat. El 28 de maig es considerà per ben pagat de tantes hores com havia esmerçat en la realització de gestions oficials i oficioses i a escriure una sèrie considerable d'articles en què d'una manera clara o bé indirectament es parlava de la necessitat de comptar amb un gran centre de lectura digne de Barcelona, quan hagué de llegir el discurs d'obertura de la Biblioteca de Catalunya.[19] En ell digué que «El secret i ressort de les institucions són les idees. Mouen les idees el món i es fan ocultes escultores dels segles ... Homes calen a les idees. Homes calen a l'imperi de les noves valors. La causa de la Civilitat superior a Catalunya ha tingut la ventura insigne de trobar sos homes. Déu li ha concedit, sobre tot, el trobar-se al cim aquell gran home que ha fet la gran obra de lligar el destí d'aquesta causa al destí de la Pàtria mateixa»; es referia, naturalment, a Prat de la Riba, el nom del qual no figurava a la làpida que s'havia col·locat a l'entrada de la sala de lectura en record dels benefactors, però «hi és amagat en cada un dels esforços, en cada una de les nostres obres». Evocà Josep Pijoan, expatriat («ell, molt millor que jo mateix, podria contar-vos les primeres passes de l'Institut») i «l'altre absent que és, ai!, molt més lluny», Joan Maragall, que s'adreçà a l'alcalde de Barcelona per demanar llibres. Per remarcar que la Biblioteca podia ésser molt útil al país, acabava el seu discurs parafrasejant la cèlebre resposta negativa d'Euclides a un rei que li demanava si hi havia, per ell, un sistema fàcil d'aprendre Geometria: «No existeix cap camí que dugui a la Ciència fet exprés per a la comoditat i el plaer dels pobles agraciats. Els pobles que vulguin arribar-hi han de passar per on els altres han passat».

A les cinc de la tarda del dia 2 de juny s'obria al públic la Biblioteca. Al cap de set dies de funcionar, Xènius escrivia una glosa, «La Primera Setmana de la Biblioteca de Catalunya»,[20] en que revelava els noms dels visitants i inseria una estadística de les obres consultades. El Glosari havia estat reprès després de l'episodi de les oposicions el dia 10 d'abril, amb l'escrit intitulat «Monteverdi», sobre el músic italià, que està dins la mateixa línia de reivindicació del barroc que el cèlebre escrit sobre Churriguera. Hi ha altres planes remarcables, unes gloses «On es conté l'assaig d'una teoria general psicològica del treball humà»,[21] en les quals parla de l'«Espudàstica», un mot que llançà per designar l'esforç reflexiu per a la realització eficaç del treball i que poden considerar-se, en certa manera, com les primeres manifestacions, a casa nostra, de les teories avui tan generalitzades de la productivitat industrial; sis gloses sobre la República de Xina,[22] en què assenyalava com també en la flamant República oriental se sentia una forta preocupació pels problemes educatius; «La noia que ha mort d'haver vist Europa»,[23] que es refereix a una minyoneta cantaire de l'«Orfeó Català», que finà, sobtadament, a Londres en el curs d'un viatge que hi féu aquella massa coral:[24] «Tu seràs per nosaltres la idea viva de totes les coses nostres que moren i que han de morir per haver vist Europa».

Per la primavera és a França. Passa uns dies a París i visita Nancy, on el corprèn la gràcia senyorívola de la Place Stanislas[25] i el complau que, al Museu de la Ciutat, hi hagi una obra del Perugino, perquè el quadre i els records del Rei de Polònia que hi ha a la bella població lorenesa la converteixen en un símbol de la civilització europea,[26] que veurà perillar ben aviat a la Guerra Mundial, que molt pocs podien pressentir de tan agradable com era l'existència per gairebé tothom: «A veces, en la atmósfera de la Civilización, hay algo que dice a las sensibilidades desveladas "Todo está a punto (yo he respirado un aire así en París, primavera de 1914)"».[27]

La declaració de guerra degué produir a Eugeni d'Ors, com a tots els homes refinats, una impressió d'astorament. El seu primer reflex —després d'un comentari a l'assassinat de Jean Jaurès aparegut el dia 1 d'agost, en el qual demostra una certa simpatia pel cabdill socialista a causa de la «germandat profunda i antiga de la sang albigesa» (la víctima era fill de Castres)—es traduí en una sèrie de gloses que publicà del 3 d'agost al 3 de gener de l'any següent amb el títol de «Lletres a Tina».[28] Amb el pretext d'un carteig amb una noieta de set anys que deia haver conegut en una de les seves estades a Alemanya, anà exposant diverses reflexions inspirades en el conflicte bèl·lic, no en la materialitat de les operacions militars, sinó en tot el gavadal d'arguments ideològics que esgrimien els bàndols en lluita per tal de justificar llurs causes respectives i que eren fidelment repetits als diversos països neutrals pels elements que es mostraven identificats amb l'un o amb l'altre. Particularment a Espanya, els efectes de la propaganda dels bel·ligerants es feren sentir d'una manera intensa i ridícula amb aquella propensió dels espanyols d'ésser «més papistes que el Papa». Aviat la població es dividí en dos grups apassionats segons les simpaties que sentien pels que se'n digueren d'una banda «els Imperis Centrals» i de l'altra «els aliats». Simplificant la cosa, afegiré que els homes de dreta, monàrquics, conservadors, catòlics i carlins es revelaren partidaris d'Alemanya i Àustria, mentre que els d'esquerra, republicans, liberals, maçons o lliurepensadors, es posaren al costat de França i d'Anglaterra. A Catalunya, emperò, l'escissió no fou tan clara ni de bon tros, puix que una bona part de l'opinió catalanista, àdhuc la representada per la *Lliga*, partit dels burgesos benpensants i de la gent d'ordre, era aliadòfila, per bé que no tots, dins aquell agrupament, eren francòfils, com per exemple no ho eren ni Prat de la Riba ni Cambó.

La posició mantinguda per Eugeni d'Ors fou d'una declarada neutralitat, que exasperà bastant de gent d'aquí i de fora, «molts dels quals no sabien veure en la seva actitud altra cosa que una germanofília dissimulada», escriu, al seu respecte, Ametlla, que afegeix: «El judici era, sens dubte, massa simple. Però, en general, no podia ésser jutjada sinó como una singularitat del qui, orb de vanitat, no podia acceptar la veritat de tothom. I no mancaren els extremosos que la qualificaren, simplement, de traïció, coneguda la formació de l'autor ..., no podien atribuir-li altra professió de fe que la francòfila».[29]

Xènius, molt encertadament, estimà absurda la pretensió dels dos bàndols, que d'una manera apassionada es discutien des dels diaris, en les tertúlies dels cafès, i fins hi havia gent que es barallava a la via pública per afirmar que els països amb els quals cadascun d'ells s'identificava eren els defensors de la Civilització europea. «Tengo hoy la satisfacción de conciencia—deia un temps després el nostre personatge—de haber sabido resistir, casi solo, en Cataluña, durante cinco años, la locura bélica (y peor si esta locura era simulada) a una corriente de opinión avasalladora y de haber guardado incólume, a riesgo de un castigo de impopularidad, el ideal de la Unidad moral de Europa, de la Unidad moral del Mundo».[30] Demostrà aquesta unitat de la Civilització europea d'una manera molt subtil que, en certa forma, equivalia a barrejar les cartes del joc del qual es servien els partidaris d'un cantó i de l'altre. Així, a la gent d'ordre que admirava l'Imperi Germànic pel formidable concepte de la disciplina que havia sabut infondre als seus súbdits, els digué que l'estatisme era un producte de Lluís XIV i de tots els monarques absoluts, que s'havien inspirat al seu torn en el Dret romà i, més remotament, en Plató: «L'autoritat és concepte del Mediterrani» i el germanisme no podia considerar-se més que com «un apetit de suplantació de Roma», mentre que d'altra banda advertia als qui es proclamaven amics de França, perquè es deia defensora dels principis de la Revolució del 89, que la Llibertat era un concepte de la vella Germània que havia resistit la romanització del país.

No es pronuncià en un sentit favorable a Alemanya. A tot estirar, parlà de l'ideal de restauració d'un regne que representés la continuació, en els temps moderns, del que significà a l'alba de l'Edat Mitjana la Monarquia de Carlemany, el Sacre Romà Imperi estès «de Colònia a l'Ebre», i si demostrà una certa inclinació pels Imperis Centrals fou conseqüència de la declarada aversió que sentia pel liberalisme disgregador. «¿Contra el monstre de l'Anarquia, la cançó nova que ressona dins de les nostres consciències, no podem anomenar-la la "Marsellesa de l'Autoritat"?» En canvi, palesà una certa germanofòbia en remarcar les diferències entre l'esperit germànic i el mediterrani, que, al seu parer, és superior al primer. Per ell, els alemanys no necessiten de la figuració per a entendre les coses. Els germànics són, per tant, més abstractes, intuïtius, sentimentals i enamorats del dinamisme. Tota la cultura d'Alemanya es caracteritza per les creacions dinàmiques; la prova és que és una terra que ha produït, per sobre de tot, músics, físics, químics i biòlegs. En les arts plàstiques els alemanys tendeixen al realisme, perquè es resisteixen a substituir l'objecte per la figura. En canvi, els llatins pensen per mitjà de figuracions, cosa que en l'Art els portarà a l'idealisme. Els mediterranis són, per tant, comprensibles, raonadors i afeccionats a la concreció, a l'estabilitat i a l'estructura. Tota la cultura mediterrània és estàtica. Per això ha produït preponderantment arquitectes, pintors i juristes. En política existeix una antiga creació mediterrània, la Ciutat. L'Autoritarisme i el Socialisme, formes d'organització col·lectiva a les quals sembla encaminar-se Europa, no repugnen a l'esperit de concreció i ordenació del Mediterrani.

No era la primera vegada que Xènius exposava unes tals reflexions a l'entorn de l'ànima de Germània. El 1910, quan era a Munic, escriví alguna cosa sobre «luteranisme i hel·lenisme»[31] o l'esperit de Viena com a ciutat fronterera,[32] idees que trobem després a les «Lletres a Tina», com també s'hi troba el que digué al Glosari de 1913 sobre la constant oscil·lació del germanisme entre dos pols: el llatí i l'eslau.[33] Fins i tot, anant més enrera, podríem adduir una glosa de 1909, «Entorn a l'acord Franco-Alemany»,[34] en què parla d'una possible revifalla del «Sacre Romà Imperi», aquella forma històrica que el tenia fascinat d'en- çà que llegí una obra al seu respecte quan preparava el seu doctorat en Dret.

El desconcert dels lectors del diari regionalista, en veure com tots els conceptes de llatinitat i germanisme, autoritat i llibertat, eren invo- cats en uns termes tant distints de com venien manejats en la propagan- da de cadascun dels bàndols rivals, degué ésser considerable i portar-los fàcilment cap a una irritació contra el qui els jugava com un prestidigita- dor. Per augmentar encara més la perplexitat del públic, Eugeni d'Ors no sols evità fins a la darrera lletra a Tina[35] de pronunciar-se a favor d'un o altre contendent, sinó que remarcà la seva neutralitat organitzant un grup d'«Amics de la Unitat Moral d'Europa», que llançà un Manifest que ell redactà a l'Ateneu Barcelonès, al mateix despatx del secretari de la casa, Miquel dels Sants Oliver, que l'ajudà a preparar-lo, i datà el 27 de novembre de 1914, pel qual «Tan llunyà de l'internacionalisme amorf com a qualsevuga estret localisme, es constitueix a Barcelona un grup d'homes de professió espiritual per afirmar la seva creença irreductible en la Unitat Moral d'Europa», partint del principi que «la terrible guerra que avui trosseja el si de la nostra Europa constitueix, per definició, una Guerra civil». El manifest, a més d'Oliver, fou signat pels amics del pro- motor o persones interessades en les seves empreses: el meu pare, López Picó, Rucabado, Farran i Mayoral, Palau Vera, Rubió i Balaguer, Aureli Ras, Pau Vila, Rafael Campalans, Manuel de Montoliu, Esteve Terra- des, Jaume Massó i Torrents, Manuel Reventós, els catedràtics de la Universitat barcelonina Telesforo de Aranzadi i Eugenio Cuello Calón, la directora de la revista Feminal Carme Karr, etc. Després s'hi adheri- ren l'Associació Wagneriana i un obscur pamfletista que signava Gor- kiano, que no era altre que el qui, més tard, es revelà com un poeta delicadíssim, Joan Salvat Papasseit. Vingueren adhesions d'altres ciutats espanyoles: de Bilbao, la societat El Sitio; de Madrid, la redacció de la revista España, que inspirava José Ortega y Gasset, el qual, personal- ment, també manifestà la seva conformitat al manifest.

Una gran figura es féu ressò de la declaració orsiana més enllà de les nostres fronteres, Romain Rolland, l'escriptor francès que mantingué una posició hostil a la guerra i hagué de refugiar-se a Suïssa, de qui Xènius diu: «Hubo un día, el de la Navidad de 1914, en que se abrazó a una bandera que, con mano nítida, acababa yo de levantar y la enarboló a los ojos del mundo, haciendo llegar hasta mi osadía bisoña la luz de gloria de un precursor».[36] Efectivament, com escrivia el nostre personatge a *La Veu* el febrer de 1915: «El dia 9 de gener d'aquest any, el nostre manifest sortia a "Le Journal de Genève" sota el ròtul "Pour l'Europe" i el subtítol "Un manifeste des écrivains et des penseurs de Catalogne". Romain Rolland havia traduït el document i signava la traducció. Ell, qui no es vanta pas de conèixer la nostra llengua, l'havia entès! Havia entès aquesta pàgina que, a Barcelona mateix, compatricis nostres no s'han donat la vergonya de declarar poc comprensible. Ah! Com és cert que no s'entenen mai sinó aquelles coses que ja es porten dins!»[37]

Aquesta glosa era la tercera d'una sèrie que ocupà una bona part del primer semestre del 1915 dedicat al que ell en digué «l'Ample debat», és a dir, els comentaris i reaccions de tota mena suscitats a l'entorn del seu manifest neutralista. Es referí als moviments que sorgiren en diversos països amb finalitats pacifistes anàlogues a les dels Amics de la Unitat Moral d'Europa, com el cèlebre article de Romain Rolland «Au dessus de la mêlée»;[38] la Unión of Democratic Control, de Londres, inspirada per Norman Angell, Israel Zangwill i Bertrand Russell;[39] la Ligue des Pays Neutres, creada a iniciativa del grup *Cenobium*, de Lugano;[40] el moviment holandès Neederlandische Anti-oorlog Raad.[41] Al·ludí a les ponderades actituds d'Arturo Farinelli[42] i Benedetto Croce,[43] en certa manera explicables, perquè llavors Itàlia encara no havia entrat a la Guerra, i també a la més noble de Charles Péguy, mort al camp de batalla, però que, poc abans, no havia renegat l'amistat que l'unia amb un poeta alemany.[44] Per justificar la seva posició, Eugeni d'Ors féu sentir, àdhuc, «La veu de més enllà de la mort» amb una cita pacifista de Kant.[45] A «L'Ample Debat» rebaté les crítiques que li vingueren dels països bel·ligerants: d'Alemanya, per part del seu amic el

Dr. Vogel, d'Aachen,[46] i de França, per part de l'hispanista Morel-Fatio,[47] del professor Aulard[48] i de M. Paul Lisseron, de París, que replicà al manifest amb una llarga tirada de graciosos alexandrins que complagueren molt Xènius:[49]

> ...L'Histoire cependant vous fit chevaleresques
> Dites-nous donc pourquoi vous devenez Tudesques?
> Grands intellectuels catalans de l'Espagne,
> Ne versez pas de pleurs sur la grande Allemagne.
> Mais; instruits laissez, donc, libres vos coeurs.
> L'Amour, la Liberté, le Droit seront vainqueurs...

El retret que més l'impressionà li vingué per part de l'escultor rossellonès Gustau Viollet, que féu publicar, traduïda en un diari castellà de Barcelona, una lletra oberta dirigida a Eugeni d'Ors,[50] en què deia que s'estranyava de com a Espanya no veia correspost l'amor que ell professava pel país, que ell ja havia palesat a la capital de França el dia en què s'assabentà del desastre de Cavite, quan sortí pels carrers amb uns quants amics enarborant una bandera espanyola; carta a la qual Xènius respongué des de *La Veu* el mateix dia de la seva inserció a l'altre periòdic barceloní, amb un escrit que començava així: «Aquestes tenim, amic Viollet? ¿Aquestes, d'apel·lar al pur sentiment, trepitjant el futur de la Raó, de la «Raison», la planta eminent i aroma millor dels jardins espirituals de França?» La lletra continuava en una forma mort cortesa i amical; la prova és que, quan s'aplegaren les gloses epistolars a Tina, Xènius volgué encapçalar-les amb la següent dedicatòria: «A Gustau Viollet. Català de França. Mestre Estatuaire. Artesà Perfecte. Que m'ha combatut amb noblesa».

Això em porta a esmentar el fet que, el 1915, aparegué una edició del *Glosari* amb la intenció que amb ella es reunís l'obra completa, i amb aquest títol s'anuncià i es posà a la venda per fascicles trimestrals o bé en un sol volum, amb una portada, que havia dibuixat Apa, que representava David amb el cap de Goliath als seus peus. Com que ja existia l'edició del *Glosari* de 1906 eixida a les darreries del 1907—la del prò-

leg de Casellas i publicada per Francesc Puig i Alfonso—, aquesta de
1915, impresa als Tallers Gràfics Montserrat, comprenia les gloses dels
anys 1907 i 1908, però saltava, després, al 1914, que reunia les lletres
a Tina amb el nou títol de *Tina i la Guerra Gran* i la dedicatòria a Gustau
Viollet.

A principis de l'any, Eugeni d'Ors es desplaça a Bilbao per donar
el dia 16 de gener una conferència a l'entitat *El Sitio*, que s'havia adherit
al manifest neutralista. En aquella dissertació, que portava el títol de
«Defensa del Mediterráneo en la Guerra Grande», desenvolupà algunes
de les idees exposades a «Lletres a Tina» sobre l'esperit llatí contraposat
al germànic i el mediterranisme, i conclogué que aquest havia d'imperar
en el futur per la salvació de la Humanitat amb dues característiques do-
minants que ell profetitzà, per a l'endemà de la Guerra, «el Socialisme
i la Vida Senzilla».[51]

Del País Basc passà a Madrid i anà comunicant les seves impres-
sions del viatge en una forma sintètica: «Telegrama de Bilbao», «Tele-
grama de Bermeo», «Telegrama de Guernica», «Telegrama dels Camps
de Castella» i «Telegrama de Madrid».[52] El que envià des de la capital
de Bascònia és graciós: «Fermentació. Admirable ciutat. Tan moderna,
Aires de cosa nòrdica ... Artistes intervenen vida civil ... Lliberals (Me-
ravella!!) són lliberals. Alcaldes i Tinents d'Alcalde llegeixen "Ben Plan-
tada" ... Arc Sant Martí com en quadre Regoyos». També fan gràcia els
temes des de la Vila i Cort: «Castell famós. Vila tàpies color xoriço. Cre-
púscul sang i tinta sobre cúpules massa blanques o negres contrallum.
Mig amagada verdor, alguna violenta façana estil Churriguera, entre
ocres murs color xoriço encara. En casa rònega llumet encès; és llum
ideal».

A Madrid tornà a parlar a la Residencia de Estudiantes la nit del
20 de gener sobre el tema «Aprendizaje y Heroísmo». La conferència
igualment fou editada, mesos més tard, per aquella institució en una for-
ma digna. El text és molt bell i en llegir-lo es comprèn que degué produir
un efecte extraordinari, posat en boca del seu autor. Tota la dissertació
és una prèdica a favor del que ell en deia la «Santa Realització», l'Amor
a l'Ofici, i acaba així: «Todo pasa. Pasan pompas y vanidades. Pasa la

nombradía como la oscuridad. Nada quedará a fin de cuentas, de lo que hoy es la dulzura o el dolor de sus horas, su fatiga o su satisfacción. Una sola cosa, Aprendiz, Estudiante, hijo mío, una sola cosa te será contada y es tu Obra Bien Hecha». Per preparar aquesta lectura, Ors només hagué de traduir i reunir diversos fragments catalans seus: l'escrit «L'Amor a l'Ofici. Bernard Palissy», publicat per primera vegada a la revista *Ciutat*, de Terrassa, i les gloses «L'Aprenent»,[53] «El bon ceramista» (Prèdica a l'aprenent)[54] i «El noble llinatge dels orfebres florentins» (Prèdica a l'Aprenent).[55] Hi afegí tot el que havia dit sobre els mètodes pedagògics a «La Vindicación de la memoria», article aparegut en una revista especialitzada de Barcelona a la qual ja m'he referit.

Aquesta preocupació d'Eugeni d'Ors per les qüestions d'ensenyança tornà a manifestar-se quan l'Institut de Ciències i el Consell de Pedagogia de la Mancomunitat organitzaren, conjuntament, uns «Cursos monogràfics d'alts estudis i intercanvi» per la primavera d'aquell any, dins del qual el nostre biografiat[56] professà cinc lliçons sobre «La sistematització filosòfica de la Pedagogia», en les quals propugnava, com una reacció enfront de la Pedagogia empírica i sentimental de Pestalozzi i de Rousseau, una altra de tipus intel·lectualista o, millor dit, idealista.[57] «El mestre que treballa sense Filosofia—digué adaptant una cèlebre frase que sovint repetia de Bernard Palissy respecte de l'Agricultura conreada sense art—viola les intimitats de l'Esperit». Aquesta Filosofia el guiarà per al compliment d'una primordial funció d'emmotllament de la consciència del deixeble, una tasca que, en definitiva, té molt de creació o d'inventiva. «La Pedagogia serà una Ciència de la Invenció o "Heurologia"».[58]

Els «Cursos monogràfics d'alts estudis i intercanvi», que s'inauguraren el 23 d'abril, foren considerats per Xènius, juntament amb «la publicació del Primer cartell de Premis de l'Institut ..., en aquest Sant Jordi de 1915, (com) un nou episodi victoriós dins la nostra gran Heliomàquia».[59] L'acte d'obertura fou solemne. Ors hi pronuncià un discurs, en el qual remarcava els ininterromputs progressos assolits en la comesa cultural que havia estat iniciada sota els auspicis de la Mancomunitat, i al seu respecte la comparava a la llegenda oriental de caçador condemnat a l'encalç d'una bèstia eternament, perquè, en arribar al lloc on creu trobar-la, només hi veu la seva ombra. «Així els esperits negatius que censuren l'obra de reconstrucció de la Cultura catalana ... no tenen en mans sinó l'ombra de les nostres empreses, perquè elles ja han marxat més endavant i donat un pas més».[60]

Al Glosari de 1915 seguí reivindicant l'hegemonia del català per a totes les coses de l'esperit. «Em visita el foraster pintor ... Em diu: "I vostè per què no les escriu en castellà, les seves obres? Això li procuraria milers més de lectors". Jo li responc: "¿I vostè per què no fa targetes postals dels seus quadres? Això li procuraria milers més de contempladors"».[61]

També la seva obra periodística dins de l'any que comentem conté alguns papers remarcables en matèria artística, sobretot quatre. Dos d'ells, perquè palesen la seva sagacitat crítica: «La vindicació del pintor Gimeno»[62] i la glosa que dedicà al dibuixant Xavier Gosé amb motiu d'una gran exposició pòstuma i que equipara a Baudelaire per la seva vana pretensió de copsar la «bellesa moderna», però que, tanmateix, en la seva recerca era «lúcid, honrat i meravellós».[63] Les altres dues són estimables pel que tenen d'afirmació dels postulats estètics del noucentisme. En una elogia el pintor Francesc Vayreda,[64] en l'altra refusa—una mica a contracor—l'opulència finisecular d'Anglada Camarasa: «Diguem adéu a aquesta mena d'art que es fa tan bellament febrós abans de morir! Diguem-li adéu com a un pecat de jovenesa!»[65]

Amb tot, l'aportació de Glosari de 1915 que més ens interessa d'assenyalar en una valoració global de l'obra de Xènius és la representada per la sèrie estival de gloses[66] que aparegueren amb el títol general de *Gualba la de mil veus*. És una narració que, potser, és la que més s'aproxima a la forma novel·lística sense acabar d'ésser una novel·la del tot; ve centrada en un lloc real, el poble de Gualba, situat en un paisatge esplèndid, en els contraforts del Montseny, amb les «mil veus» de les aigües que corren i regalimen pertot i la remor de les arbredes d'una vegetació tan ufana que converteixen aquell indret en «la frondosa pubertat del Montseny», com se li acut, inconscientment, a un dels personatges amb una imatge lúbrica, perquè és una obra literària en què hi ha molt d'instintiu i de torbador pels sentits. L'autor és el primer a admetre-ho i en el pròleg que redactà per a la primera edició en forma de llibre de les gloses[67] confessà que en escriure-les era conscient de com defallia en els esforços que venia realitzant per infondre un sentir racional a l'existència col·lectiva. En el referit text proemial qualifica *Gualba* de «llibre romàntic; l'angúnia pànica que l'habita (és) el revers de la medalla que ostenta, al dret, l'efígie arquetípica, angèlica a força de classicisme, de Teresa, La Ben Plantada». El contrast ja l'havia remarcat, en comentar la mort del seu amic, Mossèn Clascar, que, amb la seva prosa, representava un exponent d'una constant barroca en la nostra cultura, que en els temps moderns també havia vingut personificada en l'obra d'Antoni Gaudí i en els escrits de Francesc Pujols. «No hi ha una sola, hi han diferents tradicions catalanes ... Coneixem al costat de la Catalunya clàssica i mediterrània, una Catalunya romàntica i muntanyenca. Teresa La Ben Plantada regirà l'una; l'altra sospira en "Gualba la de mil veus"».[68]

Com tots els productes barrocs, l'obra és una mica obscura, per bé que l'obscuritat hi era convenient, ja que en definitiva explica un cas d'incest. Tot queda narrat a mitges, de manera que el lector pot interpretar-ho com a comès o bé considerar-lo evitat just en la fase de la temptació fortíssima. Alfons, un intel·lectual vidu amb una filla, es refugia durant les vacances d'estiu en aquell llogarret del Montseny per concentrar-se en una traducció de Shakespeare que l'ocupa i en la qual ve ajudat per la seva filla Tel·lina, amb qui ell està tan compenetrat que tots dos són mirats amb recel per la «colònia» estiuenca, que ells tracten de lluny. En aquesta obra hi ha una bona dosi de freudisme, d'altra banda no dissimulat, puix que l'autor esmenta incidentalment les doctrines de Sigmund Freud en un fragment,[69] com també cita Plató i el seu mite de «l'originari ésser u, partit, després, en dues meitats que mútuament se cerquen per completar-se». Cal no oblidar tampoc l'efecte que produïren en Eugeni d'Ors les explicacions que dóna de l'incest l'etnòleg britànic G. B. Frazer en el seu llibre *The Golden Bough*, que comentà al Glosari de l'any anterior,[70] ni la lletra de la cançó popular catalana «La Dama d'Aragó», que descriu la tèrbola inclinació que experimenta un donzell per la seva germana i que Xènius havia introduït d'una manera inexplicable, a *La Ben Plantada* (primera part, cap. VII). Afegiré que, abans d'iniciar-se la sèrie estival, Ors publicà una glosa sobre els pares i les filles ben avinguts que, potser, poc després li suggerí el tema que desenrotllà a *Gualba la de mil veus*. Deia així: «Una de les coses més dolces de veure en aquest món, jo us la vull dir: una donzella de divuit anys amb el seu pare que massa no tingui lluny els quaranta, escoltant, tots dos, un concert. I que se'ls endevini apassionats de la música i d'altres coses delicades i vivint, entre ells, en íntima intel·ligència i amistat».[71]

Tanmateix, aquest llibre, que, pel meu gust, conté una gran bellesa literària i, fins i tot, potser és més arrodonit que *La Ben Plantada*, no agradà; segurament per aquell fons torbador que tota l'obra traspua i si l'anècdota de l'incest no provocà, almenys públicament, cap censura, «l'escàndol»—explica Ors al seu pròleg—només va defraudar-se a força de silenci, d'aquest silenci rancuniós i cellajunt que la ruralitat de tot un sector influent dins de la societat catalana excel·leix».

No es pot cloure la relació de les activitats d'Eugeni d'Ors tot al llarg de 1915 sense esmentar un important episodi—no diré de la seva «heliomàquia» personal, com ell tenia especial interès a remarcar—, però sí de la gran campanya de la lluita per la cultura que portà a terme la Mancomunitat i en la qual innegablement Xènius jugà un paper de primer ordre. Em refereixo a l'acord que el Consell Permanent d'aquell òrgan de govern per Catalunya adoptà, el 29 de juliol, a proposta del Consell de Pedagogia, d'establir una sèrie de Biblioteques populars esteses com una xarxa per les quatre províncies mancomunades que completessin l'obra iniciada, a la capital, amb la fundació de la Biblioteca de Catalunya.[72] Com a apèndix necessari per a aquell servei, es creava una Escola Superior de Bibliotecàries, obra que realment fou per al nostre biografiat el que se'n diu «la nineta dels seus ulls», perquè concebé per a ella un seriós pla d'estudis, es complagué—fins que les seves ocupacions li ho permeteren—a donar-hi classes, a adoctrinar i anar formant al seu gust un estol de jovenetes que esdevingueren tan addictes a la seva persona i arribaren a uns extrems de devoció orsiana que fins i tot el qui n'era objecte tingué el mal gust de riure-se'n en la narració «El Sueño es Vida»,[73] on explica, també barrejant-hi molts ingredients freudians, el cas d'una estudiant que s'enamora del Director de la seva escola—que per més detalls té cara de Goethe i es carteja amb Romain Rolland—i que acaba per casar-se amb un deslluït professor auxiliar fill d'una rica família de comarques.

Val més, però, que no insisteixi en aquesta relliscada d'Eugeni d'Ors i parli de la importáncia que tingué el fet de la creació de l'Escola Superior de Bibliotecàries que ell mateix reconegué, posteriorment, com el producte reexit d'uns «esfuerzos realizados aquí para la emancipación femenina, intelectual y profesional».[74] Certament en podia estar orgullós. Amb l'Escola féu una bona obra en pro de la instrucció de la dona[75] i, en general, a favor de la seva integració dins de la societat en un pla d'igualtat amb l'home. Consti que aquesta era una preocupació que li venia de lluny. Recordi's la sèrie «La Donzella curiosa» de l'estiu de 1909 i els escrits sobre el feminisme del Glosari del primer any.[76] Emperò, quan la manifestà de nou, el 1915, amb les tres gloses intitulades «La Dona de la Rue de Rennes», pensava sens dubte en l'Escola de Bibliotecàries que funcionava de poc.[77]

El mes d'octubre, apareixia com a portaveu del Consell de Pedagogia el primer número de *Quaderns d'Estudi*, «Revista especialment dedicada als mestres i professors», de la qual ja he anat citant fragments. Tanmateix afegiré ara al seu respecte que, a cada edició, Ors hi publicava un «davantal», on solia tractar generalment de qüestions pedagògiques, amb el pseudònim El Guaita. Els *Quaderns*, a més de les diverses col·laboracions a càrrec de personalitats noucentistes amigues de Xènius, palesen un accentuat sabor orsià en l'orientació ideològica i en molts detalls externs, com el fet que s'hi inserissin notícies sobre l'activitat cultural catalana sota la rúbrica «La Catalunya que Treballa i que Juga».

Dins d'aquesta línia de predilecció del nostre biografiat pels problemes pedagògics, cal esmentar les quatre lliçons[78] que donà, el 1916, a la segona tanda o sèrie dels «Cursos monogràfics d'alts estudis i intercanvis» sobre «La Pedagogia de Giovanni Gentile», professor a la Universitat de Palerm, col·laborador de Benedetto Croce i representant, com ell, dels corrents filosòfics idealistes a Itàlia.[79] En el mateix període es volgué atènyer l'altra finalitat declarada dels cursos que patrocinava la Mancomunitat, és a dir: l'intercanvi amb cinc conferències del Dr. Pedro Dorado Montero, catedràtic de Salamanca. «Un signe bastaria, però, molts cops, a desfer l'esquerp silenci, a ensorrar els tristos castells de les més obscures solituds. Catalunya, l'expansiva, la sembradora, ja en els camps propis ja en els dels altres, ha fet ara el signe. Ha fet el signe i don Pedro Dorado Montero ja és aquí».[80] Per bé que a Salamanca professava una Càtedra de Dret Penal i fou, potser, l'espanyol més representatiu dels penalistes de l'escola positivista adeptes a la doctrina d'Enrico Ferri, Dorado era un home de bona preparació filosòfica, cosa que explica que per dissertar a Barcelona escollís el tema «La Filosofía y la Historia».[81] El curs va seguir-se amb atenció, tot i que ell era una persona difícil, que no respongué a les sol·licituds d'atracció dels organitzadors dels cursos. «El savi espanyol—confessa Ors tres anys després—no sortí de la seva esquerpia. Visità les bibliotecàries i les molestà no poc dient sobre el feminisme coses agres que potser no volia dir. Parlà a l'Escola de Funcionaris i es mostrà una mica desagradable en relació amb el nostre idioma ... Ple de bondat de cor, s'obstinà, però, tristament, en una incapacitat radicalíssima d'intel·ligència ... Visqué girat de cara a la Gràcia i això es paga car».[82] A més de les conferències auspiciades pel Consell de Pedagogia, el catedràtic de Salamanca parlà a l'Ateneu Enciclopèdic Popular. El 1920 Xènius encara es recordava de la «singular procesión» a la sortida de l'acte, pel carrer del Carme, ell al mig, sostenint un paraigua en la nit plujosa i a banda i banda, coixejant fortament, Dorado i el president de l'entitat, Francesc Layret, «hermanos en estoicismo y en heroísmo».[83]

El 22 de març de 1916, Eugeni d'Ors, en qualitat de secretari de l'Institut d'Estudis Catalans, s'adhereix al «Missatge en defensa dels drets de la Llengua catalana», que el Consell Permanent de la Mancomunitat adreçà al Cap del Govern espanyol, comte de Romanones, per protestar d'algunes mesures que havien estat preses limitant l'ús del català, que foren inspirades per la Real Academia Española.

A la sessió anual de l'Institut celebrada el 30 d'abril, en la qual es repartiren els premis dels certàmens, s'inaugurà la secció cervantina de la Biblioteca, es declararen oberts els cursos monogràfics i es nomenaren diversos acadèmics no residents a Barcelona; Eugeni d'Ors llegí una bella «Oració dels corresponents», en què digué que, en lloc de l'«any perfecte» que, segons els filòsofs antics, era el període en què, coincidint amb els cicles dels astres, els homes repetien accions pretèrites, «nosaltes, cristians ... havem après que la vida de la Humanitat té un sentit ..., no és un cercle, sinó una trajectòria. Ara, darrera els anys de preparació ..., podem ja amb nosaltres, presentar l'esperançador principi d'una filial florida», i tot seguit feia un elogi de cadascun dels designats en aquell procés d'expansió que seguia a la concentració inicial: Magí Morera i Galícia, de Lleida; Joan Alcover, de Mallorca; Josep Sanchís Sivera, de València; Longí Navàs, de Saragossa; Auguste Brutails, de Perpinyà; Eduard Toda, de Londres; Benedetto Croce, de Nàpols; Harald Höffding, de Copenhaguen; i C. Bolland, de Leyden, el qual «deia arrogantment "la raó parla en holandès" una tarda de setembre de 1912 a qui té l'honor de dirigir-vos la paraula».[84]

El 28 de maig s'obria una exposició dels llibres científics que el Govern francès havia donat a la Biblioteca de Catalunya. El lliurament, el féu el Director d'Ensenyament Superior de França, M. Lucien Poincaré, germà de Raymond, el president de la República, que es desplaçà expressament a la nostra ciutat i fou objecte de moltes atencions. A l'acte inaugural, Eugeni d'Ors pronuncià un excel·lent discurs en un francès impecable—encara hi ha algú a Barcelona que se'n recorda—, en la preparació del qual hagué d'esforçar-se molt per tal de desmentir l'acusació de germanofília que pesava sobre ell d'ençà de les «Lletres a Tina». La ciència francesa, vingué a dir, va néixer el dia en què Abelard posà la seva escola conventual sota l'advocació del Paràclit, de l'Esperit Sant, que atorga als homes la suprema gràcia de la Universalitat i de la claredat expositiva. Tingué frases de lloança per al país que lluitava tan abnegadament, però, d'una manera hàbil, aprofità els elogis per a parlar de l'obra que estava realitzant l'Institut. «Vosaltres sou els més generosos dels soldats; nosaltres som els més impertèrrits dels obrers», ja que en una Humanitat trasbalsada «sols dos pobles segueixen fent fundacions de Cultura: la gran República de l'Amèrica del Nord i la petita Mancomunitat de Catalunya, però aquella les construeix amb plena llibertat, amb ple poder: nosaltres som forçats a fer-ho enmig de la pobresa i la coerció».[85]

Pel juny, Ors datava el pròleg que havia redactat pel recull de crítiques de Raimon Casellas que s'editá amb el títol de *Etapes estètiques*. És un text que, tot i la voluntat del seu autor de correspondre, al cap de deu anys, a l'atenció que li havia tingut l'antic redactor en cap de *La Veu* de prologar el seu *Glosari* publicat el 1907, palesa una deliberada actitud de distanciament respecte del credo artístic que representava també Casellas, aquell "Fi de segle" o "modernisme" que Xènius es veia obligat a abominar (una posició semblant a la que mantingué respecte de Joan Maragall, també evocat en el pròleg en qüestió). Com que Eugeni d'Ors era conscient de la poca cordialitat amb què havia escrit les planes introductòries al volum d'homenatge a Raimon Casellas, se li adreçava amb els següents mots: «Tu em donares amb abundor, jo haig de tornar-te amb parsimònia».

La tasca fundacional de la qual Xènius estava tan legítimament orgullós prosseguí amb la col·locació el 23 d'octubre de 1916 de la primera pedra a la que fou el número 1 de les biblioteques populars, a Valls, localitat que, per sempre més, recordà amb afecte. Encara el mateix any de la seva mort parlava d'aquell acte. «No se trataba de la fundación de ningún "British", pero con que un destilador de aguardiente eliminara el gusto a madera, o que un curioso se enterara de quienes habían sido los gnósticos, o un lector, de que Europa había resucitado bajo el Imperio carolingio, ya estábamos, tanto en el orden teórico como en el ideal, como en el político, justificados todos».[86] La cerimònia de la inauguració[87] l'impressionà i escriví una glosa: «Tantes banderes, que allò semblava un exèrcit. Terra tan remoguda que allò era un camp de batalla. I el tronar dels morters, al lluny. I la terra oberta com per a un enterrament, als peus del sacerdot revestit... Mes no per la mort, sinó per la vida treballàvem el dia 23 d'octubre de 1916 a la Ciutat de Valls».[88]

Pel juliol del mateix any havia escrit una altra glosa molt lírica sobre l'aigua que havia vist córrer a Sallent quan visità la població per gestionar-hi la fundació d'una biblioteca.[89]

El Glosari del 1916[90] conté altres papers interessants: el que publicà el dia 11 de gener amb el títol «Les coses i l'home dret, dalt del carro», en què parla de la fatal incomprensió que separa els estadants de les cases de la Diagonal i del carreter que passa, dues vegades al dia, per aquella senyorial Avinguda en les setmanes en què havia esclatat una curta vaga. En aquest escrit veiem insinuada la intenció sindicalista que es palesa d'una manera més franca en les gloses que seguiran en els anys pròxims. Hi ha un altre paper intitulat «Autoritat i Llibertat»,[91] on la identificació orsiana amb les reivindicacions proletàries s'enllaça d'una manera curiosa amb les aspiracions autonomistes de Catalunya: «El poder pertoca, de dret, a aquell qui realment crea. "Autor". "Autoritat" ... Si Catalunya és ... prenys de futur, si la sabem viva, activa i creadora, ¿a l'Estat qui la governa haurem de demanar-li que la respecti? No. Sinó que l'obeeixi. Si l'Estat li refusa obediència, és que l'Estat es torna ... un rebel, un veritable revolucionari. Estat d'Espanya: aquest petit Poble Productor et crida, per primera vegada, a l'Ordre».

Fidel al costum que s'havia creat, les gloses d'aquell estiu formaren una narració continuada, *Lliçó de tedi en el parc*, també anomenada, posteriorment, *Oceanografia del tedi*, en què Xènius començava a descriure, molt bé, les sensacions que experimenta una persona que, fent cura de repòs, en el parc d'un balneari, a l'hora de la sesta està a punt de caure en l'abaltiment; fet que l'autor analitza, talment els oceanògrafs que observen les profunditats marines. Quan Ors vol passar de l'«anècdota» a la «categoria», l'escrit decau, esdevé emfàtic, perquè l'autor parla de la lluita de la «Voluntat d'Ordenació» contra la «Voluntat de la Potència» i d'altres abstraccions per l'estil. Comparteixo plenament l'opinió de Josep Pla sobre aquest llibre, que «en su primera parte contiene resultados de gran finura y, en su segunda parte, cristaliza en puras molduras de yeso, completamente heladas, de un manierismo yerto; puro fiambre».[92]

Acabaré la referència a les principals activitats orsianes durant l'any 1916 esmentant la glosa que publicà el 5 d'agost amb el títol de "Exalted Duty", sobre l'execució de Sir Roger Casement, un diplomàtic d'origen irlandès acusat de traïció per haver arribat a una entesa amb l'alt comandament alemany per combatre el domini britànic;[93] un cas que produí sensació i que fou molt comentat per la premsa d'aquí.[94]

També crec convenient citar la carta oberta que Eugeni d'Ors publicà a *La Veu* el 15 de setembre, «En desagravi de Girona ofesa», per la qual es solidaritzava amb la població, que se sentia ultratjada per l'actitud de la guarnició militar adoptada de resultes d'uns incidents promoguts per uns oficials contra uns paisans, «Ciutat dels braços oberts, perquè tenies els braços oberts, enmig del pit et colpiren. Mes nosaltres en coneixem l'estreta cordial en una hora clara i en agraïment perdurable d'ella, avui, de cara a tots, et proclamem gentil i polida entre les ciutats».

Al Glosari de 1917 és perceptible la inquietud social que regnava a Espanya com arreu d'Europa. Xènius era prou sensible a «les palpitacions dels temps» per a adonar-se que el destronament del tsar de Rússia, el mes de març, representa quelcom més que un canvi dinàstic. «El tema central de la revolució russa, digui el que es digui, no és la política internacional. No és la qüestió constitucional. El tema central de la Revolució és un tema social».[95]

Entreveu la convulsió que s'apropa[96] i no voldria quedar ressagat en el canvi. Insinua, àdhuc, que ell estaria disposat a assumir una posició capdavantera: «Ésser arrossegat de pressa, res tan desagradable ... També en les revolucions, si es vol disfrutar un xic, cal fer de xófer».[97] Altres vegades no és tan explícit en les seves aspiracions subversives, però sí en l'afirmació del seu convenciment que la democràcia parlamentària està en crisi. «El conflicte entre Democràcia i Competència, arribarà a superar-se en una conciliació superior?», pregunta en una glosa publicada el 17 de setembre.[98]

En l'obra periodística de l'any que examino, la preocupació de Xènius per l'hegemonia cultural catalana és menys evident, potser perquè s'està acomplint positivament amb una bona contribució de la seva part. Amb tot, fa un comentari maliciós al detall que la monografia sobre El Berruguete, de Ricardo de Orueta, s'hagi publicat amb unes pàgines finals que conten el resum de l'obra en francès. «Excel·lent idea— exclama—. Hi havia la cançó del màuser i l'espingarda. Era una cançó una mica enfadosa. Els fets han vingut a mostrar, en l'altre terreny, com és d'insignificant la diferència entre el màuser i l'espingarda davant el canó del quaranta-dos».[99]

De les gloses en matèria estètica són remarcables especialment les que dedicà a la important exposició d'Art francès que se celebrà aquella Primavera.[100] En la quarta de la sèrie, assenyala molt agudament les «quatre tradicions» de la pintura de França: la dels artistes idealistes, la línia que va de Philippe de Champagne a Paul Gauguin; la dels moralistes, de Greuze a Toulouse-Lautrec; la dels músics, de Delacroix a Renoir; i la dels que són realment pintors, d'Ingres i Coubert a Cézanne. Les tres primeres tendències eren ben representades en les obres exposades de pintors contemporanis: Maurice Denis, Forain i Vuillard-Bonnard, respectivament.

La mort d'Auguste Rodin li inspirà un comentari excel·lent: «la ment genial, la mà poderosa, l'estètica tèrbola ... Tot Rodin s'ha dispersat i consumit en fragments magnífics».[101]

Pel mes de juny es presentà al Teatre del Liceu la cèlebre Companya del ballet rus de Diàguilev. L'efecte que produí l'espectacle fou sensacional. Ors escriví, al seu respecte, que Rússia era com «una sirena que fa temps ja ens encantà» amb la Capella Russa, que indirectament provocà la fundació de l'Orfeó. Amb la rutilant coreografia «Catalunya s'hi encisarà encara. Però aquest cop no es rendirà ... Jo mateix, humil remer de la nau; jo mateix, remer i "glosador", he lligat amb les meves mans i per secret manament de Catalunya, la corda al cos de Catalunya ... I la nau seguirà ja sense perill ... la ruta de la intel·ligència».[102]

Explica Cabañas Guevara,[103] per bé que per la meva part no ho he trobat confirmat en cap altre indret, que en aquella ocasió algú parlà a Serge Diàguilev de muntar un ballet de sabor català, i sembla fins i tot que s'havia pensat en una versió coreogràfica inspirada en la Festa Major de Vilafranca. Havia de compondre la música Jaume Pahissa, realitzar els decorats Picasso i escriure'n el guió... Eugeni d'Ors.

Ens interessa, però, de relacionar tot allò referent a la «Lluita per la Cultura». Sense sortir del Glosari de 1917, puc esmentar l'escrit «Prèdica als solitaris»,[104] en què s'adreça als homes que en diverses poblacions comarcals malden per la realització d'una obra educativa de profit per a la comunitat. «A cada petita capital catalana hi ha dotze homes que pateixen dolors que són anècdotes. A cada vila n'hi ha sis. A cada poble n'hi ha dos. He anat a aquests homes—que són tots amics meus—i els he dit "Amics, ¿per què no ajuntem, en un fons comú, aquestes dolors?" ..., perquè la suma de les dolors, que no són anècdotes..., s'anomena "esperit d'un poble"».

És clar que aquesta bella glosa parla només d'una esperança, i jo voldria parlar de realitats. Un bon fruit fou l'edició, a càrrec del Consell de Pedagogia, de la Col·lecció Minerva, una sèrie d'obres de divulgació cultural. «Col·lecció popular dels coneixements indispensables», com deia el subtítol, i de la qual Xènius estava—i en podia estar—molt satisfet. «Una "dolora" és un gènere literari—escrivia—, una "glosa" és un altre gènere literari ... Hi ha a Madrid, hi ha a províncies espanyoles, literats que escriuen o es proposen d'escriure una "novel·la curta". Hi ha, entre nosaltres, altres escriptors competents en diferents especialitats, que escriuen "Minerves". Tal, ha publicat una "Minerva" de Prehistòria. Tal altre prepara una "Minerva" de Dret Penal».[105] Es començà per una obra d'Oceanografia i després seguiren una Geografia d'Europa, nocions de Litúrgia, d'Astronomia, de Radioactivitat, etc.

El 30 d'abril de 1917 es posava la primera pedra a l'edifici de la Biblioteca Popular de Pineda,[106] on féu un discurs en el qual remarcava que, en actes similars, la pedra fundacional havia estat col·locada en un terreny erm, mentre que en aquella ocasió es feia rodejat d'hortes, de manera que «l'edifici s'alçarà fent costat a la collita que nodreix el cos».

El 26 de juliol se celebrà una cerimònia semblant per a la biblioteca del Vendrell.

El 28 de setembre, a la vila d'Olot, hi hagué uns Jocs Florals amb motiu de les fires. Al nostre biografiat va ésser-li encarregada l'oració presidencial, que fou molt eloqüent i intencionada, perquè en ella digué que, tots i els encants que oferia Olot al foraster, hauria preferit estar a Pont-Villiez, al departament francès de Seine-et-Oise, on funcionava un hospital per la rehabilitació dels soldats invàlids.

«Ai, Catalunya, Catalunya, com hauria pensat en tu, vora la corba elegantíssima del Sena, entre els obacs d'aquelles tendres verdors de França! ... Tu ets simplement un lluitador que caigué i havem recollit i ha de salvar-se; tu ets un soldat ferit que es reeduca (...), cal donar-te el braç i cal anar-te dient, encara, el camí».[107]

El mes de maig professà, també dins els "Cursos monogràfics d'alts estudis i el intercanvi", tres lliçons sobre "La Història i la Història de la Cultura", en les quals va tractar de separar aquesta darrera disciplina —que ha havia començat a explicar rudimentàriament a l'Escola de Bibliotecàries—de les dues afins amb què alguns l'identificaven: la Filosofia (Hegel) o la Història (Croce). Després, definí la Cultura com una funció de síntesi: «La Ciència és composada de conceptes, però la Cultura ja és teixida de vivències». Hi ha un element subjectiu que contribueix a la síntesi parcial. Per això l'home culte és tolerant. Resumí el desenvolupament dels treballs per a la constitució d'una Història de la Cultura, al·ludint al paper de precursor que jugà Vico, al mèrit de Fichte com a veritable fundador d'aquella ciència i a les obres modernes de Riehl i Steinhause. El darrer dia volgué perfilar «La Cara del Segle», o sigui, l'orientació de la Cultura actual que, per ell, era el producte d'una reacció contra el Romanticisme i el Positivisme alhora; en definitiva, el que de temps venia anomenant «noucentisme», manifestat en Filosofia per l'Idealisme, en Estètica per la restauració clàssica, en Política per un enfortiment de l'Autoritat i en l'esfera moral per una aristocràcia de la conducta, per la qual s'havia de conciliar el màxim refinament amb la màxima simplicitat.[108]

Aquestes lliçons sobre la Ciència de la Cultura, que són molt significatives en la biografia orsiana, ja que marquen l'inici de l'interès per unes matèries que preocuparan el nostre personatge constantment i exclusiva (a l'extrem que s'atribuirà la glòria d'haver estat, si no el creador d'aquells disciplina científica, almenys el seu definidor a Espanya), formaven part, com he dit, de la tercera sèrie dels «Cursos monogràfics d'alts estudis i d'intercanvi», que varen ésser inaugurats solemnement—seguint el costum establert—el dia de la Festa anual de l'Institut d'Estudis Catalans, que, el 1917, s'escaigué el 29 d'abril. En aquell acte, a més de la designació com a membres corresponents de Paul

Painlevé de París i de Louis Gauchat de Zuric, es nomenà com a indivi-du efectiu de l'Acadèmia el que l'havia inspirada des dels temps inicials. Em refereixo a Prat de la Riba. Eugeni d'Ors digué en el seu discurs reglamentari que «la primera nominació electiva de l'Institut calia que fos, en dret i justícia, aquesta», cosa que tenia la seva explicació «en la més pura de les tradicions acadèmiques i en la més perfecta de les inspi-racions d'aristocràcia: el Primer Magistrat de la nostra jove República va a asseure's entre nosaltres per tal d'ajuntar son esforç al nostre, dins les tasques fraternals de la Ciència».[109]

Al número de febrer de 1917 de *Quaderns d'Estudi*, el Guaita resu-mia tot el que havia anant fent-se a Catalunya a favor dels estudis filosò-fics d'un temps ençà; naturalment hi era implícita l'afirmació que es tractava del període en què ell començà a influir i, al mateix temps, indi-cava tota la feina que calia emprendre.

En aquella publicació havien aparegut, al llarg de l'any 1916, tres articles sobre l'ensenyament universitari, la investigació científica i la seva aparent incompatibilitat,[110] en els quals, en definitiva, defensava els objectius de l'Institut; però, certament, estigué desafortunat en els exemples que escollí i en alguns extrems de les seves al·legacions. A Tur-ró, el seu company de la Secció de Ciències, el sorprengué desagradable-ment l'afirmació orsiana que Santiago Ramón y Cajal no hagués pogut formar deixebles per culpa de les condicions en què es desenvolupava la docència universitària a Espanya i replicà al nostre biografiat amb un escrit violentíssim, en el qual adduí l'obra dels seguidors del gran histò-leg aragonès. «De nada de esto se ha enterado el articulista desahogado que motiva estas líneas. Empadronado en las cumbres más altas de las Batuecas, de ellas desciende para hablar de todo lo divino y de lo huma-no, con una osadía incomprensible y un desconocimiento de los asuntos (véase la muestra) que da grima ... Sinceramente, creo que esas enormi-dades no deben pasarse en silencio. Otros, y no yo, deberían ponerles un correctivo. Hay mucha cobardía en eso que por aquí se estima como tolerancia. Ors debiera mirarse en lo que dice, si no por el sentimiento de la propia estima, velando por la dignidad de los cargos que desempe-ña ... A cualquiera se le ocurre el concepto que se formarán de nuestro

"Institut" los hombres que se van destacando por su intrínseca valía, en el resto de España, al leer las cosazas que escriben».[111]

La rivalitat Turró-Ors ja era vella. El 1908, en ocasió d'escriure un elogi d'August Pi Sunyer, el Glosador explicava com ell «havia donat a l'estampa unes notes sobre certes doctrines filosòfiques del famós professor Félix Le Dantec»[112] i com arribaren a la seva oïda els agres comentaris que la referida glosa provocà en una tertúlia de cafè. «Per aquesta volta, gràcies a Déu, les censures no venien pas de cap "nyèbit" ...» Ja tenim, doncs, l'al·ludit escriptor camí del Parc,[113] cap a rendir visita a l'home de ciència, el qual, darrera protestar de ser falses les censures que li eren atribuïdes, digué que, com a resum, era impecable, però que ell no hi estava d'acord.[114]

Xènius no perdonà mai més a Turró la forta andanada que li donà amb motiu dels seus articles a *Quaderns d'Estudi*. Per aquesta causa i algun altre petit incident que sorgí més tard, Ors convertí el biòleg-filòsof en la seva «bèstia negra» i abocà sobre d'ell tota mena de penjaments i al·lusions despectives, de les quals puc oferir tot un mostrari: «Yo era bisoño entonces y comulgaba frecuentemente con ruedas de molino —escriu referint-se als anys de la seva jovenesa, quan a Barcelona començava a admirar-se Turró—, el menor semblante de respetabilidad —unos rizos histriónicos, por ejemplo, sobre una frente vasta—me la daban con queso».[115] «El positivista llamado Turró, que hasta le dio el pego a Unamuno ..., escribía a la pata la llana y ponía por ejemplo: "Cuando al químico su mujer le saca la cazuela de arroz a la mesa..."»[116] «Un veterinario que cierto "bluf" muy peregrino ... elevaba a la categoria de biólogo»,[117] i del qual diu que «en un pequeño comité de siete personas»—evidentment l'Institut de Ciències—hi havia un tipus que actuava com «Mr. Homais».[118] I per si el nostre biografiat no en tingués prou, en la narració «Eugenio y su demonio», contiguda en el seu llibre *Epos de los Destinos*, s'inventà un tipus envejós del jove i garrit protagonista: «Un vejestorio llamado Turrón, a quien, tras una vida de albéitar, le habían entrado a deshora ganas de hacerse médico».

L'any 1917 va ésser molt trasbalsat a Espanya: a Barcelona, especialment, aquell estiu hi hagué una particular agitació. Diverses forces

es manifestaven hostils al govern de Madrid, presidit per García Prieto:
el sindicalisme, que volia fer palès el descontentament de la classe obre-
ra per la puja del cost de la vida, efecte de la Guerra Europea; els mili-
tars, que s'organitzaren en unes Juntes de Defensa per imposar, a
l'Administració, determinades mesures que afavorissin llur estament;
els catalanistes i una part dels republicans, que estaven insatisfets per
la perllongada clausura de la legislatura. El dia 11 d'agost es declarà una
vaga general revolucionària. Quan el catedràtic socialista Julián Besteiro
fou condemnat per la seva participació al comitè de la dita vaga, Eugeni
d'Ors li dedicà una glosa que era tota una adhesió, perquè començava
anomenant-lo «noucentista» i acabava exclamant amb una irreverent
comparança: «Ecce Doctor!»[119] Davant l'agitació de l'element militar,
la burgesia barcelonia, descontenta, manifestà una actitud de simpatia,
i a la processó del Corpus la tropa fou insistentement ovacionada, cosa
que no deixava d'ésser sorprenent si es tenia en compte que bona part
dels qui aplaudien es deien addictes al catalanisme, tendència que havia
considerat amb recel l'Exèrcit d'ençà de l'assalt al *Cu-cut!* el 1905. Per
això Xènius escriví: «Flectir el genoll i picar de mans són dos gestos de
conciliació difícil fisiològicament; impossible psicològicament»;[120] i en
un altre indret digué: «Les pomes que dóna el diable farcides són de cen-
dra. Llibertat, també són farcides de cendra, les pomes que, a punta de
sabre, puguin venir-te al plat».[121]

La Lliga reixí engegar, el mes de juliol, aquell sorollós acte de re-
bel·lia enfront del Poder constituït amb el que s'anomenà l'Assemblea
de Parlamentaris i que fou, pràcticament, la darrera jugada política de
Prat de la Riba, que ja estava afectat inexorablement per la malaltia que,
al seu temps, havia contret a la presó. Moria el dia primer d'agost a la
seva vila natal de Castellterçol. «Jo us dic que per aquesta casa humil
i enfront d'aquesta porta baixa i seguint el desviament suau que el carrer
fa, passa en aquestes hores el meridià polític d'Espanya. No allà en el
Palau magnífic ..., no allà en el Parlament brut ..., ni en la Universitat
infamada, ni en la caserna inquieta ... Sinó aquí, aquí mateix, a Can Pa-
drós de Castellterçol»,[122] escrivia, emocionat, Xènius, el dia de la mort
del president. Fou enterrat a Barcelona amb el que els diaris en diuen

«una imponent manifestació de dol». «Ell no hi hauria anat, a cerimònia tan complexa i fastuosa. Ell no hi hauria anat, sinó que hi anava mort».[123] Emperò, el millor epitafi de Prat de la Riba que redactà Eugeni d'Ors no aparegué al Glosari. El publicà a *Quaderns d'Estudis*, al número 1 (vol. II, any III, octubre de 1917), que dedicà al gran desaparegut amb una bona biografia escrita per Martí Esteve. El Guaita, per tot comentari, hi estampà una frase feliç: «El catalanisme era una Elegia; Enric Prat de la Riba va convertir-lo en una Tasca».

El nostre personatge perdia un gran amic. Com si es tractés d'una disposició d'última voluntat, un dels darrers nomenaments que havia fet Prat de la Riba abans de caure malalt, pel juny de 1917, era el d'Eugeni d'Ors per al càrrec de director d'Instrucció Pública. Pretenia garantir, amb això, la continuïtat política de la tasca que hauria emprès Xènius. Per desgràcia, no quedà assegurada.

VII

LA TEMPESTA

La successió de Prat de la Riba. «La Vall de Josafat». El difícil any 1919. La destitució. Vida incòmoda.

Prat de la Riba, al moment de la seva mort, ostentava una doble presidència: la de la Diputació provincial de Barcelona i la de la Mancomunitat de Catalunya. La vacant del primer càrrec fou ocupada per Joan Vallès i Pujals; la del segon—evidentment més important—per Josep Puig i Cadafalch, arquitecte, arqueòleg i polític de nota, «però aspre i cantellut (d'un), caràcter sec i tancat, ple de rampells imprevisibles», com el defineix Gaziel, que el compara, també, a un eriçó de mar, bo per dins, però «també recobert de punxes inútils».[1] Amb una figura de tarannà tan difícil, havia de topar, fatalment, una persona com Eugeni d'Ors, del qual tampoc pot dir-se que tingués un tracte fàcil, però Prat de la Riba, amb molta més habilitat que no pas Puig, sabé sortejar i aprofitar tot el que Ors podia rendir, que era molt.

És clar que el conflicte entre les dues figures no es produí de sobte. El símil de la tempesta de què m'he servit per a intitular aquest capítol crec que representa bé el procés de les relacions Ors-Puig, que anaren entenebrint-se com l'atmosfera feixuga dels dies d'estiu hores abans de caure el primer llamp.

Pel fet de col·laborar assíduament el nostre biografiat al diari de la Lliga Regionalista, partit en què Puig i Cadafalch exercí unes importants funcions directives, els dos personatges sostingueren un tracte que, si no pot dir-se que fos cordial, és evident que no arribà a sortir de la correcció. Fins i tot quan Puig començà a editar la seva obra fonamental sobre l'arquitectura del romànic, Xènius escriví una glosa en què deia que no existia «ningú més europeu que aquest regionalista».[2] sense perjudici que, una vegada s'hagueren romput sorollosament les relacions entre un i altre, Ors al·ludís d'una manera despectiva al llibre que havia elogiat i al seu autor en els següents termes: «En mi ciudad natal, hay un señor que ha escrito—él dice que ha escrito—una obra en tres tomos—y una obra de erudición, caballeros—sin haber estado jamás sentado media hora seguida. El tal fue, alguna vez, presidente de algo. Pero también, si nos fijamos en la etimología—y si nos fijamos en la realidad—lo primero que se necesita para "presidir" es "sentarse". Tener catadura moral erasmiana, catadura de intelectual sentado».[3] I que anés dient, sempre que li venia a tomb, quan es referia a qüestions arquitectòniques, tota mena de penjaments de la seva obra professional amb qualificatius irònics de l'estil que ell motejà de «gótico-puigcadafalquesco-mozo de escuadra-catalán».[4]

Emperò, és hora que deixi aquesta qüestió de les rivalitats personals i posposi el desenllaç del conflicte, perquè, realment, vingué més tard.

A Catalunya, el 1918 continuava l'estat d'agitació polític-social a la qual m'he referit en el capítol precedent. El Glosari de l'any que em pertoca d'examinar tingué un caràcter monogràfic. L'autor potser evità, intencionadament, el comentari a l'actualitat i el pronòstic de les «palpitacions del temps» que semblaven tan amenaçadors i es dedicà a donar, cada dia, el retrat breu d'un personatge històric: científic, artista, o polític, del qual pogués desprendre's una valoració sintètica de l'obra acomplerta per cadascun d'ells. Les gloses eren escrites amb una gran desimboltura i agudesa. Ors admeté que, per la matèria, el conjunt «se encuentra equidistante entre la ideología severa y el libre juego poético».[5] Algunes d'elles són tan encertades que han fet fortuna, com la que defineix la poesia de Gustavo Adolfo Bécquer com «un acordió tocat per un àngel» o la d'Espronceda com la d'«un piano tocat amb un sol dit».

La sèrie fou intitulada «La Vall de Josafat», perquè venia a ésser com una mena de judici dels grans noms de la civilització.[6] «Antaño, con más de trescientos fantasmas ilustres, impávido ante la procesión de esta Santa Compaña, le dije, sin temblar, a cada uno lo que creí deberle decir».[7]

Ja he indicat que, des del 2 de gener, el tema cobrí tot l'any 1918 i, fins i tot, s'estengué a una part del següent. La darrera glosa, la que dedicà a la Verge Maria, és del 6 de febrer de 1919. El 1921 la sèrie fou editada en un volum a part, en castellà, i l'any 1987 en la versió original catalana, com a volum XI de la col·lecció «Obra catalana d'Eugeni d'Ors».[8]

Els escassos buits que al Glosari de 1918 deixà la inserció quotidiana de «La Vall de Josafat» foren aprofitats una vegada per a recordar l'aniversari de la mort d'Enric Prat de la Riba: «Aniversari, per què? Cada dia li és aniversari a Catalunya».[9]

La publicació de les gloses biogràfiques quedà estroncada del 8 d'octubre al 15 de novembre. Havia caigut malalt en aquella terrible epidèmia de febre gripal que, a França, anomenaren, ben injustament, «grippe espagnole». Arribà a les portes de la mort i sembla que, àdhuc, fou assistit espiritualment per Mossèn Clascar. Una vegada recobrat, publicà un escrit en què al·ludia al sacrifici dels soldats als camps de batalla d'Europa: «Ah!, caure sota la metralla, vora els plecs de la desplegada bandera! ... i no en la penombra asfixiant, d'una alcova entre dos llençols suats ... Caldrà que la recordança de com tenim sempre exposada la vida a l'encant de les oscures contingències, faci que, quan vingui l'hora de portar-nos a la Llotja de les Grans Valors no li donguem, tanmateix, massa preu»[10] De la guerra passava a l'epidèmia i de l'epidèmia a l'estat d'agitació que aquells dies es vivia a Catalunya en el fort de la «Campanya Pro Autonomia» que havia iniciat la Mancomunitat a través d'una consulta als municipis catalans. Per això l'endemà de la publicació de la precitada glosa sobre els riscs a què està exposada l'existència humana, escrivia: «Quan algun cop sentim parlar del semitisme de Catalunya cuita la imaginació ... a suscitar, com un exorcisme, la figura de Fiveller. Fiveller es, per definició, "aquell que no pot ser semita". És l'home que mira cara a cara i que parla clar».[11]

Però val més que continuï referint-se a la «heliomàquia» orsiana. A la quarta festa anyal de l'Institut d'Estudis Catalans pronuncià l'habitual discurs, en què començava per evocar «el Fundador i el Mestre qui ens deixava», mes «no en nom de la desesperació, sinó en nom de la responsabilitat», i després de fer un resum de totes les activitats acadèmiques concloïa així: «La raó torna avui a parlar català, a produir-se en la llengua (de la qual) s'havia desprès d'ençà dels dies de Ramon Llull ..., darrera el miserable silenci secular set voltes ... Deixeu, senyors, que el servent de Catalunya qui ara té l'honor d'adreçar-vos la paraula us confessi que l'esforç portat a aquesta obra serà, per ell, a la fi dels seus dies, la més alta, l'única ocasió a les temptatives de l'orgull».[12]

També en aquell acte solemne s'inauguraren els «Cursos monogràfics d'alts estudis i d'intercanvi». Ell hi participà, novament, amb tres lliçons sobre «La concepció cíclica de l'Univers», en les quals parlà de la idea de l'«any perfecte» que tenia Plató, de la noció dels «corsi» i «ricorsi» de Vico i del «Ring des Ringes» de Nietzsche i de la infiltració oriental al pensament d'Occident que comportaven totes aquestes concepcions dinàmiques, puix que, en general, la Filosofia europea tendia a l'estatisme, fins que la Biologia i la Termodinàmica havien canviat l'orientació (al·ludí en aquest punt a tot allò que havia exposat a «Els fenòmens irreversibles») i conclogué referint-se a la possible conciliació de les dues actituds davant el Cosmos: la dinàmica i l'estàtica.[13]

Foren invitats a professar als «Cursos d'intercanvi» del 1918 dos estrangers eminents,[14] el francés Víctor Bérard, que parlà sobre el tema «Homer i Espanya», i el gran líric lusità Joao Teixeira de Pascoaes, que dissertà sobre «Els aspectes sentimentals en la història de la poesia portuguesa». Teixeira fou molt ben rebut per Ors i els seus amics, que l'acompanyaren per la ciutat durant la seva estada aquí; el meu pare m'havia contat haver estat un dels seus cicerones. Quan Xènius ja no ocupava el seu càrrec a la Mancomunitat, recordà el dia de Sant Joan haver pujat, amb ell, al Tibidabo, i contemplat des del cim Barcelona, que festejava la revetlla convertida en una immensa brasa. Les flames s'han apagat, escrivia comparant aquell temps als actuals, i «las pobres lucecitas de la Ciudad se quedaron desamparadas y desnudas».[15]

També portà el poeta portuguès a la festa de la inauguració de la biblioteca popular de Valls que se celebrà el 23 de juny i que presidí Puig i Cadafalch. El director d'Instrucció Pública digué en aquella ocasió que començava a dissipar-se l'atmosfera de recel i de desconfiança que regnava al temps de la col·locació de la primera pedra. Afortunadament, desapareixien els temors producte «d'una estretor mental, d'encongiment polític i "avara povertà" i que tot devia i calia esperar-se de la nova República nostra».[16] Poc abans, el dia 10 de maig, Ors havia assistit a l'acte inaugural d'unes escoles construïdes per la Mancomunitat a Torms, un poblet de les Garrigues, d'un accés tan difícil que la comitiva oficial formada—a més del nostre biografiat—pel diputat Alfred Perenya, el membre del Consell de Pedagogia Alexandre Galí i l'arquitecte autor del projecte, Adolf Florensa, hagué de fer una gran marrada i emprar diversos mitjans de comunicació: tren, automòbil i tartana per arribar en aquell indret, on foren rebuts per uns trets d'escopeta que sembraren el pànic natural entre els visitants fins que comprovaren que es tractava d'unes salves molt primitives que l'alcalde havia disposat que fossin tributades des del campanar tot just s'albirés l'aparició del carruatge a la llunyania.[17] Ors restà tan sorprès d'aquella rusticitat, que pronuncià un discurs pel qual comparà el gest de la Mancomunitat al del príncep que anava a desvetllar la Bella Dorment del Bosc. Després de la cerimònia hi hagué un àpat a la fonda del poble i al moment dels brindis digué que volia aixecar la seva copa, no una vegada, sinó cinc. La primera seria pel gran president de la Mancomunitat ja mort. «L'oració del senyor Ors—llegim a la crònica periodística que aparegué a *La Veu*[18]—, dita amb corprenedora i emocionant unció, és interrompuda pel senyor rector, el qual demanà concurs per dedicar un parenostre al senyor Prat de la Riba». Galí, un dels assistents, explicà fa temps, en una reunió a la qual jo assistia, com el bon eclesiàstic s'esverà en veure la solemnitat amb què Xènius anava a brindar. Cregué, per un moment, que simularia la consagració del calze.

La sèrie d'inauguracions de biblioteques continuà durant l'any 1918. El 22 de setembre amb la d'Olot, la qual Xènius digué en la seva oració que consideraria, per sempre més, la «Biblioteca príncep», per ésser la primera que fou sol·licitada a la Mancomunitat.[19] Seguí, el 29 del mateix mes, amb la de Sallent, on el nostre personatge al·ludí, com

ho havia fet anteriorment en una glosa, a la fressa que produïa el riu la
nit en què visità la població per primera vegada: «aquest clam misteriós
de l'aigua que podia perdre's com el de l'esperit del poble desitjós
d'aquesta bella activitat a la qual avui àvidament es posa».[20]

Acabà l'anyada amb l'obertura solemne de la biblioteca de les Bor-
ges Blanques,[21] i allí, referint-se als treballs que s'estaven realitzant a
Barcelona per preparar un projecte de Constitució autònoma per a Cata-
lunya, digué que no podien oblidar-se les institucions de cultura, que
són les que, veritablement, confereixen caràcter als pobles. «Preferiria
per Catalunya, en cas d'escollir, viure com a Nació sotmesa que no com
a Província separada»; tal és el cas—afegia—de moltes repúbliques sud-
americanes que «tenen president, Cambra Alta i Baixa i exèrcit, però
els seus escriptors ambicionen ésser corresponents de la Real Academia
Española».[22]

Al núm. 1 de l'any VI, que corresponia al 1918, de la publicació *Ar-*
xius de l'Institut de Ciències, dirigida per Eugeni d'Ors, s'inserí la prime-
ra lliçó d'un curs de Dialèctica o «Doctrina de la Intel·ligència»,[23] que
sembla que era el text de les conferències inicials donades en un grup
reduït per persones que anà reunint en un Seminari de Filosofia consti-
tuït, dintre de la Secció de Ciències, a partir de la tardor de 1914. En
aquella lliçó començava per identificar la Dialèctica amb la Filosofia,
que, per ell, venia integrada per tres elements: la «Metafísica» destinada
a la recerca de l'Absolut; la «Crítica», que prova la validesa dels instru-
ments del coneixement en una funció epistemològica, i la «Ironia», que,
pel fet de no tenir una pretensió dogmàtica, sinó assertòria, en mèrits
de la qual mitiga els resultats de la Ciència en «fer-los més flexibles, de
voltar-los d'un nimbus de dubte que no exclogui, en cap cas, la possibili-
tat, àdhuc mínima de posterior contradicció», és la més humanitzada.
Recordi's el concepte orsià de la Intel·ligència. Raó viva o Seny que for-
mulà, per primera vegada, a les gloses quaresmals de 1911.

Amb aquest relativisme que admet la impossibilitat d'assolir un co-
neixement de l'Absolut, Eugeni d'Ors acusava la influència de la lectura
del *Traité de l'enchaînement des idées fondamentales dans les Sciences et*
dans l'Histoire d'Antoine-Augustin Cournot, pensador mort el 1877,

que havia passat més aviat desapercebut, però que Ors considerava com «la primera de las tres únicas mentes filosóficas que haya conocido Francia en el siglo diecinueve».[24] Les altres dues eren—al seu entendre— Auguste Comte i Claude Bernard. L'obra de Cournot impressionà tant Xènius, que es convertí en el seu divulgador a Espanya, primerament a Catalunya, i després a Madrid i a Buenos Aires. El 7 de desembre de 1918 iniciava un curs sobre la doctrina d'aqueixa figura mig oblidada, al Seminari de Filosofia, que es perllongà per tot el primer trimestre del 1919.[25]

Segons Eugeni d'Ors, A.-A. Cournot és un «relativista joiós», ja que dóna per impossible el coneixement de la veritat absoluta, però sense caure en el pessimisme de la filosofia crítica postkantiana, ja que reivindica, enfront de la «Sofia», l'«opinió», la «Doxa», o millor l'«Eudoxa», l'opinió bona, per bé que probable, cosa que situa Cournot en un terme intermedi entre la rígida determinació i la indeterminació, entre el Racionalisme i l'Intuïtivisme. «Revisor tímido de los dogmas racionalistas y mecanicistas, nuestro filósofo había de representar, en contraste con la oposición radical de Bergson, una oposición que podríamos llamar "moderada". Entre el punto de partida cartesiano y el punto de llegada bergsoniano, cabe situar la actitud de Cournot a mitad de trayecto», escriu en un article publicat llavors, que intentava difondre l'obra del seu filòsof predilecte a la capital d'Espanya i que intitulà «Cournot, estación intermedia»,[26] al qual en seguí un altre on ell, home de pensament «figuratiu», comparava la filosofia cournotiana a la pintura del clarobscur de Rembrandt, a mig camí de la pintura lineal del renaixentista Mantegna, que equivalia al pensament de Descartes, i de la pintura colorística, d'una «embriagada irisación» de Renoir, que pot equiparar-se a la filosofia bergsoniana. Cournot, en valorar com a principal activitat cognoscitiva el sentiment de l'ordre, no l'«ordre lineal» del determinisme racionalista, sinó l'«ordre multipolar» de la probabilitat (la seva obra coincideix, en la Història de la Cultura, amb la introducció en Matemàtiques del càlcul de probabilitats), articula un encadenament de les idees fonamentals. L'aplicació d'aquest ordre, d'aquest element determinista en el món social, tan fluid i contingent, es tradueix en el pensament d'Antoine-Augustin Cournot, en la distinció de tres etapes en la Civilització humana, caracteritzada cadascuna d'elles per una major fixació o, si el vol, per una menor contingència o indeterminació: «Prehistòria», «Història» i «Posthistòria».[27]

Com he dit abans, el curs es perllongà fins al març de 1919.

El primer de gener participà a la «Diada de la Llengua Catalana» en un acte que se celebrà al Saló de Cent de la Casa de la Ciutat, en el qual també intervingueren Pere Coromines i Jaume Bofill i Mates. El discurs de Xènius fou molt abrandat—es vivia en plena efervescència de la campanya «Pro Autonomia»—, però digué: «La Llibertat no ve per mitjà d'un Reial Decret, sinó que és fruit d'una lluita de cada dia, havent-se de guanyar el Dret amb obres espirituals. Catalunya compareix al món amb l'obra feta i encara més aureolada amb l'esperança del que farà ... No hi haurà pau a Catalunya fins que tot Catalunya no sigui com un incendi d'ideal».[28] Aproximadament digué el mateix en inaugurar-se el mes de febrer unes escoles constituïdes per la Mancomunitat a La Masó (Tarragona).[29]

La tasca fundacional continuava. El 15 d'agost es posà la primera pedra a la Biblioteca Popular de Badalona i el 8 de desembre s'obria solemnement la de Canet. A l'àpat que se celebrà després de la cerimònia al castell de Santa Florentina, Eugeni d'Ors proposà, com havia fet a Torm, cinc brindis. En el darrer, i sense que aquell cop s'hi interposés cap sacerdot—tal vegada perquè Xènius, advertit, procurà no esverar ningú—, proposà «una "libació funerària" pel gran difunt; per aquell que, amb la mà estesa, ens assenyala, encara, la ruta de la nostra Llibertat: Enric Prat de la Riba. El penúltim brindis havia estat «Per aquell que ara mena els destins de la Nova Catalunya: Josep Puig i Cadafalch, que Déu guardi molts anys».[30]

Tot el Glosari del 1919 palesa la forta preocupació ciutadana pel malestar sindicalista, que s'aguditzà. «Era tal dia com avui, l'any 1909 a la Plaça de la República de París. Jo també hi era, atenta oïda, ulls ben oberts»—escriu el dia de la Festa del Treball—en una glosa intitulada «1 de Maig», en la qual refereix el diàleg encreuat entre dos membres de la «C.G.T.»: «Tu quan comptes que "això" pugui ésser? No ho sé pas... Posem que sigui en 1919».

Personalment no sembla témer la commoció. Més aviat desitja que esclati d'una vegada. Si el 1917 havia exclamat «De pressa, de pressa», el 1919 escrivia: «Contra una opinió molt corrent, jo crec que, en certs canvis, l'estalvi del desordre i de l'anarquia no està en la lentitud sinó en la rapidesa. Cal procedir com un bon cirurgià, com un bon dentista: Això és "un ai!"»[31]

Àdhuc és perceptible un desig d'adulació al sindicalisme en aquella glosa del 6 d'octubre de 1919, en què rememora o fa veure que rememora una manifestació demanant la implantació de la jornada de vuit hores a què ja he al·ludit en el capítol segon. Volia complaure els sindicalistes perquè hi simpatitzava, almenys un dels seus dirigents, Salvador Seguí, «el Noi del Sucre», figura que provoca l'admiració d'Eugeni d'Ors, una admiració que vorejava l'enveja, em digué Joan Vidal i Ventosa, que l'acompanyà en un acte en què veié com el líder obrerista s'imposava amb la seva vigorosa oratòria als seus seguidors. Em refereixo a la gran reunió que se celebrà a la Plaça de Les Arenes el 19 de març, en el qual Seguí persuadí els militants sindicals que estaven fermament decidits a continuar la vaga que havien iniciat els obrers de La Canadenca, si no es procedia abans a l'alliberament immediat dels detinguts. A l'escrit «El míting d'anit passada[32] traeix la gran impressió que produí al nostre biografiat «el Noi del Sucre».[33] Les negociacions entre els sindicalistes i les autoritats fracassaren i el conflicte provocat pels obrers d'aquella empresa d'electricitat degenerà en una vaga general. *La Veu de Catalunya* no aparegué del 24 de març al 15 d'abril, però Xènius no es resignà a emmudir i continuà escrivint i publicant en uns fulls impresos en ciclostil el seu Glosari,[34] que feren circular els estudiants. Després foren editades en una publicació popular[35] amb un pròleg entusiasta del qui, per aquell temps, era molt amic d'Eugeni d'Ors, el membre del Consell de Pedagogia i director de l'Escola del Treball, Rafael Campalans, home d'ideologia socialista. En aquesta col·lecció de gloses hi ha algunes de forta intenció subversiva com «Les rates del Senyor de Magúncia»,[36] «Els peregrins d'Emmaús»,[37] «Decameró?»,[38] «El carreter de Sarrià»,[39] «Manchester en principis, Manchester en espectre»,[40] i «C'est la lutte finale».[41]

La seva simpatia per la Revolució el portà a adherir-se a un missatge que havia llançat, des de *L'Humanité* de París, Romain Rolland el dia 26 de juny, que s'intitulava «Declaració de la Independència de l'Esperit», i que signaren amb un esperit pacifista, Benedetto Croce, Albert Einstein, Selma Lagerlöff, Jules Romains, Heinrich Mann, Bertrand Russell, Sthephan Zweig, Israel Zangwill, Georges Duhamel i Hermann Hesse, entre d'altres, els quals protestaven pel fet que durant la terrible conflagració passada els Estats haguessin convertit el pensament «en instruments de les passions» … «L'esperit no és servidor de res. Nosaltres som servidors de l'Esperit. No tenim altre amo», però que, potser, encobria una maniobra comunista, perquè afegia: «No coneixem els pobles. Coneixem el Poble-únic, universal, el Poble que pateix, que lluita, que cau i s'aixeca, i que avança sempre en l'aspre camí, amarat de la seva suor i de la seva sang».[42]

Tanmateix en els escrits del nostre personatge d'aquell temps, em refereixo als de to revolucionari, és perceptible un punt de vacil·lació, com si Xènius no estigués del tot convençut que fos aquell el camí. Els dubtes s'endevinen en un dels textos orsians que m'han produït més efecte, perquè sembla haver estat redactat en un moment de gran sinceritat: «Grandeza y Servidumbre de la Inteligencia», paper que llegí novament a la Residencia de Estudiantes la nit del 5 de juny de 1919 i que fou editat també per aquella institució el mateix any. En ell Ors, que confessava haver-se servit del títol del cèlebre volum de narracions d'Alfred de Vigny «Servitude et grandeur militaire», perquè els dos estaments, el dels militars i el dels intel·lectuals, «son semiociosos, orgullosos y pobres, y de esta pobreza, de este orgullo y de aquel ocio a medias, se han fabricado una dignidad elevada, que recibe el nombre de "honor"», sostenia una tesi pessimista: l'home de pensament, el «clerc», no pot concebre cap esperança en la Revolució. La relativa tirania del client o del mecenas, pròpia de la Societat capitalista, serà substituïda per la Dictadura del Proletariat, per bé que, malgrat les subjeccions, servi una llibertat íntima. «Curvada la espalda por una secular fatiga, pero también ungida la frente con una luz inmortal, marchamos, viva en el alma la visión de nuestra grandeza, a ofrecer nuestros cuerpos a la más férrea servidumbre. Muden de esposas nuestras muñecas; Lenin, pon tu hierro joven aquí donde aún es bermeja la marca de las argollas de Creso; múdase el hierro; el bronce interior no se romperá...»

Com altres vegades, en la preparació d'aquesta bella conferència, aprofità textos catalans anteriors. Del Glosari de 1909: «La visita al savi»[43] i la «Carta» dirigida a Raimon Casellas des de Lausanne,[44] en què descriu molt finament la vella Universitat i evoca la figura de Sainte-Beuve;[45] del de 1917, «La Justícia Social», gloses II i III;[46] i del mateix any 1919 «Una classe distinta» i «La invenció de l'intel·lectual».[47]

«Grandeza y servidumbre de la Inteligencia» representa—com he dit—un moment de vacil·lació. Sembla dubtar de seguir el partit adoptat. Tanmateix continua demostrant la seva adhesió a la causa proletària. El dia 8 de setembre és a Gijón, a l'acte inaugural d'una biblioteca fundada per l'Ateneo Obrero. Dos dies abans havia donat al Teatro Jovellanos d'aquella ciutat asturiana una conferència sobre «L'Atur dels treballs».[48]

El 14 de setembre, novament a Barcelona, participà al «Curset d'Humanitats i Cultura general per a obrers», organitzat per l'Associació d'alumnes i antics alumnes de l'Escola elemental del Treball de la Mancomunitat, amb un parlament intitulat «El Treball Heroic», en el qual enllaça d'una manera curiosa dos problemes morals: la dignificació de la dona i la dignificació del treball, de la mateixa manera com interpretà històricament el triomf del feminisme en tres etapes: esclavitud, galanteria i igualtat dels sexes, segons ell, en el camp professional; l'obrer havia conquerit gradualment els seus drets passant de l'esclavitud a la llibertat manchesteriana i, finalment, a la «dignificació començada en l'època moderna amb la socialització i la comunitat del treball».[49]

Emperò, una conferència més sonada fou la que llegí el 5 de desembre a Madrid a la Real Academia de Jurisprudencia y Legislación amb el títol de «Posibilidades de una civilización sindicalista», en què profetitzà una nova civilització que estava sorgint de la lluita revolucionària dels sindicats, en els fonaments de la qual s'havien de distingir uns elements circumstancials i passatgers (l'acció directa, la vaga general) d'uns altres de permanents, que configurarien l'Era futura: la supressió o la limitació extrema de la propietat privada, l'eliminació de la lliure concurrència i l'organització de la vida col·lectiva sobre una base professional. Concloïa la seva dissertació invitant els intel·lectuals a col·laborar a la instauració del Nou Ordre. «Los productores selectos deben unirse con los otros productores ... Sin la intervención de algunos aristócratas, la Revolución francesa acaso hubiese sido una "Jacquerie" más».[50]

Aquest col·laboracionisme el predicà, també, a Olot, la nit del 28 de desembre, en inaugurar-se el Casal Català. Allí digué que les dues forces que sostindrien el Govern del futur serien el catalanisme i el sindicalisme.[51]

El 29 de desembre parlà, novament, als alumnes i ex-alumnes de l'Escola del Treball, els quals, aprofitant les vacances de Nadal, havien organitzat un cicle de conferències com el de l'estiu anterior i volgueren que quedés clausurat dels llavis «d'un príncep de la intel·lectualitat barcelonina».[52]

D'aquesta dissertació orsiana i del seu tema, n'he perdut el rastre, perquè, en aquell dia, ressonà fortíssim el primer tro de la tempesta. Sabem, i encara perquè es va produir al debat de l'Assemblea de la Mancomunitat, que Xènius digué als assistents a la seva conferència que se sentia insegur en el càrrec a causa de les seves idees...

Però abans de començar a parlar de la maltempsada, voldria referir-me a d'altres aspectes menys coents de les activitats d'Eugeni d'Ors durant el 1919, un any tan decisiu pel tomb que a partir d'ell donà la seva existència. Per exemple, al fet d'haver publicat durant les vacances estivals[53] el «divertimento», «Història de les Esparregueres», on recull diverses impressions i anècdotes d'una estada en un casalot de la Catalunya Vella que, posteriorment, Josep M.ª Capdevila[54] ha aclarit que era propietat de la seva família i que es trobava als encontorns de Santa Pau, a la Garrotxa. A l'últim capítol escrivia un xic pedantment: «Divina Intel·ligència, Senyora del meu viure, Nord de tots els meus pensaments! Com he pogut llicenciar-me del teu servei per tan llarga estona? Com he pogut delectar-me en el tema "Natura", jo que, en aquest món, no he estimat sinó la "Cultura"».

L'«intercanvi» que es proposaren els organitzadors dels «Cursos Monogràfics» donà els primers resultats en benefici de Xènius, perquè a les darreries de juny de 1919 fou invitat a professar una sèrie de conferències a Portugal, on anà amb una gran il·lusió, tot i que el país estava trasbalsat d'ençà de la proclamació de la República (com també ho estava l'Espanya monàrquica per aquells dies). A Lisboa hi havia una vaga. No es publicaven els diaris i hagué de professar la primera lliçó a la llum d'un quinqué de petroli, perquè els vaguistes havien tallat el subministrament de l'electricitat.[55] En arribar a l'hotel, sortint de l'estació, el nostre personatge explica[56] que estava temptat de posar al registre d'entrada dels estadants, quan havia de declarar la seva filiació: «Per abitazione fiorentino. Di stirpe angelico. Per patria celeste», com havia dit una vegada l'humanista Marsilo Ficino, però, després, pensant que les circumstàncies del moment no permetien massa bromes, digué al seu secretari: «Posa-hi el que vulguis». A l'Acadèmia de Ciències lisboeta donà tres lliçons sobre «La Concepció cicílica de l'Univers». El presentà el filòsof i home polític Leonardo Coïmbra, que era Ministre d'Instrucció Pública i cessà d'ésser-ho quan Xènius encara era a Portugal. Coïmbra, a més d'escarrassar-se per fer agradabilíssima l'estada del nostre biografiat, traça, en el seu parlament introductori, un resum de l'obra filosòfica del conferenciant que plagué molt a l'interessat i sempre més l'esmentà com a modèlic, per bé que lamentà que «exclusivamente oral, se lo llevó el viento».[57]

Després Eugeni d'Ors anà a la Universitat d'Oporto, on parlà, en català, dels moments de la nostra Renaixença: Romanticisme, Positivisme i «Noucentisme». Des d'Oporto s'arribà a Amarante, on vivia, en la solitud del camp, el seu amic, el poeta Joan Teixeira de Pascoaes, el qual, suposo, havia tingut una intervenció decisiva en el seu viatge a Portugal.

Ors tornà enamorat del país lusità. Hi féu, posteriorment, altres estades i tota la seva obra és plena de referències a Portugal que no podria pas detallar. Només cito, ara, la frase «la Cultura europea es polaritza en dos nuclis essencials, Grècia i Portugal», que ell solia repetir perquè concretava, en els dos països, les constants de la civilització occidental: classicisme i barroquisme; i la glosa que escriví al seu retorn, «Una Mare de Déu», recordant una imatge que havia vist, camí d'Amarante, que l'impressionà moltíssim, atesa la seva condició d'home de «pensament figuratiu» i que anà repetint ara i adés. Es tractava d'una barreja de Maternitat i Pietat, puix que la Verge tenia a la falda el seu Fill adult, amb barba i tot. «Una mare "cria" son fill infant tota la vida, àdhuc més enllà dels límits de la vida».[58]

En l'anada a Portugal l'acompanyà Joan Estelrich. En tornar, s'havien tirat els plats al cap. D'aquell viatge datà llur profunda enemistat.[59]

Novament a Barcelona, a la primera setmana de juliol, iniciava, als «Cursos Monogràfics d'Alts estudis i d'Intercanvi», un curset de tres lliçons sobre «Els arguments de Zenó d'Elea». Eren els darrers que professava, perquè, com he dit, el drama començà els últims dies de l'any.

A la conferència dels alumnes de l'Escola del Treball al·ludí al perill que l'amenaçava, i al Glosari ja ho havia deixat entendre amb una reticent felicitació de Nadal, l'escrit que venia inserit des de 1906 cada any per les Festes, com una dècima del «sereno» dedicada als seus lectors i que començava: «Als amics que vetllen en la nit...» La felicitació del 1919, que aparegué al periòdic de la Lliga el 24 de desembre, acabava d'una forma estranya: «I la veu se'm nua i ja no tinc cor per continuar mon Christmas i per parlar de Bones Festes».

Els lectors que no coneixien les interioritats dels afers de la Mancomunitat degueren preguntar-se de què venia tot allò, però seguiren veient aparèixer cada dia, a les planes de *La Veu*, la signatura de Xènius fins a l'edició corresponent al 8 de gener de 1920.[60] El dia 10 s'hi inseria la notícia de la dimissió d'Eugeni d'Ors i de l'acord del Consell de la Mancomunitat adoptat al seu respecte. A *La Veu de Catalunya* es parlava d'una renúncia, però no de com havia estat presentada. En canvi, a *La Publicidad* del mateix dia es reproduïa el text de l'escrit pel qual el nostre biografiat posava «a disposició del Consell Permanent de la Mancomunitat el càrrec amb el qual vaig ésser honorat en juny de 1917 pel Consell presidit, encara, per don Enric Prat de la Riba». La dimissió era motivada de la següent manera: «Havent-se traduït, darrerament, les diferències fonamentals del criteri entre l'actual Presidència de la Mancomunitat i la Direcció d'Instrucció Pública en actes que he pogut considerar vexatoris i, en tot cas, en una incoordinació dels serveis gens favorable al desenrotllament normal de la política de Cultura de Catalunya, em crec en el deure de facilitar una solució que tingui per doble avantatge el suprimir el destorb que per aquella Presidència signifiqui la meva presència al front del Departament i el retornar-me a mi una llibertat de judici que, per ventura, se m'ha fet necessària». Breu: indicava que s'havia vist obligat a dimitir per una incompatibilitat ideològica amb Puig i Cadafalch.

La referència oficial no podia ésser més contundent. «Per unanimitat acordà el Consell admetre la dimissió presentada pel senyor Ors del càrrec de director d'Instrucció Pública, quedant al que resulti de la inspecció administrativa començada en el seu departament per acord del 4 de desembre últim i a la rendició de comptes i la formació d'inventari».

Al costat de l'estricta notícia que acabo de reproduir, La Veu del dia 10 de gener inseria una «Nota oficiosa», evidentment emanada de la secretaria de la Presidència, en què precisava que era inexacte que «la dimissió del senyor Ors tingui per fonament una divergència d'idees. L'ocasionà una qüestió de pràctiques administratives ... La divergència en les coses d'administració ocasionà un apercebiment i un vot de censura del Consell per la resistència a justificar, amb un pressupost, una despesa a fer per a la instal·lació de la Biblioteca de Canet inaugurada el 8 de desembre últim i a l'acord d'una inspecció administrativa de son Departament votats per unanimitat, els dies 3 i 4 del mateix mes respectivament», o sigui que reiterava el que ja deixava entendre d'una manera diàfana l'acord del Consell Permanent: Xènius havia comès unes irregularitats com a funcionari i per aquest motiu se'l feia sortir de la Mancomunitat. Per res no li entrava la qüestió ideològica. Així ho feia constar

Puig i Cadafalch en l'aclariment que havia volgut donar a la premsa: «Les seves conferències a l'Acadèmia de Jurisprudència de Madrid, al "Casal Català" d'Olot i a l'"Institut de deixebles i ex-deixebles de l'Escola Elemental del Treball" són molt posteriors a aquelles dates (volia dir les del vot de censura i de l'acord disposant una inspecció). Respecte a les al·ludides conferències no ha rebut el senyor Ors, ni pública ni particularment, cap advertència».

Ors deixava entendre que havia hagut de sortir d'aquell organisme perquè el seu president era un reaccionari, mentre que Puig venia a dir que havien tret Xènius per lladre. Tot això era molt greu. L'efecte que produí a la gent, la nota oficial i sobretot l'oficiosa, fou indescriptible.

Em contà el meu pare que el seu amic treia foc pels queixals i que parlà, seriosament, de desafiar-se amb Puig i Cadafalch. Aquest detall el recull Josep M.ª Capdevila en el seu excel·lent llibre de notes orsianes al qual m'he referit, més d'una vegada, i diu que ell ho sap perquè li ho contà el meu pare, que, tot i ésser més gran que Capdevila, el tractà amb una certa intimitat per haver-lo associat al seu despatx d'advocat, però afegeix que fou el meu pare i Joaquim Borralleres—dos vells companyas de El Guayaba—els padrins que designà Eugeni d'Ors per al duel que projectava. Jo crec que en aquest punt Josep M.ª Capdevila s'equivoca, perquè el meu pare m'havia dit que, en rebre del seu amic tan desacertada proposta, se li posà a riure a la cara bo i preguntant-li si no s'havia begut l'enteniment. En canvi, he llegit, al mateix número de La Publicidad que transcrivia el text de la dimissió de Xènius, que Joaquim Borralleres i Ramiro de Maeztu (que, per aquell temps, residia a Barcelona i freqüentava a l'Ateneu Barcelonès la tertúlia de Borralleres, Ors i el meu pare, procedent del «Lyon d'Or») s'havien entrevistat amb el president de la Mancomunitat «para pedirle que aclare los extremos de la nota». Capdevila explica que Puig i Cadafalch «els digué (a Borralleres i al meu pare o a Maeztu—per al cas tant se val—) que el mot llançat al públic era volgudament equívoc en rèplica a la falsia del senyor Ors d'haver dit, públicament, que des de la Presidència se l'havia amonestat per la seva simpatia envers el Sindicat Únic. I que una mentida en aquelles circumstàncies era perillosa. I com s'aclaria? En canvi, l'equívoc de la nota es podia fàcilment desfer. Els dos padrins anaren a visitar Eugeni d'Ors; van dur-li la resposta del president, i van demanar-li que els fos en tot verídic. Ell els respongué que, efectivament, aquelles manifestacions del president eren inventades. Aleshores ... el plantaren, dient-li que tan res de bo era en Pere com en Berenguera i que no volien fer més comèdia». En resum: que tampoc la destitució no era ocasionada pel fet d'haver esmerçat els diners del seu Departament «a l'adquisició de cortinetes fines i bibelots», versió ridícula que recull—naturalment sense admetre—Joan Fuster en un sagaç estudi que dedicà a «La deserció d'Eugeni d'Ors».[61] No podia haver-hi malversació de cabals perquè l'administració de la Mancomunitat era molt estricta. Capdevila assenyala l'existència d'un funcionari que en la seva missió d'interventor era inexorable, i, precisament perquè en aquella corporació les coses es portaven amb un cert rigor, fou demanat al nostre personatge, abans de la inauguració de la Biblioteca de Canet, un pressupost del que s'invertiria en l'acte inaugural que Ors no volgué presentar per estimar-ho com una mesura vexatòria. El conseller president de la ponència dels afers d'Instrucció Pública, senyor Romà Sol, a qui—sigui dit entre parèntesis— Xènius regracià en el seu escrit de dimissió per haver «procedit en les gestions promogudes per les darreres dificultats amb una cavallerositat sense trava», declarà, en el curs del debat que posteriorment se suscità a l'Assemblea de la Mancomunitat amb motiu de la dimissió, que «en qüestió d'administració el senyor Ors no té cap raó» i recordà que havia estat ell que havia recomanat, personalment, al director d'Instrucció Pública que formulés el pressupost, deixant de banda les susceptibilitats.[62] És per aquest motiu que Josep Pla, que assistí al debat com a diputat pel districte de La Bisbal-Torroella, ha escrit en el seu «Homenot» dedicat a Ors que «des del punt de vista estrictament administratiu mai no he tingut el menor dubte de la raó absoluta que tingué el senyor Puig i Cadafalch en aquest afer».

Sembla per tant, que l'orgullosa negativa del nostre personatge de sotmetre's a un tràmit burocràtic constituí un excel·lent pretext per a desempallegar-se d'un home que, per bé que brillantíssim, començava a fer nosa a molts dels qui no sols tenia sota d'ell, sinó dels qui estaven situats per sobre del director. Per això em sembla encertada l'observació de Josep M.ª de Sagarra, continguda al volum de les seves incomparables *Memòries*, quan escriu, a propòsit de la sortida d'Eugeni d'Ors, que «el que comptava de debò no era una qüestió d'ètica administrativa, sinó l'enveja, el ressentiment i la mesquinesa de quatre pipiolis, que delataven unes taques a la corbata de "Xènius" sense veure la poderosa amplada del seu pit, que era, en realitat, el que els molestava».

Una bona part dels ressentiments que havia anat sembrant Eugeni d'Ors amb la seva actuació pública i privada es manifestaren a l'Assemblea General de la Mancomunitat que se celebrà els dies 13, 14 i 15 de gener de 1920, en la qual es plantejà un debat entorn de la dimissió o, si es vol, la destitució, que l'interessat provocà equivocadament amb la certesa d'aquella dita: «de la discussió surt la llum», dita que no sempre és vàlida. Almenys, en aquell cas, el debat es convertí en una acta d'acusació contra Eugeni d'Ors, que el deixà més aclaparat encara.[63] El debat—com he dit—el provocà Xènius de sotamà,[64] fent que els diputats catalanistes d'esquerra, Albert de Quintana, de Girona, i Joan Casanovas—el qui més tard fou president del Parlament de Catalunya—i alguns diputats lerrouxistes, com José Pérez de Rozas entre altres, presentessin, en la sessió del matí del dia 15 de gener, una proposició demanant «que no fos coaccionat el lliure pensament dels funcionaris quan mostressin divergències ideològiques amb llurs superiors». La proposta anava, directament, per la destitució del nostre biografiat i de seguida es personalitzà. Pere Mias, diputat d'esquerra, digué que malgrat la seva filiació, havia de reconèixer que els autors de la interpel·lació no tenien cap raó, puix que no hi entrava per res una qüestió ideològica, sinó una sèrie d'irregularitats administratives comeses pel dimissionari, agreujades per la supèrbia del seu tarannà, que s'entretingué a demostrar amb algunes anècdotes, com les d'alterar al seu gust les actes de les reunions del Consell de Pedagogia o d'haver declarat festiu per a les biblioteques populars, a més de les diades tradicionals, la data del primer d'agost, aniversari de la mort de Prat de la Riba, «per motius de sentiment nacional», i la del 15 de novembre «per motius de satisfacció personal i a petició d'algunes bibliotecàries» (era el dia de Sant Eugeni).

Després de Mias parlà, molt ponderadament, el conseller Romà Sol, remarcant que no s'havia fet mai a Eugeni d'Ors cap indicació contrària a la lliure expressió de les seves idees polítiques i que ell també havia tractat d'evitar, de totes passades, la solució del conflicte administratiu. La vertadera raó de la dimissió—vingué a dir—era que el director d'Instrucció Pública no s'havia pres bé la divisió que es projectava fer del seu departament, perquè convenia que la nova ordenació «no fos monàrquica», en tres seccions: una d'estudis elementals, l'altra d'estudis tècnics i la tercera d'alts estudis especulatius, la direcció de la qual el Consell de Pedagogia reservava per al senyor Ors.

L'expectació dels reunits pujà de to quan prengué la paraula Puig i Cadafalch, que, fins aquell moment, havia estat absent de la sala de sessions. Començà per dir que no hi havia ningú més amic d'Eugeni d'Ors que ell, «al qual he passat anys i anys ajudant a fer el seu pedestal», «defensant el "Glosari" a peu i a cavall», cosa que demostrava que entre ells no existia una incompatibilitat per qüestions d'ideologia. Si es produïren divergències d'opinió les tolerà com era propi de persones civilitzades, però no podia admetre les que portessin un perjudici a l'obra de la Mancomunitat; com les que ocasionà, per exemple, la publicació, pel Consell de Pedagogia, del qual ell era vice-president, i sense haver estat consultat, una obra dins la «Col·lecció Minerva», en què es feia l'apologia de l'amor lliure[65] i que motivà una lletra de queixa del canonge Enric Pla i Daniel; el fet d'haver convidat als «Cursos monogràfics» un conferenciant de poc valor científic («una cosa és un míting i l'altra una conferència»,[66] «i el senyor Ors—afegeix—coincidí en la censura»); i també l'acte que se celebrà a l'Escola Industrial organitzat pels deixebles i ex-deixebles de l'Escola del Treball, en el curs del qual l'orador digué que estava amenaçat—sense precisar d'on venien les amenaces—per les idees que ell professava. «El conferenciant havia de sentir un major respecte per la casa d'altri, pels alumnes i per ell mateix». I Puig acabava amb un punt de supèrbia que, paradoxalment, l'agermana a Xènius: «Queden coses per contestar. Jo no ho faré. Per mi respon tot el meu passat i tota la meva actuació per Catalunya».

A la sessió de la tarda intervingué Jaume Bofill i Mates, que, segons manifestà, havia comparegut per primera vegada a l'Assemblea per parlar d'aquell afer apassionant tot i que ell estava malalt. Amb el seu discurs, Guerau de Liost reblava el clau. Digué: «Els polítics han pecat per haver deixat el senyor Ors amb massa llibertat. Els intel·lectuals han pecat, també, per no dir-li, a ell, la veritat que es mereixia la seva obra ... La seva obra esdevenia pertorbadora quan no es tractava de coses personals. Tenia l'èmfasi gegantí d'un temple del Renaixement (pel seu) sentit personalista amb tenacitat instintiva, pecant de capciós i de confusionisme ... Recollí la copiosa herència del Consell de Pedagogia i se n'ha aprofitat en benefici propi l'"Institut d'educació general", la gran il·lusió d'en Prat[67] s'anat minimitzant» i, a més, havia deformat la ideologia del primer President fins a l'extrem d'haver dit recentment, en una conferència a Portugal—ho recollí el diari lisboeta A Capital—, que convertí Prat de la Riba en un col·laborador seu per a les tasques de Cultura.[68]

Després del discurs de Bofill i Mates, Albert de Quintana retirà la seva proposició. «Sembla que al matí no hi hagué temps de respondre-li—explica Josep M.ª Capdevila—i alguns diputats el cridaren a part, pacíficament, i amb documents el convenceren de seguida. Les dades que Eugeni d'Ors li havia facilitat eren falses!»

El «cas Xènius» estava definitivament decidit.

El mes d'abril s'estructurava el Consell de Pedagogia dividit en tres departaments: un d'Ensenyament primari i secundari, dirigit per Alexandre Galí; un altre d'Ensenyament tècnic i professional a càrrec de Rafael Campalans; i un tercer d'Ensenyament Superior, que, primitivament, havia estat concebut perquè engegués Eugeni d'Ors, la direcció del qual restava vacant de moment.

Hom pot imaginar-se l'estupefacció, l'aclaparament i la indignació del nostre personatge. Degué sentir la barreja d'estranyesa i d'ira que experimenta aquell qui rep, inesperadament, una plantofada pel carrer l'endemà d'haver trepitjat, sense parar-hi esment, el peu d'un vianant rancorós que torna a trobar pel camí.

La primera reacció de Xènius fou d'acabar la seva col·laboració a La Veu de Catalunya, «sense que ningú li ho indiqués», remarca Capdevila,[69] i també «interrompé, sense que ningú l'hi obligués, la publicació del "Glosari" dins de l'anomenada "Enciclopèdia Catalana" quan ja tenia proves del primer volum». El dia 22 de febrer de 1920, Eugeni d'Ors inaugurava al periòdic *Las Noticias* una secció setmanal intitulada «Las obras y los días», on continuà signant amb el pseudònim de Xènius i on feia com a *La Veu*, uns comentaris a l'actualitat artística i literària, a la política estrangera, etc. Alguna vegada, però, al·ludí a les coses de Catalunya en un to distint. Era innegable que el seu cas el feia parlar amb una especial reticència, com si traís una continguda hostilitat als homes i a les institucions del catalanisme. Encara no havia transcorregut un any d'ençà del dia que, a *La Veu*, escrivia, potser amb la tememça del que s'apropava, les següents paraules: «Deia heroicament Friederich Nietzsche en una carta escrita el 1880: "Cap dolor serà capaç d'obligar-me a llevar fals testimoni a la vida". Diguem nosaltres "que cap personal desengany pugui forçar-nos a llevar fals testimoni a Catalunya"».[70]

Només en començar a publicar *Las obras y los días* comentava la vinguda d'un professor francès a Barcelona per donar unes conferències als «Cursos monogràfics d'Alts estudis i intercanvi» d'aquesta manera: «Hasta hoy, para guisar un estofado de liebre, lo primero que se necesita es una liebre y para hacer un curso de recambio, lo primero que se necesita es un profesor de recibo».[71] I al cap d'uns mesos escrivia: «Cuidemos— les digo siempre a mis catalanes—, cuidemos de no disponer de nuestra catalanidad con mano demasiado impía ... "Si la sal perdiera su sabor— dice la Escritura—, ¿con qué se la devolveríamos?" Esto, catalán, tal vez indefinible, que puede sazonar cualquier obra ..., si lo dejábamos sin virtud ¿cómo la podríamos recobrar? Un espolvoreado a cada manjar. Comerla sola y a puñados, como en neurosis de embarazada, nunca».[72] El 15 d'agost, quan en la majoria de les localitats de Catalunya celebren llurs festes, publicava cinc notes seguides, volgudament enigmàtiques, en què ironitzava sobre un poble que anunciava en el programa: «Sardanes públiques i privades», i parlava dels «entoldados de marfil» i de «Nando», el remer que apareixia al darrer fragment de *La Ben Plantada*, personificació del Poble, que se l'emportava en un bot. «Sin demasiado esfuerzo abandono la pequeña ciudad de las sardanas privadas».

El mes d'abril començà a inserir el Glosari a *El Día Gráfico*, rotatiu del qual era redactor en cap el seu amic Màrius Aguilar. Suposo que fou aquest periodista l'autor de la nota que llegim el dia 18, per la qual s'anunciava que, des del pròxim número, el diari publicaria el Glosari de Xènius. «El "Glosari" aparecerá en catalán. No quiere «Xènius», no queremos nosotros, que pierda nada de su eficacia. En catalán vivió hasta ahora el "Glosari" y en catalán seguirá viviendo».

El 20 d'abril, la col·laboració orsiana a *El Día Gráfico* s'encetava amb un paper intitulat «Del goig d'escriure en català», on deia: «Quan un escriptor català, després d'uns dies sense fer-ho, torna a escriure en català, és com un curt de vista que acaba de recobrar son binocle perdut: totes les coses del món se li fan, de nou, clares i precises...» Després d'aquest exordi afegia: «Per això és tan criminal tota temptativa d'acaparar els instruments de l'edició catalana en benefici d'un determinat grup o partit». L'atac anava dirigit, evidentment, contra la Lliga i els seus polítics. En salvava, però, la figura de Prat, com ho féu la resta de la seva existència (recordi's allò del «pacto promiscuo»). Per aquest motiu el 23 d'abril escrivia: «En memòria d'Enric Prat de la Riba (Sant Jordi de 1920): "Ha estat en aquesta darrera temporada el mot de tots, el plany de tots, l'enyor de tots. Com la tornada d'una cançó, les nostres orelles contínuament el sentien: "Si en Prat fos viu!"»

Blasma el partit que, cada dia, va accentuant més el seu nacionalisme en un ordre purament verbal mentre, per aquells mesos, Irlanda lluita efectivament i d'una manera valenta per la seva independència, i compon una glosa en què imagina un banquet de polítics nostres a l'Hotel Ritz, on un diputat per Barcelona, en el moment d'anar a pronunciar un discurs molt abrandat, emmudeix avergonyit davant un espectre que l'esguarda de fit a fit: «Jo sóc l'ombra del qui ha estat fins ahir i continua essent, per l'eternitat de la glòria i de la pàtria, el batlle de Cork».[73]

Interpretant massa primàriament el seu cas personal, ve a dir en una altra glosa que, d'ençà de la seva sortida de la Direcció d'Instrucció Pública, la Cultura catalana ha perdut to, i així, en comentar la recent aparició d'una edició de l'autobiografia de Sant Ignasi de Loyola, remarca especialment l'episodi en què el futur sant explica com a Barcelona no pogué establir relació amb cap ànima piadosa. «Quina misèria, quin desert aquest on sant Ignasi no troba ningú per tractar-hi! Ai, ¿quan això s'haurà repetit en el nostre passat?»[74]

Emperò, es refereix alguna que altra vegada, des de la seva secció de El Día Gráfico, a aquelles qüestions estètiques amb què havia excel·lit en altres temps, com per exemple una sèrie de gloses en matèria artística, comentant, primerament, el «Saló de Barcelona»,[75] i, després, l'«Exposició Nacional» de Madrid.[76]

No cal dir que al Glosari de 1920 s'accentuà encara més la seva simpatia pel sindicalisme i per l'obrerisme en general. Publica cinc «Reflexions sobre el gremialisme»[77] i una curiosa nota en què assenyala els aspectes constructius de la Revolució russa: «Vuitanta-tres escoles per anormals són fundades a Rússia en el curs de 1919 ... A Espanya, durant deu anys, s'han fet dues temptatives de fundació d'aquelles escoles i crec que les dues poden considerar-se com fracassades avui. I diuen si a Rússia hi ha caos. Jo penso que el caos és aquí!»[78] Emperò, quan declara d'una manera més explícita la seva adhesió a la causa revolucionària és en escriure una obra dramàtica sui generis, perquè tot i adoptar forma dialogada és difícilment representable. S'intitula El Nou Prometeu Encadenat i anà apareixent en successives edicions del diari durant l'estiu del 1920.[79] «Una especie de diálogo filosófico o tragedia ... que, a su publicación, fue tomada poco menos que como nihilista»,[80] i en el qual—per més que posteriorment el seu autor protestés—, amb les anteriors paraules de la interpretació que el públic hi donà, tenia una evident intenció subversiva. És innegable. Amb aquesta obra, Eugeni d'Ors, ultra unes claríssimes al·lusions al seu lamentable cas personal, pledejava inequívocament a favor de les reivindicacions proletàries formulades per un «Prometeu» encadenat: el «Treballador sediciós», barbat i atlètic, que duu un vestit blau de mecànic, enmig d'un escenari sobre el qual plana una tempesta anunciada per «un llamp que va caure sobre el Caucas i que va fer un gran incendi que ara comença ja d'ésser una bona llar i un far del Món (és l'època en què s'inicia la consolidació de la Revolució bolxevic) i un altre caigut sobre el Tíber (el setembre de 1920 es produeix a Itàlia l'ocupació de les fàbriques pels obrers), fins que, al darrer acte, l'Heroi, que és corejat per «les amigues» que proclamen que «mai ningú ha pogut fermar la boca del Poble», és deprès dels grillons que el tenien tenallat i crida, com en la lletra del cèlebre himne internacionalista: «és la lluita final!»

El Nou Prometeu Encadenat marca el punt màxim de la seva adhesió—més o menys platònica—a l'obrerisme revolucionari.[81]

Com que no ha deixat de sentir-se catalanista, s'aproxima políticament a aquells homes que intentaren d'infondre un sentit català al sindicalisme o al socialisme: Domènec Martí i Julià i Francesc Layret. L'aproximació fou, però, *post mortem*, i cal que sigui interpretada en el sentit que Ors s'identifica idealment amb la línia adoptada als darrers anys pel famós psiquiatre i president de la Unió Catalanista, mort el 1917, que dos anys abans del seu traspàs volgué donar al moviment un matís socialitzant, i també amb l'orientació adoptada en els últims anys de la seva existència pel qui fou company d'estudis d'Eugeni d'Ors i després advocat dels sindicalistes, que féu compatible el catalanisme indubtable amb una doctrina social avançada i que havia de caure assassinat misteriosament—potser per instigació del contraterrorisme patronal—el darrer dia de novembre de 1920.

Xènius, el 21 de juny, assistí a l'acte d'homenatge a Martí i Julià, que se celebrà davant la seva tomba al Cementiri vell, on pronuncià un discurs Manuel Serra i Moret, que d'aquí a poc hauria de fundar, amb Rafael Campalans, la Unió Socialista de Catalunya. L'endemà, Eugeni d'Ors escrivia: «Havem conegut ... dugues fortes figures polítiques. Havem conegut el President ... i el Doctor ... El Doctor ens va deixar una Fe. El President una Església ... Gloriem-nos d'aquest doble heretatge i treballem per la seva perpetuació!»[82]

També anà al tumultuós enterrament de Layret i presencià l'acte de la seva inhumació al Cementiri Nou, «un jardín admirable; probablemente el único jardín bello de Barcelona», escriu amb aquella propensió típica dels mediterranis que ell es reconeixia, que li feia transformar les idees en imatges. «Algo muy grande ocurría entonces» en l'escena commovedora que s'esqueia entre uns xiprers com els de la Villa d'Este, que era com «las primeras nupcias de Francisco Layret con la Belleza ... Lay-

ret sólo la conoció ayer, al entrar en el jardín armonioso cuando él ya
no era, dentro de su ataúd, sino un guiñapo sanguinolento, un espantoso
residuo de ortopedia y de autopsia».[83] Això ho havia publicat, en caste-
llà, un temps després de l'enterrament. Emperò, l'endemà de la cerimò-
nia, publicava al Glosari: «L'últim mot solemne dit avui al cementiri,
de cara a la posta de sol sagnant, ha estat aquest: "Visca Catalunya!"
L'ha dit un company carreter, el President de l'"Art Rodat"».[84]

Per aquella època anà donant al seu catalanisme un gir federalista,
doctrina que, com és sabut, era considerada amb un cert menyspreu pels
homes de la *Lliga*.[85] Malgrat això, val a dir que l'interès d'Eugeni
d'Ors per Pi i Margall era anterior a la seva ruptura amb Puig i Cada-
falch i el seu equip. El 1916 parlava de l'autor de *Las Nacionalidades*
com l'únic estadista que havia tingut el talent de compaginar la unitat
amb la diversitat, i que resultava—segons ell—una mentalitat més cata-
lana que no semblava a l'observador superficial: «Pi i Margall és el des-
cendent remot i impàvid de Ramon Llull ... és l'única ment que, enmig
del romanticisme espanyol dogmàticament localista per una banda, dog-
màticament jacobí per l'altre costat, té prou força per reunir dialèctica-
ment l'ampla Humanitat i la Pàtria estreta. Per bufar amb hàlits de
l'Esperit l'universal incendi revolucionari sense voler que dins d'ell s'ar-
bori, en sacrifici, la fusta del roure o del pi forals».[86] El federalisme,
per Xènius, és una teoria d'inspiració no sols catalana, sinó mediterrà-
nia, afegia en una altra glosa del 1917: «Venia de la veu de la raça ...
que molt més abans, enllà d'enllà dels segles, ja havia estat escoltada,
com un oracle, a Grècia "federal de tota la vida" també; a la Grècia an-
fictiònica i lúdica».[87] Tanmateix, aquest engrescament del nostre per-
sonatge pel doctrinari del federalisme s'exacerbà amb posterioritat a la
seva sortida de la Mancomunitat, ja que d'altra banda Pi i Margall fou
al seu temps prou avançat en la qüestió social perquè contínuament l'in-
voquessin esquerrans i sindicalistes. Amb una evocació a Pi i Margall
clogué una important conferència que pronuncià el 23 de març de 1920
al Centre Autonomista de Dependents del Comerç i de la Indústria, la
mateixa entitat on, els darrers dies de l'any 1909, havia inaugurat aquell
«Cicle de Conferències d'Educació Civil» amb una mena de pregària cí-

vica a les escultures d'Empúries, coincidència que l'orador es complagué
a remarcar dient que, cada vegada que l'esperit social es decandia (preci-
sament la conferència s'intitulà «L'actual depressió de l'esperit patriòtic
i civil de Catalunya»), calia aferrar-se a un símbol esperançador. Després
de la Setmana Tràgica havien servit Venus o Esculapi; ara seria suficient
la imatge de Francesc Pi i Margall, ja que el federalisme seria la solució
del futur. L'endemà de la Guerra s'anomenarà Socialisme i Vida Senzi-
lla, pronosticà a Bilbao en ple conflicte bèl·lic. El vaticini encara era
vigent—afegia—, perquè Jean Jaurès llegia *El Nuevo Régimen* pimargal-
lià. Si el nostre personatge, en la part doctrinal, parlà una mica a la ma-
nera d'allò que en el llenguatge popular se'n diu «embolica que fa fort»,
en la part que podríem anomenar sentimental, la conferència, que reflec-
teix l'estat d'esperit del Xènius subsegüent a la seva destitució, devia
ésser sensacional, segons es desprèn de l'únic extracte que n'he pogut
llegir i que es troba a *La Publicidad*, ja que a *La Veu* les activitats
d'Eugeni d'Ors posteriors al 1920 foren sistemàticament silenciades.
Per això ara citaré en castellà alguns fragments de la peroració orsiana,
per bé que no sols fou dita en català, sinó en un to de catalanisme exal-
tat. S'han acabat els anys de les desercions—afirmà—, ja no se'n van
a Madrid els pintors que no venien prous quadres a Barcelona o els ac-
tors que obtenien baixes liquidacions al Teatre Romea.[88] Han passat
els dies en què «se vendía la primogenitura patriótica por el plato de len-
tejas del trimestre ... Hemos entrado en el período de poder resistir las
tentaciones supremas. Nosotros no desertaremos nunca. Nos quedare-
mos en nuestro puesto y mantendremos vivo el ideal de nuestra juven-
tud. El hablar dulcísimo de Cataluña será siempre nuestra lengua ... El
"Ateneo" de Madrid hubiera querido que estas palabras se pronuncia-
sen en lengua extraña y en aquella casa. Hablaremos, sin embargo, en
catalán y en esta casa catalana de horizontes anchos».[89]

Malgrat tot, s'aproximava a Madrid. El mes de maig apareixia la
traducció castellana de *La Ben Plantada*, realitzada per Rafael Marquina,
que editá la casa Calpe dins de la «Colección Universal», i a comença-
ments de tardor, publicada per l'Editorial Saturnino Calleja, sortia una
versió castellana d'Alfons Maseres d'una selecció del *Glosari* dels anys

1906-1917, que era jutjada pels seus amics de *La Revista* amb la recança que l'edició no fos completa. L'haurien volguda «sense mutilacions de política personal i sense comentaris en els quals l'autor pugui tenir interès».[90] Per la primavera de 1920 emprèn un viatge per terres de Castella. Visita Valladolid, on contempla les obres del Museu d'Escultura policromada, que constitueixen el legítim orgull de la ciutat del Pisuerga i que li produeixen una fortíssima impressió, com pot comprovar-se en les moltes referències que en trobem en la seva producció literària a partir de les més immediates a la visita que consignà a *Las obras y los días*.[91] A Valladolid pronuncià una conferència, el dia 1 de juny, al Teatro Calderón, i a Salamanca una altra al Ateneo el dia 12 del mateix mes. En totes dues parlà, també, del tema federalista que per aquells mesos l'obsessionava. La dissertació a la vella ciutat universitària s'intitulava concretament «Dialéctica y Principio federativo», i, malgrat que hi digué que quan s'és català se n'és per tota la vida, i que l'enllaç federal constituïa, tant en l'ordre polític com en el cultural, la superació dels exclusivismes i de les fusions,[92] anà derivant, especialment en la seva conferència de Valladolid, devers un concepte unitari de la Cultura: «Yo, catalán y devoto de la idea federal, de ascendencia mediterránea, vengo hoy a saludar, con un homenaje, a las grandes fuerzas de la Unidad».[93]

Aquesta reverència a l'espiritualitat de Castella és perceptible àdhuc al Glosari català. Pel març de 1921 escriu, potser rememorant l'excursió realitzada l'any anterior: «Cuita, gran vent de Castella, que encara hi ha núvols i boires enfront de mi. Vent que deixes les coses nues. Els meus ulls de mediterrani ja saben de mirar. Ara, el que em convé, és que les coses no se m'ocultin».[94] Aquell mes de març es publicava, editat a Madrid per Caro Raggio, *El Nuevo Glosario*, recull de les gloses castellanes del primer trimestre de l'any precedent. Eugeni d'Ors hi inserí un pròleg, on justificava el canvi del seu vehicle d'expressió, dient que ell tenia tres filles, les seves tres grans obres. Una, que era la producció teòrica; la segona, el Glosari; i la tercera, la lluita per la cultura «en mi Cataluña nativa ..., que se le ha muerto al autor, hacia los comienzos del año actual, mejor dicho, le ha sido asesinada alevosamente por ciertos políticos catalanes que han logrado, también de rechazo, retardar el crecimiento de la primera. Esto le ha conducido, por un tiempo, a poner en la segunda todas sus alegrías y a condensar en ella sus mejores esperanzamientos de eficacia ... Convenía, pues, a su designio, compensar la limitación del instrumento con una ampliación del ámbito concedido a sus posibilidades de resonancia. El "Glosario" era un "Glosari", esto es: se escribía en catalán, ahora tomará las alas del castellano, avezado a volar entre continentes ... Lánzase a la aventura del gran viaje, si antes ha conocido las tímidas seguridades de la domesticidad».

Com es pot suposar, aquestes explicacions no caigueren massa bé a Barcelona.

Tanmateix continuava escrivint en català a *El Día Gráfico*. Seguint la tònica iniciada el 1920, al Glosari de l'any següent comentava amb una certa displicència les nostres coses, com en la sèrie de quatre gloses sobre «Borrow i el català»,[95] o en la que s'intitulava «Santuaris locals», en què escrivia: «Tota religió té els seus santuaris locals ..., hi ha reputacions que només ho són per als socialistes de Montparnasse ... Jo em temo que nombre d'escriptors i homes públics de Catalunya hagin comès l'error de lligar massa estretament les essències del patriotisme a cosetes així».[96]

També mantenia la línia d'encoratjament de les forces subversives. Així, per exemple, en arribar-li la notícia de la mort de Kropotkin, rus de família noble però doctrinari de l'anarquia, al cap de poc temps del traspàs a Rússia de l'universitari nord-americà John Reed, simpatitzant dels «soviets» (que fou sepultat, amb tots els honors, a la Plaça Roja de Moscou), reiterava el tema de la conveniència de la cooperació dels intel·lectuals amb la tasca revolucionària, com havia estat útil la d'alguns aristòcrates de l'Ancien Régime per a la preparació de la Revolució Francesa. Així enllaçava el nom d'aquell sovietitzant de família capitalista amb el senyor rus teoritzador del comunisme llibertari i escrivia: «Insistim... Col·laboren a les revolucions homes que el naixement i les personals circumstàncies destinaven a situar enfront d'elles. Aquests són els millors, perquè són els més purs. Els que, moguts de l'interès, d'espatlles a l'interès propi, són moguts només de la idealitat. Si Kropotkin i John Reed haguessin volgut, en lloc de morir a Rússia, abrigarien ara, a Font-Romeu o al Caire, la tranquil·la vellesa, la vigorosa joventut. No volgueren. Descobrim-nos».[97]

I en ocasió de la Festa del Treball, recordava com el Primer de Maig era una data assenyalada en tot el món obrer: «Si ... és per aquell món la dels auguris. Com enguany li direm el nostre desig, per l'any nou ... Com els malalts ... ¿Si aquesta nit "fes la girada?"»[98]

El Glosari de 1921 conté alguns articles menys tendenciosos, però igualment notables per a la caracterització del seu pensament, com el paper en què declara que, estèticament, només l'interessa Europa, l'Occident: «Les obres d'art negre, davant de les quals ha esdevingut obligatori d'espasmar-se, ja les he vistes, ja les conec ... Home sóc i res humà per estrany tindria. Però mediterrani sóc i llavors tinc el deure, si no la necessitat, que moltes coses restin estranyes per mi».[99]

Per la Primavera publicà, amb una sèrie de gloses,[100] una estranya narració intitulada «El Pobre Ramon», que, en una posterior versió castellana, subtitulà «o la previsió i la novetat»,[101] per la qual, segons deia l'autor, volia confirmar la tesi d'Henri Bergson sobre la imprevisibilitat de les manifestacions de consciència i de la vida; en definitiva, el predomini de la intuïció sobre la previsió, teoria que el pensador havia exposat a la tardor del 1920 en el que Xènius anomenà «Un meeting de los filósofos en Oxford»,[102] la reunió substitutiva dels Congressos Internacionals de Filosofia que després de la Guerra Gran se celebrà a la ciutat universitària anglesa amb exclusió dels pensadors alemanys. El protagonista, «el pobre Ramon», que és un tipus temorenc i infeliç, reïx quan «renegant de la tortura de les Normes es lliura fàcilment a les temptacions».

Cal que ara faci una mica de marxa enrera en aquesta relació de les activitats del nostre personatge durant l'any 1921, per reprendre-la a l'endemà de la seva expulsió de la Mancomunitat, que fou seguida d'una sèrie de vexacions que no es poden silenciar per tal com determinaren el tomb que, posteriorment, donà l'existència d'Eugeni d'Ors i que justifiquen el fet que, en recordar aquells desagradables episodis, Xènius

escrivís, anys més tard (en un incís de la seva biografia de Goya inclosa
en l'obra *Epos de los destinos*, en l'episodi en què es refereix a la topada
del pintor amb el Sant Ofici), que n'hi ha una altra de pitjor—diu—,
«no la oficial, sinó "la otra" Inquisición, la difusa, la que se llama legión
y que forma en la estrechez provincial tantas gentes sin mandato, sin
atribución, sin fuero; diletantes y aficionados en lo de meter la nariz en
la vida ajena; ganosos de denuncia, opresión y tortura de la personalidad
ajena, golosos de su quebranto y asfixia. Hay dos maneras de matar:
Una, que se designa francamente con el verbo "matar"; otra, la que se
sobreentiende con el eufemismo delicado "hacer la vida imposible". Sis-
temas de asesinato lento, anónimo, oscuro en que se emplea una muche-
dumbre de resentimientos cómplices. Auto de fe sin coroza y sin llama,
perpetrado por una Inquisición sin juez ni sentencia».

A principis de 1920 se l'havia desposseït de la Direcció d'Instruc-
ció Pública. Al mes d'abril se'l privava del càrrec de secretari general
de l'Institut d'Estudis Catalans. El dia 16 fou acordada la destitució en
una reunió de l'Acadèmia presidida per l'autoritat que estava al front
de la Diputació, patrocinadora de l'Institut, Vallès i Pujals, i a la qual
assistiren els membres Ramon Turró, Pere Coromines, August Pi i Su-
nyer, Jaume Bofill i Mates, Francesc Martorell, Jaume Massó i Torrents,
Ferran Valls i Taberner, Josep Carner, Lluís Nicolau d'Olwer, Ferran
de Sagarra, Pompeu Fabra i Joaquim Ruyra. Puig i Cadafalch, aparent-
ment, es mantingué al marge de la maniobra, «pero fue muy notada la
presencia de su secretario particular en una de las habitaciones conti-
guas», comenta un diari.[103] Se sap que votaren en un sentit favorable
a la continuació del càrrec Nicolau d'Olwer i Coromines. Fou elegit nou
secretari Ramon d'Alòs-Moner, malgrat que, en les votacions per a la
designació de la persona que havia d'ocupar la Secretaria, Ors tingué
dos vots; suposo que també haurien d'ésser els de Lluís Nicolau i Pere
Coromines, que mostraren en aquest afer la noblesa de mantenir-se en
llurs conviccions anant contracorrent. Llevat d'aquestes dues personali-
tats eminents—cadascuna en la seva esfera—, tothom callà en veure la
lamentable manera com acabava el conflicte Ors-Puig i Cadafalch.[104]
Una mica abans, el 5 de febrer del 1920, en un banquet de comiat a Ra-

miro de Maeztu que deixava la nostra ciutat després d'una llarga estada, el mateix Ors al·ludí en el seu parlament d'oferiment al «descoyuntamiento entre Política e Inteligencia (que) no ha podido borrarse. Creíamos, tal vez en Cataluña, lo contrario ..., mientras la suerte mantuvo al frente de nuestra amorfa República la persona singularísima del magistrado inolvidable ... Hoy resucita la vieja radical incompatibilidad: ya conoce la agria experiencia que nos da derecho a decirlo, que nos coloca en obligación de decirlo».[105] Aquest discurs fou comentat per un amic català de Xènius, que potser era López Picó, en forma d'un curiós «Brindis que hauria pronunciat el Redactor de *La Revista* en el sopar a Ramiro de Maeztu»,[106] pel qual l'anònim autor protestava de les afirmacions orsianes de la següent manera: «Deplorem que incidents per a tots lamentables i engendradors de sofriments personals per un company il·lustre hagin trobat ressò en aquest acte a risc de torbar-ne la unitat, de destruir l'homogeneïtat dels esperits en l'impuls de l'amistat i homenatge al qui deixarà ben tost d'ésser el nostre hoste estimadíssim», per afegir que una «visió deformada per la proximitat excessiva» havia portat l'orador a emetre un concepte tan pessimista de les relacions dels intel·lectuals amb els polítics.

Eugeni d'Ors havia deixat d'ésser secretari de l'Institut, però, almenys teòricament, continuava essent-ne membre i, com a tal, director d'aquell Seminari de Filosofia que li feia molta il·lusió. El Seminari havia invitat Bertrand Russell a donar una sèrie de sis conferències sobre el tema «Matèria i esperit».[107] Xènius, que probablement havia fet amistat amb Russell al Congrés de Filosofia de Bolonya el 1911 o que, almenys, hi establí contacte als dies dels Amics de la Unitat Moral d'Europa, quan—com es recordarà—l'anglès era un dels elements més actius d'un moviment pacifista paral·lel intitulat «Union of Democratic Control», rebé el filòsof britànic invitant-lo a casa seva; l'acompanyà per la ciutat[108] i li donà algun consell sobre la forma en què calia adreçar-se als assistents al curs. Russell temia que no seria prou entès en expressar-se en el seu idioma, però Ors—explica molts anys després—li digué: «Los auditorios sólo pueden ser de dos clases: o los capaces de entenderlo todo porque no tienen vanidad o los que nunca entenderán nada porque su vanidad les ahoga y sólo quieren oír lo que ya saben o se figuran saber».[109]

Naturalment que Xènius, que passava en aquells dies pel tràngol de la seva expulsió de la Secretaria de l'Institut, degué acollir Bertrand Russell no sé si amb un mal humor prou dissimulat, però almenys amb una bona dosi de recança de no comptar, als ulls del britànic, amb la representació que el nostre personatge hauria volgut ostentar. Amb tot, el consolava la idea que Russell, el 1916, havia cessat com a *fellow* del Trinity College de Cambridge a causa del seu pacifisme: «La víspera del Domingo de Ramos se inauguró el curso de Bertrand Russell en el Seminario de Filosofía de Barcelona. Tres hombres presidieron la fiesta, tres hombres que eran tres expulsados. Los reunió físicamente el azar, pero, moralmente, les había dado destinos paralelos una ley histórica profunda».[110]

El propòsit de «fer-li la vida impossible» continuava i a principis de 1921 hom el volgué treure del darrer reducte que li quedava; el Seminari de Filosofia. La Mancomunitat disposà que s'obrís una investigació sobre el funcionament d'aquella dependència i fou encarregada del desagradable afer «una persona que, como el señor Turró, notoriamente conocida por su lamentable hostilidad personal hacia el director del Seminario de Filosofía», com observà Joan Casanovas, el mateix que com a diputat provincial havia subscrit la proposta en defensa d'Eugeni d'Ors, el qual escriví una carta a *Las Noticias* denunciant el que, per ell, era un tèrbol maneig. L'aldarull que volgué promoure Casanovas fou inútil; Ors hagué de sortir del Seminari.[111]

Se sentia acorralat i menyspreat pels polítics que dominaven les institucions de Cultura a Catalunya i per la majoria d'intel·lectuals—abans amics seus—que els feien costat.

Trobà una migrada compensació amb la Presidència de l'Associació de la Premsa diària, institució en la qual eren molt influents els lerrouxistes, hostils a la Mancomunitat,[112] però, malgrat que el càrrec li donava un cert prestigi, podia assistir als actes públics i el seu nom aparèixer amb relativa assiduïtat als periòdics, era evident que la seva situació esdevenia cada vegada més incòmoda a Barcelona. Per tant, su-

poso que sospirà alleugerit quan se li presentà l'oportunitat de deixar
—per una temporada—la nostra ciutat, per anar a professar una sèrie
de conferències a Sud-Amèrica.

El dia 4 de juliol de 1921 s'embarcava al vapor Reina Victoria
Eugenia cap a Buenos Aires. Des de la darrera escala espanyola del vai-
xell envia l'última col·laboració a *Las Noticias*, que es publica el 24
d'aquell mes. El Glosari d'*El Día Gráfico* havia cessat el dia 3.

Començava una altra etapa en la vida del nostre personatge.

VIII

L'EPISODI AMERICÀ I L'INTERVAL BARCELONÍ

CANVI D'AIRES. S'AGREUJA LA INCOMODITAT.

Ignoro d'on partí la iniciativa del viatge del nostre biografiat a Sud-Amèrica i quines foren les persones o entitats que l'invitaren. A les «Gloses de la Vaga» comunicava la notícia de la mort recent a Buenos Aires de Benjamín Taborga, que havia fundat un «Colegio Novecentista» i es dedicà a la difusió d'una teoria tan orsiana com la del «Novissimum Organum»,[1] mèrits que foren suficients perquè Xènius, molts anys més tard, qualifiqués aquell personatge com «el primero, en el orden cronológico, entre mis discípulos. Lo digo porque él lo proclamaba. Fue lo bastante leal para consignarlo y no vivió lo bastante para soslayarlo»,[2] però la referència a la mort de Taborga data del 1919. Per tant, no podia procedir d'aquest admirador llunyà la gestió determinant del viatge d'Eugeni d'Ors.

Confesso desconèixer la causa immediata de la seva *tournée* americana, puix que pel que afecta la causa remota de l'excursió, crec ja haver-la assenyalada en el capítol anterior: es trobava incòmode a Barcelona. Fos quin fos el motiu, se'n va anar al Continent Austral. La primera menció que trobem a la premsa barcelonina de la seva estada allà és la d'un banquet que li oferiren un grup d'intel·lectuals argentins en un restaurant de Buenos Aires la nit del 2 d'agost de 1921, en el qual pronuncià un discurs de regraciament molt líric, que degué produir una gran sensació. En sotmetre'l els oficials de sanitat a una sèrie d'exàmens mèdics abans d'entrar en territori argentí—digué—, en realitat volien conèixer «el coeficiente exacto de mi cantidad de resistencia emotiva al halago».[3]

213

El 9 d'agost començava un curset de set lliçons a la Universitat de
Còrdova. A l'acte inaugural fou presentat pel catedràtic de la Facultat
de Dret d'aquell centre, el doctor Deodoro Roca, amb un discurs amarat
d'una ideologia positivista molt característica de les darreries de la pas-
sada centúria: «España ... ha roto los diques seculares y sobre todo, por
la ancha herida de Cataluña, se ha precipitado el torrente fecundo hen-
chido de los mejores gérmenes de Occidente ... Por sobre los mares so-
plan vientos de Universalidad, trayéndonos las voces de la España
renacida», i seguia amb al·lusions a Giner de los Ríos i a la cultura «mo-
derna» dels homes de la «Institución Libre de Enseñanza».

Ors encetà el curs amb una introducció metodològica sobre el tema
«La Filosofia com a manera de viure» que, en realitat, era una reproduc-
ció de la primera lliçó de la «Doctrina de la Intel·ligència», que havia
estat inserida el 1918 als *Arxius de l'Institut de Ciències*. Després conti-
nuà amb els fonaments psicològics de la seva «Filosofia del Seny»: la lli-
bertat com a substància («Religio est Libertas»), la «fórmula biològica
de la lògica», etc. Amb les notes preses—no massa fidelment—per un
dels assistents, que foren transcrites després en uns periòdics locals,[4]
s'editó el llibre *Introducción a la Filosofía. Curso de Eugenio d'Ors sobre
la Doctrina de la Inteligencia*,[5] del qual Xènius confessà que no quedà
pas content, tot i que tingué cura dels detalls de la seva presentació com,
per exemple, la coberta del volum que reproduïa la cèlebre pintura vati-
cana de Rafael «L'Escola d'Atenes», la fotografia de la qual li fou molt
difícil de trobar per més que cerqués pels arxius o establiments d'art de
Buenos Aires, ciutat que presumia de metròpoli en la qual «un librero
se creería deshonrado si no ponía a disposición del cliente la última no-
vela erótico-bursátil de M. Morand».[6]

De Còrdova passà a la capital argentina i allí divulgà el pensament
de Cournot sobre l'encadenament de les idees fonamentals amb dos ci-
cles de conferències paral·leles que distribuí entre la Facultat d'Engi-
nyeria (l'encadenament en el món físic) i la de Biologia (l'encadenament
en l'existència humana).

A Rosario de Santa Fe i a la Secció de Ciències Econòmiques que
depenia de la Universidad del Litoral dissertà sobre «el concepte de la

Naturalesa en els pobles d'Occident» i a la Universitat de La Plata i a la seva Facultat d'Humanitats recentment creada parlà de la Teoria de la Cultura.

De l'Argentina saltà a l'Uruguai. A la capital professà cinc lliçons sobre la part psicològica del seu sistema que ell anomenava «Poètica», és a dir, la relativa a la funció creadora de l'Esperit. Mentre es desenvolupava el curs, el 23 de novembre li arribà la nova de la mort d'Emile Boutroux. «Imposibilitado por el riguroso apremio de los días, de suspender aquélla (vol dir la classe) en señal de luto como deseaba, hube de pedir al auditorio, después de unas cortas palabras de homenaje, un minuto de silencioso recogimiento en caridad al grande espíritu que acababa de abandonarnos».[7]

La Universitat de Montevideo no comptava amb una facultat de Filosofia i uns quants joves estudiosos demanaren a Ors que, amb tot el seu prestigi, intercedís prop de les autoritats acadèmiques i polítiques per tal que se'n fundés una; però, malgrat els esforços del visitant i dels seus amics, el projecte no reeixí i quan el nostre biografiat tornà a l'Uruguai el 1950 i escoltà les declaracions del Ministre de l'Interior, que era un dels qui havia sol·licitat la seva intercessió, referents a l'obra cultural realitzada pel Govern, escriví: «Me pareció que, tal vez, desde las huertas que hace treinta años cultivábamos juntos, soñando para la Universidad de Montevideo una "Facultad de Humanidades" hubo, en el aire claro de la bella ciudad, un gallo que cantó tres veces».[8]

A Buenos Aires, el 2 de desembre de 1921, s'embarcava novament en el Reina Victoria Eugenia cap a Barcelona, on arribà a vigílies de Nadal, el dia 23. Josep Pla explica a l'«Homenot» dedicat a Eugeni d'Ors que ell fou encarregat pel director de *La Publicidad*, Romà Jori,[9] d'entrevistar l'il·lustre viatger i que aquest li féu una descripció divertidíssima de la vida argentina. «Em digué, entre moltes altres coses, que per fer-se enterrar decentment en un dels cementiris potables de la ciutat del Plata, era desorbitadament car i que la gent es disputava els panteons aparatosos més aferrisadament que si es tractés d'obtenir un bon pis a l'"Avenida de Mayo". El paper produí un tol·le-tol·le general i la corresponent reclamació diplomàtica». Lamento discrepar, en aquest punt, de l'admirat escriptor de Palafrugell, però he llegit el reportatge en qüestió[10] i enlloc no s'al·ludeix als cementiris de Buenos Aires. Només conté la versió que Eugeni d'Ors donà de la seva expedició cultural i que, en bona part, he aprofitat per a redactar les notes precedents.

Quan el nostre personatge era a Sud-Amèrica, Caro Raggio, a Madrid, editava «un texto que más se dijera borrador, no sólo sin corrección de pruebas, sino también sin consulta ni siquiera comunicada noticia». Es refereix al seu estudi sobre Cézanne que en les ulteriors reedicions trobà satisfactori[11] i que realment és una obra orsiana important. El pintor d'Aix-en-Provence havia interessat Xènius des del principi de la seva estada a París. Recordi's la crònica del Saló de Tardor de 1906, la glosa del mateix any en què l'anomenava «Doctor de visió»[12] i la constància que tenim del gran efecte que li produí, en ésser-li mostrat a la rebotiga de les Galeries Bernheim, al barri de la Madeleine, el quadre de Cézanne «El negre» en una escena una mica misteriosa que encara es plaïa a evocar quaranta-tres anys després. «Aquella penumbrosa comunión en un Cézanne ha sido algo así como un rito de entrada».[13]

L'interès d'Eugeni d'Ors pel pare de la pintura moderna s'explica perfectament en funció de la seva doctrina estètica favorable a l'estructuralisme i, també, per la seva preferència per allò que anomenà «les formes que pesen», contraposades a «les formes que volen», en una sèrie d'escrits que redactà en matèria artística a partir de les gloses «Poussin y El Greco»,[14] en les quals la producció del sobri pintor acadèmic francès del s. XVIII i la del genial cretenc aclimatat a Toledo, simbolitzen respectivament una i altra tendència morfològica.

El 1922 reprenia la seva labor a Barcelona dedicat exclusivament al periodisme. Continuà col·laborant a *Las Noticias*, però no a *El Día Gráfico*.

El Glosari estava definitivament enterrat. La vida cultural de la nostra ciutat ja no oferia al nostre personatge l'atractiu d'abans. Concentrà tota la seva activitat pública a la corporació on s'havia aixoplugat en sortir de la Mancomunitat: l'Associació de la Premsa Diària. Hi volgué prosseguir la tasca en la qual en els seus dies més brillants de la Direcció d'Instrucció Pública havia posat tantes il·lusions, la fundació de biblioteques, i en creà una per a l'agrupació de periodistes que ell presidia. L'establí al primer pis de la casa núm. 13 del carrer de la Canuda, que era l'estage de l'entitat, i l'agençà amb gust, conferint-li molts detalls ornamentals que atorgaren a aquell centre de lectura un aire tan orsià com el que tenien les que havia erigit abans des del seu alt càrrec polític. N'he vist fotografies: fustes nobles, parets folrades de xarpellera, reproduccions d'obres de Botticelli i de Miquel Àngel... Breu, era una mena d'*ersatz* de les biblioteques oficials. Aquella, però, s'intitulà Biblioteca del Pueblo sostenida por la Asociación de la Prensa de Barcelona i, com s'indicava en un bell cartell que Ors féu dibuixar al seu amic Ramon de Capmany, era «abierta a todos, sin condiciones laborales». S'inaugurà solemnement la tarda del 26 de febrer de 1922 i per a aquell acte féu venir de Madrid José M.ª Francos Rodríguez, un personatge arrelat a la capital a través d'una carrera periodística afortunada que el portà a la Presidència vitalícia de l'Associació de la Premsa madrilenya i a ocupar diversos càrrecs polítics—en aquell moment era ministre de Gràcia i Justícia—, però que també fou director general de Correus i ministre d'Instrucció Pública; una figura certament pintoresca, puix que en el dinar que li oferiren els periodistes barcelonins digué, textualment, que per ell «el periodismo era el cariño legítimo de la mujer y los demás cargos el solaz momentáneo de la querida».[15]

En obrir-se la biblioteca, Eugeni d'Ors pronuncià un discurs equívoc, pel qual presentava la labor de fundació de les biblioteques populars de Catalunya com si fos inspirada per «un sentimiento de justicia social» i realitzada, gairebé exclusivament, per ell, amb l'estímul d'Hermenegildo Giner de los Ríos—cal no oblidar que a l'Associació de la Premsa predominaven els radicals[16]—i també de Prat de la Riba i del seu equip—concedia—, però, «a fines de este período, una gravísima crisis ideológica se produjo en el mundo y muy agudizadamente en nuestro ambiente ciudadano»,[17] cosa que, segons l'orador, explicava l'afebliment de l'impuls inicial i justificava que altres institucions distintes de la Mancomunitat continuessin la tasca. El mateix vingué a dir el nostre home en una Memòria que presentà a l'Asamblea de la Prensa Española celebrada a Sevilla el 29 de maig de l'any següent, on formulava un pla per a l'establiment d'una xarxa de biblioteques per tot Espanya:[18] «La tarea de fundaciones culturales en Cataluña ha ido volviéndose infinitamente más lenta y casi puede decirse que ha cesado del todo».[19]

S'havia fet tan seva l'obra de les biblioteques populars, empresa durant el període en què influí en el Consell de Pedagogia de la Mancomunitat, que arribava a l'extrem de fer manifestacions deliberadament inexactes com les que acabo de transcriure. Volia que el seu nom continués associat, fos com fos, a una tasca de fundacions de cultura. El meu amic, el senyor Joan Alsamora, que tractà bastant Eugeni d'Ors per aquella època, m'ha contat que el nostre biografiat establí contactes amb elements directius del partit radical per a una possible inclusió del seu nom en una llista de candidats a regidors o a diputats provincials lerrouxistes, per tal d'assegurar-se, des de l'Ajuntament o la Diputació—i, per consegüent, des de la Mancomunitat—, la prosecució de la labor fundacional de les biblioteques.

Ignoro fins a quin punt arribaren les negociacions i per què fracassaren. Només puc afegir que, en el temps a què faig referència, Ors, políticament, havia perdut la carta de navegar. Al mes de juny, a *La Publicidad*, es comentava irònicament la notícia que Xènius s'havia ofert al «partido republicano democrático-federal-histórico» de Barcelona per prendre part en un acte de l'agrupació. «Ello resultará una deliciosa aventura digna de ser descrita por la pluma de Mark Twain», afegia la gasetilla periodística.[20] Pel mes de novembre, el mateix diari donava compte[21] de l'adhesió que Eugeni d'Ors havia promès als elements de l'antiga Joventut del Partit Republicà Català, que intentaven reorganitzar llurs forces.[22]

Si pel que afecta a la seva actuació ciutadana el nostre personatge donava proves de travessar el 1922 un període de desorientació, que fa una mica d'angúnia de seguir, literàriament produïa, aquell any, una de les obres que més fama li ha donat: em refereixo a *Tres horas en el Museo del Prado*, que anà apareixent dins de la seva secció «Las obras y los días» al periòdic *Las Noticias*, durant la primavera i l'estiu,[23] i que s'edità en forma de llibre dintre del mateix any per compte de Caro Raggio de Madrid. Aquesta petita obra mestra sobre el museu madrileny, de la qual no pot dir-se certament que fos una guia de la pinacoteca en l'estricte sentit de la paraula, i que constitueix una brillant exposició de diverses idees estètiques orsianes jugades amb molta gràcia, assolí un gran èxit de públic, que ve demostrat amb el fet de les reedicions que se n'han efectuat. La fama del seu autor trascendí més enllà de les fronteres amb la versió francesa de l'hispanista Jean Sarrailh, publicada el 1927, per l'editorial M. Delagrave de París, i gràcies, en bona part, als comentaris entusiàstics que inserí al diari *Action Française* aquell excel·lent escriptor, però temible polemista, que s'anomenava Léon Daudet i que el 1915 no gaudia gens de la simpatia d'Eugeni d'Ors quan el Glosador distingia, en el moviment monàrquic i autoritari en el qual militava, «el cap de la colla Maurras» del «cap de trons de Léon Daudet».24

A les darreries d'aquell estiu de 1922, en què Xènius publicava en les successives edicions d'un diari barceloní una de les obres que més prestigi li han donat, presidia una festa poètica, els «IV Jocs Florals de l'Empordà», en el curs de la qual pronuncià un discurs que promogué un cert rebombori. L'acte se celebrà el dia 8 de setembre a l'antiga vila comtal de Castelló d'Empúries, al claustre del convent desafectat de Sant Domènec. En el seu llibre pòstum *La verdadera historia de Lidia de Cadaqués*, Ors retreu aquest episodi. «De que "Xènius" aceptara entonces, nadie hubiera podido precisar el porqué. Andaba a la sazón ... desamparado, por su calidad de réprobo oficial, de cualquier apoyo familiar o amigo ... Por otra parte, nunca había sido demasiado afecto a la institución floralesca... ¿qué se le había perdido en Castellón de Ampurias? El hecho es que se avino y asi fue. Salió bien la cosa». Es recitaren les obres premiades, es ballaren sardanes i els organitzadors acabaren els jocs amb una excursió a Sant Pere de Roda (consigno aquest detall perquè després el nostre personatge l'explotà en la seva obra sobre Lídia).

Emperò, el més important de la festa fou el discurs presidencial, en el qual l'orador parlà de l'estat de prostració de la cultura catalana.

Vingué a dir que, en aquell moment, només hi havia una literatura, i encara migrada; «versets, comedietes, devocionaris, dotzenes de grisos fulletons d'erudició provincial», amb l'agreujant que cada dia eren més freqüents els casos de bilingüisme entre els nostres escriptors. El que era dubtós, però, és que a Catalunya existís una autèntica cultura, puix que aquesta es demostra amb la producció d'un pensament científic. De la mateixa manera que recentment un grup «es constitueix i reclama a la vida pública catalana, portant precisament com a bandera el deure de revisar i esmenar l'actuació política dels darrers anys»,[25] calia desmentir la llegenda d'una «cultura de Catalunya» forjada «quotidianament en pluja ininterrompuda de «gasetilles suplicades» redactades per l'instint de conservació d'una mitja burocràcia cobdiciosa». Amb això atacava clarament l'Institut d'Estudis Catalans, sense parar esment que el primer a bombardejar les redaccions dels diaris amb notes sobre l'activitat cultural havia estat ell, i, cosa més greu, per al lluïment personal del qui era secretari de la corporació acadèmica a la qual tan maliciosament es referia. Les nacions es salven—com els homes—per les obres, digué. Els pobles s'han de justificar per la Cultura i no sols amb la Literatura. El seu deure de català l'obligava a donar l'alarma. Per aquest motiu, quan editā, a mitjan agost de 1923, el text del seu parlament als Jocs Florals de l'Empordà de l'any anterior, l'intitulà «L'alerta de Castelló d'Empúries».[26] Les dures paraules orsianes transcendiren fins i tot abans d'ésser impreses en el seu text original[27] i, aviat, sorgiren les crítiques. Potser la més curiosa venia del seu amic Màrius Aguilar,[28] de parla castellana, però molt compenetrat amb Catalunya, que refutava aquella acusació del bilingüisme dels literats catalans que ara i adés redactaven «prosas circunstanciales ... por la imperiosa ley del vivir cotidiano», però que «frente a lo cotidiano remunerado» conreaven «lo permanente de la devoción a la raza» en forma de drames, novel·les i poesies.

La més mesurada venia de Nicolau d'Olwer,[29] que girava finament l'al·legat de Xènius en contra d'ell: «Damunt la nostra terra ha planat, en els darrers anys, la malura ... del candidisme ultrancer, el fetitxisme dels mots i les aparences ..., teníem uns quans treballadors abnegats, obríem uns quants laboratoris i Instituts i ja es parlava de plenitud cultural de Catalunya. Se'ns ha llençat el mot d'Imperialisme quan calia parlar-nos de Modèstia».[30] La més violenta vingué de Josep M.ª Junoy, que el dia 11 de desembre de 1922 donà una conferència a l'Ateneu Barcelonès intitulada «El singular arúspex de Castelló d'Empúries»,[31] en la qual, després de desmentir la suposada decadència de la cultura catalana adduint la producció de recents esdeveniments editorials (el començ de la Història de Rovira i Virgili, la iniciació de la Col·lecció «Bernat Metge», etc.), atacava personalment el qui semblava acreditar la certesa de l'afirmació de Charles Maurras, que més o menys deia que l'home que preveu certs mals en públic en to sarcàstic i desimbolt, els prepara i àdhuc els desitja. En el fons, vingué a afirmar Junoy, era el despit que movia l'orador. «Després de passar-se la vida preconitzant mesura, equilibri, ironia, la sort adversa el destarota».

Eugeni d'Ors, des de Las Noticias, es defensà amb una certa habilitat. «He venido a decir: todos los pueblos pueden morir, Cataluña es un pueblo, luego, Cataluña puede morir. Hasta aquí no hay optimismo ni pesimismo: hay deducción pura ... He dicho que venceríamos al mal si, en ello, poníamos la voluntad y los remedios. ¿Es a esto a lo que se llama pesimismo? ¡Cómo no se reserve el nombre de optimismo al arte sutil de dormir la siesta patrióticamente!»[32]

En certa manera aquesta picabaralla es prolongà fins als primers mesos del 1923, en ocasió d'haver redactat Eugeni d'Ors un escrit introductori al catàleg de l'exposició que se celebrà a les Galeries Laietanes per exhibir les pintures presentades al concurs que havia convocat Lluís Plandiura; manifestació inaugurada el dia 27 de gener i que continuà durant tot el mes següent. L'ambient era ple de susceptibilitats: Plandiura acabava de topar amb la Mancomunitat, perquè aquesta havia defensat els interessos de la Junta de Museus en l'adquisició del tern de Sant Valero que projectava el cèlebre col·leccionista; alguns dels polítics hostils al catalanisme, concretament el diputat Juli Fournier, que era un element actiu d'una agrupació recentment creada a Catalunya, Unión Monárquica Nacional, per disputar les actes als candidats catalanistes, feren costat a Lluís Plandiura; Fournier i el corresponsal a Barcelona del periòdic *ABC* de Madrid, que secundava la campanya centralista de la Unión, s'exhibiren molt ufanosos en l'acte inaugural i sembla fins i tot que aquest darrer féu unes manifestacions desagradables per als regionalistes.[33] Quan encara no s'havia dissipat l'atmosfera adversa que s'havia creat amb el parlament de Castelló d'Empúries, Eugeni d'Ors, en la presentació de l'exposició de les Laietanes,[34] i per tal de remarcar la importància de la pintura moderna a Catalunya, feia unes al·lusions un xic despectives sobre l'actual situació de la lírica catalana, aprofitant uns comentaris sobre l'aparició del llibre de Tomàs Garcés *Vint Cançons*, que havia publicat a *La Publicitat* del dia 2 de gener Josep M.ª de Sagarra, el qual, naturalment, reaccionà de seguida d'una manera molt viva:[35] «Davant d'aquest persistent derrotisme d'última hora que ha enverinat contra Catalunya la ploma d'Eugeni d'Ors, jo crec que tots els qui estimen la nostra terra han de protestar enèrgicament», en primer lloc perquè Xènius havia distorsionat intencionadament una crítica seva que no tenia cap transcendència, però «unes paraules pescades amb canya maligna d'aquest article, i enfilades en un cordill estrangulador, és el que ofereix Eugeni d'Ors al coll de la poesia catalana». Deia a Xènius el que estava en la ment de tots els seus antics amics, que el ressentiment el feia parlar: «Que recordi Eugeni d'Ors que aquesta Cultura Catalana que ara no sap veure li va fer dir un dia unes paraules famoses. Era al costat de M. Lucien Poincaré que Eugeni d'Ors, vestit amb un jaqué impecable i amb una punta de romanticisme a la seva corbata», pronuncià aquell famós parlament sobre els esforçats obrers de la Cultura, a casa nostra. «¿És que, en dos anys, la retina d'Eugeni d'Ors ha sofert una pertorbació absoluta? ¿És que ... s'han convertit en ombres i cadàvers tot allò que abans eren cossos frescs i florits amb la pell tibant i les venes plenes de sang?»

Aquesta vegada també Ors replicà des del quotidià barceloní on col·laborava, però mantingué la seva opinió.[36] En aquell diari continuà expressant ara i adés, i respecte de la cultura catalana, uns punts de vista que, en el millor dels casos, es podrien interpretar com inspirats en el desencís. Per ell aquí tot s'havia anat vulgaritzant, i així parla d'un amic seu pel qual «lo catalán consiste en comer pan con tomate y hasta comerlo con los dedos».[37] Les persones de vàlua han estat negligides en un lamentable procés d'ingratitud col·lectiva, com fou en el cas de Cebrià de Montoliu, del qual, en arribar-li la nova de la mort a Nord-Amèrica, on havia anat com a professor en una remota universitat, escriu: «Dicen que sí, que Cataluña sabe guardar sus valores. ¡Pero, con éste, algo bueno hubiera podido hacerse, Dios mío! ... De Cipriano de Montoliu hicimos un pequeño burócrata municipal. Aceptó, mientras acariciaba secretamente su proyecto de Ciudad-Jardín», que confiava a Prat de la Riba, però quan el president va morir «y Cipriano de Montoliu vio y experimentó lo que le reemplazaba ..., asió por los cabellos la primera ocasión que le presentaba la gente para marcharse lejos, tan lejos como le fue posible ... y debió entonces pensar en Cataluña como en una llanura desolada, llena de ruinas».[38]

És evident que Xènius, en referir-se a Cebrià de Montoliu, és traït pel seu pensament: també el país fou injust amb ell.

Potser sense haver-ne esment, s'imposa llavors una mena de revisionisme «a la inversa», que li feia valorar les figures que en els anys del seu pontificat juvenil havia menyspreat amb una certa lleugeresa. La referida tendència és palesa en la conferència que pronuncià a l'Associació de la Premsa en inaugurar-se a principis del març de 1923 una galeria de periodistes il·lustres iniciada amb uns retrats de Joan Mañé i Flaquer, Josep Yxart i Miquel dels Sants Oliver, personalitats sobre les quals digué paraules molt encertades,[39] però que no deixen de constituir una rectificació de la seva primera actitud ideològica, si hom recorda els sarcasmes que en el seu sensacional escrit del 1911 «El renovamiento de la tradición intelectual catalana» havia dedicat a Mañé, del qual renegava el mestratge per a les noves generacions, que en canvi havien d'inspirar-se en l'exemple de Llull, de Sibiuda o d'Arnau de Vilanova, o els penjaments que dedicà a Yxart, «el menos inteligente, el más ignorante y lastimosamente provinciano» dels nostres intel·lectuals del segle passat. Emperò, el punt on la dissertació orsiana esdevingué més intencionada fou en parlar de Miquel dels Sants Oliver, pel qual «la dirección de ''La Vanguardia'' no representó, para él, una conquista, sino un refugio; allí se escondió ..., huyendo de las secretas amarguras de su fugaz contacto con el Regionalismo».

L'estiu passat, a Castelló d'Empúries, digué que calia llançar l'alerta d'una decadència cultural; a començos de l'any, en prologar el catàleg de l'exposició Plandiura, denunciava un afebliment de la nostra lírica; ara el seu revisionisme el portava a una exaltació del provincianisme que abans havia execrat.

Pel març havia publicat una lletra oberta a *Las Noticias*,[40] per criticar la decisió d'uns regidors de la majoria catalanista de l'Ajuntament de Girona de fer una aclarida dels arbres de la Devesa. «¡Pobre Cataluña! Dicen que ahora adquieres conciencia de Nación y cortan los árboles de "La Devesa" y dejan hundir las piedras de Tarragona y asfixian el espíritu de sus hombres. Y cuando ya no tengas ni piedras, ni árboles, ni paisajes, ni monumentos, ni poetas, ni sabios, ni coleccionistas de arte, nos darán una nación de uralita, regidos por unos agentes de negocios y adoctrinada por unos cuantos pedantes lacayunos»;[41] i també a Girona, el dia 16 de juny, donà una conferència, organitzada per l'Associació de la Premsa local, sobre el tema «Les milícies de la Cultura», en la qual, després d'al·ludir a la progressió cournotiana Protohistòria-Història i Posthistòria, identificà el darrer terme amb la Cultura, definint-la com un valor d'Unitat i, per tant, contraposat al Nacionalisme. «Para el nacionalista, el hombre de cultura es un "derrotista" siempre. Es un desertor, puesto que es el emancipado».[42] El nacionalista—segons ell—és el bàrbar, però salvava de la condemna Prat, «nacionalista dotado de una sensibilidad por las ideas que, generalmente, ha sido negada a los nacionalistas», per la qual cosa sempre procurà la conciliació dels dos termes oposats, «Cultura» i «Nacionalisme».

Si a tot això afegim que el dia 7 de febrer havia pronunciat a l'Ateneu Empordanès de Barcelona una dissertació sobre el tema «La sardana i la Inquisició» que, ultra constituir un autèntic galimatias—a jutjar per les poques referències que en tenim a través de la premsa[43]—, perquè enllaça el federalisme amb la sardana, atacà el catalanisme del partit predominant per mitjà d'una sèrie de comparances que li serviren per a dir que la Lliga practicava un exclusivisme inquisitorial. Per exemple, portà a col·lació allò de les «sardanes públiques i privades» i una curiosa forma

que tenien de ballar-les a Cadaqués les dones que componien una socie-
tat anomenada L'Orgue, que tot dansant cantaven a cor: «No en volem
cap / que no sigui de "L'Orgue", / no en volem cap / que no sigui de
la Societat», que l'havia sorprès tant que en parlà per primera vegada
a *El Poble Català*[44] i encara ho recordava cinquanta anys més tard en
el seu llibre pòstum sobre la mitològica peixatera del poblet del Cap de
Creus.

En disposició de tots aquests elements de judici podem concloure
que potser estaven encertats els antics devots de Xènius, que li retreien
que la posició que per aquell temps sostenia enfront del catalanisme, més
que palesar un sincer pesimisme, encobria un autèntic abjurament dels
ideals de la seva joventut. Aparentment, havia adoptat la mateixa línia
d'hostilitat als polítics i intel·lectuals catalanistes que seguien els homes
de la Unión Monárquica Nacional. Jo, personalment, no dubto que arri-
bà a una entesa més o menys secreta amb els de l'agrupació que, a Cata-
lunya, maldava per imposar els punts de vista del Govern.[45]

Cada vegada s'anava aproximant més a Madrid. El 23 de juny de
1922 havia començat a col·laborar a la revista il·lustrada de la Capital
Nuevo Mundo, en una secció on, en honor a l'escriptor Leopoldo Alas,
«Clarín», a qui Ors admirava, i a la seva època, s'havia fet cèlebre amb
els escrits anomenats «paliques», ell també intitulà de la mateixa manera
«No en imitación de lo inimitable, que bien está solo y señero en la his-
toria de nuestras letras, tal como entre sus contemporáneos anduvo, sino
en genérica adhesión», a l'estil conreat per aquell crític finisecular es-
panyol que s'acredità per una prosa àgil posada al servei d'unes idees ele-
vades: «Sólo el filósofo de Oviedo se atrevió a sacar la Custodia a la
calle».

El 16 de maig de 1923 apareixia el Glosario a *ABC*,[46] el diari que,
en aquells dies, menava una veritable campanya contra el catalanisme,
especialment a través d'una secció fixa que se'n deia «¿Hermanos o ex-
tranjeros?»

Sorgia un Eugeni d'Ors distint.

Abans d'ocupar-me d'aquesta segona etapa i per acabar el present
capítol amb la relació de les activitats orsianes durant el 1923, diré que,

a les darreries de l'any, encetà a *Las Noticias* la publicació d'una obra important, *Guillermo Tell*, que subtitulà «tragedia política»,[47] i que ell conceptuava, en el seu pròleg, com «un puro diálogo filosófico; un drama teórico a la manera de los de Ernesto Renan», una obra teatral *sui generis*, com ho era *El Nou Prometeu Encadenat*, i com aquest difícilment representable, per bé que el seu autor, una vegada, respongué a un periodista madrileny (que realitzava entre diverses personalitats literàries una enquesta sobre el tema: «¿Por qué no escribe usted para el teatro?») que el seu *Guillermo Tell* podia ésser portat a l'escena: «Ni más ni menos que el "Don Álvaro", por ejemplo». És clar que en el curs de l'entrevista[48] Eugeni d'Ors també digué que mai no l'havia seduït la idea d'esdevenir un autor teatral, puix que «me aleja de ella mi constante anhelo de totalidad». Aquesta és una obra antiescènica per natura, ja que, per sobre de l'acció, predomina la ideologia. En *Guillermo Tell* el nostre biografiat defensà una tesi radicalment oposada a la de *El Nou Prometeu*, que era la del Xènius revoltat, subversiu. Ara confirmava plenament la seva dita que convenia que es cantés, arreu d'Europa, «La Marsellesa de l'Autoritat». Contradeia, explícitament, la imatge que ens oferiren els romàntics i especialment Friedrich Schiller[49] de l'heroi suís que lluità per la llibertat del seu poble. Més que fer una apologia de l'Autoritarisme, Ors defensava, en aquesta obra, un Paternalisme, que és molt característic del seu pensament polític afeccionat a les formes del Despotisme Il·lustrat. El Govern per al poble, però sense el poble; en definitiva, el que ell anomenà més tard «Política de Misión». A la darrera escena, Tell, que es reconcilia amb el que considerava el Tirà, l'Emperador, i el reconeix com el Pare del seus súbdits. «Mi "Guillermo Tell" es, en substancia, eso: la Tragedia del Padre. La Epifanía de la Paternidad».[50] En superació a la fraternitat pròpia de l'època individualista havia d'estimular-se el paternalisme. «Padres de todos los países. ¡Uníos!», digué, més d'una vegada, parodiant el cèlebre eslògan de la Tercera Internacional.

El 13 de setembre de 1923 s'havia produït el cop d'Estat de Primo de Rivera i la primera inserció de *Guillermo Tell* a *Las Noticias* es féu el 9 d'octubre. Com que Eugeni d'Ors es temé que l'obra no fos

interpretada—per la seva tesi antiliberal—com un acte d'adhesió ideolò-
gica a la dictadura, advertí, en el pròleg, que la tragèdia havia estat escri-
ta el mes d'agost en el curs d'una estada al Tirol i que, per tant, era
anterior al Pronunciament de Setembre. Malgrat aquesta precaució, no
pogué evitar que la tragèdia fos interpretada com una tesi reaccionària,
sobretot quan aparegué el 1926 en forma de llibre editat per la Casa
Senpere de València; i les crítiques que li feren en aquest sentit dos pe-
riodistes madrilenys, Andrenio des d'*El Sol* i Vicente Sánchez Ocaña
des d'*El Heraldo de Madrid*, proven que no reeixí a convèncer, tot i que
digué que amb *Guillermo Tell* pretenia demostrar, com a idea mare, que
«la libertad no puede lograrse más que en el hecho mismo del esfuerzo.
No es un Estado, sino un Proceso. No hay Bien sino en el enfrentamien-
to y victoria sobre el Pecado. No hay Libertad sino en la rebeldía contra
la Opresión y, desapareciendo uno de los elementos, desaparece fatal-
mente el otro».[51]

En honor a la veritat s'ha d'admetre que aquesta teoria que la Lli-
bertat és un procés i no un estat, ja era vella en el pensament orsià. No
sols constitueix el fons de la «Filosofia de l'Home que Treballa i que Ju-
ga», sinó que la manifestà d'una manera expressa en dos discursos seus
de l'any 1919: el pronunciat en la «Diada de la Llengua Catalana» i el
que digué a l'acte inaugural de la biblioteca de les Borges.

MADRID-EUROPA

El «Glosario» a «ABC». Obres i viatges. La República; el «catòlic
errant» o l'exiliat voluntari.

Eugeni d'Ors degué establir-se a la capital d'Espanya a principis de
1923, perquè aquell escrit introductori al catàleg de l'exposició del con-
curs Plandiura que tantes suspicàcies desvetllà és datat a Madrid, el 17
de gener, però potser s'hi havia instal·lat una mica abans, ja que el 10
de desembre de 1922 aparegué a *Las Noticias* una «Meditación de la nie-
bla», on descriu el panorama que s'albira des dels balcons de la seva resi-
dència que donen «sobre el jardín secular», és a dir, aquell Jardí Botànic
de la capital[1] que sempre el fascinà.

Gómez de la Serna ens ha transmès una visió molt caricaturesca
dels seus primers mesos d'estada a Madrid, «con su tipo de palafrenero
de carroza entre fúnebre i real que fuera al mismo tiempo descendiente
de Luis XVI y al mismo tiempo actor de la Comedia Francesa y al mismo
tiempo artista de la pantalla literaria», i que de seguida tractà de fer-se
notar, puix que «hizo en la mañana visitas protocolares y trascendenta-
les, al mejor general, al mejor ministro, al mejor editor, al mejor periódi-
co, al mejor restaurante, al mejor músico, al mejor pintor, al mejor
crítico».[2] Emperò, d'aquesta descripció maliciosa, només n'hem
d'aprofitar allò que vol suggerir-nos, que és cert; el fet que Eugeni d'Ors
aviat es relacionés amb el bo i millor de la intel·lectualitat. Un dels pri-
mers grups als quals el nostre personatge s'aproximà fou el nucli de la
cèlebre *Revista de Occidente*, que acabava de fundar-se aquell any 1923.
Al número 5 (novembre), hi publicà unes proses molt literàries: «Bode-
gones asépticos».

Els de la *Revista* organitzaren—sembla que a iniciativa de José Moreno Villa—una curiosa cerimònia, el dia 11 de setembre, davant una de les portes del Jardín Botánico: cinc minuts de silenci a la memòria del poeta francès Stephane Mallarmée.[3] El nostre biografiat participà en aquell ritu, que era una rèplica del que havien acomplert els components de la Société Mallarmée de París, al Valvins, prop de Fontainebleau i a l'edició de la revista on s'inseria «Bodegones asépticos» apareixia un text orsià pel qual el seu autor comunicava les sensacions i les reflexions que havia experimentat en el curs de l'acte al costat de notes sobre el mateix tema que redactaren, entre d'altres, José Ortega y Gasset, Juan Ramón Jiménez i José Moreno Villa.

Com a «Suplemento núm. 1» a la *Revista de Occidente* s'edità en el mes d'abril de 1924 una obra d'Eugeni d'Ors, *Mi salón de Otoño*, un conjunt de reflexions en materia estètica a la manera dels «Museus imaginaris», que cridà fortament l'atenció per l'agudesa crítica que palesava.

Per la primavera d'aquell any pronuncià a l'Ateneo de Cadis una conferència, en la qual contraposà la Geografia, que—segons ell—era una disciplina d'encuny clàssic, perquè partia sempre de la noció del límit, a la Història, producte típicament romàntic, puix que estudiava el fluir del temps. Per això conclogué la seva exposició amb el consell «menos Historia y más Geografía».[4]

El 15 de juny assisteix a Toledo a l'homenatge promogut per Gregorio Marañón, que es tributà a la memòria de Maurice Barrès, que tan líricament havia escrit sobre El Greco i la ciutat on s'aclimatà. En retornar d'aquella cerimònia, a la qual acudiren moltes personalitats com l'ambaixador de França, el fill de l'homenatjat, Azorín, Ramón Pérez de Ayala i Zuloaga, Eugeni d'Ors digué en una glosa: «Era natural que Maurice Barrès se sintiera atraído por El Greco, puesto que Maurice Barrès procedía de Pascal ... y Pascal y El Greco son dos signos que, en el alfabeto de la Cultura, significan exactamente lo mismo. Son los dos primeros grandes barrocos. Son los primeros a quien el torrente del dinamismo rompe cualquier canal clásico».[5]

El dia 2 de gener de 1925 cessava el «Directorio militar» que havia assumit el poder pel setembre de 1923 i es constituïa, també sota la Presidència de Primo de Rivera, un Govern de civils, per al qual el general designà, com a titular del Ministeri de Treball, el català Eduard Aunós, que, segurament, devia ésser conegut, de temps, d'Eugeni d'Ors,[6] la qual cosa explica que en una de les primeres institucions que erigí el ministre, la «Escuela Social», el nostre personatge fos encarregat de professar l'assignatura «Ciencia de la Cultura». És l'escola a la qual Xènius es refereix en la cita que ja he transcrit, que explica com amb una mica de bona voluntat hom pot creure's que té una càtedra.[7]

La dictadura, que, innegablement, havia estat ben rebuda per un ampli sector de la societat espanyola, començava a esdevenir impopular, especialment entre els intel·lectuals. Els qui s'aplegaven a l'Ateneo de Madrid foren els qui més manifestaren llur hostilitat a Primo de Rivera, fins al punt que aquest arribà, després, a fer clausurar el casal. Jo crec que s'ha d'atribuir al grup d'ateneistes més influents, enemics del règim de força imperant, la idea d'organitzar diversos actes d'homenatge a l'escriptor Ángel Ganivet amb motiu del trasllat de les seves despulles mortals des de Riga a Granada, la seva ciutat natal. Des d'un principi s'endevinà que el conjunt de celebracions es convertiria en una manifestació de protesta contra la situació regnant. La prova és que un polític pro-governamental s'acuità a escriure un article, aclarint el que representava—per ell—la personalitat autèntica de Ganivet, perquè «los vivos, sin dar a la palabra su segundo sentido, gustan de jugar con los muertos ..., a fin de que la malicia no se apresure alborotadamente a alinearme en la fila de los vivos aficionados a los juegos macabros».[8] El bagul que contenia les restes de l'escriptor granadí arribà a Madrid el dia 28 de març de 1925 a mig matí i fou acollit amb una mena de processó cívica. A primera hora de la tarda se celebrà un acte d'exaltació al desaparegut, al Paranimf de la Universitat, presidit pel rector José Rodríguez Carracido. Parlaren Américo Castro, Luis Jiménez de Asúa, el doctor Marañón i el nostre biografiat entre altres personalitats. Les intervencions dels tres primers oradors tingueren el to de protesta que s'esperava. Així, Marañón conclogué el seu discurs dient que el missatge que els hauria portat Ganivet en cas de seguir vivint hauria pogut resumir-se en les paraules: «No perdáis la fe. Sólo subsiste a través del tiempo la fuerza inmortal del pensamiento», i Jiménez de Asúa afirmà que «no hay que confundir el alma patriótica con el alma derechista».

Eugeni d'Ors començà el seu parlament al·ludint a la recent desfilada que havien pogut presenciar els madrilenys dels representants de tots els municipis d'Espanya que feren cap a la capital per testimoniar llur adhesió a Alfons XIII i al nou Règim. «Esta manifestación era la de la conformidad española»—«grandes aplausos»—, indica entre paréntesis el reportatge periodístic de què em serveixo per a redactar aquest episodi.[9] «Hoy, otras calles han presenciado otra procesión. No quiero que se interprete mal mi pensamiento. La manifestación de hoy es la de la no-conformidad»—«ovación prolongada y vivas a la libertad»—, afegeix el repòrter per descriure l'exaltació d'aquell auditori que, al cap de pocs minuts, devia estar estupefacte en veure com l'orador donava un gir inesperat—i, ¿per què no?, arrogant—al seu discurs, puix que de seguida aclarí que «aludo a la actitud especial de la inteligencia que es el no-conformismo». Ganivet, com a bon intel·lectual, lluità contra «una popularidad fácil de cara a las esclavitudes posibles de un partido y de cara a la autoridad». «Nuestro primer acto—afegí—ha de ser respeto, para no hacer servir su recuerdo de modo conveniente para ningún partido ..., desdeñando las fáciles emociones populares», i acabà amb allò de «La Marsellesa de la Autoridad». Hem d'admetre la valentia del seu gest en combatre el que al cap de pocs dies ell anomenà en una glosa «el arte de no aderezar los restos».[10] «Uno de los pocos recuerdos de mi vida, de que me siento aún orgulloso—escriu al cap de pocs anys—, viene de haber sabido resistir, el día de las honras fúnebres de Ganivet ..., a la embriaguez que hubiera podido traerme cierta ovación estruendosa tras de unas palabras en que la gente creyó adivinar vejamen contra la Dictadura».[11]

El 18 d'abril d'aquell any pronuncià, també a la Universitat de Madrid i organitzat per la Asociación Oficial de Estudiantes de Farmacia, la conferència inicial d'una sèrie de tres destinades «a exponer por primera vez en España la filosofía de Cournot», com deia un periodista,[12] que desconeixia el precedent del curs barceloní de l'hivern 1918-1919.

A mitjan estiu de 1925 publicà cinc gloses de tema arquitectò-nic,[13] que li serviren per a exposar una tesi molt original sobre les rela-cions de la cúpula amb el fenomen històric de l'aparició de la institució monàrquica representativa de l'Absolutisme. Aquests escrits, traduïts al francès per Mme. Andrée de Stoutz, aparegueren a l'editora parisenca Cahiers d'Occident el 1926.[14] El text anava precedit d'un resum del pensament filosòfic orsià per la traductora, del qual el nostre personatge estava molt satisfet.

El 21 de desembre de 1925 feia a l'*ABC*[15] un comentari a l'obra que sobre Sant Vicenç Ferrer acabava de publicar Mathieu-Maxime Gorce, i la figura del popular frare dominicà, fill de València, li servia per a anar exposant al llarg de quatre gloses més, ja aparegudes l'any se-güent,[16] la seva versió del Sant com un dels grans «impacientes de la Unidad», amb la qual combatia aquell regionalisme que la dictadura de Primo de Rivera havia reprimit tan severament a Catalunya.[17] «San Vi-cente Ferrer dedica veinte años a dos ideales, el de la Cristiandad una y el de la España una».[18]

El mes d'octubre de 1926 publicà, també al periòdic *ABC*, dos arti-cles que eren importants. En el primer—que no portava cap títol[19]—parlava del diàleg que sostenia un home amb la veu interior que ell creia que es tractava de la «vocació» que l'havia orientat tot al llarg de la vida i que resultava ésser, en definitiva, el seu Àngel de la Guarda. Així l'anomenava francament a la glosa de l'endemà. La data d'aparició dels dos articles coincideix amb el que diu, molts anys més tard, al pròleg del seu llibre poètic sobre els àngels,[20] que «si de una parte yo andaba, en aquel otoño de 1926, en reflexión metódica y hasta profesional sobre los problemas concernientes a la Biografía como géne-ro literario, de la otra parte se empapó, entonces, mi vivir de soledad, condición óptima para escuchar ciertas voces. No pude discernir enton-ces con seguridad, ni puedo ahora, si en lo descubierto se trata de una solución o de una revelación». Aquest text és equívoc, perquè suggereix que l'autor adquirí un coneixement d'una mancra sobtada, intuïtiva, gairebé per via de miracle. Eugeni d'Ors no parla—és cert—d'aparicions o de visions celestials, però insinua que arribà a entendre la idea dels àngels custodis, sense esforç, gratuïtament. Declara que oí unes veus, com d'una revelació. La paraula «revelació» ve emprada en un altre escrit orsià sobre la matèria on precisa, encara més, que aquella se li produí el matí del día 6 d'octubre de 1926 estant tancat al despatx de casa seva, al carrer d'Hermosilla, de Madrid. El fragment pertany a l'obra *Introducción a la vida angélica. Cartas a una soledad*, que aparegué a Buenos Aires l'any 1939[21] i que, a part d'ésser un dels llibres en els quals Eugeni d'Ors, pel meu gust, ha adoptat un estil més bell, constitueix una exposició molt coherent i documentada (no dic convincent), amb moltes referències a la història de la filosofia i de l'art de la seva teoria angèlica, que, en definitiva, pot resumir-se en la distinció que fa, en l'ànima humana, d'una zona lúcida o consciència, d'una altra «invisible per obscuritat» o subconsciència, i d'una tercera «invisible per excessiva llum» o sobreconsciència, que és la vocació, el «Daimon» socràtic o l'Àngel en qui rau el secret de la personalitat, perquè representa l'element fix en la vida de l'individu, allò que ha de saber descobrir el bon retratista o el bon biògraf i que es manifesta en una forma de pensament que no és apodíctic, sinó assertori, perquè troba la seva millor traducció en el diàleg.

En l'obra anterior d'Eugeni d'Ors hi ha precedents d'aquesta angeologia que començà a articular pels volts de 1926. En la sisena lliçó professada a la Universitat argentina de Còrdova, en parlar de la part psicològica del seu sistema filosòfic, s'estengué sobre la idea de la «conación» o «humus primitivo de la vida humana, constituido por adquisiciones primarias no reveladas con especialidad; conjunto de caracteres adquiridos ..., un fondo que no es razón todavía, sino una posibilidad de existencia razonable..., entra en la zona iluminada del espíritu..., el monólogo puede bastar a la razón, pero el pensamiento creador busca alteridad y manifiesta su necesidad de diálogo ..., pensar filosóficamente consiste en dialogar con el Ángel de la Guarda».

Al capítol XX de *Gualba la de mil veus* llegim: «L'heretatge dels fills d'Adam és la gran enyorança. Volem ser dos, volem ser dos, i irríquit és el nostre cor tant com només som u. I ve aleshores que invoquem els Àngels, que acudin al nostre socors, i ens escoltin com els contem les nostres coses». Abans de 1915, havia publicat a *La Veu de Catalunya*, el 1912, una glosa sense títol en la qual afirmava que el que enfortia cada home per a sostenir l'acarnissada lluita amb el Món era «l'oculta companyia de l'àngel Miquel, de l'àngel Rafael i de l'àngel Gabriel».[22] I abans de 1912, el 1908, a «La ruta de Santa Helena», el vent infonia la pau que calia a l'esperit de l'Emperador per tal que pogués conciliar el son, parlant-li del seu «Angelo della Guarda», «mon petit enfant de la Corcega».

Amb un R.D. de 26 de novembre de 1926 es modificava el reglament de la Real Academia Española. Primo de Rivera tenia interès a incorporar-hi uns membres que representessin les llengües d'Espanya no oficials, de manera que a l'article primer d'aquella disposició s'indicava que havien d'entrar-hi dos catalans, un valencià, un mallorquí, dos gallecs i un basc. En compliment d'aquest precepte, a la sessió del dia 10 de març de 1927 l'Acadèmia procedí a l'elecció dels membres regionals. Per Catalunya, foren designats Antoni Rubió i Lluch i Eugeni d'Ors, per vint-i-tres i disset vots respectivament. El nostre personatge, que pretenia la poltrona acadèmica, realitzà—segons li recomanaren els entesos—les visites protocol·làries als membres que podrien veure amb bons ulls el seu ingrés, i ell explica[23] que votà per la seva candidatura el novel·lista Armando Palacio Valdés tot i que el rebé amb una certa fredor, mentre que Joaquín i Serafín Álvarez Quintero, que l'acolliren molt cordialment, no ho feren. Em temo que el nostre biografiat no es recordà d'haver escrit al Glosari unes «Ràpides impressions d'un espectador noucentista que assisteix, per atzar, a la representació d'una obra dels germans Quintero»,[24] però que els comediògrafs sevillans no ho van oblidar.

Per bé que fou elegit el 1927, no ingressà solemnement a la docta corporació fins el 1938.

El centenari de la mort de Goya s'esqueia el 1928. El 1927 començaren a preparar-se els actes commemoratius. Es nomenà una comissió oficial, a la qual fou adscrit Eugeni d'Ors.

A les darreries de juny de 1927 donà una conferència a la Universitat de Poitiers sobre el tema «Goya pintor europeu», que innegablement degué sorprendre el seu auditori d'hispanistes nodrits amb els tòpics com «el pintor de las majas» i «el Madrid castizo de don Ramón de la Cruz». Res d'això. Els demostrà que l'art de Goya tenia ben poc d'espanyol. Era un pintor anglès en els retrats, era francès—dins la línia dels Fragonard i dels Lancret—quan pintava cartons per als tapissos de la Reial Fàbrica, i era un alemany o flamenc quan gravava.[25]

L'any següent, a Paris, i a l'École du Louvre, dissertà novament sobre el genial artista aragonès, defugint també els llocs comuns, al punt que el Ministre de Belles Arts, M. François Poncet, hagué d'improvisar un discurs de regraciament, puix que el que portava preparat resultava del tot inadient per a comentar la tesi defensada pel conferenciant que Goya era, essencialment, un artista barroc pel seu sentit naturalista i musical i per la disposició asimètrica que donava als quadres.[26]

Tornava a moure's per França com a la seva època feliç d'estudiant. El 1927 fixà la residència a París, pel fet d'haver estat designat representant d'Espanya a l'Institut Internacional de Cooperació Intel·lectual, una mena d'Unesco de la Societat de les Nacions, que tenia el seu domicili a la capital francesa. És en aquell temps que cal situar la referència de Josep Pla continguda en la primera sèrie dels «Homenots» relativa a les dificultats que experimentà el nostre personatge per a trobar un departament a la Ciutat Llum, problema que li solucionà l'escriptor de Palafrugell.

Des de París col·laborà a la revista il·lustrada de Madrid *Blanco y Negro*, que pertanyia a l'empresa Prensa Española, és a dir: al grup Luca de Tena que editava *ABC*. Al popular setmanari Ors contribuïa a dues seccions: una, que era una mena de crònica frívola, «de societat», intitulada «Calendario y Lunario. La Vida Breve», on signava amb el pseudònim «Un Ingenio de esta Corte», i en unes altres pàgines sobre matèria estètica, que es retolaven «Monitor estético y Grande Museo del Mundo».[27]

A les darreries del 1927 i a la capital francesa endegà una empresa editorial per a la publicació de llibres de bibliòfil, *Amigos del Libro de Arte*, que responia a l'eufònica i poètica sigla d'A.L.A., la direcció de la qual es declarava que era repartida entre París, Madrid i Buenos Aires. Per això la producció d'A.L.A. es realitzava indistintament en castellà i en francès. Començà per llançar al mercat una edició de *La Mojiganga de la Muerte*, una peça dramàtica de Calderón recopilada i anotada per Ángel Valbuena Prat, amb textos d'Azorín i de l'hispanista anglès J. B. Trend i il·lustrada amb boixos de Maxime Dethomas. El 1928 aparegué dins la col·lecció el segon llibre, una obra orsiana que havia traduït Jean Cassou, *La Vie Breve*, acompanyada de dibuixos d'Octavio de Romeu[28] i gravats del delicat artista català Marian Andreu.[29]

Per aquells anys, l'activitat d'Eugeni d'Ors a París és intensa. El seu nom comença a ésser conegut i la seva persona sol·licitada en festes mundanes i manifestacions de la vida cultural. Algú que venia navegant, feia anys, per aquell món, li digué cínicament: «Ahora todo el mundo está por usted. ¡Aprovéchese! Esto dura seis meses».[30] No sé si esdevingué certa la predicció d'aquell que s'ufanava d'entès. Només afirmaré que, de 1927 a 1930, Ors es mogué bastant i amb desimboltura pels ambients que —segons l'advertiren— «cremaven» tan desconsideradament els talents que els freqüentaven.

Al número IV (1927) de la revista *Le Roseau d'Ors*, que dirigia Jacques Maritain, aparegué una prosa literària del nostre biografiat, «Trois natures mortes», que era la traducció de la glosa «Tres Bodegones»[31] realitzada per Mercédes Legrand i Valéry Larbaud. Aquest darrer, que era amic d'Eugeni d'Ors des de feia molt anys (fins i tot havia assistit, segons conta Junoy, a la tertúlia del «Lyon d'Or» en el curs de breus estades a Barcelona), era l'autor d'una nota que precedia la versió francesa intitulada *Eugenio d'Ors. Ecrivain philosophique*, que serví al nostre personatge de pretext per a publicar a la mateixa revista (núm. V, 1928) una «Lettre ouverte a M. Valéry Larbaud sur la hiérarchie des esprits», en la qual establia una gradació del temperament humà en tres tipus: el pensador, l'artista i l'home d'acció.

Aquell finíssim escriptor francès tan afeccionat a les coses d'Espanya suggerí a Eugeni d'Ors que preparés el 1927 una biografia de Goya perquè fos editada l'any següent amb motiu del Centenari. L'aparició de *La Vie de Goya*[32] en la traducció de Marcel Carayon i dins la col·lecció biogràfica de la *Nouvelle Revue Française* no coincidí exactament amb l'efemèride, puix que data de 1929.[33]

El 5 de desembre de 1928 s'inicia a *El Día Gráfico* una sèrie narrativa intitulada «El libro de Sijé, o el secreto de unas vacaciones», que es prolonga fins el 8 de gener de l'any següent.[34]

L'escriptor explica com en el curs d'un viatge coneix, en una estació de tren de la «Riviera» italiana, una adolescent gràcil i desimbolta envers la qual se sent atret, de bell antuvi, en oir la veu aguda de la noia quan s'acomiada d'un passatger, amic seu. «Para mí, Sijé fué una voz antes de ser cuerpo» diu l'autor en el primer capítol. Aquell nom estrany—aclareix el nét de Xènius, Carlos d'Ors, en el pròleg que redactà per a l'edició, en forma de llibre del recull de les gloses de *El Día Gráfico*, que aparegué el 1981[35]—és una deformació del mot grec «phyché», «es decir, Psique o Psiquis (que) es como ella, hermosa pero ligera e inconstante, semejante al soplo del céfiro y al vuelo de la mariposa, tan grande es la volubilidad de su carácter». Pel referit prologuista, aquella noieta constitueix la personificació del que és fugisser o temporal, en contraposició a la Ben Plantada, símbol del que és permanent o etern.

«Sijé» s'incorpora a un grup heterogeni format per persones cultes i ocioses: el propi narrador, un filósof o «Scholar» de Cambridge, un literat italià, un pintor francés... que vagaren per distintes ciutats: Gènova, Venècia, Monza... i parlen amigablement de «tot el diví i l'humà»: l'amor, el principi de la contradicció, l'individualitat i la comunitat, la comunicació verbal i els dialectes... Breu, Eugeni d'Ors se serveix d'aquella «nouvelle»—que conté remarcables encerts literaris—per a exposar algunes de les seves reflexions filosòfiques.

Per la tardor de 1928 es publicava al setmanari *Les Nouvelles Littéraires* de París, i dins la secció «Une heure avec...», que portava Frédéric Lefèvre, un periodista que es féu cèlebre interrogant personalitats—Ors el qualificà, a la seva mort, de «Eckermann de cien Goethes»[36]—, l'entrevista que el nostre biografiat li havia atorgat, en la qual, després de fer-li un *curriculum vitae* molt brillant, abominà el profetisme oriental, puix que ell—segons deia—es volia mantenir dins la línia del «laïcisme séculaire et mondain» dels grecs fundadors del pensament científic occidental. Tampoc ell, com els grecs, no s'avergonyia de la bellesa física —una cosa era el cos i l'altra la carn, precisà[37]—; per això rebia Lefèvre a la piscina d'un club de la Plaça de la Concòrdia, i en acomiadar-lo es posava a nedar davant d'ell.[38] No cal dir que els seus antics amics de Barcelona o els més recents de Madrid que llegiren aquest reportatge— entre ells, Gómez de la Serna—feren comentaris per a tots els gustos.

El 1929 apareixia editat per la casa Fourcade de París *Jardin des Plantes*, un recull de tres narracions orsianes: «Le songe est une vie», «Caboche» i «Océanographie de l'ennui», que eren traduccions respectivament de «El somni és vida», «El pobre Ramon» i «Oceanografia del tedi», realitzades la primera per Francis de Miomandre, la segona per Valéry Larbaud i la tercera per Mercédes Legrand i Jean Cassou conjuntament. El títol del llibre s'explicava en el pròleg, en el qual Ors descrivia una visita que realitzà al Jardí Botànic de Lisboa i les reflexions que l'inspirà la contemplació de les exhuberants espècies tropicals que s'hi guarden i que es mostren al públic amb un rètol en llatí que indica llur classificació botànica, la qual cosa simbolitzava, per ell, una victòria molt remarcable en l'ordre espiritual: el predomini de la Raó sobre la Natura. Per això qualificava les narracions que seguien d'«històries lúcides», contes racionalistes, antítesis de les novel·les russes, concretament les de Dostoievski, autor que, com és sabut, tenia una predilecció especial pels tipus pertorbats i anormals.[39]

Segurament el seu càrrec dins de l'Institut de Cooperació Intel·lectual el portà a Grècia el 1927 per assistir a Delfos en uns festivals artístics amb què el govern hel·lènic volia ressuscitar els festivals que se celebraven en l'antiguitat clàssica en honor d'Apol·lo. Presencià una representació de la tragèdia d'Èsquil, *El Prometeu Encadenat*, la qual l'impressionà per la força plàstica que tenia l'espectacle i per la coincidència, preciosa i totalment fortuïta, que, mentre el protagonista encadenat declamava les seves increpacions, el públic pogué veure com una àliga autèntica descendia del cel i oir com esclatava de sobte un tro, como si haguessin estat disposats a posta per una hàbil *mise-en-scène*. Tornà una altra vegada a presenciar aquella representació tan afortunada en els de-

talls el 1930, en un viatge en el curs del qual ocorregué una cosa que
divertí moltíssim Eugeni d'Ors: un hel·lenista francès, en arribar al Pi-
reu, volia enviar un missatge als de casa seva, i li demanà tot amoïnat
si sabia com es deia, en grec, «telègraf».[40] L'any següent era distingit
amb el títol de Ciutadà Honorari de Delfos.

Potser també per la seva qualitat de membre d'aquell alt organisme
internacional de Cultura, assistí a la commemoració del centenari del
Faust de Goethe, que se celebrà per la tardor de 1929 al Teatre Munici-
pal de Weimar, el mateix local on es proclamà la República Alemanya,
després de la primera Guerra Mundial, on s'oferí una representació mi-
nuciosa i íntegra—d'una durada que resultava aclaparadora per als
espectadors—de les dues parts de la tragèdia, espectacle al qual Eugeni
d'Ors es referí moltes vegades.[41]

Quan del cert intervingué, revestit de la representació que li confe-
ria aquell càrrec, fou a Barcelona, en una sèrie de manifestacions orga-
nitzades entre el 16 i 19 d'octubre de 1929, que componien el VI
Congrés de les Federacions d'Unions Intel·lectuals, que fou presidit pel
fundador de la Federació, el Príncep de Rohan, i hi assistiren, entre al-
tres personalitats, el matemàtic Emile Borel, els literats Aldous Huxley
i Jean Guéheno, els professors Paul Langevin del Collège de France,
Karl Bühler de Viena, Karl Schmitt de Berlín, i el Ministre feixista Giu-
seppe Bottai.[42] El dia 18 d'octubre, a la tarda, Eugeni d'Ors parlà a la
Universitat sobre «Perspectivas de una cultura del Siglo Veinte», una
dissertació sobre el seu tema predilecte: la Cultura. Digué que aquella
ha passat d'ésser un «valor» per convertir-se en una «Ciència».[43] Expli-
ca Font i Puig en l'article necrològic dedicat al nostre personatge, que
ja he citat, que Eugeni d'Ors, quan es dirigia al Paraninf per pronunciar
la seva dissertació, fou esbroncat pels estudiants. Aquest acte d'hostili-
tat, que demostrava que no s'havia dissipat encara l'atmosfera de ressen-
timent contra el nostre biografiat, el deixa entendre—malgrat el règim
de censura de premsa imperant—el periòdic *La Publicitat*, que en l'edi-
ció del dia 19 indica que «l'antic col·laborador de Prat de la Riba ... ha-
via estat acollit pels universitaris amb manifestacions inconfusibles».

L'endemà de la conferència orsiana, els congressistes van ésser obsequiats per la Diputació barcelonina amb una visita a Montserrat. Al banquet que s'oferí als participants a la reunió internacional, un diputat provincial, Miquel de Vancells Carreras, digué, en el seu brindis, que la cultura dels pobles havia estat, era i seria sempre l'auxiliar més important de la Política. Ors s'aixecà per contradir-lo. Segons ell, el procés havia de desenvolupar-se a la inversa: calia que fossin els polítics els qui es possesin al servei de la Cultura.

Per aquells anys, el nostre personatge desplegà altres activitats a Espanya a més de la que acabo de referir centrada a Barcelona.

El 1929 donà una conferència a la Residencia de Estudiantes de Madrid, destinada als estudiants d'Arquitectura, sobre el renaixentista Andrea Palladio, una altra figura predilecta dins la seva personal mitologia històrica, com ho era Bernard Palissy.[44] Ors valorava per sobre de tot l'arquitecte italià pel classicisme que palesava la seva obra, que no era una freda reconstrucció arqueològica del passat greco-romà, sinó pel fet que Palladio, com els clàssics autèntics, ho veia tot sota una espècie d'eternitat. Per justificar el seu entusiasme, feia el següent raonament: la manifestació més perfecta de l'espiritualitat és l'Art; la més perfecta de les arts, l'Arquitectura; la més perfecta de les arquitectures de tots els temps, la del Renaixement; el Renaixement més perfecte, l'italià; el més perfecte dels renaixentistes italians, Palladio; i la més perfecta de les obres de Palladio, la seva Villa Rotonda, prop de Vicenza.[45]

El 1928 s'havia clausurat, amb una dissertació d'Eugeni d'Ors, el cicle de conferències que la Real Academia de la Historia dedicà a Marcelino Menéndez y Pelayo. En una anàlisi molt aguda, el nostre biografiat, que havia de parlar de la seva obra filosòfica, classificà els pensadors en tres grups: els qui no tenen una concepció personal del món; els qui la posseeixen i l'articulen en un sistema propi, que són dignes del qualificatiu de filòsofs; i a l'entremig hi ha la modalitat dels qui, bo i tenint una intuïció central i matriu de l'Univers, no arriben a formular-la en un conjunt metòdicament ordenat, per motius diversos: timidesa, manca de temps o de tecnicisme, etc. Aquests són els qui poden anomenar-se «escriptors filosòfics», dels quals fou un representant ben caracteritzat el gran polígraf santanderí, que podia haver estat un filòsof escolàstic, volia ésser un filòsof de tradició espanyola d'estirp greco-llatina, criticista a l'estil dels homes del renaixement (recordi's la preferència que Menéndez Pelayo tenia por Joan Lluís Vives) i que en realitat fou un típic producte de la mentalitat historicista del segle XIX i en definitiva un romàntic i no un clàssic.

Sobre la mateixa figura pronuncià, el mes d'abril de 1930, dues conferències més a Santander, una al Ateneo sobre «Menéndez Pelayo y el Nuevo estilo de la Historia» i una altra posterior, en inaugurar-se la càtedra «Menéndez Pelayo», organitzada per la direcció de la Biblioteca que el formidable erudit llegà a la seva població natal. El tema de la segona conferència era «Menéndez Pelayo y el Nuevo estilo de la Política», i en ella definí la seva mentalitat com una fusió molt valuosa de dos elements de cabdal importància en la Història de la Cultura: la Tradició i la Universitat.[46]

Seguint amb la relació de les activitats del nostre personatge durant el 1930, cal que esmenti una iniciativa seva encaminada a engegar a París un «Salon de l'Art Mural». Ell posà un gran entusiasme en aquella idea que representava una concreció del seu gust innat per la pintura i del convenciment que tenia que l'Arquitectura ostentava la categoria suprema entre totes les arts. A l'empresa s'associà «un sector de arquitectos más o menos hastiados, ya, de las desnudeces racionalistas de Le Corbusier»,[47] un grup d'artistes i d'intel·lectuals francesos com Colette Rode i Saint Maur i un pintor mexicà, Ángel Zárraga, que residia i treballava a la capital francesa i que Eugeni d'Ors protegí per un cert temps.[48] Els promotors del «Salon», que s'obrí en una galeria de la Rue de La Boëtie, invitaren a participar-hi diverses figures consagrades. D'aquelles, només hi contribuïren Fernand Léger i Amédée Ozenfant. La cosa acabà malament, perquè l'any següent s'apoderaren del «Salon de l'Art Mural» uns pintors comunistes que foragitaren Eugeni d'Ors.[49]

També el 1930 representà un any important dins la bibliografia orsiana, perquè, a més de publicar-se la versió francesa del seu *Cézanne* aparegué el llibre sobre Picasso també en la traducció francesa,[50] que és, potser, una de les obres més remarcables entre les moltíssimes que

s'han escrit sobre el gran artista malagueny, per bé que peca del defecte
de considerar només un aspecte de la producció picassiana, que és tan
variada i multiforme: el període que s'ha anomenat «clàssic», el de les
figures femenines monumentals, de turmells gruixuts i dits abotifarrats.
Segons Eugeni d'Ors, el Picasso autèntic, l'únic Picasso, és el d'aquella
època, un pintor d'arrel italiana que sembla seguir la petja de Leonar-
do.[51] L'edició francesa d'aquesta obra va aparèixer ornada amb unes
precioses il·lustracions de Picasso, algunes de les quals foren realitzades
expressament per aquesta publicació, i contra el nostre biografiat que
anava remetent al pintor de Màlaga el text a mesura que l'escrivia per
tal que preparés els gravats, i un dia que Picasso llegí un fragment en
què Ors deia que es tractava d'un artista tan fora de sèrie que mai no
havia pintat un paisatge, ni tan sols un arbre, va sentir-se tot d'una picat
en l'amor propi i en dibuixà un, però li sortí poc graciós.[52]

El 1930 aparegué un altre recull de les seves *glosas*, el darrer aplec
que publicà separadament en sèries anuals. Aquesta, que corresponia a
la producció de l'any 1927, s'intitulava *Cuando ya esté tranquilo* i l'edita-
va, a Madrid, l'empresa C.I.A.P. Vull remarcar aquest llibre més per la
presentació que no pas pel contingut, ja que a la coberta l'autor volgué
que fos reproduïda l'escultura grega que es serva al Museu Vaticà deno-
minada La Corredora, que sempre tingué en gran estima[53] i fins arribà
a convertir en símbol d'alguna de les seves construccions filosòfiques.
«Es justo que mi producción se deslice entre estatuas si ya mi pensa-
miento transcurre entre figuras».[54] Per Eugeni d'Ors La Corredora va-
ticana, amb la seva actitud a mig aire del moviment i del repòs,
representava la superació del principi de contradicció que ell pretenia.

El 1931 és l'any de la Segona República. No veié el canvi de Règim
amb l'esperançament d'altres intel·lectuals de la seva generació com Or-
tega y Gasset o el Dr. Marañón, posem per cas. Al contrari; les seves
formes mentals l'havien portat a un conservadurisme dins el qual la Ins-
titució monàrquica era la clau de volta. Recordi's les tesis autoritàries
i personalistes de *Guillermo Tell* i fins les monàrquico-estètiques concre-
tades en la seva teoria sobre la Cúpula. Per això li repugnà «el plebeyo
jolgorio en que una inconsciente muchedumbre se tragó quince siglos de

tradición como pueden tragarse doce granos de uva, al punto de media-
noche de Año Nuevo»,[55] i manifestà un aristocràtic menyspreu per
moltes d'aquelles figures que, gràcies al sufragi popular o a la intriga po-
lítica, s'havien situat en el nou Govern: «Nosotros nos acordamos ... de
las cabezas que, en nuestro tiempo ..., constituían en un alborotado y
zafio montón, lo que pudiéramos llamar, según la fórmula consagrada,
"el batallón de los torpes" ... Hoy, empero, citaríamos, entre quienes
compusieron la pandilla, un par de embajadores, una docena de legisla-
dores, dos docenas de personajes».[56] Breu... se sentia fastiguejat pel
canvi i en la seva repugnància ho involucrava tot: «El Tribunal Supre-
mo, estilado según Sánchez Román, era una especie de almoneda; la
Universidad, caciqueada por Sánchez Albornoz, se asfixiaba en una at-
mósfera espesa de sectarismo y de arribismo ..., la sociedad de Madrid,
invadida por otros infinitos Sánchez, se volvía cada día más gritona y
menos leída».[57]

   Amb la República, s'instaurava a Catalunya un règim autonòmic
molt més ampli que el que s'atorgà durant la Monarquia constitucional
amb la Mancomunitat, però Eugeni d'Ors des de Madrid, l'endemà de
la votació celebrada per a la formació del Parlament català, escrivia amb
una afectada indiferència: «¿Pero de veras ha podido interesarse alguien
en el resultado de las elecciones en Cataluña?»,[58] i prodigava sarcasmes
a la regió que anava organitzant, d'acord amb el plebiscit, unes institu-
cions pròpies dins la República espanyola, a l'estil dels següents amb què
encapçalava una glosa: «Aconteció una vez, en una capital de
Provincia—¡mil perdones!—, de Nación...»,[59] o del comentari que pu-
blicava al traspàs del fidel amic de Guimerà, Pere Aldavert, que morí
per aquells dies en edat avançada, però que, altrament, hauria mort de
fàstic «al ver en qué paraba la pureza de aquel catalanismo que fue el
de su "Renaixensa"».[60]

   No volia saber res amb els seus ideals de joventut. Ara declarava
tenir, tan sols, un lligam sentimental amb la terra on va néixer. Poc
abans de proclamar-se la República, havia estat invitat a participar en
una sessió acadèmica a La Sorbona, per la qual es retia un doble home-
natge: a Virgili en el seu mil·lenari, i a Mistral en el seu centenari. Es

digué que, en aquell acte, que, en definitiva, era d'exaltació a la llatini-
tat, i en el qual parlaren l'acadèmic Pierre de Nolhac, el professor Jerô-
me Carcopino i el poeta futurista Tomaso Filippo Marinetti, Ors
representaria Catalunya, però ell escrivia en el diari madrileny on col·la-
borava: «¿Qué podía allí significar esta expresión "Cataluña"? He naci-
do, sí, en Barcelona, Ciudad entre todas querida ...; con pasión he
amado a esa tierra natal; la he celebrado en no pocas páginas. Tal, entre
sus paisajes familiares; tal entre las voces de sus campanas, tal línea de
horizonte, tal curva de bahía tendrán siempre el don de sacudirme con
una resonancia interior muy largamente prolongada, así la gota de agua
de una estalactita cuando cae en el fondo de una caverna. Pero, justa-
mente porque todo esto es tan hondo, debe permanecer oculto ..., éstos
son sentimientos que pertenecen al orden del amor, bellezas que perte-
necen al orden de la música ... En el orden de la construcción, en el or-
den de la razón, en el orden de la Política y de la Cultura, ¿cómo
"pertenecer" a un rincón de mundo cualquiera? En el orden de la políti-
ca de la Cultura yo soy—y así lo he dicho tan altamente como he podido
en esta ocasión—un ciudadano romano».[61]

De resultes d'uns incidents dels quals foren provocadors incons-
cients o víctimes innocents una monàrquics madrilenys i que desencade-
naren una lamentable crema d'esglésies i convents, les autoritats
republicanes suspengueren la publicació del periòdic ABC des del 9 de
maig al 5 de juny de 1931. En l'edició del diari del 7 de maig s'inseria
el Glosario; en reaparèixer, no tornà a publicar-hi res més.

Com que l'ambient de la capital li desplaïa cada dia més, sovintegen
les seves sortides a l'estranger.

Aquell estiu de 1931 participa en unes converses sobre el Barroc
que se celebraren a la desafectada abadia cistercenca de Pointigny, prop
de Dijon, en el curs de les quals Ors defensà la tesi que el barroc no és
un estil artístic definit en una època determinada, sinó una categoria re-
current al llarg de la història; el que ell en digué «una constant» o, amb
més freqüència, un «eon», emprant el terme dels neoplatònics de l'Esco-
la d'Alexandria. La teoria orsiana, que impressionà per la seva originali-
tat els participants de la rencontre de Pointigny, trobà naturalment un

major ressò a París en editar-se el 1936 i per compte de *La Nouvelle Revue Française* el seu llibre *Du Baroque*, que havia traduït Madame Agathe Rouart-Valéry.[62]

Pel desembre pronunciava al Théâtre du Vieux Colombier de París una conferència sobre «Le Renouvellement des formes classiques dans la peinture moderne», en la qual presentà la plàstica contemporània com una conquesta o reivindicació del Classicisme al llarg d'un procés evolutiu que caracteritzà per tres etapes, que denominà—servint-se de la terminologia religiosa—«Classicisme pacient», «Classicisme militant» i «Classicisme triomfant», representades, respectivament, per l'obra de Cézanne, Picasso i Seurat. La dissertació degué ésser brillant i la persona del conferenciant—que, com és sabut, parlava molt bé el francès—produí un cert efecte. El nostre biografiat es complagué a recordar —amb una coqueteria dispensable—que el repòrter que destacà en aquell acte el setmanari *Candide* descrivia l'aspecte atractiu de l'orador, dient que es trobava «Encore dans le beau versant de l'âge mur».[63] Pel setembre havia complert cinquanta anys. L'aniversari s'escaigué quan estiuejava al cantó suís del Ticino, on li arribà la proposta d'uns amics per associar-se al cinquantenari de l'escriptor belga Franz Hellens i la notícia que per aquells dies a Madrid complia vuitanta anys Armando Palacio Valdés, i llavors, amb un punt de malencolia, escrivia: «No ochenta, pero cincuenta, sí, cumple en el actual uno de nuestros escritores de obra más conocida y celebrada ultrafronteras inclusive. De festejar la fecha de este aniversario nadie en España ha querido acordarse».[64]

El que havia dit al Théâtre du Vieux Colombier a finals de 1931 sobre les tendències classicitzans de la pintura moderna, ho repetí, referint-ho més concretament a la plàstica italiana contemporània, el març de 1932 a la Galerie Georges Bernheim de París, amb motiu de l'exposició «22 Peintres Italiens». Els pintors italians de la primera meitat del segle, la promoció que, per cert, va adoptar el qualificatiu de «Novecento» i especialment la trilogia Carlo Carrà-Giorgio de Chirico-Mario Tozzi, interessaven moltíssim Eugeni d'Ors pel que tenien —segons ells—de restauració dels valors plàstics tradicionals: dibuix, composició i estructura que l'Impressionisme havia menyspreat i el Cubisme havia començat a restaurar en dos períodes que dins la història de l'Art representaven, respectivament, la disbauxa i l'austeritat: el «Carnaval» i la «Quaresma», per a arribar a la fase actual de maduresa, en què s'anunciava la «Pasqua» d'un nou Classicisme. Mario Tozzi fou, durant molt de temps, el pintor predilecte del nostre biografiat. Era fill d'Urbino, com Rafael, assenyalava amb complaença el nostre home. Sigui com sigui, substituí Torres Garcia en el fervor orsià i ultra moltes al·lusions li dedicà una monografia,[65] en la qual deia que, en l'aventura de l'estètica contemporània de signe netament irracionalista, Tozzi suscitava dins la civilització moderna la nostàlgia del Paradís Perdut: la Intel·ligència.

A finals de 1932 apareixia a París, i editat per R. A. Corréa, una selecció d'escrits orsians, procedents en major part del *Glosari*, traduïts per M. i Mme. Tissier de Mallerais. El llibre s'intitulava *Au Grand Saint-Christophe*, perquè havia tornat a emprendre la seva col·laboració gairebé en un periòdic de Madrid, *El Debate*, amb un escrit que aparegué l'11 de juny de 1933 intitulat «Bajo la advocación de San Cristóbal», que començava així: «En tiempos—y en otro lugar—este Glosario solía abrir cada una de sus etapas con la invocación en el nombre del Padre, del Hijo y del Espíritu Santo. Ello tal vez no convendría hoy y aquí. De una parte porque, según corren los vientos, nada asegura que la trilogía trinitaria no venga cualquier día a ser juzgada gubernativamente tan sediciosa como la enseña bicolor. De otra parte, porque ya sabemos que lo ceremonial, estético y litúrgico no tiene en todas partes el ambiente que en las costas mediterráneas; de seguro que a Madrid no se le desgarra tanto el corazón como a Barcelona o a Valencia, con no tener hogaño procesiones en Corpus-Christi...» Tot això és ple d'al·lusions a la política laïcista de la Segona República que no fan al cas. L'important per nosaltres és la justificació del fet d'haver decidit posar les seves *glosas* sota l'advocació de sant Cristòfor, en record d'aquelles imatges que es posaven adossades a les façanes per tal que al vianant o el traginer devot del sant que el preservava d'una «mala mort», «falto de tiempo necesario para entrar en el templo y orar gustaba ... de poder dirigir al Protector, sin dejar el paso, una mirada, una invocación rápida y marginal siquie-

ra». Així mateix «una ojeada sólo que otorguemos cada mañana a la Filo-
sofía nos guardará de sucumbir, por la noche, de la animalidad; librará
de accidentes nuestras potencias superiores; nos valdrá veinticuatro ho-
ras de eficaz protección».[66]

A més de les *glosas*, publicava de tant en tant a *El Debate* un «Moni-
tor de la Cultura». La secció havia estat iniciada el 24 de juny de 1932
amb un comentari sobre una exposició celebrada a Madrid d'obres d'ar-
tistes precursors i seguidors de Goya (els ulteriors treballs apareguts
dins el «Monitor de la Cultura» foren incorporats pel seu autor a l'edició
del Nuevo Glosario publicada per Aguilar).

També aquell any apareixia a la capital francesa, a l'editora de *La
Nouvelle Revue Française*, i traduït per Paul-Henri Michel, *La Vie de Fer-
dinand et Isabelle, Rois Catholiques d'Espagne*, llibre que originàriament
sorgí de l'encàrrec que li féu un editor nord-americà d'una biografia de
la Reina Catòlica, que ell acceptà a condició que fos ampliada amb la
de Ferran II i que a mesura que anà treballant en l'obra convertí en un
«racimo de biografías», puix que hi inclogué notes biogràfiques dels tres
personatges que més contribuïren a prestigiar el regnat d'aquells grans
sobirans: el cardenal Jiménez de Cisneros, el Gran Capitán i Cristòfor
Colom.[67]

El llibre apareixia amb un pròleg de l'autor datat a Madrid el no-
vembre de 1931, en el qual recordava com l'escriptor bolivià Costa du
Rels havia publicat a *L'illustration* de París una crònica de l'efervescèn-
cia regnant a la capital d'Espanya la jornada del 14 d'abril, on contava
que, mentrestant, «un professor de "Ciencia de la Cultura", indiferent
a l'agitació dels carrers, explicava a quatre alumnes el sentit de continuï-
tat que tenia la Institució monàrquica».

Pel febrer de 1932, a la Universitat de València, i dins la «Cátedra
Juan Luis Vives», donava un curset sobre la «Ciencia de la Cultura». El
1933 tornava a dissertar sobre aquesta matèria objecte de dedicació gai-
rebé exclusiva al Ateneo de Cadis amb una sèrie de conferències, en la
primera de les quals fou introduït per José M.ª Pemán. Hi esbossà un
quadre de la Història de la Humanitat presentada com una Història de
la Civilització que ve marcada per les successives «epifanies» o manifes-

tacions: el «Descobriment de l'Home», característic de l'Antiguitat grega i romana; el «Descobriment de la Societat», és a dir, la dels cossos col·lectius: l'Església, l'Imperi, el Monestir, els Gremis, que s'opera a l'Edat Mitjana; el «Descobriment de l'Estat»: el Renaixement, el Protestantisme i l'Absolutisme, o sigui l'Edat Moderna; el «Descobriment del Poble»: la Revolució Francesa, el Liberalisme, el Romanticisme, és a dir, tot el segle xix, finalment, el «Descobriment de la Cultura». Les figures que marquen el començ de cadascuna de les èpoques són Sòcrates, que centra en l'home els problemes de l'antiga Filosofia; Sant Agustí, autor de *La Ciutat de Déu*; Dante, que escriví *De Monarchia*, i Vico, Rousseau i Herder, que amb les respectives obres contribuïren a la formació del concepte de l'ànima popular.

Pel febrer de 1933, a la revista parisenca *Plans*, Francis Amunategui, traductor al francès de diverses obres orsianes, publicava un important article sobre les teories polítiques del nostre personatge. Era a l'època que a Europa tothom considerava periclitada la ideologia democràtica-liberal i es feia l'apologia dels règims totalitaris. El comentarista deia que enfront de les doctrines marxistes i feixistes que tants adeptes anaven guanyant arreu, Ors havia elaborat els postulats d'una «Política de Missió», que era, en definitiva, una forma culturalista de l'Autoritarisme, el que abans he qualificat de «Paternalisme» o de «Despotisme il·lustrat»: la justificació del Poder per una tasca de Cultura, línia de pensament que en Eugeni d'Ors ve de molt lluny, de més enrera que el *Guillermo Tell*, puix que, si hom considera alguns dels seus discursos com a director d'Instrucció Pública de la Mancomunitat, en trobarà indicis. Formulà els «Principios de Política de Misión»[68] en vint-i-un punts, dels quals sols transcric—perquè donen una certa idea dels restants—els quatre primers:

«I. En la Naturaleza hay pecado. En la Nación—es decir, la versión política de la Naturaleza—hay pecado.

II. El Espíritu debe redimir la Naturaleza. La Cultura debe redimir la Nación.

III. El Órgano de la Cultura para redimir a la Nación se llama Estado.

IV. ¿Quién realiza el Estado? *a*), la Educación; *b*), la Selección, *c*), la Autoridad».

El dia 10 d'agost de 1933 es publicava a *El Debate* el primer escrit d'una sèrie[69] intitulada «Eugenio y su demonio»; una fantasia biogràfica sobre el llicenciat Eugenio Torralba, estrany personatge al qual ja s'al·ludeix al *Quijote*, a l'episodi del Clavileño,[70] i que segons aclareix el cèlebre cervantista Diego Clemencín fou acusat de bruixot per la Inquisició, puix que declarà que tenia un dimoni familiar, Zaquiel, que l'inspirava a fer prediccions i el portà volant, muntat en un bastó, de Valladolid a Roma, on presencià el saqueig de la ciutat i el retornà al seu punt d'origen al cap d'una hora i mitja.[71]

A principis de 1934 realitzà una *tournée* per Suïssa per donar una sèrie de conferències. S'imagina a si mateix com «El Católico Errante». Almenys aquest és el títol amb què encapçala a *El Debate* del 21 de gener la crònica del seu viatge.

Al teatre de l'antic Arsenal de Bienne parlà sobre «El secret del retrat», o sigui de l'Àngel tutelar que és la clau personalitat de cada individu, tema que repetí a Berna en un acte al qual assistí Giuseppe Motta, que havia estat president de la Confederació Helvètica. Abans pronuncià en una societat d'estudiants de Neufchâtel una conferència sobre el Barroc, matèria sobre la qual també dissertà a la Universitat de Lausanne, per cert després d'haver-se produït un còmic incident motivat per l'organitzador de la conferència, que, portat per un excessiu sentit de la propaganda, havia fet inserir als diaris locals una nota per la qual advertia que «M. Eugenio d'Ors ... parlera du Baroque avec fougue», cosa que molestà el nostre biografiat, que només en llegir aquell anunci tan sensacionalista s'acuità a enviar un telegrama al responsable, que deia: «Monsieur, je parlerai avec fougue... si je veux».

Al P.E.N. Club de Basilea pronuncià una altra conferència sobre la seva teoria de la personalitat. Emperò l'actuació que més va satisfer-lo entre totes les que tingué a Suïssa fou la sèrie de cinc lliçons que professà sobre la Ciència de la Cultura a la Universitat de Ginebra a partir del primer de febrer, cosa que l'emplenà de legítim orgull, especialment el fet que assistís a totes elles i seguís amb atenció les seves explicacions, fins al punt que en acabar li fes algunes observacions de detall, aquell Guglielmo Ferrero, especialista en Història de Roma, que Eugeni d'Ors havia anat a escoltar embadalit al Collège de France al principi de la seva estada a París, i que ara, enemistat amb el règim feixista, tenia una càtedra a Ginebra. En una conversa privada que sostingué amb ell després d'una de les seves dissertacions, Ors li digué que entenien la Història de forma distinta, puix que mentre Ferrero, quan parlava dels emperadors romans, volia al·ludir a Mussolini, segons la concepció que ell tenia dels «eons», en esmentar l'emperador pretenia referir-se a una «constant» històrica encarnada, successivament, en Juli Cèsar, Carlemany, Carles V o Napoleó.

Abans de deixar la ciutat de Léman, dóna una conferència a la Galerie Moos, on se celebrava una exposició d'obres de pintures modernes. Versà sobre l'art contemporani.[72]

Es pot concloure, per tant, que els anys 1933 i 1934 marquen en la biografia d'Eugeni d'Ors una fita important pel que tenen de difusió, fora d'Espanya, del seu pensament. Perquè, a més de Suïssa, parlà, per la mateixa època, a Bèlgica i a França. A Brusel·les parlà pels membres del P.E.N. Club sobre «El Secret del retrat» i pronuncià un discurs en l'acte inaugural d'una exposició d'obres dels impressionistes al Palais des Beaux Arts, en el curs del qual afirmà, amb la sorpresa de molts dels qui l'escoltaven, que, en la Història de la Cultura, Monet significava exactament el mateix que Debussy.

A Lió, i en una societat cultural que s'anomenava Université des Heures, parlà d'«el Barroc» sense percebre cap retribució, però l'alcalde, que era el cèlebre polític Edouard Herriot, el convidà a dinar, «ganándose así en civil honor lo que en vil pecunio se frustraba».[73]

A Bordeus, a més de pronunciar unes paraules al Saló dels Artistes Independents invitat pel president del Consell Municipal que organitzava l'exposició, Philippe Henriot, que també tingué una certa intervenció en política, puix que més tard va ésser ministre de Propaganda amb Pétain, havia estat rebut el 20 de juny de 1933 a la Société de Philosophie, on parlà de «La crise de l'histoire», una dissertació que constituïa una exposició sumària del seu concepte de la Ciència de la Cultura, disciplina de la qual, en respondre a un dels assistents sobre el seu abast exacte, digué que tenia, respecte de la Filosofia de la Història, la mateixa relació que guardava la Química amb l'Alquímia i que l'autor que més havia intuït els mètodes de la nova Ciència era Jacob Burckhardt amb el llibre sobre *La Cultura del Renaixement a Itàlia*.

El mes de setembre de 1933 participà a Mallana a les festes del felibrige en honor de Mistral, en les quals exaltà la llatinitat, dient que els de la seva estirp, els Ors, els óssos salvatges de les muntanyes de Catalunya, baixaren a la plana per sotmetre's a la Lloba de Roma i que el seu major orgull era d'haver esdevingut, per sempre més, un ciutadà romà. Finalment, clouré aquesta breu indicació de les activitats orsianes més enllà del Pirineu esmentant que, en el núm. 4 (agost-setembre de 1933) de la publicació *Revue de Siècle*, dedicada en homenatge a François Mauriac, aparegué una lletra d'Eugeni d'Ors al director de la revista en la qual manifestava la seva estranyesa pel fet que un novel·lista com Mauriac, que tenia fama d'analitzar tan lúcidament l'ànima humana, no hagués descobert l'existència, al fons de les persones, d'un Àngel Custodi.

En la vida del nostre personatge cal esmentar unes quantes manifestacions rellevants que es produïren durant l'estiu de l'any següent. Participa a Venècia al «Convegno d'Arte», que organitzaren a la capital adriàtica amb motiu de l'Exposició Biennal l'Estat italià i la Comissió d'Art i Lletres de la Societat de les Nacions, amb dues comunicacions presentades a les ponències, «L'art i la Societat» i «L'art i la Realitat». En la primera preconitza la «Socialització del mecenatge», dient que, si l'Estat havia assumit l'obligació de sostenir institucions d'assistència psiquiàtrica, amb més motiu podia gastar «a fons perdut» el diner que servís per a la recerca espiritual; en la segona insistí en la diferència que feia Nicolas Poussin entre «l'aspecte» i el «prospecte» de les coses, o sigui els fenòmens externs sensibles i els interns o relacions de tipus intel·lectual que aquelles mantenien.[74]

Donà unes conferències sobre la «Ciència de la Cultura» al «Colegio Cántabro» de Santander, on al Centro de Estudios Universitarios Acción Católica organitzà pel mes de juliol de 1934 uns cursos d'estiu,

en un sentit confessional, paral·lelament als que amb caràcter oficial es
desenvoluparen d'uns anys a aquella part en la bella ciutat marinera, al
Colegio de la Magdalena.

El primer de març d'aquell any ja havia iniciat un curs de cinc lli-
çons sobre el mateix tema al Centro de Estudios Universitarios de
Madrid.

Els dies 13 i 14 d'agost assistí per primera vegada a la representació
d'aquell *Misteri* d'Elx, al qual després de la Guerra donà un ajut tan en-
tusiasta.

Per últim, datat només «Été 1934», apareixia a París, amb peu
d'impremta de «Sens, en Bourgogne», el núm. 1 d'un full molt curiós,
que ignoro fins a quin punt arribà a tenir continuïtat, que s'intitulava
«Courrier philosophique d'Eugenio d'Ors. Publié par ses amis». El pa-
per, en el qual s'indicava que es posava a la venda en una llibreria
parisenca[75] i també que hom podia subscriure-s'hi al domicili de la sen-
yoreta C. Robles, a Madrid, i del senyor Alfonso de Querejazu a
Montana-Vermala, Suïssa, hi havia un escrit introductori en el qual es
justificava l'edició del full per la nostàlgia que sentien uns amics seus de
no poder continuar el diàleg iniciat amb el nostre personatge, llavors de
la seva estada a la Confederació Helvètica, l'any anterior, i per això—
deien—havien decidit, seguint la moda del segle XVIII, en què es divulga-
ren els epistolaris dels filòsofs, de publicar periòdicament una informa-
ció de tot el que feia, havia fet o pensava fer el seu admirat amic.[76]
S'ha de convenir que Eugeni d'Ors, que sempre tingué un accentuat
sentit de l'autopropaganda, amb aquell full es passava de ratlla.

El 1935 prologava la traducció castellana, publicada a Madrid per
Ediciones Fax, del llibre d'Antonio Ferro *Oliveira Salazar. El hombre y
su obra*. En el text proemial, el nostre personatge, que manifestà repeti-
dament una debilitat per l'estadista portuguès, deia que Salazar intuí
que «para lograr el decoro de lo civilizado, un pueblo barroco con pro-
pensión a abandonarse al desorden de la naturaleza ha de contrariarse
a sí mismo», i que, per tant, li calia un règim autoritari, que alguns po-
dien creure que era una vulgar dictadura quan, en realitat, constituïa la
més perfecta aplicació del que ell en digué «Política de Misión».

Aquell any apareixia editat per la casa Kundlig de Ginebra la versió francesa d'un text d'Eugeni d'Ors molt reexit, *Histoire du Monde en 500 mots*. L'havia traduït René-Luis Piachaud amb l'ajuda de l'autor, els quals s'aplicaren esforçadament en aquella tasca reunits en la rebotiga d'un restaurant ginebrí, «alcoba donde, durante dos días, con sus dos noches, estuvo tendido el lecho de Procusto para que ... la Historia del Mundo cupiese en quinientas palabras francesas».[77] Es tractava realment d'una proesa literària; però, més que pel fet de la síntesi, el resum interessa pel que té de concreció de les idees orsianes sobre el procés històric de la Civilització humana, que queden exposades en el text castellà que aparegué més tard,[78] en el qual, a cada capítol, es glosava una frase de la Història condensada i que tradueix la seva concepció de les «Epifanies»: l'Home, la Societat, l'Estat, el Poble i la Cultura. «Siempre hemos soñado—deia en una ocasió[79]—que estos puntos de vista y los métodos de ellos derivados se traducían a un texto—no necesariamente un libro—que pudiese, en cierta manera, ser considerado como una modernización de la Historia Universal de Bossuet», una «Història Catòlica del Món» que fos distinta de les síntesis amarades d'esperit evolucionista de H. G. Wells i de Josep Pijoan.

A les darreries de l'any, concretament els dies 14, 17, 20 i 21 de desembre, professava un curset sobre «Morfologia de la Cultura» a l'Institut d'Études Hispaniques de la Universitat de París.

Emperò, el que em sembla més remarcable dins la biografia orsiana referida al 1935 és l'intent d'aproximació a la cultura catalana, de la qual, pràcticament, havia romàs divorciat des del 1920.

A mitjan any, Antoni López Llausàs, propietari de la Llibreria Catalònia, publicava a la «Biblioteca Univers», que dirigia Carles Soldevila, *Gualba la de mil veus*, la primera edició en forma de llibre de les famoses gloses estiuenques de 1915, amb un pròleg que expressament havia redactat el seu autor, que no tenia més interès, ultra les precisions que ell hi feia sobre la gènesi de l'obra, que el fet significatiu que Ors tornés a adreçar-se al seu primer públic. En canvi, en la nota proemial que—segons sembla—ell redactà per a la segona obra publicada en aquesta nova etapa barcelonina, *Tina i la Guerra Gran*, que aparegué en

dos volums (números 76 i 77) dels populars *Quaderns Literaris*, amb els
quals Josep Janés i Olivé començà la seva carrera editorial, es parlava
de l'autor i de la seva personal «heliomàquia o combat per la llum porta-
da a través de mil empreses de Cultura, aquí a Catalunya, durant una
llarga etapa; fora de Catalunya després (ara ve el fragment que cal
subratllar com a simptomàtic d'un possible propòsit de retorn) i a l'en-
sems aquí i fora d'aquí—esperem-ho—demà».

El 1936 es complien vint-i-cinc anys de l'aparició de *La Ben Planta-
da* i per això volgué publicar, també a la Llibreria Catalònia, una «edició
de les Noces d'Argent» del llibre que el féu famós. Per solemnitzar l'efe-
mèride tingué especial interès que l'obra es presentés luxosament, i
aquesta és la causa per la qual foren encarregades les il·lustracions[80] a
l'exquisit gravador Enric-Cristòfor Ricart, que per a ella no realitzà
aquells boixos que tanta fama li donaren, sinó uns dibuixos més aviat
pobres. Amb tal motiu, Ors, que era amic i admirador de l'artista, digué
de la decoració de *La Ben Plantada* que «sobre dar tipográficamente gato
por liebre se quedó tan lejos de las posibilidades imaginativas del
autor».[81]

Per a la reedició d'aquell llibre que literàriament el consagrà, el nos-
tre biografiat escriví un pròleg, en el qual deia: «No escau a les festes
d'unes noces d'argent reportar les vanes ombres, dissensions i torba-
cions que pogueren anguniar el temps de prometatge», referint-se clara-
ment a totes les suspicàcies del passat, però el text era ple de reticències
i alguna que altra al·lusió despectiva a coses que abans havia acceptat
i fins i tot exaltat... Breu, no es movia de la posició adoptada d'ençà de
la seva sortida de la Direcció d'Instrucció Pública de la Mancomunitat.
Esperar una rectificació de la seva part hauria estat il·lusori, perquè
creure en la possibilitat d'aquell gest comportava un desconeixement del
tarannà del nostre personatge, que posseïa moltes virtuts, però no pas
la de la humilitat, i pel que tenia de difícil oblit d'una sèrie de greuges,
alguns inferits a Ors, però en llur majoria ocasionats per ell als seus an-
tics amics i seguidors.

Amb tot, és evident que poc abans de l'esclat de la Guerra Civil
el nostre biografiat intentava una reconciliació amb el país natal. Ho

proven, a més de les reedicions a Barcelona de les seves obres literàries més cèlebres, el fet que publiqués a la revista *D'ací d'Allà*, i al darrer número que aparegué abans de la Revolució, una «Epístola a Picasso», treball molt ben lligat i presentat amb abundor d'il·lustracions, encara que fos discutible en el contingut, puix que hi deia que el malagueny encara no havia realitzat la seva obra mestra. També ho demostra que escrivís, datant-lo «Al Pirineu, abril 1936», un extens pròleg per al volum de l'epistolari de Maragall en l'edició dels fills del poeta, intitulat «El signe de Joan Maragall en la Història de Catalunya», interpretació de l'obra maragalliana certament molt lúcida, però poc generosa, al punt que ell mateix se n'adonà: «Leído así, de una vez, lo que he escrito en aquellas páginas, me sobrecoge casi por una especie de violencia teórica en los juicios y en los análisis». Això, ho deia el 25 de juny de 1936 a *La Vanguardia*, periòdic on començà a col·laborar en una secció, «Las otras páginas», precedida d'un escrit versemblantment redactat pel director del quotidià, Agustí Calvet, «Gaziel», que celebrava la circumstància de poder comptar amb «uno de los más aptos representantes de la intelectualitat catalana (i), aunque su ausencia haya sido excesiva (i per això) no necesita presentación alguna (la qual cosa), constituye ya, para nosotros y ante los catalanes todos, una feliz reintegración».

És clar que un ampli sector de la nostra intel·lectualitat acollí aquell gest amb una afectada indiferència i fins els elements més joves i combatius el reprovaren d'una manera expressa, com ho féu Joan Teixidor, que, a *La Publicitat*, i en un article violentíssim, afirmava, entre altres coses molt dures, que «Eugeni d'Ors s'ha "reintegrat", en tot cas, a les lletres provincianes»,[82] però no per això hem d'interpretar la col·laboració del nostre biografiat a *La Vanguardia* com un intent més d'aproximació a Catalunya que els esdeveniments immediats haurien de frustrar.

En els pocs articles que publicà en aquell periòdic fins al 18 de juliol de 1936,[83] explicava el viatge realitzar a Portugal, on havia donat unes conferències a la Facultat de Lletres i a l'Acadèmia de Belles Arts de Lisboa i s'havia entrevistat amb Antonio Oliveira Salazar, a qui comparava amb Prat de la Riba; contava la breu estada feta a Barcelona, on s'havia fet mostrar el despatx que tenia al seu domicili particular el primer president de la Mancomunitat i havia lliurat als fills de Maragall el sever escrit que dedicava a la producció del poeta. Finalment, transcrivia les seves impressions del París trasbalsat per les vagues promogudes durant el Govern del Front Populaire.

Tot això s'esqueia a les darreries de juny. A principis de juliol era a Holanda per participar en una sèrie d'actes en homenatge a Erasme de Rotterdam.

A mitjan mes tornava a ésser a París. Allà s'assabentà de l'assassinat de Calvo Sotelo. A la capital francesa freqüentava un grup d'aristòcrates espanyols que s'hi havien establert perquè, a Madrid, se sentien incòmodes amb el règim republicà. També hi havia alguns polítics monàrquics com Eduard Aunós, que alguna vegada portà Eugeni d'Ors al Cercle Fustel de Coulanges, que dominaven els homes de l'Action Française.[84]

Aquell nucli d'emigrats organitzà a l'església de Saint-Roch uns funerals per l'ànima del qui havia estat ministre de Primo de Rivera i que a les Corts del 36 s'havia destacat com una de les figures més eloqüents de l'oposició, fins al punt que fou víctima de la tèrbola conjura de tots coneguda. El nostre biografiat assití a les exèquies i en sortir del temple el dibuixant Roberto Martínez Baldrich li mostrà un exemplar de la revista *Paris Match*, que duia la notícia d'un «coup militaire en Espagne».[85]

Començava la tragèdia.

X

ELS DARRERS ANYS

La guerra: la Direcció General de Belles Arts i l'«Instituto de España». La represa dels contactes internacionals. L'aproximació a Catalunya.

Durant els primers mesos de la Guerra Civil romangué a París amb l'estat d'ànim angoixat que hom pot suposar. Ara havia canviat la seva condició d'exiliat voluntari per la més trista d'exiliat forçós. Tot i estar preocupat, com tants d'altres refugiats, no romangué inactiu; una vegada, referint-se al clima en què pot desenvolupar-se la producció intel·lectual, escriví: «Ni la vastedad, ni la independencia política, ni la libertad privada dan condiciones al genio» i que l'artista havia d'afirmar, parodiant la cèlebre frase de Lluís XIV: «El ambiente soy yo»;[1] per això, malgrat la maltempsada, continuà treballant. Per aquells dies preparà amb Jacques Lassaigne un *Almanach des Arts*, que eixí el 1937 a París a l'editora Fayard. Aquella publicació contenia un treball seu sobre els fonaments de la nova ciència de les formes,[2] i es presentava amb la reproducció, a la coberta del volum, del cèlebre quadre de Giorgione La Tempesta, «obra tan misteriosa como gloriosa, (de la qual) nadie hasta hoy había descifrado el asunto»: en primer terme, un home jove amb una llança i una dona alletant el seu fill i, al fons, un paisatge en el qual hom pot veure unes construccions enderrocades sota un cel amenaçador. Emperò, el nostre biografiat, que sabia relacionar-ho tot, desxifrava el simbolisme d'aquest quadre: «¡Entendido, melancólico paladín! ¡Entendido, nutriz sublime y miserable! Bajo la oscura tormenta, al azul zigzaguear de los relámpagos, entre las ruinas que prolonga el incendio, conviene que continuemos la tarea de alimentar de substancia ideal y pacífica la obra inacabable del Espíritu!»[3]

Els espanyols residents a l'estranger hagueren de decidir, amb molta més llibertat de què no gaudien llurs compatriotes que vivien en els territoris dominats per un o altre dels bàndols que acarnissadament es disputaven el domini polític d'Espanya, quin era el partit ideològic que calia prendre. L'elecció d'Eugeni d'Ors no fou gens dubtosa. Si havia desaprovat la República burgesa instaurada el 1931, amb molt més motiu podia abominar la facció que representava un règim que el juliol de 1936 havia desacreditat la revolució. Tot el portà a inclinar-se per l'Espanya nacionalista: les seves preferències—de temps declarades—per l'Autoritarisme i fins els amics que freqüentava a França, tant espanyols com naturals del país, com eren els homes de l'*Action Française*,[4] i un escriptor d'idees afins a les d'aquell grup, Eugène Marsan, nascut a Bari, de pares francesos i recriat a Andalusia, que es relacionà bastant amb Eugeni d'Ors i fou col·laborador seu en l'empresa de l'editora A.L.A., puix que traduí, conjuntament amb Paul Valéry, una sèrie d'inscripcions lapidàries romanes que aquella publicà amb el títol de *Via Appia*. Marsan era un feixistoide. Havia traslladat al francès diversos textos de Mussolini, i conta Ors que, en morir el seu amic a mitjan setembre de 1936, s'acuità, a precs de la família del difunt, a comunicar telegràficament la nova al Duce i, al cementiri, «bajo las flores y la piedra de una tumba, saludamos, no un "cadáver", sino una "persona", con este saludo en que la mano tendida señala a la vez la medida del hombre y el camino abierto a sus posibilidades de grandeza».[5]

A la segona meitat de 1937 s'estableix a Pamplona i comença a publicar al diari *Arriba España* el *Glosario*. En ell seguí mantenint, fins on pogué, el to elevat d'anteriors col·laboracions periodístiques seves; vull dir que es preocupà més dels problemes culturals que no pas de comentar el fet quotidià: la duríssima actualitat que per aquells mesos constituïa la guerra. Alguna que altra vegada al·ludí, però, als episodis de la lluita civil com a l'escrit «Belchite transfigurada»,[6] o en el que publicà en ocasió de commemorar-se els dos mil anys de la naixença d'August, en el qual es referia a les divisions de voluntaris italians que participaren en la campanya de Santander, l'antiga regió cantàbrica que havia resistit a les legions imperials. «El legionario de la Roma de hoy conoce, a la vez que el precio supremo de lo que es uno el rico y fecundo valor de lo que es vario. Por algo su símbolo es el Haz, en que los elementos se agrupan y se aprietan, pero no se funden en un simple cilindro ... Por esto ya ni Áfricas ni Cantabrias resisten a los Legionarios de Roma. Porque saben que si la Autoridad les hace fuertes, les hace gentiles la Libertad».[7]

En certa ocasió, al Glosario que apareixia al diari navarrès, es reflectí la Guerra espanyola, no en la materialitat de les operacions militars, sinó en l'ordre més complex i subtil de les intrigues diplomàtiques que es teixiren a l'estranger a l'entorn de la discòrdia civil, com els escrits on Ors rebutjava l'oferiment que li fou fet des de París de participar a l'empresa de «pacificació cristiana», en la qual tingué una decidida intervenció Jacques Maritain, que ell atacà oposant el Catolicisme al Cristianisme de l'«Humanisme integral» de l'escriptor francès.[8]

Ingressà a Falange Española; però, atès el temperament del nostre personatge, que posseïa un gust desmesurat pel formalisme i el cerimonial, no ens ha d'estranyar gens que l'acte de la seva afiliació al Partit tingués una complicació inusitada. Els altres espanyols s'havien limitat a sol·licitar l'ingrés, cercar algú que els patrocinés la candidatura o demanar el carnet... Eugeni d'Ors volgué fer-ho d'una manera ben distinta i per això atorgà al que per als altres militants havia estat un simple tràmit burocràtic, la pompa medieval d'un armament de cavaller. M'han arribat detalls ridículs del creuament, que no cal que reporti aquí per acreditar la certesa de l'episodi que acabo de descriure, puix que ell mateix hi al·ludí quan, en parlar de la lleialtat que deuen els espanyols al Cap de l'Estat, escrivia: «No debo ni puedo, ni quiero tener hoy otro parecer que el de mi Caudillo, a quien ... he jurado lealtad ... tras velar en la Iglesia de San Andrés de Pamplona las armas de la Caballería de la Falange».[9]

És natural que, havent ingressat al Partit d'aquesta manera tan peculiar, Eugeni d'Ors fos un falangista *sui generis*; vull dir que sortia del tipus corrent pel que afecta a la disciplina o a la doctrina, com en dóna idea la següent quarteta improvisada en el curs d'una reunió amical:

Todos los problemas que
trae consigo la Falange,
se resuelven con que tenga
la Falange fe en el Ángel.[10]

Amb tot, a les darreries de 1937 tornà a manifestar-se la vocació i la capacitat del nostre personatge per a la creació d'institucions de cultura, perquè el decret de 8 de desembre reorganitzava les acadèmies que havien quedat desballestades a Madrid i, a la vegada que disposava que aquelles corporacions ostentessin des d'aleshores el títol de «reials», del qual naturalment les havia desposseïdes la República, manava que formessin «juntas, un cuerpo total con el nombre de ''Instituto de España''», que s'haurien d'aplegar en una reunió constitutiva del nou organisme, el 6 de gener de 1938, al Paraninf de la Universitat de Salamanca; i Eugeni d'Ors, conjuntament amb Miquel Artigas y Agustín González de Amezúa, era designat en una ordre del 16 de desembre de 1937 per a compondre el comitè que havia de reunir-se el dia 27 per tal de preparar la nova etapa de la Real Academia Española. Aquesta i les reials acadèmies de la Història, de Ciències Exactes, de Ciències Físiques i Naturals, de Ciències Morals i Polítiques, de Belles Arts i de Medicina, formaven—segons el decret de 1r. de gener de 1938—«el conjunto de los académicos numerarios reunidos en Corporación Nacional a título de Senado de la Cultura Española». El mateix text legislatiu disposava que integrarien la «mesa» de l'Instituto de España Manuel de Falla, com a president; Pedro Sainz Rodríguez, com a vice-president; i com a secretari perpetu, Eugeni d'Ors.

«En Burgos, en la época de la guerra—escriu Josep Pla—, tuve noticia de la existencia de un ''Instituto de España'', cuyo factótum era D'Ors y supuse que se trataba de una réplica en yeso del Instituto de Francia».[11] Aquest comentari irònic insinua clarament la paternitat orsiana del projecte fundacional de l'Instituto de España, cosa que sembla certa pel que tenia originàriament d'inspiració en la idea francesa. Fins el concepte de «Senado de la Cultura Española» que aventura el text legislatiu en qüestió, revela el segell del nostre biografiat i no cal dir com sembla elaborada pel mateix Ors la fórmula del jurament dels acadèmics sancionada per l'Ordre, també del primer de gener de 1938, segons la qual els membres de l'Instituto, tenint al davant els Evangelis, «con texto de la Vulgata, bajo cubierta ornada con la señal de la Cruz y un ejemplar de "Don Quijote", con cubierta ornada con el blasón del Yugo y de las Flechas», havien d'ésser interrogats pel president amb aquestes paraules: «¿Juráis, en Dios y en vuestro Ángel Custodio, servir perpetua y lealmente al de España bajo imperio y norma de su Tradición viva; en su Catolicidad, que encarna el Pontífice de Roma; en su continuidad representada por el Caudillo, salvador de nuestro Pueblo?»

També s'endevina la intervenció orsiana en la manera com ve redactada l'ordre de 18 de febrer de 1938, que creava, amb uns quants membres de l'Instituto de España, una Comisión de Estilo en las conmemoraciones de la Patria, que havia d'assessorar obligatòriament per tal de «no dejar abandonado a la iniciativa particular o a la espontánea y frecuentemente poco avisada de las Corporaciones locales cuanto se refiere al estilo y realización de monumentos patrióticos, memoriales a los caídos, inscripciones lapidarias y otras formas materiales de homenaje destinadas a multiplicarse, sin duda, a través de las cuales aparece retrospectivamente trocada la epopeya en caricatura».

No tot el que féu Eugeni d'Ors a l'Instituto tingué el caient fàcilment ridiculitzable com el que ofereixen els fragments que acabo de citar, puix que pot adduir-se al seu favor que procurés que aquella Corporació articulés i dirigís diversos organismes d'investigació i de cultura superior. L'ordre de 19 de maig de 1938, invocant el patronatge moral de Menéndez y Pelayo, creava un Centro de Estudios Históricos, alguns Instituts d'estudis filològics, una comissió per a editar autors clàssics espanyols, etc., i el decret de 26 d'abril del mateix any, posant-lo sota l'advocació de Santiago Ramón y Cajal, estructurava un Centro de Estudios Filosóficos y Matemáticos que comprenia diversos seminaris, un d'ells especialitzat en estudis de Morfología de la Cultura, idea que hem de convenir que no pot ésser més orsiana.

Moltes d'aquestes institucions quedaren absorbides, al cap de poc temps, pel Consejo Superior de Investigaciones Científicas, creat per la llei de 24 de novembre de 1939, que reduïa en bona part les atribucions de l'Instituto de España, que únicament subsistia com a òrgan d'enllaç entre les Reials acadèmies i el Ministeri d'Educació.[12] L'obra d'Eugeni d'Ors en aquest aspecte fundacional de la nova etapa de la vida educativa espanyola havia estat certament efímera, però d'un mèrit que no pot ésser-li negat.

D'altra part, en la reorganització de l'Administració Central que emprengué el Govern de Burgos en substituir, el gener de 1938, la primitiva Junta Técnica del Estado per una sèrie de ministeris, s'estructurà, dintre del Ministerio de Educación Nacional, la Jefatura Nacional de Bellas Artes,[13] al front de la qual fou posat el nostre personatge. Era feliç perquè, en certa manera, podia tornar a dirigir la política cultural. Una vegada repetí a un periodista, amb una evident complaença, el que havia escrit d'ell un editor anglès en el prospecte d'un llibre seu que projectava amb il·lustracions de Felics Topolski, *Paris Spectacles and Secrets*, que no arribà a publicar-se per l'esclat de la Guerra Mundial, que «Eugeni d'Ors era als trenta anys secretari de l'Institut d'Estudis Catalans i director d'Instrucció Pública de Catalunya. Avui és secretari perpetu de l'"Instituto de España" i director general de Belles Arts. No pot dir-se, per tant, que hagi prosperat massa en la seva carrera».[14]

El 29 d'abril de 1938 se celebrà al Museo Provincial de Sevilla una sessió solemne de l'Instituto de España, en el curs de la qual Ors llegí el seu discurs d'ingrés a la Real Academia Española, corporació per a la qual havia estat elegit—com es recordarà—l'any 1927, llavors que Primo de Rivera havia volgut que hi figuressin uns «académicos regionales», qualificatiu que, per cert, no agradava gens al nostre personatge, «como si el concepto de Academia, en sí mismo, no excluyera ya el de Región ... Yo no me sentaría aquí, señores, por grande que fuere y muy grande es el honor de hacerlo a vuestro lado», si ell no es considerés, per sobre de tot, membre de l'Instituto de España: «Senado de la Cultura se nos ha llamado ... y si este Senado no fuere el Senado del Imperio, prenda de Unidad de una vida». Només al·ludí a la seva terra d'origen per contraposar-se, com a fill de la Catalunya marinera, a un altre acadèmic, Jaume Balmes, «hijo de la Cataluña de montaña», o per emparentar-se amb l'universalisme de Ramon Llull, o de sant Ramon de Penyafort. En aquell discurs parlà del marquès de Villa Urrutia, «murmurador de las artes y de los siglos», que quan morí ja tenia preparat el discurs amb què respondre al que havia de pronunciar Ors,[15] i també de la personalitat del qui—segons la terminologia pròpia de la Corporació—n'«ocupava la poltrona», Miguel de Unamumo, a qui es referí amb una certa reticència: «Hijo de un Fin de Siglo decadente, pero nutrido de raciales reciedumbres», amarat d'un «misticismo vuelto a cada instante política», que convertí la seva vida en un incessant monòleg, per bé que sublim, quan en el món de l'esperit tot és diàleg.

Després d'aquests preliminars entrà de ple en el tema del discurs, que era el de «Humanidades y Literatura comparada». Digué que de la mateixa manera que a Europa la idea renaixentista d'Imperi havia estat reemplaçada per la del Dret internacional, modernament es tendia a substituir la Literatura Comparada per l'antic Humanisme que hom havia de restaurar.

L'oració del nostre biografiat no va satisfer massa els acadèmics, si ens atenim a l'anècdota que recull en les seves memòries Joaquim M.ª de Nadal,[16] que assistí a l'acte i oí com el duc de Medinaceli, membre de l'Acadèmia de Ciències, preguntava, sorneguerambnt, al duc de Maura, que pertanyia a la de la Història: «Tu, Gabriel, ¿has entendido alguna cosa?» Maura féu un gest negatiu—explica Nadal—. «Pues yo tampoco—digué Medinaceli—, a pesar de la medalla» (la d'acadèmic, s'entén).

El discurs fou contestat per José M.ª Pemán, que resumí l'obra i el pensament d'Eugeni d'Ors en les tres posicions per ell adoptades enfront de la Unitat, enfront de la Varietat i enfront de la Vida, amb tres manifestacions distintes que, respectivament, han estat el seu sistema filosòfic o «Doctrina de la Intel·ligència», el Glosari i la «Política de Missió».[17]

Afegiré, respecte d'aquella bona peça oratòria del poeta de Cadis, que Ors féu remarcar que Pemán, «cuando, en mi recepción a la "Española" fingió "leer" para cumplir con la regla académica un discurso gran parte del cual iba "inventando" a medida de la falsa lectura y al abrigo del paraván de los papeles».[18]

Les activitats acadèmiques del nostre biografiat durant el 1938 no acaben amb aquest solemne acte de Sevilla. El 29 de novembre i a San Sebastián ingressava a la Real Academia de San Fernando amb un discurs que contestà José Joaquín Herrero, però llegit pel secretari de la Corporació, Modesto López Otero, i en el qual després de fer l'elogi de l'acadèmic a qui succeïa en el lloc, Amalio Gimeno, desenvolupà la seva original «Teoría de los Estilos». En ell reconegué, per la definició del concepte d'estil, el símil de la «Grafologia», conjunt de regles amb les quals hom pretén endevinar la personalitat dels individus amb la constatació del grau en què es repeteixen determinats trets formals de llurs escriptures, és a dir, l'existència d'unes constants. També a la Natura es repeteixen certes disposicions de formes i de colors en els animals que pertanyen a la mateixa espècie; són concrecions no de qualitat ni de quantitat, sinó d'ordre. Anàlogament en la Cultura veiem repetits els estils, que no són altra cosa que «repertoris de dominants formals per les quals es revelen els "eons" "constants" o elements permanents i universals de la Història». I així com hi ha «eons» purs i mixtos, segons siguin independents o no de l'espai i del temps, existeixen «estils de cultura» i «estils històrics», segons si estan desvinculats o no d'aquells dos factors. És per exemple un «estil de cultura» el classicisme que, pel fet de no estar condicionat a una circumstància espacial o temporal, es repeteix al llarg de la Civilització, com ho prova que, tot i haver estat creat per l'antiguitat greco-romana, tornà a manifestar-se amb el Renaixement i el Neoclassicisme del segle XVIII, mentre que tan sols és un «estil històric» el gòtic, perquè tot intent de revitalització ha degenerat en un pastitx com el «gothic revival» de l'Anglaterra victoriana, o les reconstruccions de Viollet-le-Duc.[19]

Per la primavera de 1938 Eugeni d'Ors era investit doctor *honoris causa* per la Universitat de Coïmbra. El seu amor a Portugal, manifestat de temps, culminava amb aquesta preada distinció, en el discerniment de la qual suposo que no fou del tot aliena la influència directa d'Oliveira Salazar, que volia correspondre, a la seva manera, als elogis que havia vingut tributant-li aquell qui ara ocupava, en el país veí, una posició bastant encimbellada en l'ordre cultural. Com es pot suposar, satisféu moltíssim el nostre personatge aquell honor acadèmic, que, d'altra part, li fou atorgat amb un cerimonial tan complicat, que l'impressionà. Eugeni d'Ors, amb el seu gust especial pels formulismes, es devia fondre de goig en el transcurs d'aquells actes de Coïmbra, en els quals convergien l'obsequiositat i el barroquisme temperamental dels lusitans amb la pompa d'uns procediments medievals que han vingut mantenint les velles universitats europees com aquella que l'anomenava doctor *honoris causa*.

Quan el Cap de l'Estat espanyol rebé la mateixa distinció a Coïmbra la tardor de 1949, Ors recordava amb tots els ets i uts la cerimònia a què ell també hagué de sotmetre's el 1938 i explica en un escrit[20] com en la «Sala de graus», dalt d'una estrada, hi havia assegut tot el senat professoral, i a baix, dempeus, el doctorant, que tenia al seu costat el padrí, «con el aditamiento entre custodio y correctivo de un maestro de ceremonias manejador de una vara dorada como aquella que al Ángel de la Apocalipsis le servía para la mediación». El rector llavors li preguntà, en llatí, què volia, i el futur doctor li contestà que sol·licitava un grau. D'acord amb el ritu establert, això es repetia tres vegades, puix que el representant del claustre universitari fingia no accedir a la petició fins que se li concedia el doctorat, i l'investit, després de donar les gràcies, també en llatí, abraçà un per un tots els professors i ocupà el setial del rector mentre es cantaven els himnes. A la nit fou obsequiat amb un banquet de gran gala amb servidors emperrucats, una taula il·luminada amb canelobres d'espelmes roges i «chirimías apagadamente sonantes tras tapiz». A les acaballes del sopar s'obriren els finestrals de la sala perquè els convidats poguessin contemplar el castell de focs artificials que es cremà en honor del nou doctor. No és estrany que Eugeni d'Ors restés corprès de tot allò, que he resumit, però que ell detalla, i conclou dient: «La liturgia es belleza, el fuego unidad; libertad, el protocolo».

A l'estiu del 1938 pronuncià un discurs a la clausura del Congreso para el Progreso de las Ciencias que se celebrà a Santander, i també aquell any assistí a Roma a les conversacions intel·lectuals de la reunió que es denominava Convegno Volta, on s'havia de debatre el tema d'Àfrica, però que Eugeni d'Ors aprofità per a discutir el concepte geogràfic del «continent» que, segons ell, era distint del que havia d'acceptar-se en la Ciència de la Cultura. Així des del punt de vista de la Història de la Civilització humana la Mediterrània forma un tot homogeni malgrat que s'aboquin a aquesta mar tres Continents.[21]

I ara que em refereixo a la seva anada a Itàlia, cal que esmenti que per aquell temps prologà una antologia de discursos i escrits de Benito Mussolini, on presentava la ideologia del dictador com la resultant d'una evolució lògica que partia d'una influència de la doctrina de Sorel i de totes les teories que havien seduït els esperits inquiets a l'Europa de principis de segle i que Ors—més o menys contemporani del Duce— coneixia «por haber frecuentado hacia la misma época las mismas ciudades de Europa, sometidos al baño común de un clima de cultura y a la nutrición de idénticas influencias doctrinales».[22]

A l'estiu del 1938 se celebrà a Venècia l'Exposició Biennal de Pintura, i el nostre biografiat, com a cap del Servei de Belles Arts, hagué d'improvisar amb pocs mitjans l'aportació al pavelló espanyol amb totes les dificultats que comportava una tasca semblant en un país en guerra.[23] «Hubo un momento en la España Nacional—escriu—en que el único artista que pudo presentar sin anacronismos a los ojos de la crítica extranjera y presentarlo como fervorosamente suyo, fue Pedro Pruna ... Aquí nosotros encontramos restablecimiento al valor de que nos había desasistido la defección de Pablo Picasso a la causa del orden y de las luces».[24]

Emperò, la labor més important que realitzà des de la Jefatura Nacional de Bellas Artes[25] fou l'organització d'una Exposición Internacional de Arte Sacro, molt oportuna després de la devastació sacrílega de tants temples i oratoris. No cal dir que la paternitat de la idea s'ha d'atribuir íntegrament a Eugeni d'Ors, que, afeccionat com era a la cerimònia, sempre havia manifestat un extraordinari interès per la litúrgia,[26] i fins crec que pot afirmar-se, amb marge petitíssim d'error, que ell mateix redactà el text de l'ordre del Ministeri d'Educació Nacional del 9 de febrer de 1939 disposant que se celebrés aquella exposició a Vitòria, «ciudadela de lealtad y tradición de la España cántabra», com sembla desprendre's dels fragments que transcric a continuació: «La obra de reconstrucción de templos y objetos de culto en España podía, quizá, traer equivalentes desafueros a los de la atroz obra de destrucción en ellos cumplida, si aquélla se emprendía y proseguía sin la vigilante asistencia de un doble espíritu de estética dignidad y de pureza litúrgica. Si se le abandonaba, rebajaba la existencia del gusto o descuidaba la perfección del rito, a aquel mundo fofo de las buenas intenciones, de que está fangosamente empedrado el Infierno. Para conjurar la amenaza de esta segunda catástrofe, la Jefatura Nacional de Bellas Artes, etc., etc.»

A les darreries del gener de 1939 hagué de sortir ràpidament cap a Ginebra, perquè s'assabentà que amb la retirada de l'exèrcit republicà de Catalunya havien arribat a la ciutat de Léman els tresors del Museu del Prado, que foren dipositats en el recinte extraterritorial de la Societat de les Nacions. Hi anà naturalment en viatge oficial i amb la missió de reivindicar aquells preuats fons artístics, puix que una de les principals comeses de la Jefatura Nacional de Bellas Artes es realitzaven a través del seu Servicio de Recuperación Artística. La seva gestió, al principi, no fou gens fàcil; l'ajudà el seu bon amic René Louis Piachaud, traductor d'obres seves i d'altres d'espanyoles (casualment per aquells dies s'estava representant a Ginebra la seva versió francesa de l'obra calderoniana *La Devoción de la Cruz*) i hagué de sostenir delicades negociacions amb el secretari de l'organisme internacional, M. Avenol.[27] Finalment, tot s'arreglà satisfactòriament. De retorn de Suïssa, passà per París, on, segons sembla, tingué una entrevista bastant violenta amb Picasso, motivada per les divergents posicions que havien adoptat, l'un i l'altre, respecte de la Guerra d'Espanya.[28]

Amb la pau tornà a Madrid. De bell antuvi s'instal·là en un hotel de la Gran Via, però després, amb la idea de procurar-se un local adient per poder portar a terme el projecte que havia concebut de realitzar una ambiciosa *Enciclopedia Hispánica* (les figures dels enciclopedistes francesos sempre l'atragueren), trobà un casalot que pertanyia a la noble família de Revillagigedo, al carrer del Sacramento a la part vella, prop de l'Ajuntament, i s'hi traslladà a viure. Allà, a més del lloc de treball i del seu domicili, radicà un quant temps la seu de l'Instituto de España.

Avui, la casa ha desaparegut. Al seu lloc hi ha unes dependències muni-
cipals. L'edifici, per bé que atrotinat, tenia un aire molt senyor. Però
el que més agradava a Eugeni d'Ors era la circumstància d'estar empla-
çat en un indret de denominació tan solemne. El fet de viure a la «calle
del Sacramento» li feia molta gràcia; parlava del «caserón del Sacramen-
to» amb la seva propensió a engrandir tot el que tocava i fins conferí
a la distribució que tenien les distintes dependències de la residència un
significat especial segons l'ús a què les destinava, cosa que comunicava
tot satisfet als qui el visitaven. Un racó del menjador servia per a escriu-
re, a primeres hores del matí, el Glosario; en una altra cambra, orientada
a migdia, s'ocupava de les seves empreses d'«heliomàquia»; el «Siste-
ma», o sigui la seva teoria filosòfica, era elaborat, al començament de
la tarda, en una habitació que donava a un jardí romàntic...[29]

El nou Ajuntament de Madrid nomenà una comissió per tal que in-
formés de les qüestions relatives als canvis de retolació dels carrers, ope-
ració que ja havia estat realitzada altres vegades a causa dels trastorns
polítics. En aquell organisme, hi figuraven tres membres de la Real Aca-
demia Española: Manuel Machado, Ricardo León i Eugeni d'Ors, els
quals, maldaren perquè el Municipi restablís, en el possible, les denomi-
nacions tradicionals que havien desaparegut en la nomenclatura ciutada-
na a conseqüència dels alts i baixos governamentals. El nostre
personatge explica divertit que els acadèmics sentiren la forta temptació
de tornar al carrer d'Echegaray el seu primitiu nom de «calle del Burro»,
però no gosaren.[30]

El 24 de juny de 1939 fou inaugurada, a la ciutat de Reus, una sèrie
d'actes en honor del pintor Marià Fortuny, nascut l'11 de juny de 1838.
El centenari de la seva naixença s'havia complert l'any anterior, en ple-
na guerra civil, de manera que les noves autoritats franquistes volgueren
commemorar-lo el 1939.

Com explica Josep Murgades,[31] «Eugeni d'Ors, com a Jefe del Ser-
vicio Nacional de Bellas Artes, també hi fou present. Uniformat amb
els múltiples i varis arreus de la Falange[32] inaugurà monuments, assistí
a responsoris i presidí la Sessió Acadèmica que se celebrà el dos de juliol
a les onze del matí al Teatre Fortuny».

El parlament del vell Xènius, del qual Murgades només transcriu uns paràgrafs, tota vegada que no disposà de la seva versió completa, és digne d'ésser remarcat perquè palesava el desig de l'orador de manifestar fins a quin punt havia abjurat de la pròpia llengua, amb la utilització de la qual s'havia donat a conèixer com un escriptor de gran talent, i repudiava la cultura catalana, a la qual havia contribuït amb tanta brillantor. Ors iniciava el seu discurs d'aquesta manera: «No es solamente imperativo de elemental cortesía y comunidad nacional el que yo os hable con otra habla diferente a la que hubiera empleado en otros años; es convicción plena e íntima de que el habla nuestra, momentáneamente al menos, se ha vuelto inepta para todos los menesteres de la cultura.

Como en templo profanado, es inepto para que en él celebre el sacerdote sus ritos litúrgicos».

Després afegí que a Reus acabava de trobar un dels participants en el cicle de conferències, Carles Fages de Climent: «Él estaba conmigo hace quince años, cuando anuncié—lo recordarán—el que fue llamado el "alerta de Castellón de Ampurias". Predije entonces que si todo había de servir para la política de localismos y de mezquindad, los elementos de cultura que nos legaron nuestros antepasados eran inútiles. En aquella ocasión mi voz no fue escuchada y fue puesto al servicio de una causa vitanda y oprimida cuanto tenía que haber significado un sentido ecuménico y universal. Y fueron posibles los "Nosaltres sols"... "Nosaltres sols" nos envenenamos como se envenena el organismo que no respira, sino aires viciados de corrupción. Así se profanó Cataluña y es por esto que sus instrumentos de cultura no pueden aprovecharse momentáneamente».

Finalment pretengué treure conseqüències d'aquella dita, «Reus, París i Londres», que «marca el impulso que sentís de lanzaros al mundo como se lanzó este pintor hijo de Reus», que té obres en els principals museus foranis com els de París, Venècia, Roma o Madrid, de manera que «debemos curarnos de la superstición de quedarnos solos, para podernos verter al mundo. Tenemos nuestro mundo bajo la heroica Presidencia que recordamos en todo momento. Y el porvenir y la substancia no se llama nación, sino que se denomina Imperio. No se puede llamar hombre el que no alcanzó a ser padre y por el derrame de la paternidad se alcanza la individualidad verdadera. Nuestra Patria se ha vertido en otras Patrias y gracias a ello ha conseguido el sentido de la individualidad.

No lo hemos inventado nosotros: la cultura es aquella sociedad que se produce en la aspiración de Imperio, que "ama aquello que no le gusta" como el Fundador de nuestra Santa Hermandad».[33]

Per l'agost de 1939 s'interessà pel restabliment d'aquella festa d'Elx que havia presenciat el 1934 i que tant l'havia impressionat, i inquirí per telèfon, a un amic que tenia en aquella localitat alacantina, si havia pogut salvar-se el text de la «Consueta» del saqueig de l'església de Santa Maria. De moment no pogué obtenir una resposta satisfactòria. Després li fou comunicat que, efectivament, un veí havia pogut amagar el preuat manuscrit a casa seva i s'hi desplaçà ràpidament per tal de continuar la tradició interrompuda durant els anys de la guerra. Del viatge en sortí aquella edició de la *Consueta* a càrrec de l'Instituto de España que ja hem citat, i el compromís d'efectuar una representació del Misteri, per l'agost de l'any següent, al Saló de la Casa Consistorial, mentre no es procedís a la reconstrucció del temple. Per ultimar aquesta i la celebració solemne d'aquella relíquia litúrgica es constituí, amb la decidida intervenció del director de Belles Arts, una Junta Nacional restauradora del Misterio de Elche y de sus templos. Per les festes de l'Assumpció de 1941, el *Misteri* tornà a celebrar-se en el lloc i amb la pompa tradicionals.[34]

L'entusiasme orsià per la representació anà en augment. El 29 d'octubre de 1943, en ocasió d'inaugurar-se el curs de l'Instituto del Teatro de Barcelona, el nostre biografiat pronuncià una conferència en la qual comparava el Misteri d'Elx amb una altra interpretació del *Faust* de Goethe que havia presenciat a l'aire lliure a Lucerna. Aquesta era una festa barroca—digué—i el *Misteri d'Elx* una manifestació clàssica.

Des del seu alt càrrec directiu també intervingué prop de les autoritats barcelonines quan ell va oferir-los una corona imperial que un desconegut lliurà al Servei de Recuperació Artística per haver-la adquirida a París, procedent de les espoliacions de la Revolució espanyola, però sembla que els organitzadors de la Processó de la Mercè, que solemnement tornà a sortir el dia 24 de setembre d'aquell primer any de la pau, «prefirieron el trabajo reciente de un joyero local que se dijo, entonces, reproducir fielmente la condal corona desaparecida». Ors es dolgué moltíssim de «la preferencia de lo Condal sobre lo Imperial», «del pasticho arqueológico sobre la providencial aportación del mundo».[35] «Corona condal tiene la imagen de la Virgen de la Merced, en Barcelona. Pero en 1939 le fue regalado presente, venido por un camino algo misterioso, una antigua corona imperial. ¿Por qué no la luce? ... Pero esto no importa, Virgen de la Merced, Redentora de cautivos, que libertas también a las patrias de sí mismas. Que la Ciudad que tú patrocinas sepa, de una vez y para siempre, que su patria no está entre sus montes demasiado enanos, y su mar demasiado tranquilo, sino montes allá, sino mar allá».[36]

El 6 de gener de 1940, l'Instituto de España celebrà a la Real Academia de San Fernando una sessió commemorativa del segon centenari de la naixença de l'arquitecte neoclàssic Juan de Villanueva, autor dels projectes del Museu del Prado, de l'Observatori i del Jardí Botànic de Madrid. El secretari perpetu de l'Institut participà a l'acte amb una conferència, en la qual digué que feia poc havia rebutjat, en nom d'aquella entitat acadèmica, la invitació de Barcelona per a recordar, d'una manera solemne, per bé que amb un any de retard, el centenari de Marià Fortuny, i justificava la seva negativa dient que l'art de Fortuny, «precursor de la delicuescencia impresionista», era un art fràgil, efímer. «Que el lugar nativo, por iniciativa de sus corporaciones populares o de las voces de su prensa, le recuerde, le honre, se encariñe con la prez que pueda sobre todos los vecinos difundir el favor de su nombradía, bien está. Un Senado de la Cultura podía y debía, en el servicio ritual de la Cultura, picar más alto». Villanueva, en canvi, es mereixia segons ell l'homenatge de l'Instituto de España, perquè el seu art estava amarat d'essències eternes per tal com era un art clàssic i el classicisme és un «estil de cultura» i no un «estil històric». Emperò, tot el seu discurs traspuava una certa animadversió als localismes artístics que concretava a Barcelona, ciutat de la qual excusava l'exclusió en aquell acte commemoratiu de la

següent manera: «Mientras Barcelona no aprenda a saberse tan cenesté-
sicamente unida, en fastos y nefastos, como puede estarlo con Reus, a
Madrid y hasta Lisboa, o a Lima, y diré, si se me apura, que hasta a Ro-
ma, no habremos hecho nada. Anecdóticamente sea cada gloria del po-
blado y aún del barrio en que vio la luz. Categóricamente, la Cultura
no conoce más divisiones topográficas interiores que las que puedan co-
nocer, en sus respectivos recintos, el Paraíso o el Infierno».[37]

Per la primavera d'aquell any, l'Instituto de España celebrà una al-
tra sessió acadèmica amb motiu del IV centenari del naixement de Joan
Lluís Vives. L'acte tingué lloc a València, la població natal del filòsof.
Eugeni d'Ors hi prengué part amb una conferència sobre «El estilo de
Luis Vives», en la cual començà per classificar els pensadors en egoistes
i altruistes. Els primers només pretenen el propi lluïment i els segons són
els que volen ésser útils al proïsme, però dintre d'aquest darrer grup dis-
tingia els qui s'adrecen a un públic reduït, a uns quants deixebles, que
poden anomenar-se «professors de Filosofia», i els qui mereixen el quali-
ficatiu d'«escriptors filosòfics», que cerquen predominantment la propa-
ganda, la difusió entre una massa molt dilatada de persones. Representa
d'una manera molt significada aquests «escriptors de filosofia» Joan
Lluís Vives, que, tot i que pugui escandalitzar molts, s'emparenta pel
seu afany de divulgació amb Voltaire. El seu pensament és alliçonador,
utilitari; tracta de la instrucció de la dona, de l'assistència als pobres.
D'altra part és típicament burgès, no afalaga l'aristocràcia i si s'acostà
als grans de la terra fou en posició subordinada, com a preceptor; en can-
vi, es trobà bé adoctrinant els inferiors: la dona, els infants. No cercà
la distinció personal, sinó el servei. Més que «humanista» és «humanita-
ri». No pot dir-se, per tant, que fos un típic producte del Renaixement,
època en què s'exaltava la glòria individual; s'acostà més a l'Edat Mitja-
na amb la seva noció funcional, utilitària del pensament. Posats a carac-
teritzar Vives amb un estil arquitectònic—d'ací el títol de la
conferència—, hom podia comparar-lo al d'un edifici de l'època plate-
resca que té del Renaixement estructura clàssica, però serva encara la
profusió ornamental de l'Edat Mitjana.[38]

Afegiré el detall anecdòtic que, en el curs d'aquell acte solemne que se celebrà al Saló de Sessions de l'Ajuntament de València, s'oí com al carrer esclatava una sèrie d'estrepitoses detonacions, amb les quals, una vegada més, els valencians donaven lliure curs al demostrat gust per la pólvora. Mal refet de l'ensurt, Juan Zargüeta digué a cau d'orella al nostre biografiat: «¡Esta gente todavía no han tenido bastante con la guerra!»[39]

Pel setembre de 1941 hagué de renunciar—ateses les dificultats internacionals—a assistir a les commemoracions mistralianes de Mallana en una lletra que adreçà a Charles Maurras i que el destinatari reproduí a L'Action Française de París del dia 19 de setembre, en la qual deia que «en esta situación, el único remedio ante las contingencias de la historia consiste en buscar sus constantes y afincarse en ellas cada día más fuertemente»,[40] tal com havia presentit Mistral i ell tractava de fer elaborant-ne una teoria filosòfica. Tanmateix no pogué negar-se a anar, a mitjan novembre, a Aix-en-Provence, perquè la seva Universitat li havia discernit el grau de doctor honoris causa. La cerimònia en aquella França entristida per la derrota i l'ocupació alemanya no tingué, ni de bon tros, la solemnitat de l'acte de Coïmbra de tres anys abans. Fins i tot l'àpat amb què l'obsequià el claustre professoral no sols fou molt més magre que el que li va ésser servit a Coïmbra, sinó pitjor que el que pogué menjar el seu xofer a l'hostal, el qual revelà al nostre biografiat que, malgrat la penúria d'aliments que corria, li havien presentat un colomí sencer, cosa que sorprengué Eugeni d'Ors, que comentà amb un punt d'ironia: «Pero, ¿qué doctor bien nacido preferiria, en la coyuntura, vinagreta de ave junto al fogón, que apio ascético en la mesa de la Universidad?»[41]

Retornant d'Aix féu una curta estada al París ocupat i visità el Saló de Tardor. Després, camí de Madrid, passà uns quants dies a Barcelona. Al cinema Coliseum, la nit del 6 de novembre, pronuncià unes paraules introductòries a un concert en homenatge a Manuel de Falla que donà la Orquesta Filarmónica de Barcelona, dirigida per César de Mendoza Lasalle. Com que el públic considerava que l'orador s'estenia massa en l'ús de la paraula, i anava exterioritzant cada vegada d'una manera més ostensible la seva impaciència, Eugeni d'Ors, molestat, decidí acabar la

seva dissertació amb les següents paraules: «Otros conferenciantes ter-
minan con la fórmula "He dicho"; pues bien, señores "yo no he di-
cho"».[42] Amb aquest gest arrogant de desafiament a l'auditori,
reproduïa l'episodi de 1925 llavors de l'acte d'homenatge a Ganivet.

A les darreries de 1941 professà un curset al Museu del Prado dins
d'un cicle de manifestacions de tipus formatiu que havia organitzat el
Patronat de la cèlebre Galeria, que no coincidien exactament amb el
projecte que Ors havia traçat, des de la Jefatura Nacional de Bellas Ar-
tes, de crear una Escuela del Prado a l'estil de l'École du Louvre de Pa-
rís, amb l'objecte de fornir una preparació adient amb els directors de
museus i els crítics d'art i que complís —segons ell entenia— una funció
anàloga a la dels Hospitals Clínics anexos a les Facultats de Medicina.
Haig d'afegir en un incís que per una ordre del Ministeri d'Educació
Nacional del 14 de febrer de 1939, Eugeni d'Ors havia estat nomenat
vocal del Patronato del Museo del Prado. La disposició administrativa
venia a confirmar, oficialment, un patronatge que, de temps, ja ostenta-
va el nostre biografiat en un pla honorífic i espiritual,[43] gràcies al pre-
ciós llibre dedicat a la gran pinacoteca espanyola i que li atorgà fama
internacional. D'altra part s'havia convertit en una espècie de *cicerone*
del Prado oficiós i de gran categoria, perquè moltes personalitats il·lus-
tres que visitaven Madrid demanaven que els acompanyés a recórrer el
Museu, com el mateix Ors revela haver-ho fet per Karl Schmitt, Mari-
netti,[44] Karl Vossler, Osbert Sitwell,[45] etcètera.

Aquell curs autumnal del 1941 es componia de tres lliçons, que des-
prés recollí en un llibre que intitulà, paral·lelament al que havia consa-
grat al Museu i que assolí tanta celebritat, *Tres lecciones en el Museo del
Prado*.[46] En la conferència inicial parlà dels tipus de crítica d'art que ja
eren superats arreu del món: les que només comentaven les significa-
cions de les obres, com la que es fonamentava en arguments psicològics,
la que se servia de motivacions nacionalistes o utilitzava els mètodes
comparatius per a posar de manifest únicament el joc de les influències
rebudes o exercides pels artistes. D'aquesta mena de crítics molt abun-
dants en el segle passat,[47] Ors salvava, per llur vàlua intrínseca com a
escriptors, Eugène Fromentin, Charles Baudelaire i Walter Pater. En la

segona lliçó al·ludia al corrent més modern dins dels estudis d'art dels
qui consideren principalment els valors formals de les obres; els autors
que en el segle xx[48] han ressuscitat les velles teories de la «secció
àurea» i la «Divina Proporció», elaborades pel renaixentista Lucca Pac-
cioli sobre precedents de fórmules pitagòriques o de la Càbala, i als trac-
tadistes que havien fet aportacions originals com William Wölfflin o
Bernard Berenson, mètodes crítics que el conferenciant il·lustrava amb
una anàlisi molt curiosa de la pintura de Rembrandt feta a base de pinze-
llades de color emulsionat, trinxat «com de bistec rus».[49] Finalment
concloïa que la crítica que calia fer era una «crítica del sentit», és a dir,
la que cercava la interpretació de les obres d'art segons la Història de
la Cultura. Aquesta era, segons ell, la tendència crítica que havia
d'adoptar-se en els temps nous amb preferència a la que examinava tan
sols els valors formals i, no cal dir, a la que només s'atenia als significats.
Per facilitar la comprensió dels tres mètodes per a judicar les obres d'art,
Eugeni d'Ors posava com a exemple la suposició que Goya un dia ha-
gués deixat caure sobre el paper una taca de tinta i l'hagués aprofitada
immediatament per a convertir-la en una caricatura. El crític que consi-
derés la taca en si es basaria en un criteri formal; el qui es fixés en la
intenció que incloïa aquell gargot de tinta realitzaria una crítica del sig-
nificat; el qui determinés la valor de la caricatura en qüestió dins del
conjunt de l'obra de Goya, dins de la pintura espanyola, dins de l'art
del segle xviii o en el conjunt de la civilització europea realitzaria una
crítica del sentit. El llibre acabava amb un escrit molt graciós en el qual
parodiava la mena de crítiques d'art que solen publicar-se als diaris.[50]

No pot negar-se que en matèria estètica Eugeni d'Ors realitzà una
gran tasca pel seu concepte innovador de la crítica. Precisament, en els
anys quaranta engegà a Madrid una Academia Breve de Crítica de Arte,
en la qual reuní onze amics seus que, a més de realitzar visites col·lecti-
ves a exposicions i altres manifestacions espirituals com lectures i con-
certs, tenia assignada com a principal missió l'organització d'una
exhibició anual d'obres de diversos artistes presentats cadascun d'ells
per un membre de l'Acadèmia, que havia de justificar davant dels altres
les raons de la seva elecció. Amb la celebració periòdica del Salón de los

Once es procurava l'exercici d'una crítica d'art depurada. Cal convenir, però, que en el funcionament del Salón i de l'Acadèmia hi havia moltes característiques orsianes: selecció i afectació alhora; alliçonament i vanitat; cosa útil i faramalla...

El primer Saló el formava una única obra: un quadre de Nonell, detall explicable, puix que pot dir-se que el gran pintor barceloní del carrer Baix de Sant Pere ja era una figura més de la mitologia personal d'Eugeni d'Ors: amb una fantasia sobre la mort d'Isidre Nonell s'estrenà com a prosista; les obres de Nonell «ocupaven» tota una secció del seu Museu imaginari o Salón. de Otoño. El nostre biografiat hauria volgut portar uns quants Nonells del Museu de Barcelona, però sorgiren tantes dificultats[51] que, per fi, es decidí a exhibir una sola peça que pertanyia a una col·lecció privada de Madrid, la del doctor Blanco Soler, i el quadre fou exposat a la Galeria del marxant català, establert a la capital, Aureli Biosca, a partir del 16 de juliol de 1942, «en un verano de Madrid, con un sol prohibitivo ya, sobre las anchuras de la calle de Génova».[52]

Després de la singular exposició nonelliana, Eugeni d'Ors redactà un manifest o Proclama per la qual donava a conèixer la constitució de l'«Academia Breve» per a difondre els principals corrents de l'art modern i l'obra dels més destacats artistes estrangers. «Es urgente —deia—poner término a la vergüenza a cuyo tenor el público de Madrid, el de casi toda España y aun sus críticos militantes, se encuentran ayunos de conocer una sola página del Arte contemporáneo universal. Imaginemos lo que sería nuestra literatura si nunca hubieran llegado a noticias de autores o lectores, Goethe, Walter Scott, Chateaubriand, Flaubert, Baudelaire, Tolstoy, Nietzsche y D'Annunzio.»[53] En aquell escrit anunciava la celebració, la pròxima tardor, del Salón de los Once. S'inaugurà el 1943 per primera vegada o, si es vol, per segona, ja que l'exhibició d'una única obra de Nonell es considerà que havia iniciat la sèrie dels salons, i cada any, fins a l'anterior al de la seva mort, anaren succeint-se sempre amb una bona aportació d'artistes catalans,[54] que ell procurà que mai no fallés, perquè repetidament declarà—àdhuc en les èpoques de màxim distanciament amb l'espiritualitat de Catalunya—

que en qüestions plàstiques i pel que es referia als pintors i escultors de casa nostra, ell no podia ésser imparcial; posició que ja comença a demostrar llavors de l'escrit introductori al catàleg de l'Exposició Plandiura que promogué aquell petit aldarull a què m'he referit.

El 1942 apareixia un recull d'escrits seus intitulat *Aldeamediana*.[55] El llibre es componia bàsicament de les «glosas» que havia escrit en el segon semestre de 1932,[56] durant l'estada en diversos pobles francesos, en les quals anava assenyalant els mals de què patia la ruralia de França a conseqüència de la descristianització, resultat d'una política de laïcisme que provenia de la Revolució[57] i que, en definitiva, comportava una recaiguda al paganisme per haver renunciat a la Cultura. L'obra, molt ben escrita, pateix, al meu entendre, del defecte d'haver volgut l'autor forçar-nos, amb l'exageració dels fets i la deducció massa fàcil d'uns resultats, a admetre la seva tesi de l'evolució de la Humanitat en tres etapes: Subhistòria, Història i Cultura, procés que, en el cas concret d'aquell «Village moyen», ens era presentat a la inversa, o sigui la regressió de la Civilització a la barbàrie.

Pel mes de maig de 1942 participà als actes commemoratius del quart centenari de la naixença de Sant Joan de la Creu que se celebraren al Paranimf de la Universitat de Granada, la ciutat natal del sant. Hi dissertà sobre l'«Estilo de San Juan de la Cruz»,[58] distingint en els estats de perfecció espiritual tres modalitats: l'activa, pròpia dels sants fundadors com Ignasi de Loyola; la passiva, que era la dels contempladors i quietistes, i una d'intermèdia, que participava de les dues actituds i que, com la denominació antigament adoptada per un ministeri del Govern espanyol, podia qualificar-se de «Gracia y Justicia». També situava el sant en una posició intermèdia en relació amb el seu concepte dels àngels, equidistant de la que tenien dos grans poetes místics, Ramon Llull i Jacint Verdaguer. En un extrem el mallorquí «foll de Déu», «autor de un sublime tratado especial sobre los Ángeles», i a l'altre, el sacerdot-poeta, que no havia sabut veure la «sublime condición intelectual y adulta» dels esperits purs, puix que els havia convertits «en aquella penosa caricatura que es "el angelito", el cupidillo bastardo, puesto lo más lejos posible de la Inteligencia como símbolo de la inocencia y apenas discernible, en la línea verdagueriana, de cualquier sonrosado monaguillo, candidato a tiple, en la Escolanía de Montserrat».

En el gran místic andalús, Eugeni d'Ors hi veu no un «noctámbulo», sinó un «sereno», el poeta que, a la «Noche Serena del Alma», sap albirar el que passa desapercebut als ulls dels altres mortals. No és un sant de defalliments, levitacions, veus o estigmes, «nada hay en este santo vivir de aquellos elementos por donde lo espiritual puede equívocamente entrar en los dominios de lo fisiológico». No cau en la musicalitat ni en el paisatgisme. No és, per tant, un barroc. Com a màxim, s'emparenta—tal com assenyalava dos anys abans respecte a Joan Lluís Vives—amb l'estil plateresc.

El 1943, a la població murciana de Caravaca, se celebren unes grans festes en ocasió de rebre's de Roma la relíquia de la Creu que substituïa la que havia estat destruïda amb la guerra. Entre els diversos actes s'organitzaren uns Jocs Florals, als quals Eugeni d'Ors fou invitat com a president. En el discurs corresponent parlà sobre «La Filosofía de la Cruz» enllaçant el tema de la crucifixió amb els tradicionals lemes dels Jocs Florals: Fe, Pàtria i Amor. També aquestes idees havien de crucificar-se, segons ell. «La grande, la eterna, la inexcusable misión de la Iglesia—digué—es atajándola (la Fe), cruzarla, castigarla. En lo intelectual, con el Dogma; en lo cordial con la Liturgia; en lo social con la Disciplina». Igualment s'havia de crucificar la Pàtria, «superada por una vocación de Imperial unidad. No la espontánea, la instintiva, la del sentimiento "chauvin", la de las griterías y las algaradas, la de las nostalgias y de los paisajes». I també l'Amor; per això es parla de la «creu del matrimoni». «La cruz en la cual vive muriendo y muere derramando vida».[59]

Parlar dels Jocs Florals em porta a esmentar que, en el mateix any i pel mes d'agost, s'organitzaren a Elx, amb motiu de la celebració de la festa, uns certàmens poètics en els quals s'havia de cantar un tema únic, l'«Etern Femení». Aquest acord dels qui convocaren els Jocs Florals, revela, evidentment, la influència d'Eugeni d'Ors, que d'un temps ençà venia parlant de l'«Ewig-Weibliche» goethià, és a dir, de la idea de la Feminitat com una constant o «eon» que es repeteix al llarg de la història: una vegada és Eloïsa, l'amant d'Abelard; d'altres Clemència Isaura, la reina dels Jocs Florals de Tolosa; després Laura, la dama cantada per Petrarca; i sempre i en tot moment la Verge Maria, que era exaltada amb aquelles festes d'Elx en commemoració de la seva Assumpció al Cel i que segons volia el nostre biografiat calia que adquirissin un caràcter fix com les antigues Olimpíades a Grècia. Serien «Las Ilicitiadas».[60]

Pel gener de 1943 aparegué el llibre *Epos de los Destinos*, «fruto de catorce años de embriagadoras meditaciones sobre el Destino de los Humanos»,[61] pel qual presentava un conjunt de biografies—no «biografías noveladas», adverteix en el pròleg, sinó quelcom menys frívol—. «El Génesis, señores, no es una novela...» Vol ésser una «vasta obra biográfica», o conjunt de quadres històrics que revelin «la triple personalidad de un Destino del ser humano».[62] Contenia una biografia de Goya que s'intitulà «Del vivir de Goya» (primerament publicada en francès, com ja ha estat indicat abans), una biografia dels Reis Catòlics o, més ben dit, un aglomerat de biografies, «puesto que propio de los monarcas y conductores del pueblo es producirse a través de los demás»,[63] i per això, com ja he anotat, afegeix a les vides de Ferran i Isabel les de Cisneros, Colom i Gonzalo Fernández de Córdoba.[64] Per últim, el llibre comprèn la sèrie de «glosas» que havien aparegut a *El Debate* amb el títol de «Eugenio y su Demonio» i a les quals ja m'he referit.

El que lligava aquestes individualitats aparentment tan distintes era el propòsit de l'autor de mostrar, amb uns exemples biogràfics, la certesa de la seva teoria sobre la personalitat humana, «pues los seres como Goya están movidos por una especie de fuerza satánica del subconsciente que les hace, cuando son genios, acertar sus aciertos, sin darse cuenta del sentido de sus aciertos. En el otro extremo está el hombre angélico o el destino angélico, en que los hombres no se hallan como conscientes, sino sobreconscientes ... Y por último, en la zona intermedia, está el hombre político, es decir, el hombre que se realiza, por la conciencia, a través de los demás hombres. Así como en una especie de "Divina Comedia" la trilogía se constituye por un Infierno, que es el tipo del hombre satánico, Goya; un Purgatorio, que es el tipo del hombre o del ser humano político, los Reyes Católicos; y un Paraíso, que es el tipo del hombre angelical, es decir, el Licenciado de Torralba, asistido siempre por su ángel Zaquiel».[65]

L'explicació és enginyosa, però ben poc convincent, i afegiré que, pel meu gust, en aquest llibre les biografies més bones són les menys artificioses: vull dir les que s'acosten més a la realitat, de manera que en la *Divina Comèdia* de menor quantia que ens presenta Ors trobo superior l'*Infern* al *Purgatori* i aquest, no cal dir, millor que el *Cel*.

El 1944 adquireix a Vilanova i la Geltrú un casalot adossat a una vella ermita dedicada a sant Cristòfor. La vella advocació del lloc el satisfà. Recordi's que havia declarat el sant "Patró de les gloses". El seu fill Víctor, arquitecte, s'encarregà de restaurar la casa i habilitar-la per residència estival. A la paret de l'ermita el nostre personatge féu posar un mosaic de Santiago Padrós, que representava el sant gegant i uns versos amb els quals combinava la tradició local i la seva devoció cada dia més accentuada pels àngels custodis:

> Cristòfor porta el Diví infant,
> mes qui, doncs a Cristòfor porta?
> Aquell que té l'ala prou forta
> per sostenir son cos gegant.[66]

Enllestida la restauració de la casa, Eugeni d'Ors solia passar-hi molts dies de l'any: per les vacances de Pasqua, i de Nadal, i una bona part de l'estiu. El costum durà fins el temps de la seva mort i precisament finà a la seva residència vilanovina.

Durant el període estival alguns amics de Barcelona l'anaven a veure a la nova residència que tenia en aquella població de la costa catalana. Ors decidí aglutinar aquell nucli d'admiradors amb la constitució, el 10 de setembre de 1946, de l'Academia del Faro de San Cristóbal. El que és important de tot això, però, és el fet que Eugeni d'Ors, en fincar-se a Vilanova i restablir contacte amb determinades personalitats barcelonines, demostrava una voluntat d'aproximar-se, també físicament, a la terra natal i a la que havia dedicat, amb més il·lusió, els millors temps de la seva producció intel·lectual.

Per tant, pot considerar-se el 1944 com una data molt significativa en els darrers temps de la biografia orsiana, i no sols pel que acabo de referir, sinó també perquè és l'any en què fou nomenat, el 17 de setembre, fill adoptiu de Vilafranca. L'ocasió es presentà quan el nostre personatge intervingué, d'una manera decisiva, en l'organització d'una exposició a la Sala del Casal de la capital penedenca, de vint-i-cinc dibuixos de la sèrie «Sueños en Quesada» de l'artista Rafael Zabaleta. «Reyes de Aragón, dentro de Castilla son», escriví una vegada Ors comentant l'exhibició a Madrid de les restauracions escultòriques de les tombes reials de Poblet realitzades per Frederic Marés, esdeveniment que, segons ell, era molt important pel que tenia de superació dels localismes artístics, una tendència que recomanava seguir, perquè així convenia a una bona política de Cultura. «¿Qué es la Cultura? Cultura, humanidades, libertades del espacio y del tiempo. Cultura, algo incompatible con el gusto por la histórica relatividad y la política de campanario». Segons deia, sempre ho havia entès d'aquesta manera, «donde un día llevó a Rafael Zabaleta a exponer, único invitado, a Villafranca del Panadés».[67]

Remarcaré, amb un incís, que Zabaleta fou el darrer dels pintors patrocinats per Eugeni d'Ors, el seu artista predilecte dels anys quaranta, com ho havia estat pels trenta Mario Tozzi i pels deu Torres García. El nostre biografiat s'adonà de la qualitat d'aquest pintor andalús quan, per la tardor de 1942, exposà a les Galeries Biosca, i ja l'any següent volgué que figuressin en el Salón de los Once unes obres de Zabaleta, «a quien no estoy lejos de considerar como el pintor español más interesante de nuestros días».[68] En certa manera, Eugeni d'Ors es considerava inspirador de la vocació pictòrica d'aquell artista. «La ventura de Rafael Zabaleta empieza como la desventura de Paolo y Francesca; por la lectura de un libro. ''Galeoto fue el libro y quien lo escribiera'' abomina el Dante. En la ocasión de Zabaleta yo no sería quien para abominar, porque resulta que el libro era mío. Se trataba de un estudio sobre Paul Cézanne editado en Francia».[69]

Però val més que deixi aquesta qüestió del patronatge, que assumí el nostre biografiat respecte a Zabaleta, per tornar al punt en què ha estat iniciada la digressió. Amb motiu de l'exhibició vilafranquina dels dibuixos del pintor de Quesada se celebrà un sopar, a les acaballes del qual fou llegida una sol·licitud dirigida a l'alcalde d'aquella població—que hi era present—, per la qual es demanava a la Corporació municipal que nomenés Eugeni d'Ors fill adoptiu de Vilafranca. La primera autoritat digué que, prescindint dels tràmits, es complaïa a atorgar la distinció allà mateix.[70] L'acord el va satisfer en gran manera. «Todo allí es franco, público, civil, aireado y abierto.» Es recordà que el seu avi matern n'era fill, «los huesos de los Rovira cuya substancia hace allí crecer unos regios cipreses», els d'aquell cementiri que comparava al de Verona i on descobrí la tomba d'un remot familiar seu que morí en plena joventut, d'una bala perduda en una d'aquelles «bullangues» del segle passat, prop del sepulcre del qual es proposà anar a resar, «por mi romántica parienta Matilde, medio olvidada al pie de un sauce» i també «por el totalmente olvidado revolucionario, de cuyo fusil salió la bala que la mató».[71]

Ja he al·ludit a tot això en el capítol primer. Li agradava el romanticisme del sepulcre i del cementiri de Vilafranca i l'encant senyorívol que es desprèn d'aquella població, que, aparentment, només és una capital agrícola, però que ha adquirit d'altra part tanta significació en l'espiritualitat catalana per l'obra acomplerta pels seus fills egregis com Penyafort, Milà, Llorens o Torras. Això era el que el satisfeia més de tot. «La maternidad de nuestra Villafranca quiso un día, no ha mucho, extenderse generosamente hasta mí. Dijeron allí, voces demasiado amigas, que yo me lo había ganado. Pero yo en la intimidad de mi conciencia me inclino atrevidamente a sentir que también ella, la clara urbe, se lo había ganado. A fuerza de engendrar tantos hombres ilustres había llegado a una situación valorativa en que la asimilación a un nacimiento en ella debía ser considerada como un altísimo honor».[72]

Davant de tanta literatura com segregà Eugeni d'Ors a l'entorn del seu nomenament de fill adoptiu de la capital penedesenca, Francesc Pujols reaccionà amb l'aguda manera que li era característica un dia que es trobà amb el nostre biografiat, i li digué, recordant-li que ell era nebot, per línia materna, d'un altre vilafranquí il·lustre, el bisbe Morgades: «Prefereixo ésser net efectiu de Vilafranca com jo en sóc, que no pas fill adoptiu com a tu t'han fet».[73]

En un altre sentit pot considerar-se remarcable l'any 1944 en la vi-
da del nostre personatge. En les festes d'Elx, els organitzadors dels Jocs
Florals que, segons Eugeni d'Ors, saberen transformar «una cachupina-
da poética» en «una institución poética importante»,[74] que, el 1943,
oferiren premis pels treballs que parlessin de l'«Etern Femení», havien
inclòs en el cartell unes distincions especials per als qui tractessin de
l'obra orsiana. Guanyà el primer premi del tema monogràfic Ricardo
San Juan Paya, de València, i el segon, José Luis López Aranguren, de
Madrid. La cosa, com és natural, complagué moltíssim al nostre biogra-
fiat i dedicà a les «ilicitiadas» de 1944 cinc «glosas» amb el títol comú
de «Los sinópticos».[75] Però, a més de la satisfacció personal, el certa-
men d'Elx portà una conseqüència important per a Eugeni d'Ors: el des-
cobriment del nom «nuevo para mí, de José L. Aranguren, del cual
pronto, a su vez, se honrará la filosofía española»,[76] predicció que ha
resultat certa. Del premi en nasqué un tracte continuat que portà López
Aranguren a assistir a diversos cursos de la Ciència de la Cultura a l'Es-
cola Social de Madrid i de tot això un llibre seu sobre la filosofia orsia-
na,[77] que constitueix, al meu entendre, el treball de síntesi més
complet que s'ha fet respecte del pensament del nostre biografiat, per
bé que no té el mèrit que Ors assenyala i que consisteix «en haber sido
pensado en Ávila, lejos de cualquier contacto personal con la fuente con-
sultada y hasta con sus audiencias y poniendo en juego unas dosis por-
tentosas de adivinación»,[78] ja que l'autor, en molts punts del seu llibre,
revela una manca de distanciament amb el personatge del qual estudia
l'obra i d'haver acceptat, sense discussió, els suggeriments que degué
fer-li. Em refereixo, concretament, a la naturalitat amb què Aranguren
admet l'esquema de l'«heliomàquia» orsiana, ja que, segons ell, la vida
del nostre biografiat es redueix a una «lluita per la Cultura» portada en
tres etapes caracteritzables cadascuna d'elles per una progressiva am-
pliació de l'àmbit en què aquella era exercida: primer Catalunya, des-
prés tot Espanya i finalment Europa. En aquest punt traeix una
influència massa directa d'Eugeni d'Ors. No sóc l'únic a remarcar l'an-
terior defecte, puix que també l'indica Josep M.ª Capdevila en el pròleg
al seu bon llibre sobre l'etapa barcelonina del nostre personatge, en el

qual agudament retreu la faula de La Fontaine de la mosca que es vanta d'haver anat fiblant una rècula de mules que tiren una diligència costa amunt i s'atribueix l'exclusivitat d'un esforç que és, en el millor dels casos, col·lectiu. Però aquest inconvenient no resta qualitat al treball de López Aranguren, que, com he dit, és molt estimable pel que té de resum, força comprensible, d'una producció tan dilatada i multiforme com la d'Eugeni d'Ors, un mèrit que, com és lògic, el nostre personatge aprecià per sobre de tot i que li féu lamentar, per exemple, la part que a ell era dedicada en el *Diccionario de Filosofía* de Josep Ferrater i Mora, perquè, tot i ésser correcta, només es referia als primers anys de la seva producció significada per una adhesió a la doctrina pragmatista.[79]

El 1945 se celebrà el IV centenari del Concili de Trento, i la «Cátedra Francisco Suárez» de la Universitat de Granada organitzà una sèrie de conferències de les quals una fou encomanada a Ors, que interpretà el fet històric de l'antepenúltim Concili en funció de les seves teories sobre la Ciència de la Cultura, dient que calia aclarir la confusió originada principalment pels tractadistes d'art que la reunió de Trento fos un fenomen típic del Barroc, com l'església del «Gesú» de Roma o l'escultura de Bernini, que hom s'ha acostumat a considerar típiques manifestacions estètiques de la Contrareforma. El cèlebre Concili, en restablir la disciplina eclesiàstica, respon a un «eon» clàssic. «"La vida es sueño", símbolo barroco, no es un símbolo tridentino; la ecumenicidad de Trento pertenece al orden de la Cúpula, no al del Campanario».[80]

Això s'esqueia pel mes de febrer. A les darreries de març, va ésser convidat a pronunciar el «Pregón» de la Setmana Santa de Cadis, i suposo que l'oferiment degué fer-lo reflexionar bastant abans d'acceptar-lo, perquè per a aquest tipus d'actes calen una altra mena de persones. Trobà una bona solució per a complaure els amics gaditans,[81] que enllaçava amb la seva afecció a la teoria angèlica, puix que, en un dels misteris o «pasos» que sortien a la processó i que representava l'Oració a l'Hort, hi havia l'Àngel amb el Calze. Llavors se li acudí de redactar una prosa molt lírica que en digué «Salmodia monocorde», com si fos una «saeta» andalusa. «Todo era amable y todo conminatorio era / Yo debía venir

dar una conferencia / cantar con voz tan trompetera / meter mis metafí-
sicas en molde de saeta».[82]

El text que llegí Ors era bonic, però no lluí gaire a causa del mal
temps. «Un fiero levante aullaba en el entremares gaditano, al lanzarse,
en recitativo, la saeta. Cuando fue dable suponer que ésta se clavaba,
se clavó invisiblemente, en el blanco, empezó una blanda lluvia que era
una bendición».[83]

El «paso» de l'oració a l'Hort de Getsemaní estava bastant atroti-
nat i, de resultes de l'entusiasme que l'il·lustre visitant demostrà per
l'Àngel que hi figurava, es convingué que seria restaurat per a la proces-
só de l'any vinent. Sembla, però, que tot quedà reduït a un projecte, per-
què, quan al cap de dos anys es produí a Cadis l'explosió d'un polvorí
que provocà un crescut nombre de víctimes, Eugeni d'Ors es preguntava
en un escrit: «Quien dictó el Pregón para las Fiestas de una ciudad, ¿no
está obligado, en cierta manera, a entonar el treno, cuando la hora de
su desventura?», i enmig de les lamentacions sentenciava que «La explo-
sión ha asolado a Cádiz porque la gloria del Ángel se olvidó».[84]

El nostre biografiat considerà l'any 1945 molt important per a ell,
perquè els seus amics li oferiren un àngel esculpit per Frederic Marés,
una talla en fusta sense policromar que «parece venida de la Catedral
de Chartres»[85] i que agradà extraordinàriament a Eugeni d'Ors, com
ho prova que l'incorporés de seguida a la seva iconografia personal, per-
què trobà que, igual que «La Corredora» del Museu Vaticà, simbolitzava
el principi de participació. L'estàtua femenina del museu romà represen-
tava el repòs i el moviment alhora. En l'àngel de Marés «la disposición
a la caricia reside allí emulsionada, en la altiva dignidad de consejo. No
ya sus ojos, sino las mismas manos, se llenan indisciblemente de amor
y sabiduría. A tiempo de guardarnos, en su fundación de Custodio, nos
anima con los estímulos de Amigo[86]... la Amistad y el Diálogo».[87]

Ors solia oferir a les amistats una festa al seu domicili madrileny,
cada any pel dia de la Candelera, que ell es complaïa a designar amb la
seva exacta denominació litúrgica, la Festa de la Purificació. Estava pro-
jectada la instal·lació de l'estàtua angèlica de Frederic Marés per a la
Candelera del 1945, però per una sèrie de circumstàncies adverses no

pogué complir-se el seu propòsit i llavors féu enviar als invitats unes tar-
getes impreses amb el text següent: «Nevadas y otras inclemencias del
tiempo y de la Historia privan hoy la llegada al Caserón del Sacramento
del Ángel Custodio de Eugenio d'Ors. Mientras esperan su presencia
para después de la penitencia cuaresmal, los oferentes encienden las
Candelas de la Purificación para remedio de apagones[88] y de cualquier
ocasión de Tiniebla».

Tal com havia anunciat el pompós escrit, passada la Quaresma, el
dia 25 de maig, se celebrà la festa. L'àngel fou col·locat en una cambra
ad hoc del Caserón, que Ors anomenà, fins a la seva mort, el «cuarto
negro», enmig d'unes fulles de palmera que li foren trameses des d'Elx,
rodejat de quatre ciris de color roig i sobre una llàntia de vidre mallor-
quí. A la peanya de l'estàtua, en unes plaques d'argent, hi havia gravats
els noms dels amics que li oferien la imatge[89] i la inscripció: «Ubi Per-
fecta Amititia Vivit».[90] A la festa concorregueren moltes personalitats
de la vida intel·lectual madrilenya i uns quants amics seus desplaçats ex-
pressament de Barcelona, Eduardo Marquina i Alfonso Moreno llegiren
unes poesies i José María Cossío y Aarón Cotrús uns assaigs. El nostre
biografiat recità les seves «Oraciones para el creyente en los ángeles»...

Tot això el feia feliç.

A partir d'aquell moment, es referí a 1945 com l'any de la seva
«Angelofanía». «Me ha nacido un Ángel», repetia.

Pel 1946, Eugeni d'Ors havia ultrapassat la seixantena. «Es el mo-
mento... Es el momento en que el escritor entra en esta función que lla-
maríamos la de ser "el alejandrino de sí mismo" y que se cifra en la
ordenación de la serie de Obras Completas. En el bien entendido de que
sus Obras Completas no quiere decir obra total. Porque el fuego central
sigue irrumpiendo allí donde se ha solidado ya la corteza terrestre. Y
porque el Ángel de la personalidad, ya enteramente alumbrado, sigue
con todo acompañando al peregrino e insuflándole palabras misteriosa-
mente creadoras».[91]

Decidí recopilar els seus escrits en castellà. Aquell any aparegué
editat per l'empresa madrilenya de Manuel Aguilar el *Novísimo Glosa-
rio*, que comprenia el publicat el 1944 i 1945, és a dir, els escrits més

recents del *Glosario Completo*. L'any següent sortiran, dins de la mateixa rúbrica editorial, els volums I i II del *Nuevo Glosario*. La primera part, del 1920 al 1926, i la segona, del 1927 al 1933. Els volums, relligats en pell vermella, ostentaven a la coberta una silueta goethiana d'Eugeni d'Ors que l'autor havia començat a divulgar pels anys trenta al seu «Courrier Philosophique». També a la casa Aguilar havien anat apareixent d'ençà del 1944 una sèrie de llibrets que recollien els seus treballs en qüestions artístiques. La col·lecció, iniciada amb la publicació de «Lo Barroco», s'intitulava Index Sum i era representada per un rellotge de sol amb la inscripció «Index sum. Sine sole nihil sine indice nulla», que ell havia escollit d'una làpida romana de l'antologia d'Eugene Marsan editada per A.L.A. i que Ors trobà que definia perfectament la funció de la crítica d'art.

Com que tímidament es reprenia a Barcelona l'edició de llibres en català, l'Editorial Selecta o, més ben dit, el seu infatigable i malaguanyat promotor Josep M.ª Cruzet, que havia assolit l'edició, el 1944, de tres títols verdaguerians dins de la Biblioteca Selecta (*L'Atlàntida, Canigó* i *Montserrat*), pogué oferir, a la primavera del 1946, la reedició de *Gualba la de mil veus* i *La Ben Plantada*, formant part d'aquella col·lecció.[92] El nom d'Eugeni d'Ors, membre de les dues Reales Academias, era prou prestigiós per a allunyar tota sospita de vel·leitats polítiques per part de l'empresa editorial. El nostre biografiat n'era prou conscient en escriure les següents línies en ocasió de celebrar-se una Fira del Llibre Espanyol a la capital catalana: «Celebrada hogaño en Barcelona, la Feria Nacional del Libro Español ofrecerá la novedad de una restauración. Como un templo profanado que debe purificarse para la nueva celebración del culto, la expresión catalana, que averiaron menudas politicallerías, ha tenido, tras larga penitencia, que sacarse los demonios del cuerpo.[93] Nada mejor para el exorcismo que la unción de un sacerdote como Jacinto Verdaguer. Brille a su lado la inocencia de Teresa, con sus Vilasar de Mar y sus "Villa d'Este" o la "Tel·lina", inmune a las mil voces de Gualba».[94]

Acaba la Guerra Mundial. Com tota persona mitjanament sensible, el conflicte l'havia fet patir d'esperit, per més que hagués viscut en un país llavors providencialment preservat de les calamitats bèl·liques. «¡El mundo está hoy tan frío, tan desabrido y gris; las calles tan enlodadas; tan cerrado el cielo! La guerra no se acaba y sí la vida. He visto entronizado el absurdo; la perfidia canonizada. Nada aquí está claro y siento que voy a naufragar en ese caos. Me doy tres horas para salir de él», deia en unes línies introductòries d'un treball escrit el 1943, pel qual tornava a dedicar unes reflexions al Museu del Prado.[95] El que més el mortificava era no poder anar a París, veure exposicions d'art, donar conferències... no poder reprendre tota aquella activitat que pràcticament havia estat interrompuda amb la Guerra d'Espanya, perquè l'escapada a Portugal i la que féu a Itàlia el 1938 foren ben poca cosa i no cal dir com li resultà desagradable—ateses les circumstàncies del moment—el seu viatge a Aix-en-Provence i el breu sojorn a la capital francesa per la tardor del 1941.

Ara, amb la pau, s'anava aclarint l'horitzó de mica en mica. Per la tardor de 1946 se celebrà un Congrés Internacional de Filosofia a Roma. Hi anà. El 1943, en plena guerra, els alemanys n'havien convocat un a Nuremberg i invitaren Eugeni d'Ors, però refusà d'assistir-hi i es limità a enviar una comunicació sobre Leibnitz[96] que fou publicada al periòdic *Frankfurter Zeitung* amb algunes supressions introduïdes per la censura nacional-socialista.[97] El 1946 la cosa havia canviat, almenys pel que afectava la seguretat material, ja que, pel que es referia a les ideologies en aquell Congrés, hi hagué grans divergències, com deixa entendre el mateix Ors en uns escrits periodístics referits a la reunió, dels quals es desprèn l'existència d'una radical incompatibilitat entre els congressistes fidels a les posicions espiritualistes i els adeptes a actituds materialistes d'arrel marxista, per bé que només es limiti a dir que la representació espanyola va caracteritzar-se per una «común adhesión al pensamiento que llamamos figurativo»[98] i que en el Congrés quedà palès que en el món actual «casi no nos quedan más que dos soluciones: o caer en una cínica adoración de la fuerza o proclamar moralmente primacías más o menos morales de performadora paternidad», o sigui l'afirmació de la trilogia «Autoritat, Jerarquia i Paternitat», en substitució dels caducats principis que proclamà la Revolució Francesa: «Liberté, Égalité, Fraternité».[99]

Potser pel fet que a Roma i en aquell moment eren tan predominants les concepcions del materialisme històric, i perquè sentia un deler d'idealisme, anà a visitar aquell ancià filòsof que s'havia retirat en un convent de la Ciutat Eterna, Santayana, que ell no coneixia personalment, però de qui donava notícia a *La Veu* trenta anys enrera: «Ha estat professor a Harvard i va néixer a Madrid l'any 1863. Els madrilenys no ho saben. Jo tampoc ho sabia...»[100]

Trobà l'espanyol americanitzat que menava una existència humil, però que era ben feliç en sentir-se lliure i emancipat «de una comedia representada durante cuarenta años: la de ejercer de profesor de Filosofía. Yo lo único que sentía era no tener tiempo de explicarle hasta qué punto mi Ángel Custodio me había favorecido en este capítulo con sus funciones de preservación».[101]

En aquest punt insistia, novament, en la diferència que havia fet més d'una vegada—recordi's, per exemple, el text de la seva dissertació sobre Menéndez Pelayo a la Reial Acadèmia de la Història—entre el professor de Filosofia i el veritable filòsof, l'home de pensament. «¿Por qué, dentro del uso español, no ha de tomarse el título de "sabio" normalmente y con una tranquilidad "supina"? ¿No se llaman otros, a sí mismos, "poetas"?», diu en un altre treball periodístic, on narra la conversa que sentí un dia entre la «bailaora» Pastora Imperio i l'actriu María Guerrero i en el curs de la qual la ballarina digué a la segona: «¡Ay, doña María! ¡Ustedes, las "cómicas", no pueden saber lo que sufrimos nosotras, las "artistas"!», i afegia Ors: «Brindo a los Gilson, a los Santayana, a los Gabriel Marcel, el derecho de usar de una frase que, hasta cierto punto, les colocaría en el mismo nivel de exactitud disyuntiva que el dicho de Pastora Imperio: "¡Ay, querido señor!—dirían—. ¡Ustedes los catedráticos, no pueden saber cuánto sufrimos nosotros, los filósofos!"»[102] Ell es tenia per un d'aquests filòsofs savis o professionals del pensament, d'una factura mental molt més valuosa que no pas la d'aquells que divulguen, des d'una càtedra, les especulacions filosòfiques d'altri.

Cal convenir que en aquesta qüestió no l'obcecava la vanitat. Era evident que havia anat dispersant-se impel·lit per les circumstàncies en una gran diversitat de manifestacions: conferències, cursets, discursos, llibres d'assaigs i un gavadal de col·laboracions periodístiques, però fins i tot els escrits que publicava als diaris eren d'un to que sobresortia molt del corrent en la premsa espanyola, tant la de Barcelona com la de Madrid. D'altra part els treballs seus d'aquella mena tenien molta més coherència que els dels restants periodistes de talla. Palesaven l'existència d'un pensament definit. Sense arribar a formular-ho expressament, Ors s'identificava en un article amb el grup dels grans «periodistes» que havien succeït als «enciclopedistes» i aquests als «moralistes». En la glosa en qüestió remarcava com, «a la vez que para los pintores más recientes, una tendencia estructural reemplaza al musicalismo disperso del arte impresionista, los más significativos ensayistas de España orientaron su esfuerzo sin abandonar el fragmentarismo aparente del instrumento de su expresión hacia el logro de conjuntos filosóficos organizados, cuando en forma de actitudes, cuando bajo especie de doctrina».[103]

Malgrat això, quan es trobà en el «replà de la maduresa», tot i ésser conscient que el conjunt de la seva obra dispersa ça com lla presentava una coherència molt més que no semblava, s'adonava que ell encara no havia donat el «do de pit», que li mancava aquell punt d'arrodoniment de la pròpia tasca que per un temps pot originar l'íntima sensació angoixosa del fracàs. Produeix aquesta impressió, per exemple, el següent paràgraf de la seva «Epístola a Picasso», a la qual ja m'he referit i que es publicà al darrer número d'un cèlebre *magazine* català: «Amic, amic, nosaltres pertanyem a una promoció que, en virtut de no se sap quina llei de col·lectiva condemna, sembla destinada—i detall remarcable—, no en un país únic, ni exclusivament dins un ordre d'activitat personal, a la glòria del corredor de concurs que, brillantment cobertes les etapes, s'entrebanca i perd temps i terreny just a l'instant en què anava a tocar el terme, esperant així una victòria d'aquest fet tornada equívoca ..., les nostres existències, àdhuc les més sortoses, fracassaren en la fatalitat de mant detall, que en traeix l'incompletud». Breu, sabia que, per la seva part, tampoc no havia complert la recomanació que feia a Picasso servint-se d'una frase que solia repetir el pintor Carolus Duran als seus deixebles: «Messieurs, faites un chef-d'oeuvre».

Jo no sé, jo no puc saber, perquè sóc un profà en Filosofia, si mereix la consideració d'«obra mestra» el llibre que publicà el 1947, *El Secreto de la Filosofía*,[104] però sí que puc remarcar com és evident que amb aquesta voluminosa obra ell va fer un esforç seriós per exposar d'una manera lligada la totalitat del seu pensament filosòfic. I això és una cosa meritòria, de la qual ell podia estar joiós, a l'extrem de la presumpció: «No había más que una mente en la España de hoy capaz de articular entero y orgánico un sistema de Filosofía. Y esta mente es—perdónese que sea yo quien lo diga—la de un servidor».[105]

S'ha d'admetre que des de feia molt de temps tenia concebuda *in mente* aquesta obra. El seu llibret *Una primera lección de Filosofía*, aparegut a Madrid el 1926, es complementava amb dos quadres sinòptics o «apéndices esquemáticos» que resumien la manera com entenia la Dialèctica o «Doctrina de la Intel·ligència», una de les parts components del seu sistema filosòfic (les altres dues eren la «Física» o tractat de la Naturalesa i la «Psicologia» o tractat de l'Esperit). La Dialèctica havia d'articular-se amb l'estudi dels elements o «Teoria de les Idees» i llurs enllaços («Teoria dels principis») i les estructures («Teoria de la saviesa»). Segons anunciava en el quadre de referència, entenia les idees com a objectes. La seva teoria era d'un idealisme objectiu, allunyada tant de l'intuïcionisme com de l'idealisme. Perquè es referia als enllaços de les les idees, deia que calia substituir els dos principis de la Lògica clàssica, els que s'anomenen de «contradicció» i «de la raó suficient» per uns altres dos que havien d'innovar totalment les construccions lògiques i que, respectivament, designava amb els noms de principi «de participació» i «de la funció exigida». Finalment, insinuava, respecte de les estructures, que, per ell, la Filosofia era quelcom inserit en la mateixa vida.

M'he entretingut a explicar l'anterior esquema pel to programàtic que el caracteritza pel fet que representa d'haver-se planejat, meditat i digerit un sistema que no pogué desenrotllar com ell volia fins al cap d'una vintena d'anys, quan tingué l'oportunitat de reduir-lo a escrit i detalladament. Moltes de les idees contingudes en el seu llibre capital aparegut el 1947 es troben disperses al llarg del Glosari o dels treballs periodístics en castellà i en contribucions filosòfiques seves anteriors de tipus fragmentari, com són la construcció a l'entorn de l'«Home que treballa i que juga», «La Lògica biològica», etc.

Això explica que quan pogué compondre *El Secreto de la Filosofía*, la tasca[106] de redactar materialment l'obra li fos planera i que el llibre, tot i que forma un gros volum de quatre-centes pàgines impreses, fos escrit amb una gran facilitat.[107] Sumàriament intentaré donar una idea del seu contingut.

La Filosofia, segons Ors, és una activitat íntimament vinculada a l'existència humana (recordi's la seva aportació al Calendari de «Cenobium» de Lugano). El pensament s'articula amb paraules; per aquest motiu atorga tanta importància al diàleg i arriba a identificar la Dialèctica amb la Filosofia. Les paraules han d'ésser enteses en llur significat exacte, bo i relacionant les unes amb les altres, però no d'una manera aïllada, perquè els mots no tenen un valor abstracte, de signe, com les xifres matemàtiques. Les paraules en Filosofia són a mig camí de la descripció i de l'abstracció. Per aquest motiu Eugeni d'Ors—home de pensament figuratiu—es complaïa a repetir sovint, i ho reitera en aquest llibre, que igual que la Filosofia ocupava una posició equidistant de la Història Natural i de l'Àlgebra, el dibuix era el terme mitjà entre la Pintura i el Signe. La Filosofia equival al Dibuix; opera amb figures.

Davant de la realitat, l'Empíria capta fenòmens i obté percepcions, la Ciència capta essències i obté conceptes, la Filosofia capta figures i obté idees. En el primer cas s'utilitza l'observació; en el segon, la raó; i en el tercer, la intel·ligència. D'ací que entengui la Filosofia com una vitalització de la racionalitat («Filosofia de l'Home que Treballa i que Juga») i la part més noble, la més humana de la Saviesa.

El pensament filosòfic pur, aquell pel qual el pensament es pensa a ell mateix, és el que cal anomenar pròpiament Dialèctica. Quan l'objecte del pensament és l'activitat de l'Esperit, s'entra en la Poètica (Potència, Creació espiritual o Psicologia); i quan es considera la passivitat, es refereix al camp de la Patètica (Resistència de la matèria o Física).

Com havia deixat establert en el quadre sinòptic del 1926, encetava la Dialèctica amb la Teoria de les idees. Les idees neixen dels conceptes i aquests de les percepcions, però les percepcions contenen un element poètic, de creació, puix que l'objectivitat és elaborada per la subjectivitat («Lògica biològica»). Del fenomen es passa al «noumeno», explica, i afegeix, tot rectificant, la fórmula de Hegel que el real esdevé ideal.

Emperò, la contribució més original que al meu entendre fa Eugeni d'Ors amb el seu sistema s'escau en la part relativa als judicis o encadenament dels conceptes quan es proposa arraconar els principis de contradicció i de la raó suficient.

La noció de l'ordre, que és irreductible a la Raó i que, aplicada a la coexistència, comporta la idea d'espai i a la successió la idea de temps, nodreix els dos principis tradicionals de la Lògica, aquell que prova la racionalitat espacial, l'anomenat «principi d'identitat» (tot ésser és idèntic a si mateix) o també «principi de contradicció (una cosa no pot ésser a la vegada una altra) i el que demostra la racionalitat en el temps: el «principi de la raó suficient» (res no existeix sense una raó suficient per a la seva existència), més conegut com a «principi de causalitat» (tot fenomen pressuposa una causa).

Les modernes aportacions en el camp de la Biologia, de la Mecànica o de la Física, com l'evolucionisme, l'entropia (segon principi de la Termodinàmica), la teoria de la relativitat d'Einstein i la de les «quanta» de Planck, han desacreditat el principi de contradicció. ¿S'ha d'entendre amb això que cal abandonar la concepció racionalista del món? —preguntà Ors—, i s'acuita a respondre que «cabe, en Filosofía, encontrar principios que si no satisfagan las exigencias convencionales de la Razón satisfagan de todos modos, a la Inteligencia», i que de la mateixa manera que Kepler, amb la seva concepció de les òrbites planetàries el·líptiques, havia salvat el racionalisme que semblava amenaçat quan els astrònoms del Renaixement desacreditaren l'esquema de les òrbites circulars de Copèrnic, havia d'intentar-se, en el món de la Filosofia, una revolució kepleriana per tal de no caure en l'irracionalisme que, altrament, suposaria l'abandó del principi de contradicció. El pensament ha naufragat—diu—i és urgent canviar de vaixell. La nova embarcació s'anomena «Doctrina de la Intel·ligència». El capità de la nau enfonsada era el «Principi de contradicció». El que ara ens ha de pilotar fins a un port segur és el «Principi de Figuració». Segons aquest, una cosa pot ésser a la vegada una altra o altres, per això també mereix el qualificatiu de «Principi de participació», la certesa del qual ens és revelada per moltes branques del coneixement com la Lingüística, que ens indica que un mateix mot pot tenir més d'un sentit: la Teologia (Déu és únic en tres persones); l'Etnografia, que descobreix en la mentalitat d'alguns pobles no europeus la creença en els tòtems: l'animal que, a més de la seva existència individualitzada, encarna un esperit; la Fisiologia, disciplina en la qual Friederich Goltz ha afirmat que la funció sobrepassa l'òrgan; o la Psicologia, especialitat on Pierre Janet va distingir-se per la seva teoria sobre el to psíquic independent de les facultats anímiques.

Segons el principi de figuració, és perfectament comprensible que en un mateix individu concorrin un feix de significacions: un home casat, ultra ésser considerat com un mer ciutadà, ostenta la representació jurídica, política i administrativa de la seva família. Per l'exigència figurativa, al contorn d'una persona s'ha d'afegir el símbol que assumeix com l'aurèola o nimbe que hom pinta als sants, compara Ors.

Dialècticament, amb el principi de participació no s'exclou la diversitat. Per tant, és preferible el pensament assertori a l'apodíctic. El «pensar segons ironia».

El principi de la raó suficient o de la causalitat que s'ha aplicat, preponderantment, a la formació dels judicis sintètics propis de l'Empíria (com el principi de contradicció o d'identitat serveix per a construir els judicis analítics utilitzats en el pensament matemàtic) també ha anat desprestigiant-se en el parer d'Eugeni d'Ors pels recents avenços de la Ciència, especialment en el camp biològic, amb les noves formulacions de les lleis genètiques, que han palesat l'existència del doble joc dels caràcters heretats i els adquirits per transformació; en Psicologia, domini del coneixement en el qual hom ha après a distingir entre l'individu i la personalitat, forma sense contingut material que aquell pot adoptar: un home, Joan, que té una existència individualitzada i concreta, és ciutadà a partir d'un cert dia; quan li ve reconegut el dret al sufragi, la Ciutadania serà per a ell una forma sense suport físic que haurà assumit en el moment de la seva majoria d'edat. El comte de Gobineau—segueix explicant Eugeni d'Ors—ja demostrà l'existència de formes independents de la matèria, descobriment que jutja d'una importància transcendental, puix que permet la constitució d'una Ciència de la Cultura. Els homes, els esdeveniments històrics, el que està subjecte al pas del temps: tot el que, en definitiva, constitueix un element dinàmic i inestable, pot adquirir fixesa adoptant una de les «formes sense cos» que existeixen en la Cultura: les constants, els «eons». Determinats individus: Alexandre de Macedònia, Carles el fill de Pepí el Breu, o un tal Napoleó Bonaparte, nascut a Ajaccio, que visqueren, guerrejaren i que fa molts anys que ja són morts i enterrats, assumiren l'«eon» de l'emperador, una forma estable que seguirà existint en el món amb independència dels homes que, històricament, l'han encarnat.

És per totes aquestes consideracions que proposa la substitució del principi de la raó suficient o de causalitat pel de la funció exigida, que pot formular-se així: «Tot fenomen està en funció d'un altre fenomen, anterior, concomitant o subsegüent», o dit d'altra manera: «Tot fenomen és un epifenomen».

Per la Història i, concretament, per la Història de la Cultura o, millor dit, per la Ciència de la Cultura, que és l'especialitat que més interessa Eugeni d'Ors, el principi de la funció exigida serveix admirablement per a l'explicació dels fenòmens. Hom entén el semitisme «en funció» de l'existència d'uns pobles aris; el proletariat «en funció» del capitalisme; Espanya «en funció» d'Amèrica, etc.

També el principi de funció exigida és d'una gran utilitat per a l'exercici de la crítica artística, que, com ja ha estat indicat, s'ha de fer cercant el «sentit» de les obres i no explicant el seu significat (crítica dels temes) o analitzant la seva morfologia (crítica de les formes). Una pintura, una escultura, una realització arquitectònica, cal que sigui interpretada «en funció» del Classicisme o del Barroquisme.

Una vegada formulada la seva teoria dels principis, Ors passava a explicar la teoria de la Saviesa, que era la Doctrina de la Intel·ligència o «del Seny», designada així, en català, perquè reconeixia que el mot era d'una valor preciosa que no tenia equivalent en llengua castellana. Tot al més existia una traducció aproximada al francès amb la paraula «Sagesse».

La Doctrina de la Intel·ligència o Filosofia del Seny—deia bo i recapitulant el que havia escrit en les gloses quaresmals del 1911—comportava una superació del racionalisme pel fet de constituir una filosofia unida a l'interès vital («La fórmula biològica de la lògica») i d'englobar la totalitat de la Saviesa, o sigui: l'Empíria, la Filosofia, la Ciència i la Cultura.

Amb aquesta obra dilatada l'autor pretenia—com indicava el seu títol—assolir el «Secret de la Filosofia», amb el qual hom arribava als resultats següents: «En primer lugar se restaura, en las mentes no poco de la ingenua visión de los niños, con la cual vuelve el ámbito del mundo y del trasmundo a llenarse de maravillas ..., la Filosofía es una renovada inocencia. Toda crítica se vuelve pedante; cualquier dialéctica renovadora. En segundo lugar, la unidad del conocimiento es alcanzada mediante el secreto de la Filosofía. El milagro y la ley son compatibles; el Tiempo con la Eternidad; la Razón con la Fe. En tercer lugar, esta conjunción no es interiormente combativa, de íntima ruptura..., sino que un orden jerárquico lo armoniza todo, dentro de un adecuado instrumento de conocer, la Inteligencia: que no es la rígida Razón, que no es la Intuición desorbitada».[108]

El llibre acabava amb un autèntic *tour de force*, amb una exhibició d'habilitat literària, ja que pretenia condensar tota la Història de la Filosofia en cinc-centes paraules, com ho havia fet per a la Història de la Humanitat.

L'obra podia ésser poc o molt convincent, però de cap manera no resultava menyspreable. No obstant això, el llibre, en el qual el seu autor havia posat moltes esperances, trobà un ressò tan feble que gairebé puc afirmar que tingué un acolliment glacial. Sé pels íntims d'Eugeni d'Ors que se'n dolgué molt.

Tornem a allò que feia feliç el nostre personatge: les seves excursions culturals per l'estranger que havia reprès amb la Pau mundial.

Després de Roma, acut, el mes de setembre de 1947, a Ginebra, on se celebra una «Rencontre internationale» per discutir el tema «Progrés tècnic i progrés moral». Com a la reunió celebrada a la capital italiana l'any anterior, Ors es veié en una posició minoritària dins d'un gran corrent marxistizant. El motiu de la discussió s'hi prestava: «Fue un año condenado fatalmente por un tema ... a columpiarse, con pocos altos posibles, entre el comunismo y el lugar común», escriu en una glosa a propòsit de la «Rencontre» ginebrina, on explica quins foren els principals participants en la discussió quan, després d'al·ludir al que ell en diu el «lloc comú», afegeix: «Nacido para este último, aventajadísimo cultivador de él durante una vida, M. André Siegfried había de brillar como astro de primera magnitud en la Asamblea. A otras mentes originales de verdad, así la de Berdiaeff o la del fino Haldane ..., se les vio muy pronto sucumbir devoradas por la inflación comunista y resignadas a sumergirse en su gregario piélago. Dos islotes nada más, y éstos casi descarnadamente personales: el de Julien Benda ... y el de un humanismo que llamaron allí "patriarcalista" y que abanderó, en la coyuntura, España, y pareció—aunque tal vez hoy no lo parezca—más arcaico aún». En un altre comentari periodístic sobre la reunió celebrada a la ciutat del Léman, es refereix a la seva actitud minoritària de la següent forma: «Lo que ... producía la inferioridad de combate de los intelectuales estilados por el liberalismo y el protestantismo ante las acometidas comunistas era, aparte de otras fortuitas circunstancias de número, de educación—ya que la perfección se traducía allí a debilidad—, era que los primeros tenían que hablar siempe de la salvación "le salut" en el Cielo o en la Tierra, como un negocio personal, mientras que los segundos operaban, en la utopía, mediante conjuntos», i afegeix que el conflicte entre individu i societat no l'afectava personalment, perquè ell, com a catòlic, creia en l'Església, en la Comunió dels Sants, bo i explicant que trobà molt divertida la intervenció del biòleg marxista britànic, redactor de *The Daily Worker*, J. B. S. Haldane, que afirmà que una vegada acabada la fam del món i solucionada la qüestió sexual, s'anava a resoldre definitivament el problema de la mort. «Después de lo cual—escriu—ya no quedaría sino el "pleguem!" del pintor Rafael Durancamps».[109] Fou Haldane qui en el curs dels debats qualificà de «patriarcalista» l'actitud orsiana, la posició que ell en el primer escrit suara citat diu que fou sostinguda com el pavelló d'Espanya. «Calificativo que no está mal a condición de quedar bien claro que el patriarcalismo no significa volver al tiempo de los patriarcas, sino el desear que las líneas fundamentales de la humanidad, en el tiempo de los patriarcas, vuelvan a nosotros. Así la enseña del Humanismo le convendría a mi "patriarcalismo" en un todo».[110] Segurament el qualificatiu que li aplicà amb una intenció pejorativa el comunista fou provocat pel detall que el nostre personatge seguís defensant en aquella assemblea, mig partida entre liberals de la vella escola i marxistes de la nova fornada, els principis de la «Política de Missió», que als participants a la «Rencontre» els devia semblar, en el millor dels casos, un retorn a la ideologia del segle XVIII. Ors deixa entendre que se sentí aïllat i incomprès. No ho indica d'una manera tan clara, però es desprèn d'un altre escrit orsià que els atacs que rebé pel seu «paternalisme» foren duríssims. Se sap que li van ésser retrets, àdhuc, alguns d'aquells tòpics de la «Llegenda Negra» espanyola, com la Inquisició i la Conquesta de Mèxic per Hernán Cortés. Eugeni d'Ors no respongué momentàniament a l'escomesa, però una vegada retornat a Espanya replicà que el despietat conqueridor de l'Imperi asteca havia realitzat, en definitiva, una «Política de Misión», i que, per tant, podia respondre de la seva obra. «Quien celebre a Cortés que no rechace a Escipión ..., los que ... de ellos no respondemos ya son Indíbil y Mandonio»,[111] és a dir, els revoltats contra la Cultura. Els abominava com l'any 1909 renegà Viriat amb la seva pellissa plena de paràsits, que no volgué vestir-se amb la toga de Roma que representava la Civilització.

A l'estiu de 1949 tornà a Itàlia i aquella vegada trobà un públic més addicte, potser perquè dissertà en uns cercles de persones predisposades a escoltar-lo. Almenys això és cert pel que es referia a l'entitat franciscana Angelicum de Milà, on parlà dels esperits custodis. A Roma, el 22 de juny, parlà al Centro Romano di Comparazione e Sintesi en un sentit favorable a les síntesis i advers a les comparacions, especialment en els estudis d'història literària. Ja sabem que s'havia pronunciat contra aquests mètodes en el seu discurs d'accés a la Real Academia Española, en el qual afirmà la superior importància de l'Humanisme respecte de la Literatura Comparada.

També a la Ciutat Eterna inaugurà la represa de les activitats de l'Instituto Español després de la guerra, amb una dissertació sobre «La Filosofía española, escrita y no escrita», en el curs de la qual assenyalà dins de la Civilització espanyola tot un corrent filosòfic que moltes vegades ni tan sols ha arribat a manifestar-se per escrit, baldament sigui viu i autèntic; ho prova la subsistència en la parla popular d'expressions informades d'un contigut filosòfic com per exemple, les típiques locucions castellanes «tener ángel», l'ús del verb «querer» en lloc de «amar», etc. D'altra part—seguí dient—existeix una gran producció literària, teatral, obres de teòlegs i tractats científics que en un sentit ampli hom pot qualificar de filosofia espanyola escrita: Priscil·lià; les «coplas» de Jorge Manrique; la novel·la picaresca; Gracián; *La Vida es Sueño*; Donoso Cortés, Menéndez Pelayo y Santiago Ramón y Cajal, són els llibres i els autors que Eugeni d'Ors esmenta, a títol il·lustratiu, de la seva teoria en el resum que féu de la seva conferència a un periodista que l'entrevistà a Barcelona quan venia d'Itàlia,[112] i afegí que, d'una manera més estricta, els filòsofs veritables podien classificar-se en dues grans categories: els asistemàtics com Unamuno o Santayana i els sistemàtics, o sigui els que han articulat tot un sistema de cap a peus. Segons el nostre biografiat, en la Cultura espanyola només han existit tres autors que mereixen aquesta consideració: Llull, Suárez y «el que ha declarat la Doctrina de la Intel·ligència».[113]

El 1950 i pel mes de maig anà a Roma una altra vegada. Com una entitat annexa a l'església espanyola de Montserrat, el Govern havia creat un Instituto Español de Estudios Eclesiásticos, que inaugurà les seves activitats amb una dissertació orsiana, el tema de la qual m'és desconegut. En canvi, m'ha arribat el títol d'una altra conferència que pronuncià a l'Institut espanyol de la Llengua i Literatura de Roma, aprofitant la seva estada a la Ciutat Eterna: «El lenguaje».

En el curs del seu viatge d'anada a Itàlia o en el retorn, es detingué a Aix-en-Provence, puix que la Universitat que l'havia distingit anys abans amb el doctorat *honoris causa* l'invità a participar en una sessió d'homenatge al professor d'aquella *Alma mater*, Maurice Blondel, l'intuïcionista cristià, mort pel juny de 1949.

Per la tardor de 1950 s'embarcà cap a Sud-Amèrica per pronunciar una sèrie de conferències a l'Uruguai i a l'Argentina. Durant la travessia escriví una sèrie de cròniques plenes de records del viatge que emprengué el juliol de 1921 amb el mateix destí.[114] A Montevideo parlà a la Institución Cultural Española davant d'un auditori en el qual abundaven els exiliats polítics espanyols que, de moment, quedaren desagradablement sorpresos en oir com el conferenciant començava dient que no venia en so de pau, sinó en un to combatiu, però sospiraren alleugerits quan Ors aclarí que volia lluitar contra Caliban, el personatge de *La Tempesta*, de Shakespeare, «perpetua representación de cuanto es bárbaro, instintivo, feo, material, grosero y utilitario», per tal de poder alliberar Ariel, com ho havia fet l'il·lustre assagista uruguaià José-Enrique Rodó amb una obra homònima.[115]

Ignoro en quina entitat de la capital argentina professà un curset sobre els seus temes predilectes: «En Buenos Aires ha tenido lugar lo que podíamos llamar la proclamación solemne de una ciencia nueva: la Ciencia de la Cultura. Algún curso sistemático ya, en Madrid, Valencia, Cádiz, Burdeos, París, Ginebra, fue señalando las etapas de una gestación dichosa. Lo de Buenos Aires ya sido ya un alumbramiento», escrivia, des de Madrid, reposant del seu periple sud-americà.[116]

A principis de 1951 caigué seriosament malalt. La recuperació fou difícil, al punt que cregué que ja havia de renunciar, per sempre més, a aquells desplaçaments a l'estranger que tant li plaïen. Tot i això, tingué l'oportunitat de tornar a Itàlia la primavera de l'any següent i, com declarà a un periodista barceloní, malgrat considerar la seva convalescència com una «inoportunidad física para el viaje ..., me movió a probar mis fuerzas para saber si continuaba útil o tenía que despedirme de tales cometidos».[117] Francament, no estava en condicions de desplaçar-se, però com que l'il·lusionava emprengué el viatge. Ell mateix ens dóna una prova d'haver superat coratjosament l'obstacle de la seva disminució de forces, perquè en un comentari on es dol de l'afectada ignorància per les coses d'Espanya exhibida per alguns visitants de categoria que només surten de l'hotel per realitzar la comesa que els porta a Madrid o a Barcelona, ell explica que «en Milán, a desgrado que últimamente

cualquier facilidad física de circulación me había sido vedada por la sa-
lud, no sólo he acudido a la Brera, inclusive cuando estava oficialmente
cerrada, sino que me he alargado hasta una exposición de De Pisis, o
al estudio de Carrà o al Banco en que Zanini inauguraba unos plafones
murales».[118]

En el curs d'aquella excursió italiana visità, com es desprèn de l'an-
terior cita, la capital lombarda, on funcionava una Societat de Filosofia
depenent de la Universitat, i per als seus membres dissertà sobre el que
ell en deia la «Gaya Ciencia», «entendida no precisamente como estilo
de trovar, sino como estilo de saber»—aclareix al periodista que el sot-
meté a l'interrogatori abans referit—. Aqueix «Gai Saber», que, apa-
rentment, no tenia res a veure amb la institució floralesca i que per
aquell temps tenia preocupat el nostre personatge, perquè sabem que el
mateix tema de Milà fou repetit en una altra societat filosòfica annexa
a la Universitat de Gènova pilotada per Michele Federico Sciacca, i al
Congrès d'Humanistes que organitzà a Roma el professor Castelli, era
«un orden de conocimiento emancipado del principio de contradicción
(que) ha conocido en la Historia de la Cultura tres manifestaciones his-
tóricas sucesivas»: l'Humanisme, centrat en una atracció per l'Antigui-
tat clàssica, és a dir, el Passat; l'Enciclopedisme, que representà, en
definitiva, una previsió optimista del Futur; i el Periodisme, en el sentit
més ampli de la paraula que «mejor que el Ensayismo u otras hipocresías,
tiene por ideal la Actualidad».[119] «El título de humanista ha sido siem-
pre considerado como razón de orgullo correspondiente a la que llama-
ríamos una función aristocràtica en la actividad humana. Tras los
humanistas vinieron, en la historia cultural, los Enciclopedistas, en
quienes la afectación de especialidad intelectual ha parecido por lo me-
nos discutible ... Avanzaron los tiempos ... La invención y difusión del
instrumento de civilización conocido por el periódico impone su reali-
dad a toda la vida literaria. Del caos de lo frívolo, de lo que en un tiempo
fue calificado tan despectivamente de "gazetiers et faiseurs d'alma-
nachs" se extrae la definición profesional de lo que llamaríamos perio-
distas», un qualificatiu que les persones despertes saben que pot usar-se
sense el matís pejoratiu que alguns infonen a la denominació aplicada als

qui elaboren una literatura efímera, puix que hi ha periodistes que han estat veritables pensadors, com Goethe o Balmes.[120]

És evident que en reivindicar l'aspecte més noble del periodisme, la darrera etapa de l'evolució experimentada per la «Gaya Ciència», i en remarcar, per tant, la importància que pot tenir l'empresa intel·lectual centrada en l'actualitat, Eugeni d'Ors formula un al·legat *pro domo sua*; ha passat anys i anys procurant fer el diagnòstic de «les palpitacions dels temps». Després d'haver-se dedicat dia rera dia a aquesta tasca durant cinc dècades, ens fa entendre que tal vegada l'aspecte de la seva obra que més comptarà serà aquest: el d'un autèntic escriptor filosòfic encobert sota l'aparença d'un col·laborador constant als periòdics. Això, no ho insinuaria si hagués trobat el ressò que mereixia l'aparició el 1947 de la seva obra filosòfica sistemàtica.

Novament parlà de la «Gaya Ciencia» a París el 1953, al local de la Biblioteca Espanyola de l'Avenue Marceau. La dissertació parisenca fou donada en retornar d'un viatge a Brussel·les, on el 21 de febrer havia pronunciat a la Sala des Beaux Arts una conferència sobre «El Greco i Pascal» dins d'un cicle de manifestacions culturals catòliques. Bo i esmenant el que havia escrit anys enrera en el sentit d'agermanar la producció d'una i altra figura dins d'un mateix corrent romàntic o barroc, en una glosa on qualificava Pascal com «el Greco de la Filosofia»,[121] ara també els aparellava, però, a través d'una interpretació del signe de llur sobreconsciència, àngel o personalitat, que era molt més lúcida i serena que no semblava de bell antuvi. La clau de les respectives biografies del pintor i del filòsof—deia—pertanyia a l'ordre del Classicisme i no del Barroquisme.

«El Greco ... pasa por el tipo ejemplar de la pasión desbocada», però hom no té en compte que també realitzà obres arquitectòniques, «es una profesión ésta en que no cabe desbarrar demasiado. Encima de arquitecto era retratista. Autor de retratos "parecidos". Si el Greco es más sensato que su fama, con Pascal ocurre tres cuartos de lo mismo. Mucho presentarlo como un alucinado. Mucho mostrarle entre abismos y vértigos; mucho registrarle los papelitos que llevaba, en costura, entre los forros de su casaca de existencialista y muy poco para mientes en que, después de todo, se trataba de un geómetra. El geómetra Pascal tenía de loco lo que de oftalmópata el arquitecto Domenico Theotocopuli».[122] Aquestes foren, més o menys, les paraules pronunciades en un dels actes més destacats de la seva *tournée* cultural per l'estranger, que cronològicament va ésser la darrera, puix que moria l'any següent.

Cal que relacioni, però, les principals intervencions del nostre biografiat en el país i durant els últims anys de la seva existència.

El 10 d'abril de 1947 parlava a l'Ateneu de la «Fenomelogía de los libros de Caballería», amb motiu de celebrar-se el IV centenari de la naixença de Cervantes. Ors aprofità l'efemèride per a recomanar la restauració dels Ordes de Cavalleria. «Las naciones pasaron, pero apenas si lo Imperial balbucea. ¿Y entonces? Entonces. ¿La Anarquía? No: la Caballería», havia escrit un any abans,[123] per bé que en el curs de la conferència digué alguna cosa encertada com en la interpretació que féu d'aquell fenomen històric, en assenyalar per exemple l'arrel celta de la institució medieval amarada d'un esperit de matriarcat que portà a aureolar amb una llegenda d'heroïcitat el fadristern o el bastard que lluita amb un desinterès que no té res de mediterrani. Els cavallers errants no s'assemblen gens a Ulisses».[124]

La Universitat de Barcelona organitzà durant alguns anys uns cursos d'estiu a Puigcerdà. El nostre personatge fou invitat a donar-hi una conferència l'any 1948. El matí del dia 25 de juliol i al Teatro Ceretano parlà sobre el tema «Nuevo elogio de la palabra». Al·ludeixo a aquella dissertació perquè estimo que hauria d'ésser especialment considerada pels qui vulguin conèixer els punts de vista orsians sobre Filologia, que no deixen de tenir una certa originalitat. Val a dir que la preocupació del nostre personatge per aquestes matèries ve de lluny; en el curset de primavera del 1909 professat als Estudis Universitaris Catalans ja exposà el seu concepte idealista de la paraula com a reacció enfront del positivisme entre els filòlegs del període finisecular. Malgrat el seu idealisme, corregí—com he indicat—la teoria maragalliana sobre l'origen del mot com a manifestació espontània, instintiva, gairebé de suscitació miraculosa. Per Eugeni d'Ors la paraula ja és una elaboració mental, un fet de cultura. «¡Cuán roso pleonasmo eso de "la palabra culta"!», havia escrit mesos abans de la conferència de Puigcerdà.[125] En aquesta, però, fou més explícit perquè digué: «Cuando un día, en Heidelberg o en Munich, yo hube de escoger a Karl Vossler—que entonces profesaba en Wurzburgo—por mi maestro, tuve ya conciencia de que este gran filólogo, por exceso de historicismo, por timidez en filosofía, cualquiera que fuese la filiación en Croce que ostentaba, no realizaba en Filología más que una revolución a medias. La liberaba del positivismo, pero continuaba esclavizándola en la Historia. Rompía con el prejuicio de la evolución al situar el lenguaje en el dominio de la Cultura, pero, al no dar a ésta una metafísica entidad, dejaba el lenguaje en suspenso, a mitad de camino entre la evolución y la creación». Les paraules—pel nostre biografiat—no són com els éssers que neixen, creixen i moren. Són susceptibles d'un desenvolupament infinit, talment les llavors que produeixen una planta i aquesta unes altres llavors que originen altres plantes. «No son seres, sino gérmenes». Cal que hom s'acostumi a considerar els diccionaris no com arxius, sinó com a vivers.[126] «Las palabras son como frutos, con su pericarpio de traza o de sonido, su metacarpio de significación, su endocarpio de sentido», havia dit, també abans.[127]

Per la tardor de 1948 s'inauguraven les activitats de l'Ateneo de Madrid amb una conferència orsiana sobre «Política de Misión». La tarda del 21 d'abril de 1949 parlà en el Saló de Cent de l'Ajuntament de Barcelona, en un acte d'homenatge a la figura d'Adrià Gual, en el qual també participaren Guillem Díaz Plaja, que, com a director de l'Instituto del Teatro de la Diputació de Barcelona, continuava, en certa manera, la tasca que havia iniciat Gual amb la fundació de la Institució Catalana d'Art Dramàtic, i l'eminent actor Enric Borràs, que recità unes poesies d'aquell qui fou un animador del nostre teatre de principis del segle, que Eugeni d'Ors tractà i amb el qual fins i tot havia col·laborat literàriament. (Recordi's que l'ajudà en la traducció catalana de l'*Èdip Rei*.) Emperò, és evident que, a més de la seva voluntat d'associar-se a l'acte en honor a una personalitat important del món artístic català, el nostre home cercava una reivindicació col·lectiva; la de la generació de Gual, a la qual ell també pertanyia i que a principis del segle innovava tantes coses a casa nostra en una empresa realitzada he-

roicament, puix que era portada a terme en una atmosfera d'indiferència
i fins i tot d'hostilitat. «Jamás figura de intelectual se vio tan larga, pro-
fusa, gacetera y tertulianamente parodiada y befada como en Barcelona,
en Cataluña entera, la de Adrián Gual. Caricatura y sátira, humoristas
y currinches, encarnizáronse, año tras año, sin flojamiento ni tregua, en
aquel cuyo único pecado consistía en un tesonero apetito de distinción».
Una broma que no tenia, ni de bon tros, l'espiritualitat que hom acostu-
ma a posar en les sàtires corrents en altres països, com la dels «chanson-
niers» de Montmartre, posava per comparació. La sàtira de la qual fou
víctima constant el nostre inquiet home de teatre era més grollera i mo-
nocorde: els dibuixants el representaven sempre amb un paraigua a la
mà, pel fet que en algunes sessions que organitzà a l'aire lliure havia plo-
gut. Tota aquesta mesquinesa típica d'un ampli sector de la societat ca-
talana i que Ors abominava[128] contribuí a l'íntima amargor de Gual
i—això pot llegir-se entre línies—a la pròpia amargor del nostre biogra-
fiat: «Aquí, en vez de la mano tendida a la felicitación, el puño irrespe-
tuoso o la palmada guasona descargada sobre la espalda ..., en la asfixia
casi insoportable de tal medio, Gual fue desgranando el rosario de unas
ilusiones». Malgrat això—concloïa—, hom no pot negar a Gual la glòria
d'un precursor, «presentaciones escénicas como las logradas, en estos úl-
timos tiempos, por los teatros Español y María Guerrero de Madrid,
pueden corresponder, aproximadamente, a lo que, para los suyos, había
soñado el regidor teatral de la *Ifigenia en Táuride* del Laberinto[129] o del
Edipo Rey en el Íntimo».[130]

L'any següent tornava a parlar a Barcelona i a l'Ateneu, puix que
en aquella casa iniciava el 10 de gener de 1950 una sèrie de tres confe-
rències sobre el tema de la «Unitat» i la «Dispersió», considerades com
a constants històriques o «eons», que venien designats pels substantius
«Roma» i «Babel». «Roma, clave de la Unidad del linaje humano, es algo
que no pertenece, más que ocasionalmente, a la Geografía: Babel, expre-
sión viva de la dispersión irremediable que separa a los hombres, no per-
tenece más que por modo legendario a la Historia». La Civilització
s'explica pel joc de les dues constants. «Intentad prescindir de la exis-
tencia de la una: todo naufraga en la oscuridad y la confusión; intentad

prescindir de la existencia de la otra: todo se falsea en la ilusión y el en-
sueño».[131] En les dues conferències que seguiren—professades els dies
11 i 12—, interpretà la Història Universal en funció dels dos «eons»,
puix que, segons ell, les valors d'unitat encarnades en Roma es reafirma-
ren amb Dante, que en la seva obra *De Monarchia* propugnava la restau-
ració del Sacre Romà Imperi, mentre que el gest de l'emperador Julià
l'Apòstata—que provocà la dispersió en restablir els cultes pagans i en
renegar per tant el cristianisme—factor d'Unitat—,[132] fou reproduït
per Maquiavel, que exaltà el poder del Príncep i estimulà per la seva
exaltació de l'Absolutisme l'aparició més tardana del principi de les na-
cionalitats, que respon al «eon» de Babel.

Al mateix any dissertà altra vegada a l'Ateneu, el dia 26 de maig,
dintre d'un cicle de conferències organitzat pel Col·legi d'Arquitectes.
Exposà el tema «Arquitectura y jardinería» d'una manera molt personal,
que segurament devia sorprendre les persones que creien que anaven a
escoltar una lliçó sobre arquitectura paisatgística, ja que Ors tractà de
la jardineria en funció de la Història de la Cultura, oposant el paisatge
com a element de barroquisme o de romanticisme al jardí com a manifes-
tació clássica. Per això afirmà, amb la sorpresa d'una bona part del pú-
blic, que el cèlebre grup escultòric de Rodin *Els burgesos de Calais* o la
Casa Milà de Gaudí «són paisatges».[133]

El 1950 marca en la biografia orsiana una fita important, perquè
en aquest any es concreta un nou intent d'aproximació a Catalunya o,
més ben dit, a la seva ciutat natal, en el qual persistí fins a la data de
la seva mort; una voluntat potser no tan palesa com la que s'havia exte-
rioritzat durant el bienni 1935-36—que malauradament resultà frustra-
da per l'esclat de la guerra civil—, però no menys sincera que la
formulada abans de la tragèdia. Les estades a Vilanova, cada vegada més
prolongades a partir del 1944, el seu nomenament de fill adoptiu de Vi-
lafranca, foren els graons que facilitaren l'accés al públic barceloní que
ell pretenia, iniciat en certa manera el 24 de març de 1943 amb la repre-
sa de la seva col·laboració a *La Vanguardia*, també estroncada el 1936,
amb la Guerra,[134] i en el curs de la qual anà evocant preferentment els
anys de la seva joventut: la Universitat provinciana, els ambients artís-

tics en què es mogué com el Cercle de Sant Lluc, la taverna dels Quatre
Gats, etc., com es desprèn de les abundants cites que he fet al llarg
d'aquesta obra, procedents de la seva darrera etapa periodística. Amb
tot, no s'ha d'oblidar que el 1952 començà a publicar al setmanari barce-
loní *Revista* una sèrie de comentaris en matèria estètica dins d'una secció
fixa intitulada «Arte vivo».[135] Emperò, si atorgo una especial impor-
tància al 1950, és perquè, a més de les quatre conferències a l'Ateneu
que he relacionat, Josep M.ª Cruzet (el malaguanyat impulsor de la re-
presa editorial catalana que havia llançat la seva Biblioteca Selecta amb
Gualba la de mil veus i *La Ben Plantada* el 1946, i publicat el 1948 dins
la mateixa biblioteca *Oceanografia del Tedi*,[136] amb un nou pròleg de
l'autor redactat expressament per a tal ocasió), edità el 1950, com for-
mant part de la Biblioteca Excelsa, un volum que recollia, amb algunes
omissions i alteracions, el *Glosari* dels anys 1906 a 1910. La publicació,
tot i que no era gaire satisfactòria per les raons suara adduïdes, consti-
tuïa, però, un esdeveniment molt remarcable, puix que revelava en
l'ànim d'Eugeni d'Ors un sentiment potser explicable per la senectut de
tornar al punt de partida de la seva gloriosa carrera literària, en la qual
ell, en les línies introductòries al volum, redactades a l'ermita de Sant
Cristòfor pel gener de 1950, assenyalava una continuïtat que el seu pri-
mer públic no sabia veure. Per això escrivia que l'autor «té la seguretat,
que, llesta la tasca, del "Glosari" de "Xènius" no en pot resultar sinó
una esclatant confirmació d'aquella unitat vocacional[137] al llarg d'una
vida que ell ha subratllat sovint com una revelació de qualsevol veritable
biografia, menyspreadora de la puerilitat d'aquells famosos "períodes"
que sol multiplicar la incomprensió referidora. No; no hi ha substancial-
ment una "època blava" o una "època negra" en la producció de tal ar-
tista. No hi ha una "època catalana" i una altra "de París" en la tasca
del Glosador. "Xènius", com a signatura, va morir el 1920. Però no se-
ria estrany que l'Àngel Custodi que presideix el seu inacabable treballar,
a l'ombra vetusta dels sostres d'un casal de Madrid, s'anomenés, encara,
"Xènius"».
   D'altra part, la publicació del primer volum del que havia d'ésser
l'edició completa del *Glosari* constituïa per a ell un balanç que, en con-

junt, resultava força satisfactori, cosa que explica que en posar-se a la
venda el llibre digués que «no hay más remedio sino confesar, en ocasión
del repaso, que hubo de mediar en todo aquello ... no poco de adivina-
ción, intuición, pálpito y profecía».[138]

En els darrers anys d'Eugeni d'Ors és perceptible una tendresa en-
vers la seva terra d'origen que ell no dissimulava ans al contrari, la mani-
festava ara i adés com en la glosa que publicà l'any anterior a la seva
mort que començava així: «Ahora que vivo con mi ciudad de Barcelona
una especie de resellada luna de miel»...[139]

L'Ajuntament de Barcelona, que en dues ocasions havia volgut
comptar amb ell com a membre dels premis literaris que té instituïts,[140]
va atorgar-li la «Medalla de la Ciudad al Mérito Científico», que li fou
imposada per l'alcalde Simarro al Saló de Cent, la tarda del 26 de setem-
bre de 1953, en el curs d'un acte solemne, en el qual també es concedi-
ren altres distincions a diverses persones i entitats, com la Medalla al
mèrit artístic a l'Orfeó Català. Eugeni d'Ors, en nom de tots els qui ha-
vien rebut els honors, pronuncià un discurs de regraciament en el qual
aprofità la coincidència de les dues distincions per a retreure la vella po-
lèmica sostinguda amb el Mestre Millet el 1907 a l'entorn dels localis-
mes i de l'internacionalisme en l'Art. Amb el temps—vingué a
dir—s'havien trobat més a prop que no estaven abans; l'Orfeó, per
haver-se universalitzat, i ell, per tornar a la llar paterna, «y al ponernos
juntos una superior justicia, ha venido a estatuir para nosotros, a la vez
que una preciada recompensa, un ejemplar castigo».[141]

El cicle vital del nostre personatge estava a punt de cloure's. Al pe-
núltim any de la seva existència va arribar-li, a Madrid, el càrrec que
tant havia enyorat: la càtedra universitària, que li fou atorgada a títol
extraordinari, d'acord amb l'article 61 de la Llei d'Ordenació de la Uni-
versitat de 1943, que autoritza el Ministeri d'Educació Nacional a fer
nomenaments de catedràtics amb caràcter excepcional a favor de perso-
nes graduades «de notorio prestigio en el orden científico». El 17 d'abril
de 1953 i al Paranimf de la Universitat madrilenya s'inaugurava la «Cá-
tedra Eugenio d'Ors de Ciencia de la Cultura» amb tota solemnitat. Hi
havia el ministre d'Educació Nacional, Ruiz Giménez; el president del

Consell d'Estat; els directors generals d'ensenyament universitari i de Belles Arts; el degà de la Facultat de Filosofia i Lletres, a la qual estava adscrita la Càtedra,[142] i, naturalment, el rector de la Universitat de Madrid, Pedro Laín Entralgo, que pronuncià un bellíssim discurs, en el qual digué que Ors era un universitari «por vocación y por cultura», cosa que l'havia fet mereixedor de la càtedra extraordinària. «Ha venido con la obra de su vida ..., no ha venido "por oposición" ..., ha venido "sin oposición", ha venido por proposición». I concloïa afirmant que el Govern, en reconèixer-li el dret a la docència universitària, només havia realitzat envers Eugeni d'Ors un acte de justícia i pagava en nom de tota la societat espanyola el deute que aquesta havia contret amb ell. «¡Maestro: en paz!»[143] Tot seguit, el nostre biografiat professà la seva primera lliçó i, en acabar-la, el ministre li imposà la Gran Creu de l'Orde d'Alfonso X el Sabio.

Després de la classe inaugural, en donà tres més i digué a un periodista que l'interrogà sobre els seus projectes que en la segona tanda de la càtedra, la primavera següent, parlaria de «Las paradojas de los elementos irracionalistas en la ciencia racionalista del siglo XVIII», i, com que el repòrter insistia a saber quins eren els objectius que es proposava atènyer amb la seva docència oficial, replicà, «ciclópeo y sibilino el Maestro: por sus obras los conoceréis», escriu l'entrevistador.[144]

En els darrers mesos de la seva vida Ors elabora una obra que, desgraciadament, serà pòstuma. Em refereixo a *La verdadera historia de Lídia de Cadaqués*, editada pel seu fidel amic Josep Janés i Olivé, el qual féu constar, en la sobrecoberta, que l'autor n'havia corregit proves en el curs de la seva última malaltia. Es tracta d'una rememoració, molt artificiosa, del sojorn estival que féu durant la seva adolescència en aquell poblet del Cap de Creus en un any imprecís dins el primer lustre del segle—probablement el 1904—, que ja ha estat referit en el segon capítol d'aquesta obra. S'estatjà, juntament amb el seu amic Jacint Grau, a casa d'una peixatera, que els tractà a cos de rei, puix que els productes de la pesca eren abundants i selectes a la llar d'aquella bona dona anomenada Lídia, un bon tros autoritària, que exercia un veritable domini sobre el seu marit (és el «Nando» que Ors fa aparèixer, remant en un bot, en les darreres pàgines de *La Ben Plantada*) i els seus dos fills, que passaven bona part del temps a la mar. A Cadaqués, en aquella època—segons refereix el nostre biografiat—imperava el matriarcat, ja que els homes eren gairebé sempre absents del poble, pescant. Les dones ballaven soles la sardana. Ho diu més d'una vegada i especialment ho recordà—com he indicat—a la seva conferència del 1923 sobre «La Sardana i la Inquisició», plena de reticències envers la *Lliga*.

El que realment succeí entre aquella matrona absorbent i el minyó inexpert és difícil d'aventurar. Tot i això, no crec que tinguessin relacions íntimes. Ell conta que menjava molt bé a casa de Lídia, perquè li donava el bo i millor de la mercaderia que diàriament expedia a Figueres, deixant-li exercir sobre les paneres del peix una mena de «dret de cuixa», bo i afegint «del homólogo sobre las pescadoras andábase, en cambio, bastante mal. Sobre la Lídia, ni por figuración: lo mismo hubiera sido pensar en la Reina Guillermina, a la sazón subida al trono».

El que sembla cert és que la peixatera sentia una autèntica atracció per aquell adolescent que es veia tan instruït. Quan els dos estadants partiren, Lídia anà trastocant-se i a mesura que progressava la carrera literària d'Eugeni d'Ors imaginà que el qui en un temps li havia semblat tan estimable corresponia als seus sentiments i es comunicava amb ella—en llenguatge xifrat—a través de les obres que produïa.[145] Algú li digué que, en escriure *La Ben Plantada*, l'autor s'havia inspirat—en part—en el seu sojorn a Cadaqués, cosa que Ors no negà mai, i Lídia cregué que Teresa era ella. La follia de la peixatera s'agreujà. Josep Pla, que visità Cadaqués per la tardor de 1918, explica[146] que es trobà amb «una dona del poble, però (que) en el seu vestit hi ha la pretensió estrafolària de semblar una senyora ..., guarnida així sembla contenir una barreja d'alcavota i de persona vinguda a menys», que feia «uns estranys i aparatosos compliments» a ell i als seus acompanyants. Per una sèrie de dissorts familiars caigué en la més negra misèria. Hom acabà per considerar-la com una bruixa. Els vailets del poble l'apedregaven. Segueix contant Pla que, quan Ors anà a Castelló d'Empúries en ocasió dels cèlebres Jocs Florals, «Lídia no l'abandonà ni un sol moment. Quan el "Glosador" volgué pujar fins a Sant Pere de Roda, la pobra dement no el deixà de petja». Els del seguici s'estranyaren de la presència d'aquella dona que, segons explica el nostre biografiat, tot idealitzant aquella peripècia que devia ésser bastant desagradable, es posà al costat de la cavalleria que Ors muntava i que ella refusà per seguir a peu rostos amunt fins que, en arribar el cim, digué amb veu perceptible, malgrat la forta tramuntana que bufava: «Ja som al Mont Carmel», i desaparegué, però no com Teresa, que ascendí al cel al jardins de la Vil·la d'Este, ja que, en el cas de Lídia, fou «un descenso, a través de la gleva patria, por el camino de montes desnudos y desfiladeros angustiosos, hasta las cavernas subterráneas; hasta los antros telúricos, donde moran, impasibles, las ideas madres. Los ángeles reciben cantando La Bien Plantada, mientras que los Gnomos van a recibir, forjando, a la Comadre».

Com es pot veure, Eugeni d'Ors elaborà un mite dels episodis de la seva llunyana estada a Cadaqués i de la sorprenent troballa anys després d'aquella dona «que la dejé hecha una comadre (y) estaba ahora en presencia de una bruja».

El procés de mitificació havia estat lent. El 1948 escrivia: «Necesito para dialogar otra criatura de barro, hija, como yo, de la tierra. De una criatura como un árbol, aunque el rayo que hirió su tronco la haya vuelto sagrada. Necesito que por mí vean, que por mí adivinen los ojos ciegos de Lídia, la de Cadaqués».[147]

Aquesta criatura arrelada a la terra era, segons ell, la personificació d'un «eon», l'«Etern Femení», que és una constant barroca (com pot considerar-se un «eon» clàssic l'Etern masculí) i que en manifestar-se en oposició a l'element masculí pot produir-se en un forma d'emulació respecte d'aquell: el que anomenem un cavallot i els castellans «una virago», o de vindicació enfront de l'home: la comare.[149] «Mi impresión es que nunca se ha estudiado lo suficiente a la Comadre como entidad de Cultura», escriu en una glosa, on retreu com a exemple d'un tal concepte la solidària venjança de les dones contra el petulant galantejador Sir John Falstaff que Shakespeare narra en la comèdia *The merry wives of Windsor*.[150] A l'època de referència, dins la ment orsiana s'estaven gestant les seves elucubracions sobre la comare i s'operava el procés d'idealització del record de la peixatera de Cadaqués. Organitzà una festa amb motiu de celebrar-se una exposició de l'Academia Breve, en la qual participaren Pedro Mourlane Michelena, la Comtessa de Campo Alange i dues personalitats que, per estar molt vinculades amb aquell poblet de la Costa Brava, havien conegut l'autèntica Lídia: Eduard Marquina i Salvador Dalí.[151] D'aquella feta eixí el projecte de Manuel Sánchez Camargo—que volia portar-se a terme amb el patronatge d'Eduard Aunós—de compondre un ballet amb música d'Ataúlfo Argenta sobre el tema de la peixatera pertorbada que hom confongué amb una bruixa. Ignoro si la cosa fracassà com solen acabar les pensades sorgides al caliu de reunions d'aquesta mena o si fou cert que Eugeni d'Ors va desautoritzar els seus amics amb les següents paraules, que llegim en el llibre pòstum: «¡Sed eternos, sed universales como vuestro Padre que está en los cielos! ¡Músicos, no toquéis a Lídia si pensáis calumniarla de pintoresca! ... ¡Cerrad, músicos, con siete llaves el sepulcro de don Felipe Pedrell!»[152]

Tot i que la mitologia centrada en aquella dona de Cadaqués havia assolit el punt d'ebullició, Ors decidí de visitar l'escenari autèntic que havia provocat la complicada destil·lació dels seus records de jovenesa. A mitjan setembre de 1953 s'arribà al poblet de Cap de Creus per evocar *in situ* el que després transcriuria amb més o menys fidelitat en el seu llibre pòstum.[153] Prolongà l'excursió fins a Agullana, el llogarret empordanès a l'asil del qual la veritable Lídia havia estat recollida fins a la seva mort, i on fou sepultada en un cementiri: «Casi tan bello, entre sus cipreses, como el cementerio de los ingleses en Roma donde están enterrados Shelley y Keats». Això, ho escriví a *La Vanguardia* el 18 de setembre de 1953,[154] encetant una sèrie de cròniques redactades arran de la seva excursió i que després foren recollides en l'obra.[155]

Una vegada estudiada la gestació d'aquest llibre direm, al seu respecte, que Ors volgué crear una contrafigura de «La Ben Plantada». Teresa era la norma; Lídia, l'instint. L'una era, gairebé, una estàtua, l'altra, una bruixa, l'expressió de la força obscura que emana de la terra i que, de vegades, es manifesta en els humils, en la dona de poble, en la comare. Quan el minyó anà a casa de la peixatera era orfe de mare, i Lídia s'adonà de com aquell jovenet estava desamparat, baldament ella el considerés aprofitat i estudiós, i per això, instintivament, el cobrí d'afecte maternal, perquè era una comare en el sentit etimològic del mot, és a dir, la co-mare, la que acompanya o ajuda a la funció maternal. Ors explica que li confià les primeres amargors experimentades en la seva carrera literària, com els biliosos comentaris de «Doys» i d'«El Maleta Indulgencias», a les activitats juvenils del nostre personatge o les burles de què fou objecte per part dels setmanaris satírics que la bona dona anomenava, genèricament «Les Torratxes»... i Lídia s'apiadà d'ell i volgué protegir-lo. De tots aquests sentiments de mare, n'eixí imperceptiblement un enamorament exacerbat per la posterior follia que coincidí amb l'època en què Ors diu que va ésser considerat com «un réprobo oficial», és a dir, els temps immediats a la destitució del seu càrrec a la Mancomunitat, cosa que exasperà Lídia, intolerant amb les injustícies, perquè pertanyia al llinatge de la Sibil·la de Cumas, que profetitzà l'adveniment del Crist, i al de Daniel, «por su paradójica palpitación hacia la Justicia y que hizo de él un precursor del Derecho Romano». Per aquest motiu, a les darreres pàgines del llibre l'autor imagina una escena encara més desconcertant que la que va concebre per acabar *La Ben Plantada*: Lídia, en morir, puja al cel; «ahora va a encontrar, en la alta región empírea, a Zoroastro, a Daniel el Profeta, a Manés, a los estoicos, a los etruscos, a los juristas del Derecho Romano, a los cátaros, a los albigenses, a los fundadores del Derecho Internacional, a los más conmovedores revolucionarios modernos. Va a encontrar a todos los fanáticos de la Justicia Social, alejados por la exclusividad de su culto de cualquier contemplación de la Gracia».

Tot aquest galimatias li serveix per a presentar-se ell com una víctima d'una sèrie d'incomprensions i d'injustícies, algunes certes i altres no; per a oferir-nos, en definitiva, una versió, simbòlica, del «cas Ors». És una autovindicació molt més explícita que no la que féu en rehabilitar la figura d'Adrià Gual; és una interpretació personal del que li havia passat a Catalunya, la terra que tant estimava i que ell, en el fons del seu cor, no havia renegat mai. Per això, en l'escena final de la comare, Lídia troba, en la regió empíria, Eugeni d'Ors i l'abraça. «''Fill meu'', exclamó en catalán Lídia». (Remarqui's l'interès de l'autor a fer constar l'idioma emprat per la dona.)

En veure que, per més que ho intentés, els recels envers la seva persona no s'havien dissipat, perquè no es podien liquidar mentre continuessin existint els homes de la seva generació, testimonis de tot el que havia ocorregut d'ençà del 1920, reaccionà, com he apuntat en un altre indret, «amb un gest equiparable al de Napoleó, el qual—segons diuen—, en la cerimònia de rebre la investidura imperial, volgué autocoronar-se... Escriví aquest llibre—en definitiva fou sempre i en tot moment un home de lletres—, amb el qual es conferia—a ell mateix— l'absolució».[156]

Al meu entendre aquesta és la clau de *La verdadera historia de Lídia de Cadaqués*, una obra no reeixida, estranya, però enormement significativa.

El llibre fou pòstum. Eugeni d'Ors moria el 25 de setembre de 1954 a la seva residència de Vilanova i la Geltrú. El mateix dia apareixia a *La Vanguardia* la seva darrera col·laboració, «Que no fuese al Museo», article on es pronunciava en un sentit favorable al projecte de traslladar a la capella de la Casa Consistorial de Barcelona la Verge dels Consellers de Lluís Dalmau, que està al Museu d'Art de Catalunya. Abans de morir, també havia enviat al periòdic *Arriba* de Madrid un article intitulat «El secreto de la elegancia». A les portes de la mort es manifestaven encara els trets més característics de la seva personalitat: una preocupació per l'art i una afecció profunda pel formulisme. No havia deixat d'ésser un esteta i un dandi.

El cadàver fou portat en aquell cementiri de Vilafranca del Penedès al qual havia dedicat tantes lloances. Momentàniament va ésser dipositat en un nínxol corrent. Després, en compliment de la seva darrera voluntat, es col·locà el bagul a la tomba de la romàntica Matilde.

En els dies immediats al traspàs es produí el rebombori habitual quan finen les grans personalitats: necrològiques als diaris, unes inflades, altres sinceres. Acords solemnes adoptats per les corporacions públiques en testimoniatge del dol,[157] i, després, el silenci trencat, de tant en tant, per algunes cites o referències a la premsa; pels actes que ha anat organitzant l'Academia del Faro de San Cristóbal, que agrupa els amics d'Eugeni d'Ors dels darrers anys; l'aparició d'uns quants llibres sobre el nostre biografiat: l'obra de Barquet ja al·ludida, que no té res d'ambiciosa, puix que només pretén ésser un recull de diversos anècdotes de les estades vilanovines del nostre personatge; el llibre de Guillem Díaz Plaja *Veinte glosas en memoria de Eugenio d'Ors*,[158] que, tot ésser de poc gruix, conté, tractant-se d'un tal autor, coses molt agudes, i l'estudi d'E. Rojo Pérez *La Ciencia de la Cultura. Teoría historiológica de Eugenio d'Ors*,[159] limitat a aquest aspecte de l'obra orsiana.

La tarda del 22 d'abril de 1961 s'inaugurà a Barcelona i als jardins del Turó, oficialment anomenats «del poeta Marquina», una estàtua de bronze que simbolitza «La Ben Plantada», obra d'Eloïsa Cerdà de Gimeno. A la cerimònia, presidida per l'alcalde Porcioles, assistí Víctor, fill del nostre biografiat, i l'actriu Núria Espert, que, als començos de la seva carrera teatral, havia merescut uns mots elogiosos d'Eugeni d'Ors,[160] i que llegí uns fragments de *La Ben Plantada* i l'escrit «Cuando ya esté tranquilo», que prologava l'edició del 1930 d'un dels seus volums del *Nuevo Glosario*, que semblava profètic, per tal com anunciava la serenor amb què caldria considerar la seva obra després de la mort: «Cuando ya esté tranquilo—sólo entonces—empezará para mí la fiesta. Lo de ayer, lo de hoy, esta inquietud, no es, no puede ser más que preparación».

Al capvespre del 17 de juliol de 1963 a Madrid es descobria un monument a Eugeni d'Ors al Paseo del Prado, davant per davant del Museu «rumia de mis rumias», com l'havia designat. El projecte arquitectònic, concebut per Víctor d'Ors, fou realitzat amb un medalló de Frederic Marés que representava el perfil del nostre personatge i una escultura femenina, en bronze, de Cristino Mallo. A la paret que donava al Passeig, s'hi féu gravar una llarga inscripció que potser resulta un xic enigmàtica per al profà, però que no estranya gens ni mica a la persona familiaritzada amb l'obra orsiana, ja que és una hàbil combinació de diverses frases que solia repetir el nostre biografiat sobre la Política de Missió, l'Obra ben feta, el Classicisme, la Tradició, etc.

A l'acte assistiren diversos acadèmics de la Reial Acadèmia Espanyola, de Belles Arts i de la del Far de Sant Cristòfor; autoritats de Madrid i de Barcelona: el president de la Diputació barcelonina i diversos membres de l'Ajuntament de la ciutat natal d'Eugeni d'Ors.

El 25 de setembre de 1964, amb motiu de complir-se els deus anys de la seva mort, se celebraren diversos actes a Barcelona, Vilanova i Vilafranca.

Aquell mateix any sortia una altra obra seva pòstuma, *La ciencia de la Cultura*,[161] que sembla que tenia enllestida per a la publicació el 1936. És un llibre important que, com *El Secreto de la Filosofía*, desvirtua, d'una manera fefaent, els comentaris que s'han fet a l'entorn de l'obra orsiana d'ésser asistemàtica i difusa. La seva teoria predilecta hi és articulada d'una manera intel·ligible i suggestiva.

Segona part

LA CATEGORIA

«ESTIL» I «XIFRA»

L'obra. L'home.

La secció de *La Vanguardia* on col·laborava regularment Eugeni d'Ors als darrers anys s'intitulava «Estilo y Cifra». «Por el "Estilo" se trata de lograr una dignificación ideal de las cosas, donde la Anécdota se transforma en Categoría. Por la "Cifra" se condensa en brevedad el pensamiento, volviendo concretas las fórmulas que, sin ella, se perderían en lo abstracto».[1]

Aquí tractaré de superar l'anècdota i de resumir la categoria.

L'anterior biografia constitueix, en realitat, una relació dels escrits del personatge al qual va referida. Seria difícil oferir altres exemples més característics d'una compenetració tan íntima dels factors «vida» i «obra», ja que tota l'existència d'Eugeni d'Ors va lligada a la seva producció literària ingent. Cal tenir en compte que no procedia d'una família rica i que no vingué al món rodejat d'unes condicions materials que li permetessin desenvolupar-se lliure de preocupacions econòmiques. Els diversos càrrecs que ocupà—ultra el fet de no gaudir-ne massa temps— no eren dels que poden qualificar-se de substanciosos, àdhuc els més rellevants, i suposo que els més ben retribuïts de tots eren insuficients per a mantenir—d'acord amb els seus gustos—un tren de vida que sense ésser, certament, el d'un milionari, era més aviat luxós. Per tant, hagué de treballar sense atorgar-se el repòs a què tenia dret. Ja se sap que les coses de l'esperit són mal pagades, especialment a Espanya; per això li calia suplir amb un esforç continu i multipolaritzat aquella migrada retribució que s'atorga a les col·laboracions periodístiques o a les conferències culturals i que per desgràcia acceptem com un fet normal. Escriví fins al darrer moment, quan les forces se li acabaren. Ja he contat que morí «al peu del canó». El mateix dia del seu traspàs apareixien en un diari de Barcelona i en un altre de Madrid els articles que venia produint any rera any per subsistir amb un mínim de decòrum. De tot el que ha estat dit, en deriva, com a conseqüència, que ni tan sols hauria de remarcar, per la meva part, de tan evident que resulta, l'impressionant volum de la seva obra. El dia que algú s'entretingui a inventariar la producció orsiana, estic segur que sorprendrà fins i tot els qui han anat seguint-la de prop. Només vull subratllar que, des de la tardor de 1904, quan començà a escriure a *El Poble Català*, fins a la data de la seva mort, el setembre de 1954, s'escola un període de mig segle! En un passatge de la seva biografia dels Reis Catòlics on narra una visita que féu a Madrigal, al·ludeix a aquell humanista que en la parla castellana s'ha fet proverbial amb el seu cognom que s'empra com a sinònim d'escriptor prolífic: «El Tostado», «que tanto escribió, que escribió más que yo mismo, ¡que ya es escribir!»

Escriure era, per ell, la condició *sine qua non* per a poder viure i l'acatà resignadament, com un condemnat a galeres, moltes vegades amb plena consciència que el que anava produint per guanyar-se el pa el privava de dedicar-se a aspectes de la seva obra que més el satisfeien, però que eren d'un resultat econòmic menys segur. Recordi's com el seu llibre *El Secreto de la Filosofía*, per ell tan important, hagué d'ésser redactat en els intervals que li deixava la seva tasca de retribució immediata.

D'una banda, això explica els sentiments exterioritzats alguna vegada, com a la cèlebre epístola a Picasso, que ell no havia tingut ocasió de realitzar encara la seva obra mestra; de l'altra, justifica l'índole de l'obra orsiana, la peculiaritat que formi el seu nucli principal la col·laboració a la premsa periòdica: el Glosari dels primers anys i els articles que considerà que n'eren una continuació per bé que hagués canviat d'instrument idiomàtic. Ell prou que ho admetia en reconèixer la superioritat de l'aspecte periodístic de la seva producció respecte dels altres dos: la «Heliomàquia» i la Doctrina de la Intel·ligència. La segona cara fracassà, en bona part, per les circumstàncies, però, principalment, per culpa del

mateix que volia portar a terme aquella empresa. El seu sistema filosó-
fic, tot i ésser estimable, no pogué exposar-lo com ell volia, és a dir, se-
paradament del Glosari i en definitiva per difondre'l hagué d'utilitzar
el vehicle dels diaris, ja que els cursets i conferències que pogué donar
no tenien continuïtat. Altra cosa hauria estat per a ell d'haver-se conver-
tit en un «professor de filosofia». Estava naturalment dotat per a la fun-
ció docent, malgrat que fingís menysprear-la. Aquestes són les causes de
la reivindicació que Ors ens ha fet de la missió dels «escriptors filosò-
fics», del valor de la «Gaia Ciència» i de la devoció declarada tot al llarg
de la seva obra, per figures aparentment contradictòries, però marcades
per una característica comuna de literats ideològics com foren Erasme,
Montaigne, Voltaire, els enciclopedistes o Menéndez y Pelayo. «Una
vez me interrogaron acerca cuál fuese mi oficio; yo contesté que "espe-
cialista en ideas generales"», indica en un indret.[2]

La seva producció és—com he apuntat—d'un gruix que fa res-
pecte. Innegablement conté algunes repeticions, però són justificables
d'una banda pel canvi del català al castellà, i de l'altra, per la natura de
la pròpia obra: «No tengo por qué disimular que, en lo relativo a asepsias
de repetición, no soy lo que pudiera llamarse un maniático. En una obra,
en el tiempo dilatada y en la abundancia profunda que reviste en ocasio-
nes apariencias de poligrafía, me ocurre frecuentemente el reproducir
fragmentos ya en aquella empleados y recurrir a ejemplos o ilustraciones
antes traídos a colación».[3]

Ultra això s'ha de tenir en compte que en moltes ocasions la reitera-
ció era deliberada. Ell era un home que predicà les virtuts de la «Santa
Continuació», posà com a exemple de la noble insistència el cas de Ber-
nard Palissy, que cercava el secret de la bona ceràmica sense fer cabal
dels fracassos, remarcà les virtuts pedagògiques del mètode repetitiu i
solia reproduir la frase de Kierkegaard: «el qui repeteix sense cansar-se
i perdre fe és un home».[4]

La repetició ha estat un dels factors que més han contribuït a ator-
gar coherència a l'obra orsiana, qualitat que ha passat desapercebuda na-
turalment als qui només han llegit uns quants llibres o uns quants
articles del nostre biografiat. Emperò, els qui s'han familiaritzat amb la

seva producció s'adonen que és com una simfonia en la qual vénen combinats uns quants temes que s'inicien, es desenvolupen, es fonen i tornen a aparèixer més d'una vegada abans de finalitzar l'audició. Eugeni d'Ors se sentí molt afalagat per l'opinió d'un vell conegut seu barceloní que justament acabada la guerra li digué: «Usted es uno de los escasísimos escritores españoles—el único probablemente aquí—continuado, en mil novecientos treinta y nueve, al servicio de los mismos temas que en mil novecientos veintinueve. Como en el veintinueve seguía con los diecinueve y en el diecinueve con los del nueve».[5] Ell remarcava que la sensació de desordre de la seva obra periodística era falsa, per tal com en ésser rellegida «cada página escrita quince o veinte años antes como una nota de circunstancias»[6] es revelava amb una significació conjunta amb altres d'anteriors i posteriors que lligaven entre elles d'una manera gairebé miraculosa, talment les peces soltes fabricades sense pla determinat que després poden ajuntar-se en una màquina que funciona a la perfecció. El fenomen, l'explicava d'una forma molt peculiar, ja que, segons ell, el que semblava un prodigi no era altra cosa que la manifestació de la seva vocació, sobreconsciència o Àngel tutelar...[7] Bé, si prescindim del sobrenatural i no oblidem el punt de vista humà, el secret de la unitat de la producció orsiana és senzill: radica—com he dit—en l'hàbil dosificació d'uns quants temes, sempre els mateixos. Efectivament, el que havia escrit el 1909 podia tornar-ho a repetir d'altra manera el 1919, el 1929 i el 1939.

Hi ha un text molt curiós d'Eugeni d'Ors: el de la resposta a un periodista que l'interrogà a San Sebastián el 1938, en plena guerra civil. S'intitula «Temas para la nueva jornada»[8] i al·ludeix a les idees directrius del seu pensament: «Imperialisme», «Sindicalisme», «Cultura», etc., d'una manera idèntica a com ho havia fet a Barcelona al temps de Prat de la Riba, o a Madrid a l'època de Primo de Rivera o d'Alcalà Zamora. La cosa té el seu mèrit, però pogué fer-ho perquè posava un punt d'inconcreció intencionada en el vocabulari, per tal que cada lector atribuís als mots-bandera el significat més adient amb la seva ideologia. Hi ha, per exemple, el que ja ha estat remarcat respecte de la imprecisió amb què jugà la paraula «Raça» a *La Ben Plantada*. El mateix podria

aplicar-se al mot «Imperi», que anà repetint ara i adés. Als començos del
Glosari servia perfectament per a designar les aspiracions de la genera-
ció catalanista que considerava superada l'etapa del regionalisme defen-
siu o conservador de les darreries del segle XIX i propugnava l'adopció
d'una modalitat expansiva, intervencionista dins de la política general
espanyola: la doctrina dels millors anys de la *Lliga*; la de Cambó i la de
Prat amb el seu manifest «Per Catalunya i l'Espanya gran». Després,
però—em refereixo a l'època de «Temas para una nueva jornada»—, la
paraula Imperi pogué satisfer els qui exaltaven l'Espanya dels Reis Catò-
lics. En uns escrits orsians, el concepte «Imperi» era sinònim d'obra de
bona fe, una aspiració generosa, humanitària, socialitzant; en d'altres,
una manifestació de puixança, la més digna comesa de l'Estat-Heroi,
una idea de filiació nietzscheana que fou cara a Mussolini i a Hitler. En
certs passatges, però, l'Imperi és el millor instrument de la Política de
Missió, puix que a través d'ells s'assolí la Unitat, el principal element
de la Cultura.

Als inicis de la seva carrera literària, tingué la franquesa de confes-
sar, en la cèlebre carta oberta a Gregorio Martínez Sierra, on rebatia
les acusacions de Baroja, d'haver pronunciat unes frases despectives per
a Madrid: «Yo jamás digo cosas crudas; así, ni las pienso. Hay en mis
ideas—y cuando no, procuro callarlas—más complicación, más sutilidad
y don de matiz».

Amb una tal precaució pogué doblegar-se—de la manera menys
onerosa possible—al joc de la política, al qual ell íntimament volia ro-
mandre aliè, però que no podia defugir atesa la seva col·laboració quoti-
diana als periòdics, alguns dels quals estaven adscrits a agrupacions
polítiques concretes. El nostre personatge prou que declarava la seva
apolicitat. A *La Cataluña*, per exemple, on afirmà que no pronunciava
discursos als banquets ni als mítings, que no estava afiliat a cap grup ni
ostentava cap càrrec oficial. Ell venia actuant—digué—«siempre ten-
diendo a colocar las cosas bajo especie de eternidad»[9] i ho repetí àdhuc
a *La Veu* bo i responent als atacs del periodista Marcio-Greco des del
Diario Universal de Madrid,[10] però, precisament a les planes del diari
on refutava l'acusació d'ésser un escriptor polític, publicava abans de ca-

da elecció municipal o provincial o de diputats a Corts articles per afavorir els candidats catalanistes, alguns dels quals han estat citats al llarg d'aquesta obra... I, el tribut a la política, hagué de seguir pagant-lo al llarg de la seva vida baldament canviés de diari. Qui repassi les col·leccions de *El Debate* durant la República trobarà proves fefaents de com sucumbí altra vegada a aqueixa servitud que comporta la tasca periodística per tot intel·lectual encara que vulgui mantenir-se *au dessus de la mêlée*.[11]

Remarco tot això no pas per retreure a Eugeni d'Ors les seves intervencions en política més o menys forçades, sinó per explicar una característica del seu estil, que si de vegades és ambigu, és perquè li convenia d'ésser-ho. La imprecisió del vocabulari i una sintaxi rebuscada—no exempta de bellesa[12]—contribuïren a donar-li una fama d'escriptor obscur que va ésser-li adjudicada des dels bells començos de la seva carrera i pesà sobre d'ell per tota la resta de la seva existència. «A uno, a cierto nivel de la vida, nunca falta quien le denuncie por si en tal época dijo asá y en tal otra época dijo asá. Curioso. Estos mismos recordadores y exegetas de textos antiguos, cuando los mismos se publicaban, andaban diciendo que no se entendían».[13]

Sobre l'obscuritat de l'estil d'Eugeni d'Ors hi ha un gavadal d'anècdotes—tant de l'època barcelonina com de la darrera etapa—que són del domini públic. Però no val la pena que m'hi entretingui. D'altra part, no demostren res. Sols proven la resistència de molts lectors—a Barcelona, a Madrid i arreu del món—a fer un esforç. I, aquest, és necessari realitzar-lo en un cert grau pel que afecta les obres orsianes, per bé que ve premiat amb escreix amb la comprensió del seu contingut, més coherent i intel·ligible que no sembla de bell antuvi. «"Facilidad" no significa, precisamente "claridad". Ni, en lo recíproco, "dificultad" "oscuridad"», va dir ell en una ocasió.[14] Fou considerada obscuritat i complicació el que, en realitat, era originalitat, puix que la manera d'escriure d'Eugeni d'Ors és inconfusible pel que té de creació pròpia en la dislocació sintàctica, en el gust pels neologismes. Sempre reivindicà el dret de l'escriptor a fabricar-se una exclusiva forma d'expressió dintre del vocabulari i gramàtica de cada llengua: «Aquí no hay más "genio de la lengua" que el de cada escritor que lo tenga, o el de cada creador idiomático anónimo. Las lenguas son como aquellas ventas de la antigua Castilla: "¿Qué hay para comer?" "Aceite y lo que cada cual traiga..."»[15] «Todo verdadero escritor escribe en un perpetuo neologismo», afirma en un punt de la seva obra filosòfica fonamental.

En la seva concepció peculiar del que havia d'ésser l'idioma literari, hom pot trobar-hi l'explicació de la resistència que en un moment determinat intentà d'oferir a la fixació ortogràfica per l'Institut d'Estudis Catalans, a la qual ja he al·ludit, i a les censures més o menys tímidament formulades d'ésser un escriptor poc racial. Recordi's la coneguda carta de Maragall a Pijoan, on deia que es temia que Ors acabaria escrivint en francès, i a la glosa «De les palmeres i d'altres coses», que ja he reportat,[16] per la qual ell es defensava d'aquestes acusacions com se'n defensà en un altre article a *La Veu* que començava així: «Tingueu l'esperit de la vostra llengua i després escriviu com vulgueu», i afegia tot seguit: «Sí; mes per tenir l'esperit de la pròpia llengua cal, abans de tot, ésser un Home de sa pròpia raça. I no és Home de sa pròpia raça tothom qui vol ..., el petit Glosador també se sent, també és un Home de sa Raça—un feble home de sa raça, però cobrant de son profund arrelament, en allò eternal d'ella, vida i vivacitat, fortitud i força... Oh! el Glosador no descriu tipus ni costums de l'Empordà! El Glosador escriu: "sombrero", "ultrança", "duel"! El Glosador roda món i parla de les comèdies angleses i dels capells de París! Però també sap (i quina alegria la de saber-ho!) que crema, dins d'ell, una espurna humil, però una espurna d'aquella gran llar tota ardent de l'esperit de la nostra Raça que s'anomena Ramon Llull...»[17] Amb el transcurs dels anys, i especialment amb el canvi d'idioma, l'estil d'Eugeni d'Ors es tornà encara més lliure, com si pel fet d'utilitzar una parla que no era la seva natural se sentís gaudir d'una franquícia que li permetés de moure's pel Diccionari castellà amb més desimboltura. Intensificà la seva tendència als neologismes, recorregué a expressions col·loquials, a girs i a modismes populars... En la producció orsiana de les últimes dècades he espigolat expressions que no deixen d'ésser sorprenents en una obra d'un to tan elevat com la seva, tals com «el no sé cuántos»; «guateque»; «y que patatín y que patatán»; «me da tres patadas»; «al tío ese ya lo tengo calado», etc.

Val a dir, però, que sempre utilitza aquests vulgarismes amb intenció satírica, i eficaçment, com per exemple en la quarteta:

> ¡Guay del Ochocientos
> y de la Anarquía
> que «cultive» el «yo»
> su señora tía![18]

Cal afegir que amb les llibertats de lèxic que es pren no caigué mai en la grolleria. El propòsit humorístic que les inspira ve sempre addicionat, com en el cas que acabo de citar, d'una dosi culturalista que àdhuc pot passar desapercebuda als qui no estiguin al corrent de moltes dades de la Història de la Pintura o de la Literatura. Així, quan sintetitza el moviment impressionista escriu: «El arte se volvió—¿cómo decirlo?—, se volvió un "viva la Virgen". A los de Barbizon, los impresionistas sucedieron. Ancha es Castilla. Más anchos los bordes del Marne donde se vivía con tan poco. El aire libre, una canoa, un sombrero de paja. Una ensalada de ninfeas, de arcos-iris y de bertas a lo morizotte».[19] O en el següent passatge on parodia una cèlebre frase de Marquina quan diu: «...por esto cabe llorar más, por ventura, la desaparición de un concertista anciano que el hundimiento de cuarenta navíos de guerra o el derribo de cien aviones. ¡La Cultura y yo somos así, Señora!»[20]

Emperò, és hora que acabi aquí la part destinada a la consideració de les característiques externes de l'obra orsiana per entrar en l'examen del seu contingut.

Una sistematització de les matèries tractades pel nostre biografiat al llarg de la seva dilatadíssima producció és certament difícil, encara que sigui—com pretenc fer-ho—d'una manera sumària. Des de bell començ de la seva tasca, es proposà (i s'ha d'admetre que mantingué el seu propòsit fins que la Mort se l'endugué d'aquest món) comentar l'actualitat en la part que creia que tenia més transcendència; el que ell en digué la Categoria inclosa en el fet anecdòtic, els esdeveniments que palesaven amb més claredat, quines eren «les palpitacions del temps». Això atorga a la seva curiositat un abast vastíssim perquè sol ésser dilatada l'atenció dels escriptors que com Eugeni d'Ors senten predominantment preocupacions culturalistes, educatives i, per tant, altruistes.

Resulta arriscat definir la funció exercida pel nostre autor, però crec que es podria dibuixar més d'una característica de la seva personalitat d'escriptor negativament, per via d'exclusió. El nostre biografiat no fou un literat pur; un d'aquells que conreen «l'art per l'art» tot i posseir una sensibilitat estètica agudíssima. «El escritor que no se conoce en misión social se queda en triste, cuando no torpe, mester de juglaría».[21]

Als inicis de la seva carrera literària escriví versos, però aviat s'adonà que no seria un bon poeta, baldament mai no renunciés a compondre versos d'ocasió.

Tampoc no pretengué esdevenir novel·lista. La novel·la era un gènere literari que no l'atreia pel que tenia d'estrictament narratiu, de mer anecdotisme. «Cada día las novelas me interesan menos—escrivia—y si no es porque me regalan bastantes no leería ninguna ... cuando me son explicadas, en unas páginas interminables, las querellas de la familia Vega y Hernández, muy señores míos, o los secretos de alcoba de Madame Durant, que quiere tanto a Monsieur Dupont, y buen provecho le haga, yo siento en mí una especie de sensación humillante y vengonzosa como si estuviese mirando a través del ojo de la cerradura en una cámara cerrada».[22]

No poden qualificar-se pròpiament de novel·les o de contes llargs ni La Ben Plantada ni Gualba ni altres treballs literaris seus com Oceanografia del Tedi, El Pobre Ramon, etc., en les quals, ultra presentar-nos un joc d'idees, l'autor descriu un enfilall d'esdeveniments. De fet, llur exposició ordenada queda reduïda al mínim indispensable per a poder desenvolupar sobre ella l'especulació mental cara a Eugeni d'Ors i que constitueix l'element que, en realitat, l'ha determinat a emprendre l'obra. El que hi conta és secundari. En el pròleg d'un volum que reunia la traducció castellana de les tres primeres obres suara esmentades, Ors justificava així la seva peculiar concepció literària: «Yo no sé narrar. Mi natural inclinación, cuando encuentra las narraciones bajo mi mirada, es dejarlas quietas. Lo cual no significa, en modo alguno, dejarlas inertes.

Hay más vida que la que se traduce en agitación ... La pasión más trágica se aloja en una angostura doméstica. El numen de toda una raza cabe en una casita de alquiler veraniego en una playa de la costa ... y una aventura en una siesta adormilada en un jardín de balneario ... ¿Para qué contar? Las cuentas pueden suplir con ventaja a los cuentos. El todo está en suplir lo novelesco por la consideración de que la suma de los tres ángulos interiores de un triángulo vale dos ángulos rectos».[23]

I el mateix podríem dir respecte de les curioses obres teatrals que escriví: *El Nou Prometeu Encadenat* i *Guillermo Tell,* que hom no pot qualificar rotundament d'irrepresentables però que cal convenir que són peces poc corrents pel predomini del diàleg respecte de les situacions dramàtiques i per la difícil escenografia que comporten.

Qui vulgui definir la personalitat literària d'Eugeni d'Ors en funció del conreu exclusiu o preferent d'un gènere toparà amb tants esculls que no tindrà altra solució que atorgar-li una classificació a part. No és un mer periodista, ni un novel·lista, ni un dramaturg; és quelcom més que el conreador d'algunes d'aqueixes especialitats, sense que ho sigui ben bé del tot. Essencialment fou un gran escriptor ideològic afiliable al gènere dels afeccionats a contrastar i relacionar els conceptes i a suscitar les inquietuds mentals dels lectors; el que els francesos en diuen «brasseurs d'idées». Aquesta fou la seva vocació i hom ha d'admetre que l'acomplí amb èxit, puix que dintre del tipus de literats que—com a ell li agradava d'adscriure's—poden considerar-se «especialistes en idees generals» la seva obra ha esdevingut modèlica.

Entre les preferències intel·lectuals d'Eugeni d'Ors, destaca, en primer lloc, l'Art. Recordem que començà a dibuixar al mateix temps que a escriure. Durant els seus anys d'estudiant freqüenta els Quatre Gats, el Círcol de Sant Lluc, i tracta, al taller del Guayaba, pintors, dibuixants i escultors i altres joves universitaris com ell, que si no pinten o dibuixen a estones perdudes visiten assíduament les exposicions o s'embranquen en prolixes discussions en matèria d'art. Inicià la seva col·laboració a *El Poble Català* amb la publicació simultània d'un reportatge periodístic (d'altra part il·lustrat amb un dibuix seu) i un escrit de crítica artística. Les preocupacions estètiques palesades als anys de la seva adolescència, les sentí per sobre de tot i per sempre més; fins quan anaven declinant les seves facultats físiques, encara tragué forces de flaquesa per animar la seva darrera empresa artística important: el Saló dels Onze i l'annexa Acadèmia de la Crítica d'Art. El mateix dia de la seva mort, es podia llegir encara a *La Vanguardia* un al·legat seu a favor de la restitució d'una taula gòtica al seu lloc d'emplaçament original. D'altra part, sempre que la cosa venia a tomb proclamava, amb orgull, la seva condició de mediterrani sensible a la bellesa plàstica.

Qui conegui amb una certa extensió l'obra orsiana comprovarà que l'autor, quan parla de matèries artístiques, assoleix un to més càlid, com si s'expressés amb menys encarcarament i amb una major sinceritat ... és que toca el tema de la seva preferència. He trobat un fragment que no pot ésser més revelador: «¡Ea!, que llevamos muchos días con lo de la Religión y la Filosofía y tal. Hora es ya que nos divirtamos diciendo algo sobre cosas de Arte. ¡Qué demonio!»[24]

Eugeni d'Ors fou excel·lent escriptor en qüestions relacionades amb les arts plàstiques i, dintre de l'especialitat, va ésser particularment brillant en la crítica, comentari o anàlisi de les realitzacions artístiques. L'èxit de *Tres horas en el Museo del Prado* és plenament justificat. És un llibre fora de sèrie que ajuda a considerar d'una manera nova les obres sobre les quals han estat dits molts llocs comuns. El mateix es podria aplicar als seus estudis sobre Goya. D'altra part, tot el que escriví respecte a l'estimació dels productes artístics relacionada amb la Història de la Cultura, el que en digué «crítica del sentit», és summament alliçonador.

No fou tan afortunat en la funció orientadora que intentà assignar als seus escrits estètics, dels quals no discuteixo els fonaments (si havia elaborat una doctrina coherent i es proposava divulgar-la, estava en el seu dret). El que vull remarcar és que la seva prèdica a favor de l'estructura del dibuix i de la composició restà desvirtuada pel sentit que ha anat adoptant l'evolució de l'Art contemporani. Després del Carnaval impressionista—digué—calia la Quaresma del Cubisme i amb el breu interval de la «Mi-Carême» o el que ell, també, anomenava «la Recaiguda» («fauvisme», surrealisme) vindria la Pasqua, jornada de la resurrecció dels valors eterns de la Pintura que Ors cregué que estava restaurada, per sempre més, amb la generació dels «noucentistes» italians: Carrà, Sironi, Tozzi, etc. Malauradament s'enganya, perquè avui han triomfat tota mena de tendències informalistes. En el cas concret dels treballs orsians en matèria estètica queda novament demostrat que és més fàcil fer diagnòstics que prediccions.

El fet que jo atorgui una preferència a les grans qualitats d'Eugeni d'Ors com a crític artístic no implica, per la meva part, que comparteixi l'opinió, bastant estesa, d'un grup de persones que judiquen globalment la producció del nostre biografiat amb una displicent concessió al seu valor d'escriptor en matèria estètica per tal de negar-li, implícitament, una personalitat de pensador original, puix que estimo importants els seus treballs filosòfics, superiors, àdhuc, als d'alguns contemporanis del nostre personatge dels quals ningú no ha discutit la consideració de filòsofs, tot i ésser assagistes i haver exposat llur pensament d'una manera menys sistemàtica que no va fer-ho Eugeni d'Ors.

Fou un home que sabé donar-se a si mateix una bona formació en el camp de la Filosofia, perquè la preparació universitària rebuda en tal especialitat va ésser—per les circumstàncies ja indicades—nul·la. Posseïa una enorme curiositat intel·lectual i un instint finíssim que el portà a interessar-se—potser superficialment, no ho nego—per tots els descobriments científics i les novetats que anava revelant la producció filosòfica i literària de l'Europa del seu temps. Tot això li forní la base per a desenvolupar un pensament propi.

Tot just quan acabava la carrera de Dret s'adonà del gran buit que existia a Catalunya en el ram dels estudis filosòfics d'ençà de la mort de Xavier Llorens i Barba[25] i es proposà d'omplir-lo. Com encertadament observa Ferrater Mora respecte als primers treballs del nostre personatge en matèria filosòfica: «Els motius que portaren l'Ors a formular-ne les tesis essencials són de caràcter divers; com en tota Filosofia—sigui profunda o superficial, acabada o fragmentària—hi intervenen motius d'índole personal com les situacions de caràcter històric. Diguem-ne, ara, només un: el "primer" pensament filosòfic de l'Ors està essencialment treballat per un incontenible desig de fer-se un lloc dins el vertigen de la filosofia contemporània».[26] Una aspiració legítima i plausible exterioritzada, de vegades, amb un punt de petulància o ingenuïtat juvenils que fan gràcia, com en aquella ocasió que dedicà un article a Kuno Fischer, professor hegelià a Heidelberg que acabava de morir, del qual diu: «L'objecte d'aquesta glosa—vull confessar-ho—ha estat exclusivament d'escriure el seu nom. Un nom de filòsof estrany posat en lletres grosses i negres a la capçalera d'un articlet, en la primera pàgina d'un diari polític fa goig de veure i constitueix un doble honor pel filòsof i per al periòdic».[27]

El jove Ors, empès pel seu propòsit de contribuir d'una manera personal als estudis filosòfics i responent al seu instint d'auscultador del que en deia «les palpitacions dels temps», va experimentar la seducció de les doctrines dels pragmatistes nord-americans Pierce i James, que començaven a difondre's a París a principis de segle, a l'època en què hi estudiava el nostre biografiat. No cal que insisteixi sobre aquest punt. En una bona part dels seus escrits sobre l'Arbitrarisme, en les cròniques del Congrés de Heidelberg, és palesa la influència pragmatista, prescindint d'altres fragments on el mateix biografiat reconeix, d'una manera explícita, haver-la sofert.

També és discernible en l'actitud filosòfica orsiana dels primers anys l'empremta de Bergson. Tota aquella concepció de la Filosofia de l'«Home que Treballa i que Juga», del conflicte entre Potència i Resistència, Esperit i Natura, deriva del pensament de l'intuïcionista, les lliçons del qual anava a escoltar al Collège de France. Però tampoc en aquest punt Eugeni d'Ors no pretengué escamotejar-nos el mestratge. L'admiració que sent per Bergson ve repetidament declarada en els seus escrits, com la que professà a Émile Boutroux, del qual cita «La contingence des lois de la Nature» més d'una vegada, i especialment quan s'oposa al determinisme de la ciència positivista per tal de valorar la porció de llibertat que resta incognoscible («Religio est Libertas»), per bé que en defensar la seva tesi idealista al·ludeix també al mecanicista Ernest Mach i al seu principi d'economia de la ciència fundat en la llei biològica del mínim esforç («Els fenòmens irreversibles i la concepció entròpica de l'Univers»).

Pierce, James, Boutroux, Bergson i, en certa manera, Mach són els filòsofs que li serveixen de punts de referència o de sustentació per a les seves primeres especulacions ideològiques. El pensament orsià posterior es desenvolupa a partir del descobriment d'una obra filosòfica que per ell serà decisiva: la d'Antoine-Augustin Cournot, un francès relativament obscur que li revelarà la importància d'una noció bàsica, la de l'ordre com a activitat cognoscitiva fonamental.

El concepte de l'ordre informarà tota la seva Estètica centrada en el domini de la norma sobre l'instint i en la necessitat que l'artista copsi preferentment el «prospecte» i no l'«aspecte», si emprem la terminologia de Poussin tan cara a Eugeni d'Ors. El sentiment de l'ordre determinarà també la seva actitud política, que podrà haver variat d'una simpatia pel Sindicalisme a una acceptació del Feixisme, però que certament mai no fou favorable a la Democràcia liberal, règim que, per ell, era sinònim de «desordre» (fins en la preferència de la injustícia al desordre seguí el patró goethià).

També la noció de l'ordre, aplicada a una interpretació de la Societat per la qual la Humanitat ve sotmesa a una progressiva fixació i a una correlativa eliminació de la contingència, nodrí substancialment la seva disciplina predilecta; la Ciència de la Cultura,[28] segons la qual queda explicada l'evolució del gènere humà per l'adopció successiva dels tres estadis: Protohistòria, Història i Posthistòria o Cultura.

La mateixa idea de l'ordre preconcebuda en l'estudi de les facultats anímiques per part d'Eugeni d'Ors—que com ha estat referit s'havia interessat, als començos de la seva estada a París, per la Psicologia experimental—determinà l'elaboració de la seva teoria de la personalitat, igualment resolta com una progressió a base de tres zones o esferes: la primera, de major contingència, és el que hom anomena subconscient; la segona, la consciència, que ja resta més lliure dels elements coactius, i la tercera, la sobreconsciència, que constitueix la regió de fixació anímica, la personalitat o vocació. Tal com s'ha indicat, la doctrina orsiana sobre l'esperit dels éssers humans es formula íntimament vinculada amb l'Angeologia, on juga amb la noció de la jerarquia celestial de Dionís l'Aeropagita, en un sentit anàleg al concepte de l'ordre cournotià.

Aquí s'ha d'entrar al terreny un xic escabrós de la religiositat del nostre personatge, que em proposo tractar deixant de banda tot el que pertany a una cosa tan sagrada com és la inviolabilitat de la consciència, la fe i la pietat dels individus. Crec, però, que cal que ara em refereixi a les idees d'Eugeni d'Ors sobre la Religió exposades al llarg de la seva obra, perquè l'elaborada construcció sobre els Àngels Custodis i la reiterada propaganda que en féu, que ha vorejat alguna vegada el ridícul, han provocat—certament més per culpa d'aquella activitat propagandística que no pas per la de la seva exposició teòrica, que ha estat correctament formulada—un recel ben justificat. Prèviament s'ha d'advertir que Ors mai no oblidà que corresponia a l'Església pronunciar-se sobre aquella qüestió, per bé que estava en el seu dret de desitjar un pronunciament favorable a la doctrina que havia construït. En el seu llibre *La Civilización en la Historia*, quan al·ludeix a les devocions que han transcendit a dogmes, com ha estat el cas de la Immaculada Concepció, afegeix que «no ha sido autorizadamente aún ... en su previsible desarrollo el de la asistencia a los humanos por sus Ángeles Custodios». O sigui que, en el terreny estricte de la disciplina, la posició orsiana fou, en aquest punt, inobjectable. Fetes aquestes salvetats, s'ha de remarcar que l'Angeologia trobà no solament en els elements eclesiàstics,[29] sinó en tot el públic, en general, un acolliment glacial. «Ignoro si mis ya largos años de propaganda en favor de la causa de los Santos Ángeles Custodios han ganado muchos adeptos a su favor. Temo que, de contarlos—que no conviene—, bastará con los dedos de la mano. De otros esfuerzos, en la teoría o en la misión, he podido lograr, gracias a Dios, muy buena cosecha, pronta o tarda. No hay quien no hable ya de las "constantes históricas" o de la "Obra Bien Hecha" ... Cierta sorpresa me he ganado, inclusive, en ver fórmulas que, al enunciarse, pudieron sonar a paradoja, convertidas, de la noche a la mañana, en proverbios de uso anónimo entre las gentes... Pero lo que es en lo angélico no pican».[30]

Les idees religioses d'Eugeni d'Ors—repeteixo que només vull referir-me a les que es desprenen de la seva obra—el portaren a estimar preferentment les manifestacions externes. D'ací l'afecció per la litúrgia, ja remarcada, i l'element figuratiu, que entra en bona dosi en la seva angeologia—a part l'al·ludida explicació psicològica—, puix que digué, per exemple, que la jerarquia celestial de l'Aeropagita és «dibuixable», s'entusiasmà davant el quadre del Pollaiuolo a la Pinacoteca de Torí, que representa el jove Tobias amb l'Àngel,[31] i féu tanta literatura a l'entorn de l'estàtua angèlica de Marés.

El sentit de l'ordre, que conformà en una part important la ideologia política del nostre personatge, també contribuí a determinar en certa manera la seva actitud davant el fet religiós emparentada amb la de Charles Maurras (sense caure, però, en l'exageració nacionalista del monàrquic francès, que determinà la condemna de Roma), ja que també per Ors el Catolicisme constituïa un factor d'unitat i de cohesió social. Insisteixo—en honor a la veritat—en el detall diferenciador que el nostre biografiat no arribà a l'extrem del doctrinari d'*Action Française*, per al qual la Religió era el primer ingredient del conservadurisme polític i, per tant, cosa defensable baldament ell fos un agnòstic. No dubto de la sinceritat de la fe d'Eugeni d'Ors, encara que reconec que algú podria haver-la posada en quarentena per culpa de la seva insistència a recomanar la ironia, la mitja creença i l'adhesió parcial, però a uns tals objectadors hom hauria de respondre que l'actitud irònica en matèria cognoscitiva era propugnada pel nostre biografiat només en qüestions de ciència i filosofia i no pel que afectava la realitat supraterrenal, que ell mai no negà i de la qual parlà, com a mínim referint-se a la inescrutabilitat del Misteri que ens és proposat per la Fe. Hi ha un fragment molt revelador d'aquesta posició respectuosa davant l'Absolut, que em plau de reproduir aquí a manera de conclusió d'aquestes reflexions sobre un aspecte del pensament orsià que abans d'encetar-les ja he qualificat de difícils, per bé que convenients. Pertany a la producció periodística del nostre biografiat dels darrers temps, concretament a la de tres anys abans de la seva mort. Diu així: «Para mí el más alto punto a que puede llegar un poeta cristiano—y no es en verdad una bagatela esto que digo—está no en *La Divina Comedia* como es costumbre decir y como ha dicho el mismo Santayana, sino en el "Cántico Espiritual" de Juan Maragall».[32] Probablement Ors sentia la mateixa inquietud margalliana davant l'Infinit.

Una vegada examinada la seva obra de conjunt i definides les seves característiques formals i un cop he sintetitzat els principals trets del pensament d'Eugeni d'Ors, voldria al·ludir a l'abast assolit per la seva producció.

A Barcelona, a Catalunya, l'impacte que ocasionà la seva obra conscient i sistemàtica—em refereixo al Glosari—fou molt important. De bell antuvi, la col·laboració orsiana a *La Veu* cridà l'atenció. A través d'ella deia coses tan noves i es citaven obres i autors tan poc coneguts a casa nostra que immediatament interessà. Les gloses foren seguides per un nombre de persones cada vegada més dilatat. És clar que alguns lectors les discutien, però foren majoria els qui les acceptaren sense reserves, incondicionalment. Durant uns anys, Ors va ésser com un oracle i els seus escrits acceptats com l'Evangeli. Fins i tot sorgiren imitadors de Xènius. Tot això ja ha estat referit.

A Madrid, sense que arribés a ocasionar la sorpresa que a Barcelona produí el Glosari el 1906, la seva obra periodística també cridà l'atenció des d'un principi. Eugeni d'Ors obria tantes finestres al món, parlava de tantes coses noves des d'un periòdic tan madrileny i tan «Ancien Régime» com era *ABC*! També a la capital d'Espanya sorgiren els qui li regatejaven mèrit, els qui el trobaren afectat i difícil de llegir. Gómez de la Serna, del qual hem aportat el testimoniatge relatiu als primers temps de l'arrelament del nostre biografiat a Madrid, ens diu que aviat circulà la broma dels qui en lloc de les «glosas» es referien a les «losas», per significar la pesantor de la prosa orsiana. Un estranger tan agut aclimatat a Espanya com Juretschke podia remarcar, al cap de pocs anys d'establir-se a la capital, que «no muy conocido por el gran público, y ni siquiera mencionado por todas las historias de la literatura contemporánea, es el nombre de Eugenio d'Ors. En la misma España es extraordinariamente discutido. Se le reprocha arbitrariedad, oscuridad y amaneramiento. Es, sin embargo, una de las figuras más interesantes y abiertas a todo, y no sólo arbitrario, sino también original y creador».[33]

No es pot oblidar, tot i així, que Eugeni d'Ors també exterioritzà el seu pensament en forma oral. Posseïa uns dots innegables de conferenciant, cosa que explica que produís un efecte enlluernador tant a Barcelona com a Madrid. Emperò, el que cal remarcar ara és la curta durada del seu èxit. No em refereixo a Catalunya, on el desencís va ésser provocat per la sèrie d'episodis que seguiren a la seva deplorable sortida de la Mancomunitat, sinó a Madrid, ciutat en la qual és evident que anà restringint-se de mica en mica el seu cercle d'admiradors. Desconec les anècdotes que provocaren el progressiu distanciament d'aquell estol d'homes selectes que al principi del seu canvi de residència o fins i tot abans d'establir-se a la capital li feren costat: els de la Institución Libre de Enseñanza i de la Residencia de Estudiantes; Ortega y Gasset, que el presentà en la conferència a l'Ateneu, el 1914; els de la *Revista de Occidente*, que acolliren els seus primers treballs; Manuel García Morente, el catedràtic de la Universitat de Madrid, que prologà el seu recull sobre la «Filosofia de l'Home que Treballa i que Juga»; Azorín, que li dedicà diversos articles, alguns recollits després a *Los valores literarios...*,[34] però el cert és que una bona part de tots aquells elements de vàlua que li demostraren admiració i simpatia especialment en ocasió del seu fracàs a les oposicions a la càtedra barcelonina, anaren allunyant-se'n a mesura que passaren els anys. No disposo de suficients elements de judici per a diagnosticar les causes determinants de la suspicàcia formada a l'entorn d'Eugeni d'Ors, però el fet és que existí. Algú altre més ben informat que jo ho aclarirà.

No vull indicar amb això que el nostre biografiat, a Madrid, caigués en un desprestigi tan considerable com el que arribà a tenir a Barcelona almenys fins als anys immediats a la Guerra civil. «Don Eugenio» sempre fou més que el nom de Xènius, que a Catalunya restà tan sols com el record d'un escriptor brillant. Hom no pot oblidar que ocupà càrrecs oficials d'importància i pertanyia a dues Reales Academias, i això compta, baldament en determinats nuclis intel·lectuals es parlés d'ell amb una certa reticència. D'altra part, fou un home particularment atractiu en la conversa, que feia un gran efecte en les reunions mundanes; el perfecte tipus del que els francesos en diuen un «home de saló». Per tant, la seva cotització en el món dels vernissatges, de les festes i de les recepcions on participen l'aristocràcia, els diplomàtics i una certa mena de periodistes, no minvà ni un sol dia.

Amb els assidus lectors del Glosari o del «Glosario», amb els qui l'escoltaven embadalits en conferències o cursets monogràfics, pogué complir la part més fructífera del que ell en digué la seva «heliomàquia», perquè l'altra part, concretada en una sèrie de tasques fundacionals, si no va frustrar-se, almenys se li va escapar de les mans. El «combat per la llum» lliurat de la primera manera, amb una esforçada labor periodística, és important. A Catalunya, a tot Espanya, fou extensíssim el nombre de persones que s'assabentaren a través d'Eugeni d'Ors de l'existència d'uns autors i de l'aparició d'unes obres, de la vigència d'uns corrents artístics, filosòfics o científics de què, sense ell, no haurien tingut esment. Gràcies als escrits del nostre biografiat sentiren desvetllar-se dintre d'ells unes inquietuds i aprengueren a veure aspectes insospitats en les obres d'art. S'acostumaren a relacionar, a comparar i a interpretar els més diversos productes de l'esperit... adquiriren, en definitiva, una valuosa formació cultural.

No es pot desconèixer la importància que, en l'ordre educatiu, té l'obra orsiana. Altrament suposaria negar l'evidència. Quan hom tracta de situar la *Kulturkampf* d'Eugeni d'Ors dins de la Catalunya moderna, és obligat de referir-se al «noucentisme», el moviment cultural que substituí el «modernisme» finisecular i del qual el nostre biografiat fou un dels capdavanters i el principal definidor.

Certament que el classicisme, una de les característiques essencials de l'estètica noucentista i un dels temes recurrents en el Glosari, no va introduir-se per obra exclusiva d'Eugeni d'Ors i ni tan sols per la dels homes de la seva generació perquè, com remarca molt encertadament Capdevila, si bé és cert que Josep Carner edità *Els fruits saborosos* el 1906 i el *Primer llibre de sonets* l'any anterior, Joan Alcover havia pronunciat, el 1904, la memorable conferència a l'Ateneu Barcelonès sobre «La humanització de l'Art»; Joaquim Ruyra havia publicat, el 1902, *Jacobé*; i Mossèn Costa i Llobera datà el 1897 l'*Oda a Horaci*, manifestacions ben significatives d'una reactualització del classicisme. Per tant, quan Ors, des de la seva secció de *La Veu*, recomanava als artistes de seguir l'ideal clàssic, no feia més que seguir la tendència del temps. Tot el que a la primera dècada del segle evocava Roma i Grècia, anava lligat, ben naturalment, a les valors ideals que representava la Mediterrània. Ja ha estat indicat que Xènius féu de la mediterranització de l'art un dels postulats essencials del «noucentisme». Recordem especialment la glosa, «meravellosa pàgina» en què parla de la mar de Cadaqués i dels porxos dels edificis prop de la platja, i no cal dir el missatge estètic implícit en *La Ben Plantada*. Sobre aquest punt de l'art mediterrani hom podria embrancar-se també en discussions de precedències. Torres Garcia les al·ludeix d'una manera expressa en el seu llibre de memòries en parlar de «el caso Ors y Torres Garcia (l'autobiografia és redactada en tercera persona) disputándose sobre quién fue el primero en traer allí la idea de un arte clásico. ¿Es que no se da cuenta de que en esto no hace sino repetir una cosa ya dicha y hasta realizada por Torres? Ors no lo entiende así y dice, consciente o inconscientemente, que Torres Garcia realizaba su filosofía». «La cosa era clara—indica en un altre passatge del seu llibre de records—: Cataluña era uno de los tantos pueblos mediterráneos, por esto debía tener un arte dentro de la común tradición clásica. Escribió algo sobre esto, que se publicó en la revista *Empori* mucho antes de que Xènius hablara de eso en su Glosari.» Però en aquest detall el pintor català-uruguaià no és del tot exacte, perquè el seu article «La nostra ordenació i el nostre camí» aparegué al núm. 4, que corresponia al mes d'abril de 1907,[35] mentre que la significativa pàgina orsiana sobre Cadaqués és del setembre de 1906. D'altra part, es podria adduir l'estrena pel gener de 1906, al Teatre del Liceu, de l'òpera de Morera i Marquina *Empòrium*, que provocà el comentari del nostre biografiat sobre la conveniència de «descobrir el que hi ha de mediterrani en nosaltres» i l'exposició, també del 1906, i a la Sala Parés, d'un conjunt d'aquarel·les de Joan Llaveries sobre temes de la Costa Brava que portava el títol de «La Catalunya Grega», i no segueixo per aquest camí, perquè sempre m'han semblat estèrils les precisions sobre qui va ésser el primer a fer o a dir tal cosa, perquè l'important, en historiar una època determinada, és la descripció del clima estètic que s'hi vivia i hom sap que els ambients literaris o pictòrics són de formació col·lectiva: un home pot haver llançat una idea o aplicat una fórmula; l'altre, haver-la aprofundida i batejada; els uns han creat la moda; els altres l'han adop-

tada. Els corrents artístics o literaris són seguits per uns quants cons-
cientment i uns pocs inconscientment... Els capdavanters són, però, els
qui tenen prou instint i talent per a definir-los, els hagin o no iniciats.
I això és el mèrit atribuïble a Eugeni d'Ors, que ningú no li podrà dispu-
tar: haver articulat d'una manera coherent el «noucentisme» començant
per inventar-se la demoninació. Naturalment que hi hagué «noucentis-
tes» importants: Carner, López Picó, «Guerau de Liost», Carles Riba,
Josep Clarà, Torres Garcia... Però Xènius fou el «noucentista» essencial
i conscient que s'adonà, per exemple, de com *La Nacionalitat Catalana*,
de Prat de la Riba, era una obra «noucentista», i no ho eren *Enllà* de
Maragall o la Sagrada Família de Gaudí; de com mancava una definició
de les aspiracions inconcretes dels joves artistes i literats, de com calia
comptar amb una bandera i una consigna o un nom per tal d'ésser esgri-
mit com a símbol de tot el que els separava dels homes més vells. A
Eugeni d'Ors no se li pot negar el mèrit exclusiu d'haver sabut satisfer
aquesta necessitat amb una sèrie d'iniciatives pròpies i que tingueren
èxit com la troballa d'una denominació col·lectiva i l'hàbil tàctica d'anar
divulgant, al llarg del Glosari, les aspiracions estètiques i polítiques de
la nova generació i el gest decidit de manifestar-les d'una manera ex-
pressa a *La Ben Plantada* o a l'*Almanac dels Noucentistes*.

Jo no atorgaria tanta importància al fet que Eugeni d'Ors assumís
implícitament el guiatge del «noucentisme» si el moviment hagués estat
una moda o una tendència artística més, però el cas és que aquell corrent
seguit per una generació tingué molta repercussió en el viure col·lectiu
de Catalunya. L'esforç d'uns quants homes es traduí en una major res-
ponsabilitat cívica... breu, amb el «noucentisme» s'operà la transforma-
ció que Ors assignava simbòlicament a Prat de la Riba: la conversió del
Catalanisme d'una Elegia, com era pels regionalistes del segle XIX, en
una Tasca fructífera realitzada als començos de la present centúria de
les engrunes de la qual encara subsistim. Amb el «noucentisme» es co-
mençà a bastir allò que Castellet i Molas[36] anomenen «la Catalunya
ideal», autònoma, liberal, culta i cosmopolita, i si les dues primeres aspi-
racions es frustaren per una sèrie de circumstàncies que ara no són del
cas reportar aquí, almenys cal convenir que els darrers objectius foren

assolits. Un home tan fi com Joan Fuster, que d'altra part ha tingut sempre la franquesa d'admetre el deute que té contret amb Eugeni d'Ors, observa agudament que «s'ha de reconèixer que les deu o dotze coses serioses i fonamentals que han possibilitat la nostra tímida entrada en la normalitat com a poble i com a cultura, la nostra fugaç majoria d'edat, foren filles del "noucentisme". El "noucentisme" escombrà el país de molts mals: la improvisació, la carrincloneria, el pairalisme, la gatada, el fervor, la crispació genialoide», i conclou: «No sé fins a quin punt un català d'avui està en el dret de considerar-se ciutadà d'Europa, en tot cas, al noucentisme ho deu».[37]

El «noucentisme» superà el «modernisme» com aquest havia substituït la «Renaixença». Les innovacions vénen sempre precedides d'un canvi d'actitud, de l'oposició dels joves als vells... Aquesta és i ha estat sempre la mecànica en la Història de la Cultura, la qual també registra un fet inexorable: el moviment pendular, el revisionisme, el retorn, per part d'una generació als postulats que la promoció anterior havia menyspreat perquè eren els de la ideologia dels vells: és la típica reivindicació dels avis o almenys l'actitud de benvolent a llur respecte que hom fa o adopta per oposició o incompatibilitat amb els pares.

Durant la nostra postguerra, un grup de catalans establerts a Mèxic, editors d'una revista intitulada *Quaderns de l'Exili*, es pronunciaren d'una manera molt curiosa contra el «noucentisme» o la fornada que anomenaren dels «òrsides», als quals atribuïren—entre altres responsabilitats de tipus polític que són alienes a aquest estudi— la culpa d'haver estroncat, amb llurs pretensions culturalistes, la Reinaxença. Al núm. 2 d'aquella publicació,[38] en un article de fons de títol prou significatiu, «Retorn al punt de partida», llegim, després d'unes dades relatives a la puixança del nostre moviment de redreç cultural, que «la volada era vigorosa, no sols per l'extensió geogràfica, sinó també per la intensitat». Poemes èpics com *L'Atlàntida* i *Canigó*, drames com *Terra Baixa*, duien als confins del món el nom de la nostra Pàtria, traduïts a totes les llengües. De sobte la línia es torça, Eugeni d'Ors ha aparegut i ell i la turba dels seus epígons tenen la virtut de glaçar la Renaixença catalana ..., perquè volen ésser "europeus"».

El paper és anònim, però dedueixo que fou escrit per Joan Sales, perquè signat per ell, al núm 12 de la mateixa revista,[39] es publicà un treball on es reprodueixen, aproximadament, els mateixos conceptes,[40] i paradoxalment s'agermana Ors amb un literat català a qui sempre el nostre biografiat demostrà una profunda aversió: Vicenç Garcia—el Rector de Vallfogona—. Suposo que Eugeni d'Ors no degué tenir esment d'aquest article. Altrament, haver llegit la comparança que contenia li hauria produït més indignació que un insult dirigit contra la seva persona. Diu Sales: «Tots dos van conèixer una glòria enorme; tots dos van exercir una influència abassegadora durant un llarg període (més d'un segle el Rector, prop de mig l'Ors); tots dos concebien la Literatura com un joc frívol a base d'"ironia"; tots dos varen voler "universalitzar"la literatura catalana a base d'introduir-hi tota mena d'influències estrangeres, a la moda del moment... Fins l'atzar ha volgut que hi hagi molts aspectes anàlegs en el barroc (la "moda" introduïda a principis del XVII pel Rector) i allò que l'Ors va batejar "arbitrarisme"».

Emperò, aquesta maliciosa aproximació d'una i altra figura és una qüestió secundària: l'important és la repulsa de *Quaderns de l'Exili* a la generació dels «òrsides», reputada culpable de l'afebliment de la vigoria renaixentista pel que—segons el redactor de la revista—fou un malentès europeisme i per un desig de selecció. I consti que els retrets contra Eugeni d'Ors i tots els «noucentistes» no procedien exclusivament de Joan Sales. Hi ha altres col·laboradors que expressen la seva opinió en el mateix sentit, com l'ignorat escriptor que signa Masades de Segura, que en l'article «Els néts d'Hèrcules i Hesperis»[41] opina: «Crec que ja és hora de revalorar els nostres autors del segle de la Renaixença i, sobretot, Verdaguer i Guimerà, que van ésser enormes! El menyspreu de què han estat objecte ... és una de les injustícies més grosses de la nostra Història literària. Tot va venir del Folguera ("Les noves valors de la poesia catalana" 1919), que és on han poat els "seus" parers gran quantitat de "crítics" (principalment de la mena dels que escriuen els diaris). El Folguera, al seu torn, havia poat la seva estètica en la Filosofía d'Eugeni d'Ors».[42]

L'atac a la promoció «noucentista» procedia de la generació posterior; la dels joves que havien madurat amb la Guerra Civil.[43]

Aquest és el fenomen que Joan Sales remarca: «Amb l'Ors ha passat una cosa molt curiosa: els seus propis deixebles el van omplir, després, d'insults, però van seguir escrivint de la manera que ell els havia ensenyat i remugant indefinidament les quatre idees que ell havia portat de París». No té res d'estrany. Quan Eugeni d'Ors partí de Catalunya el «noucentisme» ja hi havia arrelat i els qui es distanciaren del nostre biografiat—amb raó o sense, això no ho discuteixo—foren precisament els «noucentistes». No oblidem que Ors, per bé que el definidor, no va ésser el representant exclusiu de la seva promoció. «El noucentisme, naturalment, no pot ésser identificat amb Eugeni d'Ors—observa Joan Fuster en el treball citat—; al gran moviment de renovació contribuïren intel·lectuals d'aptituds i de procedències molt diverses: erudits i poetes, filòlegs i pedagogs, científics i artistes. Alguns han deixat llurs noms gravats en la memòria de les generacions posteriors, excelsos per l'obra que acompliren o per la significació que sustentaven. D'altres, la majoria, van fer una tasca grisa però sòlida, discreta i en l'anonimat o l'oblit que els correspon no els hauria de mancar la nostra gratitud. Tots ells, grans o petits, creadors o repetidors, van construir un capítol més de la història de la cultura catalana renaixent: potser el capítol que consagrava amb garanties serioses la seva continuïtat».

«Ens calia un educador i havíem acceptat Xènius—confessa un "noucentista" tan conspicu com López Picó—, ens calia fervor i veneràvem la seguretat i ardidesa de la missió que li assignàvem. Xènius gairebé no existia. Era molt més: era la nostra necessitat; era la tradició per la qual utilitzàvem el passat i ordenàvem el futur al qual, plens d'una vocació virginal, oferíem el nostre apostolat».[44]

Això, no ho havia entès Salvador Sarrà Serravinyals, que donà una conferència a l'Ateneu Enciclopèdic Popular la nit del 14 d'octubre de 1926 intitulada «Xènius. La nova promoció catalana davant de la campanya de descrèdit orsià»,[45] amb la qual, en realitat, venia a respondre López Picó. Sarrà es preguntava, un xic ingènuament, per què els qui podrien considerar-se deixebles d'Eugeni d'Ors, puix que continuaven aplicant les seves directrius ideològiques, l'havien renegat o almenys consentit que se'l desprestigiés.[46] Eren els noucentistes o, si es vol, els

antics orsians que prosseguien la tasca definida per ell, els qui no volgue-
ren saber res més del qui l'abandonà per unes motivacions estrictament
personals, arran d'una qüestió administrativa sorgida dins de la Manco-
munitat, que només portà repercussions lamentables pel prestigi del qui
va provocar-lo i del president de la Corporació. I els noucentistes feren
la seva via sense Ors. Realitzaren llur obra esplèndida Carner i Guerau
de Liost dins de la tònica de la generació. Continuà essent «noucentista»
en l'esperit i en l'obra López Picó, el qual, malgrat alguna referència es-
poràdica a les publicacions orsianes posteriors, en els seus *Butlletins del
Temps*, rompé, com el meu pare, tota relació personal amb el qui havia
estat el seu amic i orientador fins al punt que quan Eugeni d'Ors li en-
vià, després de la Guerra, un exemplar de *La Ben Plantada* publicat per
l'Editorial Selecta, amb una curiosa dedicatòria al·lusiva al temps de llur
amistat, López Picó no li ho agraí. Ell, que sempre fou un home extraor-
dinàriament cortès, ni tan sols acusà rebut del llibre. Això, m'ho ha con-
tat Narcís, un dels fills del poeta, bon amic meu.

Seguí fidel al «noucentisme» Carles Riba, que experimentà davant
l'obra i la personalitat orsiana una autèntica fascinació, com tants altres
joves de la seva època, que havia expressat la seva admiració per la prosa
d'Eugeni d'Ors[47] i col·laborat a *Quaderns d'Estudi*, però que, després,
s'abstingué de fer—públicament—cap comentari a les successives evolu-
cions de la trajectòria vital del nostre biografiat.[48]

El cert és que Eugeni d'Ors volgué desembarcar aviat de la nau
«noucentista», però aquella seguí navegant, sense el qui es creia ésser-ne
el pilot, en una bella singladura.

Naturalment que, en els anys inmediats a l'esclat de l'afer Ors, es
produí un silenci intencionat entorn del nostre personatge que, segons
les meves notícies, només Carles Soldevila tingué el coratge de rompre,
primerament, i això atorga més valor al seu gest, puix que el mot d'ordre
de callar venia dels polítics catalanistes, al *Butlletí de les Joventuts Nacio-
nalistes de Catalunya*,[49] on escriví, a propòsit de l'aparició del *Nuevo
Glosario*: «Ningú com Xènius ha palesat la força i les possibilitats del
nostre llenguatge genuí. En Maragall n'havia dit les virtuts amb una fer-
vor més lírica i més càlida; En Carner l'haurà defensat amb un somrís

més irònic, amb una gràcia més prenedora; però l'honor d'haver abellit les intel·ligències pertany, singularment, al vell Glosari, estel d'innombrables epifanies». Al cap de poc temps, a *La Publicidad*,[50] Soldevila insistia afirmant que «todos los que hemos nacido en los últimos lustros del ochocientos hemos estado sometidos a la influencia astral de Xènius», i es lamentava de la campanya de silenci formada a l'entorn de la seva persona (l'article s'intitulava, precisament, «Contra la clandestinidad»), bo i afegint: «donde quiera que he descubierto una consigna como ésta: "Borrad el nombre de Fulano", "No digáis una palabra de los dichos y hechos de Zutano", he creído hallarme ante un caso de vergonzosa impotencia. Aquí ha desaparecido Xènius de la prosa de muchos señores que no sabían escribir sin citarlo y estos señores no nos han dado explicación alguna».

La sortida d'Eugeni d'Ors de la Direcció d'Instrucció Pública de l'organisme mancomunal produí, a més del despit del personatge que l'inspirà, una sèrie de lamentables reticències i al·lusions malèvoles als homes i a la Cultura del seu país, de les quals hem donat una mostra però que són prou abundants per a confeccionar un considerable «memorial de greuges» difícilment rebatible, aquella típica reacció que sintetitza el conegut refrany sobre les estelles que hom fa d'un arbre caigut. Molts dels qui l'havien enaltit sense mesura el denigraven. D'ací el fonament de la càndida reacció indignada de Sarrà Serravinyals i el més escèptic comentari de Gaziel: «Eugenio d'Ors llegó a ejercer aquí una dictadura inverosímil. Le llamaban genio a cada paso; le comparaban a Platón. Entonces éramos sólo tres o cuatro los únicos que nos horrorizábamos, en secreto, ante tamaños excesos... Luego, al cabo de unos años, fuimos los mismos tres o cuatro los únicos que se mantuvieron apartados mientras se lapidaba con ensañamiento al ex Platón catalán».[51]

Heus ací un pecat col·lectiu sols disculpable, en part, per la nostra condició de llatins apassionats per fòbies i fílies; pels defectes de la nostra formació cívica; per la nostra manca de visió jerarquitzada de la Societat o per l'afany, ben intensament sentit al moment de la desclosa de l'obra orsiana, de comptar amb un guiatge intel·lectual. Campalans ja ho digué d'una manera ben gràfica i amb intenció exculpatòria: «Però tot

s'explica: quan un poble—en una tràgica posició pirandel·liana—es posa
a la recerca d'un Geni, en fa unes com a coves!»[52]

El que hom ha anomenat «cas Ors» no s'hauria produït si s'hagués
tingut una visió exacta del personatge que en fou la víctima principal,
que no era un geni com se'l considerava abans de la caiguda, però tampoc un farsant com se'l considerà després: «Abans i ara—escriu encertadament Jordana—el nostre xauvinisme—atenuat i disculpable—ha
agafat pel seu compte la personalitat del més acreditat confeccionador
de gloses. Abans, tothom tenia un cert interès, desinteressat, a inflar la
bomba. Era bonic de tenir entre nosaltres un gran pensador—i la bomba
s'inflava no sols per la pròpia força expansiva, sinó amb el buf dels
altres—. De mica en mica, la bomba anà pujant i a la fi arribà tan enlaire
que perdé el món de vista ... Tot d'una, les sagetes s'elevaren de dret
a la bomba, aquesta començà a desinflar-se enmig de l'alegria general.
Però jo no crec que es desinflés del tot. La bomba, o sigui la valor de
Xènius com a escriptor s'aguanta encara en l'aire, prou amunt i prou visible perquè tothom que tingui els ulls oberts hagi de remarcar-ne la presència».[53]

El procés, per tant, és típic de les nostres latituds: adés l'adulació;
adés la rebentada. Primerament la investidura com a «Magister Cathaloniae»; l'endemà allò de l'«ex-Glosador» «ex-cèlebre»...

No tot el fenomen s'explica, però, per la versatilitat de la nostra
gent. Jo crec que el prestigi d'Eugeni d'Ors no s'hauria destruït d'una
manera tan ràpida si hagués tingut un nucli d'addictes al seu costat, si
hagués reeixit a formar deixebles. Aquesta fou la tragèdia de l'home que
no es cansà de predicar les virtuts de l'aprenentatge, equiparables a las
de l'heroisme i que declarà benaurat aquell que hagués conegut un
autèntic mestre. La de no haver arribat a formar mai adeptes devots.
Ell prou que se'n dolia íntimament i dissimulà la seva fretura de veritables seguidors amb la còmoda invocació d'un remot Benjamín Taborga
que ni tan sols conegué, i que morí a Sud-Amèrica el 1919, el qual, segons diu Ors, s'interessà apassionadament per la doctrina del «Novissimum Organum». «Justamente era la pasión lo que había faltado a otros
adeptos que la doctrina tuvo, antes inclusive, de mi ambiente local y que

no tardaron en perderse y con la pérdida de la orientación, la pérdida del derecho al discipulado. La mezquindad política arrebató a alguno; la pacataría moral a otro».[54]

Ningú dels qui s'aproximaren al nostre biografiat no va seguir-lo en tot i per tot amb aquella devoció pròpia dels deixebles. Ja ho ha remarcat Pla,[55] que indicà el nom d'alguns orsians de primera hora que després l'abandonaren: Josep M.ª Capdevila, Joan Estelrich, Joan Creixells, J. Farran i Mayoral. També ha parlat d'això Eduard Nicol, que apunta la influència exercida per Eugeni d'Ors en una sèrie de joves inquiets de Barcelona que resultà més aviat perjudicial perquè deixà un rastre accentuat en ells «sino en la ideología y en la dirección de los estudios vocacionales. Yo las llamaría no direcciones, sino desviaciones», ja que va allunyar-los de la Universitat.[56]

Un dels joves de més talent d'aquella promoció post-orsiana del qual una mort prematura truncà les esperances d'una gran carrera intel·lectual, Joan Creixells, no fou ben bé un deixeble. «Mai no va sentir per Eugeni d'Ors una adhesió absoluta. I, en molts aspectes, mostrava noblement la discrepància. Una de les raons fóra el seu temperament, potser. J. Creixells no sabia d'apropar-se a ningú amb recel. Es lliurava tot i d'antuvi. Això en el tracte amb l'Ors—tots ho saben—no era gens possible. Pagava admiració i docilitat amb impertinències. Joan Creixells va saber descobrir aviat, en Xènius, la lluita, hàbilment, elegantment dissimulada entre la serietat i la simulació. En aquelles conferències del dissabte, que eren, a la primeria, dedicades únicament a uns pocs deixebles que el professor prèviament triava, Creixells no va anar-hi fins que foren declarades lliures per tothom ... Creixells, d'altra banda, no era fet per a moure's a l'albir d'una voluntat ni per servir a una egolatria».[57]

Joan Estelrich, deixant de banda el fet de la seva dispersió intel·lectual—que no té res a veure amb el seu talent i la seva extraordinària formació—, va rompre amb Ors—com sembla haver indicat—arran de llur viatge a Portugal el 1919.[58]

Josep M.ª Capdevila s'anà distanciant del nostre biografiat per una sèrie de motius personals que desconec però en els quals em sembla que no fou causa del tot aliena el seu matrimoni amb Carme Montaner, que era secretària d'Eugeni d'Ors. D'altra part el seu llibre sobre l'etapa barcelonina de Xènius és prou explícit en la gènesi de la seva amistat amb el nostre personatge i les causes del posterior fredament.

Aquesta al·lusió a la incapacitat del nostre home per a formar un nucli d'addictes seus[59] em porta a preguntar-me si aquella no era motivada per unes raons de tipus temperamental a les quals ja fa referència la cita anterior relativa als contactes de Joan Creixells amb el nostre biografiat. ¿Era realment així, Eugeni d'Ors? Pels testimoniatges que he recollit sembla que, certament, a ell li agradava d'estar rodejat de persones que l'afalaguessin, però, al mateix temps, trobava, un cert plaer a veure-les sotmeses a ell i per això arribava a mortificar-les. Quan tenia el seu despatx oficial a l'edifici Batlló, al carrer d'Urgell, el satisfeia, en gran manera, que els joves admiradors l'esperessin a la sortida i després l'acompanyessin a casa parlant-li dels seus problemes, que tractava de resoldre amb consells, orientant llurs lectures, etc. De vegades, perllongava l'espera dels seus acompanyants d'una forma que semblava deliberada, però si algun dels habituals es cansava i mancava al costum establert, li feia retret del que considerava una desatenció a la seva persona. Era com si l'amistat d'aquells admiradors fos un joc d'estira-i-arronsa; volia mostrar-se cordial amb ells, però, d'altra part, tenia interès a no resultar massa assequible. Hi havia, a més, en Eugeni d'Ors una certa suspicàcia envers els qui estimava que se sostreien a la seva influència. He insinuat quelcom d'això respecte a la rivalitat Ors-Diego Ruiz. Potser no es tractava d'aquest recel, però en canvi explica Torres Garcia que quan ell publicà, el 1913, un llibre de matèria estètica, *Notes sobre l'art*, s'acuità a portar-lo a Xènius amb tota il·lusió; el seu amic el fullejà una bona estona en silenci fins que, per tot comentari, li digué que els gravats eren molt bons. «No podía soportar que Torres invadiera su jurisdicción de teorizador de arte», conclou el pintor.

Tanmateix en el seu tracte amb les persones no incorria mai en descortesies. Graduava deliberadament les seves relacions amb els qui l'envoltaven. Hi ha una lletra seva a López Picó, datada a París el 26 de juliol de 1908, que judico molt interessant per a la comprensió d'aqueix capteniment. En ella s'excusa al seu amic de no haver-li respost de seguida de la següent manera: «Perdoneu-me si, amb aparièncis de crudeltat, he perllongat per alguns dies la vostra inquietud. Això són coses que jo no sé fer amb qui no estimi! Jo sóc sempre, perfectament deferent, perfectament polit—polit vol dir: impermeable! amb la gent que no m'interessa. Crudeltats com la d'ara, com d'altres anteriors que he tingut envers vós, com altres que tindré encara, si a Déu plau, són filles —tingueu-ho sempre present!—de l'interès en vós col·locat, del compte que prenc de vós, amb la petita autoritat que pugui donar-me el precedir-vos d'uns quants passos en la vida...»

Tot plegat, una mescla de coqueteria i d'arrogància de caràcter. Per això practicà el dandisme, que era una forma de comportament que admirà sempre, d'ençà dels seus anys juvenils. És aquest sentit aristocràtic del gest que alguns han confós amb l'afectació, l'histrionisme, la pura comèdia. «No puede pedir un par de huevos fritos hablando con naturalidad» opinava Josep Pla en el duríssim però no gens menyspreable article que publicà a *El Español* quan Ors encara vivia,[60] opinió que repetí, més tard, en el seu *Homenot*. Aparentment hom hauria de donar la raó a aquells que trobaven insuportable el nostre biografiat per la seva posa. Però els qui blasmaven Eugeni d'Ors no sabien que ell utilitzava totes aquelles actituds afectades, les paraules exòticament pronunciades i el to sibil·lí en la forma d'expressar-se, com una defensa, com una màscara. «Jo sóc perfectament polit. Polit vol dir impermeable amb la gent que no m'interessa.» ¿No era potser aquest un recurs per a dissimular la seva timidesa?

D'altra part ell s'hi trobava bé amb la comèdia. Ni tan sols s'adonava que la representés. Em remeto al que ja he indicat en el primer capítol d'aquesta obra respecte a les admiracions que professà envers Erasme de Rotterdam, Goethe o Sòcrates, que provocaren en ell la sorprenent reconstitució dels posats d'aquells grans homes, no en una vulgar «imitació», sinó en una més complexa actitud anímica per la qual més aviat pretenia assumir en determinats moments les funcions vitals que exerciren les egrègies figures per ell estimades; el que he anomenat les «flors» o part fantàstica de la seva personalitat, per oposició a les «arrels» o l'element autèntic. El que he deixat apuntat palesa el sentir orsià de la representació que esqueia perfectament al seu tarannà, molt més exuberant que no semblava i que no gosava exterioritzar si no era amb una disfressa interposada perquè, en el fons, ell era un barroc amb tendència a l'exageració, i el més curiós del cas és que s'ho coneixia. Altrament, no hauria repetit ara i adés, a manera d'autoexculpació, la frase de Stendhal sobre la hipèrbole dels italians: «En les natures emfàtiques, l'èmfasi és natural». Ell també ho era, d'emfàtic, i en grau superlatiu. Li agradava la pompa i la cerimònia, però tenia la franquesa de proclamar-ho. I era tan afeccionat a ella que no temia afrontar el ridícul. M'ha contat Jordi Rubió i Balaguer, que ho sabia pel seu pare Antoni Rubió i Lluch, un dels fundadors de l'Institut d'Estudis Catalans, que els membres de l'Acadèmia no capiren la insistència del secretari que pretenia que, en ocasió de llur assistència corporativa a un acte solemne—crec que es tractava de l'enterrament de Prat de la Riba—, els acadèmics lluïssin un uniforme que Ors s'havia acabat d'inventar per a tals ocasions; un frac verd i un espasí com els immortals de l'Acadèmia Francesa... També el lector ha pogut espigolar, al llarg de les pàgines precedents, algunes anècdotes que palesen el gust del nostre biografiat pel gest aparatós portat a uns extrems risibles: la «libació funerària» al poblet de Torms; l'entrevista acordada a Frédéric Lefèvre en una piscina parisenca; el seu ingrés a la Falange com si fos un Orde de Cavalleria; la fórmula de jurament dels membres de l'Instituto de España, que sembla atribuïble a ell; la recepció de l'Àngel de Frederic Marés al «Caserón del Sacramento»...

La teatralitat del nostre personatge, que molestava tanta gent i que indubtablement fou una de les causes que afectaren d'una manera més greu la seva popularitat, responia—al meu entendre—a un desig de mantenir oculta una zona del seu «jo», puix que no dubto que, en definitiva, era extremament púdic com tot català autèntic. A ben poques persones es confiava íntimament, gosava mostrar-s'hi sense màscara. Hom compta amb el testimoniatge d'alguns que el tractaren en els intervals en què se sentia à son aise; procedeix dels amics enfront dels quals no calia mantenir la seva estudiada actitud. Sembla que en aquelles hores la companyia d'Eugeni d'Ors era senzillament deliciosa. M'ho han referit Millàs-Raurell i Oriol Bohigas. També ho diu Josep M.ª de Sagarra.[61] En aquells moments de distensió, Ors explicava xafarderies i anècdotes picants; imitava els «chansonniers» de París més cèlebres; improvisava quartetes malicioses en les quals sortia ben malparada més d'una de les «patums» que s'exhibien a Barcelona o a Madrid.

D'altra part, Eugeni d'Ors exterioritzava a algunes persones de la seva confiança uns desigs d'afecte i de companyia insospitables pels qui el jutjaven només per la seva aparença distant, gairebé orgullosa. La creació de l'Academia del Faro de San Cristóbal és fruit d'aquests sentiments—aguditzats als darrers anys de la seva vida—de comptar amb un nucli cordial d'homes que corresponguessin a la seva aspiració de noble amistat, que divulguessin, en el possible, la seva ideologia i que es fessin ressò del que ell deia o pensava.

M'ha contat la senyoreta Castillejo, la darrera secretària que tingué el nostre biografiat, que ell, que mai no li regalava cap llibre, va obsequiar-la amb un exemplar de les converses d'Eckermann amb Goethe...

Insisteixo. Era més sentimental del que hom creia. La màscara era per a ell un element essencial perquè constituïa la seva autodefensa.

És clar que fer comèdia d'una manera constant comportava un perill que Eugeni d'Ors no pogué evitar: l'acusació d'hipocresia que fatalment caigué sobre ell. «Xènius o la moral dels immorals» era el títol d'un article que li dedicà Agustí Esclasans, d'altra banda força acceptable.[62] Josep M.ª Capdevila ha dit que practicava la «moral de l'èxit» i ha assenyalat la incoherència del fet de considerar com a indispensable en la biblioteca del «Perfecte Arbitrari»,[63] a més de llibres innocus com *L'Art de Treballar la Terra*, de Bernard Palissy, o edificants com *Introducció a la Vida Devota*, de Sant Francesc de Sales, altres de perniciosos com *El príncep*, de Maquiavel i *Les Liasions dangereuses*, de Choderlos de Laclos i, especialment, dins d'aquesta obra modèlica de la prosa del segle XVIII francès llibertí, redactada en forma epistolar, la lletra en la qual la protagonista, la Marquesa de Merteuil, justifica el principi de simulació que ella ha emprat tot al llarg de la seva vida galant. Té raó Capdevila: la tria és un bon xic equívoca—ja he dit que hi ha moltes coses en l'obra orsiana que són ambigües—, però en la preferència del nostre personatge per les *Liasions*, ultra una prova fefaent de la debilitat que sentia—i que repetidament declarà—pel setcents, no hi sé veure més que una confirmació d'aquell gust per la comèdia, o si es vol, pel fingiment que va caracteritzar-lo sempre.[64] La disfressa era, per tant, un ingredient més d'aquella «educació de la voluntat» que ell predicava especialment durant la seva etapa d'arbritrarisme.

Eugeni d'Ors fou el primer a practicar l'autodomini. Ja he insinuat quelcom de la repressió que exercia sobre el seu temperament. Se sabia exhuberant i procurava mostrar-se fred, però no sempre hi reeixí. «Després d'haver utilitzat el romanticisme com a cambra de mals endreços de tots els errors humans, de les aberracions del gust i de les alienacions mentals»—observa agudament Pla en el seu *Homenot*—«arribà a ésser fastigós veure exercitar el virtuosisme romàntic portat a extrems que fan empal·lidir els "raconti" més desfibrats de Puccini i els pessigolleigs més sensorials de Debussy, a la persona que l'havia permanentment anatemitzat». Volia mantenir-se un home de seny i sovint denotava el seu sentimentalisme. No sempre dins de la seva persona la Norma dominava l'Instint. Com que era conscient d'aquest problema, recomanava sense fatiga el que ell maldava per assolir. Tota la seva obra s'explica, en el fons, per la contradicció que assenyala l'escriptor de Palafrugell: és un romàntic que desitja ésser clàssic. Diu que la Natura cal que sigui crucificada, sotmesa a un ordre, és a dir: la Intel·ligència, per això atorga tot un simbolisme als jardins botànics. S'entusiasma per Oliveira Salazar perquè s'ha esforçat a combatre el barroquisme natural dels portuguesos i per extensió diu que els polítics cal que actuïn com els missioners que ensenyen els indígenes a dominar tot el que d'instintiu tenen. Dedica una gran obra a Cézanne, el pintor que sotmeté els paisatges, les figures humanes i les natures mortes a un esquema mental... Però quan—al meu entendre—Eugeni d'Ors resulta més autèntic, és quan el traeix el seu temperament; quan fa l'apologia del barroc, quan escriu un llibre tan «romàntic» com *Gualba la de mil veus*.

Aquest és el veritable «cas Ors» i no aquell que en mala hora es plantejà a la Mancomunitat, que, fet i fet, va ésser un episodi anecdòtic per bé que d'una importància tal que alterà tot el curs de la seva vida. La destitució va provocar en el nostre biografiat una reacció romàntica: perdé la serenitat i, mogut pel despit, se n'anà de Catalunya i renegà coses que havien estat, per a ell, molt cares. «Si hagués sapigut abandonar mudament, irònicament, amb una reverència elegant (el seu càrrec) tothom hauria reverenciat el company altíssim que havia sapigut atravessar el fangar polític sense sollar l'alba gonella de la seva ànima», diu Esclasans en l'article suara esmentat. Però no en va saber. No pretenc justificar les seves reaccions posteriors, però s'expliquen. «Qui perd el seu perd el seny», solem dir. D'altra part, era un intel·lectual pur que vivia exclusivament de la ploma i, com remarca molt bé Fuster, «l'heroisme és un talent estrany a la família literària. Entre els homes de lletres no trobarem mai un heroi. Hi ha hagut, i ha descarats com Villon, Juan Ruiz o Jean Genet—senyorets com Goethe, Ausias March o Shelley—boigs com Llull o Léon Bloy—covards, tímids o assalariats, com la majoria. Ni el tipus estil Rimbaud, ni els infinits suïcides, ni tan sols els qui es moren de gana, no tenen res a veure amb l'heroisme de què ara parlo».[65]

No reaccionà heroicament. Abandonà Catalunya, i la seva partida produí una pèrdua irreparable per a la cultura del país, per la qual cosa podem concloure, fossin quins fossin els motius determinants, que la forçada sortida d'Eugeni d'Ors de la Mancomunitat avui es pot considerar, amb una perspectiva històrica, com una gran equivocació. Ell, però, en fou la primera víctima. Per sempre més restà marcat per aquella separació. Als darrers anys de la seva existència, confessà a Antoni Vilanova—un dia que sortiren a parlar de Santayana—que ell també era un expatriat intel·lectual.[66]

I acabo.

Les generacions futures jutjaran. Tanmateix, després dels testimoniatges que he aportat em crec amb el dret d'avançar una opinió sobre el que va ésser la persona i l'obra d'Eugeni d'Ors, que pot resumir-se utilitzant el títol d'una conferència cèlebre seva: «La grandesa i la servitud d'una intel·ligència», però, comptat i debatut, estimo que, en ell, hi hagué més de la primera qualitat que del segon inconvenient.

NOTES

NOTES A LA PRIMERA PART

NOTES AL CAPÍTOL I

1. Com per exemple a SANTIAGO ALBERTÍ, «Un hombre y su idea. Eugeni d'Ors», *Revista* [Barcelona], 2/8-IV-1953.

2. «Las cosas como son. ¿Bien o mal plantada?», *Diario de Barcelona* [Barcelona], 7-XII-1956.

3. «Rapsodia sobre la Puerta del Ángel», *La Vanguardia* [Barcelona], 29-IX-1949.

4. «Foujita», *Revista*, 16-22-VII-1953.

5. «Más quintaesencias de Barcelona. En los días del Ángel», *La Vanguardia*, 6-X-1945. NO.G. 895.

6. «Eugenio y su demonio», a *Epos de los destinos* (Madrid: Editora Nacional, 1943).

7. «Ángela y Ángela María», *La Vanguardia*, 11-IX-1946.

8. «Metámonos en libros de caballerías», *La Vanguardia*, 11-IV-1947.

9. JOSÉ BALARI JOVANY, *Orígenes Históricos de Cataluña*, vol. II (Sant Cugat del Vallès: Instituto Internacional de Cultura Románica, 1964), p. 599.

10. «Osos», *La Vanguardia*, 21-III-1944. NO.G. 76.

11. «Dolor de Cuba», *El Debate*, 17-XI-1932. N.G.II 859.

12. RAMÓN GÓMEZ DE LA SERNA, *Retratos contemporáneos* (Buenos Aires: Editorial Sudamericana, 1941).

13. «Eugenio d'Ors y Barcelona», *El Español* [Madrid], año 1, núm. 6 (5-XII-1942).

14. «Examen de conciencia», *La Vanguardia*, 20-IV-1950.

15. «Mis ciudades», *La Vanguardia*, 9-IV-1953.

16. «Los Xiquets de Valls», NO.G. 333.

17. «Villafranca del Panadés», NO.G. 356.

18. «Mensaje a los de Villafranca del Panadés en víspera de su Fiesta Mayor», NO.G. 819.

19. «28 de Septiembre de 1944», NO.G. 383.

20. *La Verdadera Historia de Lídia de Cadaqués* (Barcelona: José Janés Editor, 1954).

21. Núm. 4, 28-II-1903.

22. A *El Poble Català* de 5-VIII-1905 apareix en la secció de Literatura un article signat «Josep-Enric Ors» titulat: «Nens i flors en sos jardins», datat a «Anvers 1904»; i a *La Veu de Catalunya* de 15-VIII-1906 es publicà l'esquela mortuòria de Concepció Rosal Sanmartí, vídua Ors, on es consigna entre els parents de la difunta: «Els seus néts: don Eugeni i don Josep-Enric (absents)». Després he perdut tot rastre d'aquest germà.

23. *Historia de mi vida* (Montevideo: Publicaciones de la Asociación de Arte Constructivo, 1939).

24. *Els pensaments d'en Joan Bonhome, ordenats per «ABC». Text inèdit publicat segons el manuscrit de Londres* (Barcelona: 1919).

25. *La Veu*, 5-XI-1908. O.C.C. 868.

26. 15-2-1903.

27. Any I, núm. 1 (12-XI-1904).

28. «A l'estiu tota cuca viu», *La Veu*, 19-VII-1907. O.C.C. 506. Emperò, a «L'oratge» (*La Veu*, 13-VIII-1906. O.C.C. 235) parla, per primera vegada, de «mon amic Octavi».

29. «Los tipos literarios», *ABC* [Madrid], 26-VI-1929. N.G.II, 487-492.

30. 6-V-1905.

31. O.C.C. 130.

32. *Introducción a la vida angélica. Cartas a una soledad* (Buenos Aires: Editoriales Reunidas, Argentina, 1939).

33. AURELIO RAS, «Ors y su Glosario», *La Cataluña* [Barcelona], número 7 (16-XI-1907).

34. «Erasmo», *ABC*, 21-I-1930. N.G.II, 579.

35. La fotografia es reproduí a la primera pàgina de *El Día Gráfico* [Barcelona], 15-VI-1920. He vist també un retrat «erasmià» a l'aiguafort, l'autor del qual és per mi desconegut.

36. «A Eugeni d'Ors. Glosa en amor de son "Glosari" », *Empori* [Barcelona], gener 1908.

37. JOAQUÍN TORRES GARCIA, obra citada.

38. AURORA LEZCANO, MARQUESA DE O'REILLY, «Eugeni d'Ors, mi vecino de la calle del Sacramento», *La Vanguardia*, 28-IX-1954.

39. NICOLÁS BARQUET, *Eugenio d'Ors en su ermita de San Cristóbal* (Barcelona: Editorial Barna, 1956).

40. *La Veu*, 14-V-1918.

41. J. W. GOETHE, *Fausto*, traducció de J. Roviralta Borrell. Estudio preliminar de Eugenio d'Ors. Clásicos Jackson, vol. 17 (Barcelona: Editorial Éxito, 1951).

42. Per exemple, a l'escrit «Del "siglo"», *La Vanguardia*, 27-10-1944. NO.G. 379.

43. «Les Nouvelles Littéraires», París, 27-X-1928. El reportatge fou recollit després en el llibre FRÉDÉRIC LEFÈVRE, *Une heure avec...*, 5ème. serie (Parts: N. R. F., 1929).

NOTES AL CAPÍTOL II

1. «Tal dia com avui», *La Veu*, 8-XII-1910. O.C.C. 1543.

2. «Les 8 hores», 6-X-1919.

3. O.C.C. 1953.

4. «Buffalo Bill», 27-VIII-1913.

5. «Sofia Casanova», 9-XI-1908. O.C.C. 873.

6. «El Guaita». «Els millors llibres», *Quaderns d'Estudi* [Barcelona], any I, vol. II, núm. 2 (març 1916).

7. «Roseta», *La Veu*, O.C.C. 1372.

8. «Enric Jardí, noucentista», 27-V-1908.

9. Dec aquesta informació, procurada a la Secretaria de la Facultat de Dret de Barcelona, al Sr. Ramon Garriga i Miró, fervent orsià.

10. «Las "xinxes" en el Manchester catalán», *La Vanguardia*, 30-VIII-1953.

11. «Duran i Bas», *La Veu*, 5-VI-1911.

12. 2/20 i 21-VI-1906. O.C.C. 157-167-176.

13. «Encara serveixen», 19-III-1919.

14. «Gambara o la novel·la picaresca», 29-XI-1909. O.C.C. 1187.

15. «Obres civils del mes d'octubre, segons "Xènius"», «Oaristi», «Altre Oaristi» i «Petita biblioteca de l'escolar desatent», 2/3/4/5-X-1907. O.C.C. 558-560-562-564.

16. «La Universitat dels missatges», 5-III-1906. O.C.C. 64.

17. «Otro muerto. La singular procesión». N.G.I, 339.

18. «Tornas de Portugal». N. G. III, 612.

19. En algunes bibliografies d'Eugeni d'Ors he vist citada l'obra *Genealogía ideal del Imperialismo* (Madrid: Facultat del Derecho; Barcelona: Henrich Impresor, 1906), que ha estat per mi introbable.

20. En una nota al peu de l'article «Noruega Imperialista» a *El Poble Català*, núm. 32 (17-VI-1905), que es continua al núm. 34 (1-VII-1905), hom pot llegir «Intento una àmplia teoria sobre aquestes importantíssimes qüestions en un llibre en preparació sobre "Genealogia ideal de l'Imperialisme"».

21. «Breus consideracions sobre la relació entre les formes de govern i les arts», 18-XI-1909. O.C.C. 1175.

22. *Diario de Barcelona*, 28-IX-1954.

23. «Glosa crepuscular», 15-III-1909. O.C.C. 983.

24. Núm. 11 (20-IV-1899).

25. Any II, núm. 30 (3-I-1901).

26. Cant XI, núm. 20 (30-X-1903). Cant V, núm. 21 (15-XI-1903).

27. Núm. 6 (14-III-1899).

28. Any I, núm. 6 (23-IV-1899).

29. 29-V-1899.

30. 27-X-1899.

31. 19-XII-1899.

32. 6-I-1900.

33. 4-III-1900.

34. Any I, núm. 1 (6-V-1900).

35. Any I, núm. 4 (27-V-1900).

36. «Ecos», *El Día Gráfico*, 10-III-1921.

37. Dóna compte del veredicte *La Veu*, 2-II-1899. El primer premi s'atorgà al notari

Guillem A. Tell i Lafont i el primer accèssit d'aquest primer guardó a Apel·les Mestres. El cognom del nostre biografiat està mal transcrit en la forma «Eugeni Dos».

38. «Epístola a Picasso», *D'ací d'allà* [Barcelona] vol. XXIV, núm. 185 (juny 1936).

39. «El Círculo de San Lucas», *La Vanguardia*, 21-1-1954.

40. *La Veu*, 7-III-1907.

41. Vol. III, núm. 85 (febrer 1902).

42. Totes tres publicades al mateix vol. III, núm. 79 (agost 1901).

43. «Schumann», *La Vanguardia*, 17-IX-1954.

44. Vol. III, núm. 85 (febrer 1902).

45. Vol. III, núm. 84 (gener 1902).

46. *Mis salones (Itinerario del arte moderno en España)* [Madrid], M. Aguilar Editor, 1945.

47. El comentari orsià al llibre *Boires Baixes* que hem esmentat (vid. nota 39) s'inicia amb una llarga cita del clàssic autor anarquista Max Stirner.

48. CARLOS SOLDEVILA, «El cincuentenario de "El Guayaba"», *Destino* [Barcelona], 12-1-1952.

49. «De les reials jornades», *Empori*, any II, núm. 10 (abril 1908).

50. «SEMPRONIO», «La semana en libertad», *Destino*, 18-1-1964.

51. 16-IV-1903.

52. *«Sobre la futura "Escola Naval de Comerc"»*, 11-II-1903.

53. 12-II-1903.

54. 13-II-1903.

55. 5-VIII, 8-IX i 5-X-1901.

56. «Per a un epíleg a uns articles d'en Gabriel Alomar», *Catalunya*, núm. 7 (15-IV-1903). L'acte se celebrà el 14-III-1903, segons reporta *La Veu* de l'endemà.

57. *La Publicidad*, 3-III-1903.

58. Hi ha amplis reportatges del Congrés a *La Veu*, 1 i 2-II-1903.

59. «Experiments d'un congressista», *Catalunya*, any I, núm. 3 (15-II-1903).

60. Any I, núm. (gener 1904), i núm. 3 (març 1904).

61. Al núm. 2 (febrer) de la mateixa revista portaveu dels universitaris reformistes, s'insereix una traducció d'Eugeni d'Ors d'unes «Converses amb Goethe en els darrers anys de la seva vida», en la qual es manifesta per primera vegada el fervor goethià del nostre biografiat. En un passatge de la versió catalana, Ors adverteix en una nota: «M'he proposat en aquesta traducció prescindir de tota mena de comentaris. Mes veig que això no em serà possible. En arribar aquí, per exemple, no puc aguantar-me», i acte seguit inicia una glosa del text plena d'entusiasme pel geni de Weimar.

62. En la contraportada de diversos volums de la Biblioteca Popular L'Avenç, publicats el 1904, ve anunciada una traducció dels *Contes Crudels* del Comte Villiers de l'Isle Adam a cura d'«Eugeni Ors», que no tenim constància que arribés a aparèixer.

63. La lletra amb la música corresponent i una explicació d'Eugeni d'Ors sobre la seva intenció d'ajudar els cantaires, «exalçats per una il·luminació emotiva que es concre-

ta, principalment, en l'esperança (que han de), vibrar forçosament així davant de l'Home Superior» es troba a *Auba. Revista d'Arts i Lletres*, any II, núm. 5 i 6 (març-abril 1902).

64. Correspongué a Eugeni d'Ors la traducció de la segona part del Primer acte. Vid. *Èdip rei (Tragèdia)* (Barcelona: Bartomeu Baixarias Editor, 1909).

65. *Occitània. Revista Literaria e Sociala de las Terras de Lengua d'Oc.* [Toloza-Barcelona], Annada I (març 1905).

66. «Mar, Imaginación», *La Vanguardia*, 12-IX-1953.

67. Dóna notícia de la projectada estrena la secció Teatre Català de *La Veu*, 6-X-1908. La lletra d'Eugeni d'Ors es publica el 16-X i la resposta de Jacint Grau el 17-X.

NOTES AL CAPÍTOL III

1. 14-IV-1904.

2. Cal esmentar les col·laboracions orsianes destinades a informar el públic sobre la literatura estrangera, concretament francesa, en les quals el nostre personatge, després de donar una idea succinta d'un autor determinat, en tradueix un fragment. Aixi aparegué una versió catalana d'un tros de *Les històries naturals*, de Jules Renard (núm. 17, 4-III-1905) i un altre d' *Esquisses vénitiennes: «El Nan»*, d'Henri de Regnier (núm. 42, 26-VIII-1905).

3. Núm. 3, 26-XI-1904.

4. Núm. 28, 20-V-1905.

5. Núm. 34, 1-VIII-1905.

6. Núm. 5, 10-XII-1904.

7. Núm. 24, 22-IV-1905.

8. Núm. 6, 17-XII-1904.

9. ENRIC JARDÍ, «Tres diguem-ne desarrelats (Pijoan, d'Ors i "Gaziel")». Els articles en qüestió són comentats al capítol «El tercer "Xènius"».

10. Núm. 71 (17-III-1906).

11. Núm. 76 (21-IV-1906).

12. A *La Veu* del 2-III-1903, en un article que signa «E. Ors Rovira», intitulat «El futur Congrés de Berna», es parla de la conversió del nacionalisme d'aspiració particularista en una «idea general» i del «Sentiment de solidaritat que s'imposa entre els pobles que pels mateixos ideals treballen».

13. Núm. 14 (9-IX-1905).

14. «Les ciutats arbitràries», Núm. 50 (21-X-1905).

15. «La màscara de la mort roja», Núm. 35 (8-VII-1905).

16. Núm. 26 (6-V-1905).

17. Núm. 18 (14-III-1905).

18. Núm. 29 (27-V) i núm. 31 (10-VII-1905).

19. Núm. 43 (2-IX-1905).

20. «Traducción de Enrique Díez Canedo. Decorada con dibujos de Isidro Nonell, Joaquín Mir, Santiago Rusiñol, Ignacio Zuloaga, Ricardo Marín, Luis Bonnin y Octavio de Romeu» (Madrid: Ediciones El Banquete, 1905).

21. Ultra les indicades en el títol que aparegueren, com s'ha dit, a *Pèl & Ploma*, conté: «Los cuatro gatos», l'original ja referit a *Quatre Gats*, núm. 6 (16-III-1899); «El Rabadán» («El Rabadà», *La Veu*, 1-I-1903); «Gárgolas» («Gàrgoles»), *El Poble Català*, núm. 28 (20-V-1905); «El Palacio del loco» («El Palau del boig»), *La Renaixensa* (27-X-1899); «La copa del rei de Tule», *La Renaixensa* (19-XII-1899); «Carta a los reyes» («Carta als reis», *La Renaixensa* 6-I-1900); i «Tiempo después», obra de la qual no he pogut trobar la primera versió catalana, si és que existí.

22. «RODAMON», «A la que salta: italianes hermoses», *La Veu*, 15-VIII-1906.

23. «Sobre una al·lusió», *La Veu*, 29-VIII-1906. O.C.C. 241-242.

24. Núm. 37 (22-VII-1905). La crítica és signada per Joan d'Avinyó.

25. 10-VIII-1905. La crítica és signada per Josep Morató.

26. Any IV, núm. 292 (14-X-1905).

27. *El Poble Català* 2 i 10-V-1906.

28. «El que sap don Antoni Maura», *La Veu*, 18-V-1907.

29. *La Veu*, 10-I-1906. O.C.C. 189.

31. «Herriot Alcalde de Lyon y las dos clases de fieras», NO.G. 265.

32. «La defensa de Menéndez Pelayo», N.G.II, 516.

33. «Les paraules de Joaquim Costa per al jovent català», *La Veu*, 18-II-1911.

34. «Jubilares confesiones sobre un libro propio», *La Vanguardia*, 14-II-1952.

35. «Recuerdos del otro eclipse», NO.G.785.

36. 22-25-28 i 30-VIII-1905.

37. L'any 1981 el senyor Antoni Pons, que, segons tinc entès, estava emparentat amb la família Casellas (em sembla recordar que em digué que era nét-nebot d'aquell escriptor) em facilità fotocòpies d'una vintena de cartes que Eugeni d'Ors havia remès al redactor en cap de *La Veu* d'agost de 1905 a desembre de 1909, correspondència a la qual em referiré sovint en el present capítol.

Probablement el Sr. Pons també proporcionà còpies dels susdits documents a JORDI CASTELLANOS, que els transcriu a l'estudi «Noucentisme i censura (a propòsit de les cartes d'Eugeni d'Ors a Raimon Casellas)», publicat a la revista *Els Marges*, núms. 22/23 (1981).

38. 1/10/24-VIII-1905.

39. ANTONI ROVIRA I VIRGILI, «Els homes del C. N. R.», *Revista de Catalunya* [Barcelona], vol. VI, any IV, núm. 31 (gener 1927).

40. El nostre personatge seguí emprant les formes Glosari, gloses i glosador, així, amb una sola «essa» i no amb la doble lletra que són les preferides després de la fixació de les normes ortogràfiques per l'Institut d'Estudis Catalans, de manera que, tot i ésser conscient del defecte, continuaré servint-me de la grafia adoptada per Eugeni d'Ors.

41. Francisco Pujols, «El Glosario orsiano», dins del llibre editat per la Academia Breve de Crítica de Arte, *Homenaje a Eugenio d'Ors* (Madrid, 1955).

42. Juan Maragall, «Galería de catalanas hermosas», *Diario de Barcelona*, 24-IV-1906.

43. J. M.ª Capdevila, «Eugeni d'Ors. Etapa barcelonina (1906-1920) (La meva adhesió al "Glosari")», Publicacions de *La Revista*. (Barcelona, Barcino, 1965).

44. «Un "Amiel" vigatà», *La Veu*, 3-V-1913.

45. Eugenio d'Ors, *Glosas (Páginas del «Glosari» de «Xènius», 1906-1907)*, versión castellana de Alfonso Maseras (Madrid: Saturnino Calleja, S.A., 1920).

46. «Un glosador», 7-XII-1906 («Montaigne Glosador», O.C.C. 324).

47. «La "glosa" y el ensayo» a *Las ideas y a las formas (Estudios sobre la morfología de la Cultura)*, Biblioteca de Ensayos (Madrid: Páez, 1928).

48. «La metafísica usual», 1-I-1907. O.C.C. 340.

49. «El "C"», 7-XI-1906. O.C.C. 295.

50. Agustí Esclasans, *La meva vida (1895-1920)*, Biblioteca Selecta núm. 110 (Barcelona: Selecta, 1962).

51. *El Poble Català*, 25-XI-1907. Aquest article fou recollit posteriorment en el seu llibre *Estudis de literatura catalana* (Barcelona: Societat Catalana d'Edicions, 1912).

52. 19-XII-1906.

53. «De les palmeres i d'altres coses», 9-IV-1908. O.C.C. 718.

54. «Nyebit», *La Vanguardia*, 9-IV-1953.

55. 7/8/10/11/12/13/14 i 15-IX-1906, O.C.C. 251-261.

56. «L'Iglésies i el Teatre de la Bondat», 16-I-1906. O.C.C. 43.

57. 26-IV-1906, O.C.C. 119.

58. «En ocasió de Sant Tomàs», 21-XII-1906. O.C.C. 332.

59. «El Liceu incivil», 10-XII-1906, O.C.C. 317: «Del malparlar, de la solidaritat davant de l'Esperit i del perquè vénen de París les modes», 12-XII-1906. O.C.C. 321, i «Encara un mot sobre el malparlar i prou», 12-XII-1906. O.C.C. 323.

60. 7-VIII-1906, O.C.C. 327.

61. «Sobre l'estàtua inaugurada avui», 27-XII-1906. O.C.C. 338.

62. 13-VI-1906, O.C.C. 168. En una carta d'Eugeni d'Ors a Raimon Casellas datada probablement a finals de març, de 1906, perquè s'hi al·ludeix a la publicació de *Les multituds* de Casellas, que es posà a la venda el dia 27 d'aquest mes, Ors demana al redactor en cap de *La Veu* que li procuri un exemplar de l'auca *Les fires i festes de Barcelona*, que deuria inspirar-li la referida glosa.

63. 20-V-1906, O.C.C. 150.

64. 21/23/24/25/26 i 28-V-1906, O.C.C. 141-148.

65. 6-X-1906, O.C.C. 272.

66. 15-X-1906, O.C.C. 280.

67. 18-X-1906, O.C.C. 281.

68. La pronuncià al Teatre Novetats el matí del dia 14 d'octubre en un acte organit-

zat per l'Ateneu Enciclopèdic Popular. El text taquigràfic ve reproduït a *La Publicidad* de l'endemà.

69. *Emporium*, 19-1-1906. O.C.C. 53.

70. «Meravellosa pàgina», 1-VIII-1906. O.C.C. 243.

71. «Vers l'Humanisme», 26-VI-1906. O.C.C. 186.

72. «Catalunya... Orient», 3-X-1906. O.C.C. 271.

73. J. M.ª CAPDEVILA, *op. cit. (La ideologia de Xènius)*.

74. FRANCESC CARRERAS CANDI, «Noucentistes!!» *La Veu*, 28-II-1911.

75. «Arte vivo», *Revista*, 4/10-XII-1952.

76. «Dos llibres. *La Nacionalitat Catalana i la generació noucentista. Enllà i la generació noucentista»* i «En resum», 27-28-29 i 30-VI-1906. O.C.C. 182-186.

77. «En Pahissa», *La Veu*, 14-III-1906. O.C.C. 96.

78. 26-III-1906. O.C.C.. 82. En una carta que Eugeni d'Ors adreçà a Raimon Casellas des de Madrid, datada el 4-IV-1906, li deia: «Ara vull que m'ajudeu en una cosa. En això de la "Galeria de catalanes maques" (sic) que ja és, per a mi, una verdadera "ceba". Jo crec la pensada genial, i perdó. Jo la crec realitzable i tinc un interès gairebé "febril" en què s'agiti (és curiós, oi?, que jo, ple de mals de cap personals, m'interessi aixi per coses aixi? Però, què voleu?...) ... Doncs voldria que no la deixéssiu dormir i que vós mateix, com un dels més autoritzats, la defenséssiu en un article. No quedaríeu sol, no tingueu por». Però, com indica JORDI CASTELLANOS en una anotació (nota núm. 9) del seu treball, Casellas no publicà l'article que li demanava Ors, però presenta juntament amb Josep Pijoan la proposta d'organització d'un concurs de retrats de catalanes formoses per part de la Junta Municipal de Museus i Belles Arts.

79. «La galeria de les catalanes formoses», 6-IV-1906. O.C.C. 96.

80. «Metafísiques raons», 7-IV-1906. O.C.C. 97.

81. «Socials raons», 9-IV-1906. O.C.C. 99.

82. «Artístiques raons», 10-IV-1906. O.C.C. 100.

83. «Patriòtiques raons», 16-IV-1906. O.C.C. 104.

84. «Orgulloses raons», 17-IV-1906. O.C.C. 106. («Glorioses raons».)

85. LUIS DE ZULUETA, «Las catalanas hermosas», *La Publicidad*, 21-IV-1906.

86. JUAN MARAGALL, «Galería de catalanas hermosas», *Diario de Barcelona*, 24-IV-1906.

87. «Encara sobre les catalanes formoses», 9-VI-1906. O.C.C. 161.

88. PERE COROMINES, «Les dones hermoses», *El Poble Català*, 18-VI-1906.

89. JOSEP PIJOAN, «Del glosari d'en Eugeni d'Ors i del seu concurs de catalanes hermoses», *La Veu*, 17-VII-1906.

90. «Ludovicus», «Cròniques insubstancials», *El Poble Català*, 14-V-1906.

91. En la lletra que Eugeni d'Ors envià a Casellas el 24-VI-1907, que havia estat precedida d'una del 17-IV en la qual el remerciava pel seu interès en el projecte de la galeria, confessava: «Ja ho crec que conec la Sra. Baladía! És força amiga meva. No podia anar a ningú millor el premi de ciutadana hermosura», i en una carta anterior a la primerament

citada, que duia la data 12-VI-1907, revela la seva impaciència per conèixer el destí de l'obra premiada. Sembla que Ors també pretenia la Sra. Baladía, com dic en el meu llibre *Pijoan*, Col·lecció Gent Nostra núm. 22 (Barcelona: Nou Art Thor, 1983), i en el meu pròleg a l'estudi de LAIA MARTÍN MARTY, *Aproximació a la imatge literària de la dona al Noucentisme català* (Barcelona: Fundació Salvador Vives Casajuana, 1984).

92. 22/23/24/25/26/27/28 i 30-I (aquest número conté les caricatures dels delegats) i 1/3/9/10/13/20 i 21-II-1906.

93. «L'ànima de la sinceritat contra don Antoni Maura», 21-IV-1907.

94. «Boshard», *Revista*, 19-25-III-1953.

95. «La Morgue», *La Veu*, 30-V-1911.

96. «Encara sobre "El Rei"», 4-XII-1909. O.C.C. 1194.

97. 30-X i 10/15-XI-1906.

98. Aquestes cròniques sobre el Salón les reproduí sense indicació d'haver estat reproduïdes a *La Lectura (Revista de Ciencias y Artes)* [Madrid], any IV, tom. II (1906).

99. 10-XII-1906.

100. 22-XII-1906.

101. 17-I-1907, O.C.C. 356.

102. 15-V-1907, O.C.C. 448.

103. 19-II-1907, O.C.C. 362.

104. 28-I-1907, O.C.C. 366.

105. Suposo que es refereix als comentaris de mal gust que es feren a l'entorn de l'esclat d'unes bombes en uns urinaris.

106. 28-VI-1907, C.C.C. 470.

107. «Altra glosa sobre una fotografia», 9-IV-1907. O.C.C. 422 («Glosa nova sobre una altra fotografia»).

108. També aprovà amb un comentari elogiós el cèlebre Pla d'extensió de Barcelona anomenat «Pla d'enllaços de la Ciutat amb les viles anexades», traçat per l'arquitecte León Jaussely, que guanyà un concurs convocat a tal efecte. A aquest tècnic, que pronuncià una conferència al Saló dels Cent el dia 4 de desembre de 1907, Xènius li atorgà la categoria de «noucentista» en una glosa publicada el mateix dia de la dissertació. O.C.C. 621.

109. *Grieg*, 9-IX-1907. O.C.C. 550.

110. LLUÍS MILLET, «Al Glosador "Xènius"», 17-IX-1907.

111. *La Veu*, 19-IX-1906. O.C.C. 556.

112. «L'impressionisme»; «L'impressionisme: orígens: «Pare Manet», «Monet-Renoir»; «Sisley-Pissarro»; «Berthe Morrissot, Miss Cassat»; «Altres pintors impressionistes en la Secció francesa: "Georges d'Espagnat"»; i «A l'endemà de l'Impressionisme», publicades respectivament els dies 16/18/24/25/26/27/29 i 30-IV-1907. O.C.C. 428-430; 431-439.

113. Al·ludeixen a la tasca preparatòria de l'Exposició les gloses següents: «De la divisió del treball aquí»; «En la vetlla de l'exposició»; i «Alexandre Cortada», aparegudes els dies 10, 11 i 15-IV-1907. O.C.C. 424-426 i 427.

114. 21-V-1907. O.C.C. 454.

115. 11-XI-1907, O.C.C. 595 («On són demanats seminaris per a la reconstitució científica de Catalunya»).

116. 5-III-1907, O.C.C. 393.

117. 7-III-1907, O.C.C. 396.

118. Respectivament els dies 8, 9 i 11-III-1907. La intitulada «Dia d'eleccions», que ha estat suprimida a O.C.C., aparegué a l'edició de mitjanit del dia 9, mentre que «Vigília» havia sortit a l'edició del vespre del mateix dia, O.C.C. 397-398.

119. 4-IV-1907, O.C.C. 420.

120. 13-IV.

121. 20-IV.

122. 22-IV, O.C.C. 430.

123. 13/14/17/18/19/20/21 i 22-VI-1907.

124. O.C.C. 460.

125. 21-V-1907.

126. [Barcelona], núm. 10 (7-XII-1907).

127. 15-X-1907, O.C.C. 574.

128. O.C.C. 588 («Lliurament»).

129. «Oaristi», 26-X-1907. O.C.C. 589.

130. En una carta del 17-IV-1907, després d'alguns aclariments a retrets que li havia fet en lletres anteriors sobre el retard amb què es publicaven a *La Veu de Catalunya* algunes cròniques seves, o sobre algunes supressions que hi havien estat introduïdes, deia a Casellas: «Per damunt de les fórmules i per damunt dels Pirineus, jo em complaeixo en allargar-vos la mà a l'encaixada i enviar-vos la seguretat d'un inquebrantable (sic) ben voler que, nascut un dia en l'admiració, s'ha enfortit avui en l'admiració i en la companyia. I m'atreveixo a demanar-vos i tot l'honor d'un segell vostre en aquesta amistat. L'escriptor que sóc sap prou el que us deu, per a què aspiri a deure'us més encara. Passat l'estiu, haig de publicar en volum el Glosari de 1906. Jo us demano, per aquest mon llibre, el favor d'un pròleg vostre. Ja sabeu com aspiro a regular classicisme, amic Casellas. I serà clàssic i regular que l'artista que ha dut definitivament a bellesa de forma la prosa catalana presenti al seguidor de sa empresa, qual esforç ha continuat—espero que no sempre serà sense fortuna—en el mateix sentit. Els vostre pròleg avalorarà i aclarirà el meu llibre».

131. En la secció Lletres als editors, de *Quaderns de l'Exili* [Coyoacán (México)], any III, núm. 15 (setembre-octubre 1945).

132. ENRIC JARDÍ, «Tres diguem-ne desarrelats» (*op. cit.*), en el capítol: «Maragall i Ors, dos temperaments i dues generacions», que havia estat publicat prèviament com article a *Serra d'Or* [Montserrat], agost 1964. Per cert, que en llegir-lo Josep M.ª Capdevila em féu advertir des de Cali (Colòmbia), a través del comú amic Maurici Serrahima, que no havia de donar crèdit a les asseveracions de Pijoan. JORDI CASTELLANOS, en el seu estudi «Noucentisme i censura», ja citat, creu que el pròleg de Joan Maragall que no va publicar-

se en vida del poeta anava destinat a una segona edició del *Glosari* corresponent a l'any 1907 (n. 14).

133. «Un libro nuevo», 10-XI-1907.

134. Núm. 7/16-XI-1907, «Ors y su Glosario».

135. «Gloses al "Glosari", de "Xènius"», 6-XII-1907.

136. És l'article citat en la nota 51.

137. «Ras o la Santa Continuació», 4-I-1908. O.C.C. 649.

138. «Alomar o l'engany del temps», 9-I-1908. O.C.C. 652.

139. GABRIEL ALOMAR, «El Futurisme», conferència llegida a l'Ateneu Barcelonès la nit del 18 de juny de 1904, *L'Avenç* [Barcelona], 1905.

140. «Montoliu o l'Hora de les teories», 7-I-1908. O.C.C. 650.

141. 13-IV-1907, O.C.C. 480-486.

142. 9-IV-1907, O.C.C. 474.

143. «Un que no comprèn», 12-VI-1907. O.C.C. 486.

144. «Jaurès», 1-VIII-1914.

145. ENRIC JARDÍ, «Tres diguem-ne desarrelats» (*op. cit.*) («El Tercer Xènius»).

146. «Las lecturas clásicas», *La Vanguardia*, 22-XI-1951.

147. *Tots els camins duen a Roma (Història d'un destí)* (Barcelona: Aedos, 1959).

148. «En el curso de M. Georges Dumas», NG.I, 916.

149. «La Primera lliçó de Félix Le Dantec», 12-XI,1907.

150. «Branly», *ABC* [Madrid], 19-VI-1923. N.G.I-632.

151. «Los placeres de la Rue d'Ulm», *Las Noticias*, 31-XII-1922.

152. «Albarrán o la disciplina científica», *La Veu*, 19-XI-1907.

153. «Madame Curie i les equacions sobre el misteri», 23-XI-1907.

154. O.C.C. respectivament 621, 626, 633.

155. «La pedantería de la frivolidad», NO.G.250.

156. «Recuerdos», NO.G. 252.

157. 21/22/30 i 31-I; 5/6/8/11/13/14/15/17/19/20/22/23 i 24/II-1908. O.C.C. 662-669 i 670-682.

158. 22/24/26/27/28/29 i 30-VIII-1907. O.C.C. 532-544.

159. La borsa per a l'estudi de l'organització i procediment i mètodes de l'ensenyament secundari fou adjudicada al meu pare per a realitzar el seu treball a Bèlgica. La beca relativa als estudis tècnics va ésser atorgada al cap d'uns dies a l'enginyer industrial Antoni Llorens i Clariana, que proposà efectuar els seus estudis als Estats Units.

160. Lligall 2.283 relatiu a l'expedient instruït per la «Ponencia 4» de l'anomenada «Comisión especial de nuevos servicios» (Fundación y Fomento de instituciones relativas a la Cultura catalana).

161. El capítol era complementat amb un quadre sinòptic de les «Posicions fonamentals en la lògica de la Ciència», que comprenia les posicions «realista», «nominalista» i «pragmàtica». La posició «realista» era subdividida en «mecanicista», «temporalista» i «crítica». En la «mecanicista», Ors hi distingia les posicions «tradicional», «conservadora»,

«metodològica» i «neo-mecanicista». Com a tipus de científic representatiu de la posició «realista mecanicista i tradicional» s'esmentava Descartes, de la posició «realista temporalista» Bergson, de la posició «realista crítica» Henri Poincaré, de la posició «nominalista» Le Roy i de la posició «pragmàtica» Mme. Curie.

162. ENRIC JARDÍ, *La Ciutat de les bombes* (Barcelona: Rafael Dalmau Editor, 1964).

163. «El veredicte» i «Les inquietuds i les protestes», 14 i 18-IV-1908.

164. 25-26 i 27-XI-1908. O.C.C. 888-891.

165. 25-V-1908, O.C.C. 739.

166. Respectivament, els dies 1-4-6-7 i 10-VII-1908.

167. 28-V-1908, O.C.C. 775.

168. 1-II-1908, O.C.C. 668.

169. Per exemple, a la glosa «Rudyard Kipling», 19-VII-1907. O.C.C. 653.

170. Núm. 12 (21-XII-1907).

171. Núm. 20 (15-II-1908).

172. 3/4/6/7/8/10/11/12513/14/15/17/20/21/22/24/25/26/27/28 i 29-VIII i 1/5/8/10/11 i 12-IX-1908).

NOTES AL CAPÍTOL IV

1. *La Veu*, 4-IV-1908. El mateix dia hi ha una glosa que es refereix a l'acte: «Leonardo de Vinci a Can Parés», O.C.C. 717 («Abans d'una lectura de Leonardo de Vinci al Saló Parés»).

2. També hi ha un reportatge a *La Veu* del dia 11 dues gloses que s'hi refereixen: «L'aparició», publicada en la mateixa edició del diari (O.C.C. 821) i «Font i Sagué, noucentista», 25-IV-1910. O.C.C. 1334.

3. «Habla Eugenio d'Ors», *La Cataluña*, año II, núm. 19 (8-II-1908).

4. 8, 9, 10, 14, 16 i 18-IX-1908. O.C.C. 806-825.

5. 1-IX-1908.

6. «El Congreso de Filosofía de Roma», *La Vanguardia*, 30-XI-1946.

7. O.C.C. 822.

8. Eugenio d'Ors, «Religio est Libertas (con un comentario de Federico Clascar y un retrato del autor por D. Vázquez Díaz)», *Cuadernos Literarios* [Madrid], 1925.

9. *Le residu dans la mesure de la science par l'action* (Heidelberg: K. Winter, 1908). *El residu en la mesura de la ciència per l'acció* (Barcelona: Estudis Universitaris Catalans, vol. III, 1909). *El residuo en la medida de la ciència por la acción* (Madrid: Boletín de la Institución Libre de Enseñanza, tomo XXXIII, 1909. La separata dels Estudis Universitaris Catalans que contenia el treball «El residu en la mesura de la ciència per l'acció» i la de la *Rivista di Filosofia* de Bolonya, amb la versió italiana de «Religio est libertas», foren incloses a la «memòria» que Eugeni d'Ors, en la seva qualitat de beneficiari de la pensió d'es-

tudis de la Diputació, hagué de presentar al II semestre de 1909, datada a Ginebra pel juliol d'aquell any i que consta en el lligall 2283, ja referit, de l'arxiu administratiu de la Corporació provincial.

10. O.C.C. 818.

11. Figura dins l'epistolari Ors-López Picó copiat en l'obra inèdita d'aquest darrer, *El replà de la maduresa*, a l'original del qual he tingut accés per gentilesa del fill del poeta, el meu bon amic Narcís López Batllori.

12. També pertany a l'epistolari referit en la nota anterior.

13. «Las conferencias de Eugenio d'Ors», año III, núm. 85 (15-V-1909).

14. «L'exaltació», 26-IV-1909. O.C.C. 1020.

15. 30-IV-1909.

16. Al llibre orsià *Las ideas y las formas*, ja citat, en un capítol intitulat «La desnudez», exposa el seu convenciment de la falsedat de la teoria de la «paraula viva» de la següent manera: «Las palabras, por el solo hecho de ser articuladas, eran ya artificiosas (...) Y así la verdadera "palabra viva" no sería la interjección, sino el grito; ni siquiera el grito, sino el ladrido, el aullido...»

17. «Las palabras son gérmenes», *La Vanguardia*, 29-VI-1948.

18. «La formule biologique de la logique», extraït des *Archives de Neurologie (fondées par J. M. Charcot & Bourneville)* [París], 1910. Aquesta separata l'adjuntà el seu autor a la «memòria» del III semestre, que li corresonia presentar com a pensionista de la Diputació que figura en el lligall de l'arxiu abans indicat, document que ve datat a París, el gener de 1910.

19. «Bergson», N.G.III 805.

20. «I la conversa», 23-VII-1909. O.C.C. 1096.

21. «William James», 8-IX-1910. O.C.C. 1453.

22. «Sobre el valor del barroco y su porvenir», a *Lo Barroco* (Madrid: M. Aguilar Editor, 1944).

23. Es donaren els dies 3-II i 23-XII-1909.

24. EUGENIO D'ORS, «La vindicación de la memoria», *Revista de Educación* [Barcelona], año I, núm. 8 (agosto 1911).

25. 17, 18, 20, 21, 22, 23, 27, 28, 29 i 30-XII-1909. O.C.C. 1208-1229.

26. 19, 24 i 31-VIII i 2-IX-1909.

27. 20-VIII-1909. O.C.C. 1092 («El Marroc i l'actitud catalanista»).

28. «La comparança», 18-VIII-1909. O.C.C. 1109.

29. «Les pacientes», 16-VIII-1909. O.C.C. 1107 («Després d'una setmana tràgica: els pacients»).

30. JOSEP BENET, «Maragall i la Setmana Tràgica» (Barcelona: Edicions 62, 1959).

31. «Defensa»; «Defensa encara», 18 i 19-VIII-1909. O.C.C. 1109-1112.

32. «Glosa de justícia social», «Glosa de justicia social sobre problemes de Barcelona»; «Segona glosa de justícia social sobre els problemes de Barcelona», 23, 26 i

27-II-1907. O.C.C. 381-383 i 385 («Segona glosa de justícia social aplicada als problemes de Barcelona»).

33. «Schinz», 7, 8, 9, 12, i 13-X-1909. O.C.C. 1140-1148.

34. «Dels nostres Decamerons», 14-X-1909. O.C.C. 1148.

35. «Crónica de las ideas en 1950», *La Vanguardia*, 10-I-1951.

36. «Henri Poincaré», 19-VII-1912.

37. «Kammerling Omnes», 1-XII-1913.

38. BLAS PASCAL, *Pensamientos sobre la Religión y otros asuntos*. Traducción del francés y notas de EUGENIO D'ORS, con un prólogo de Emiliano M. Aguilera (Barcelona: Iberia, 1955). No es tracta d'una versió comentada. Les notes contenen tan sols referències bibliogràfiques o precisions de terminologia, cosa que em fa suposar, amb més motiu, que es tracta d'una tasca juvenil d'Eugeni d'Ors i no una obra de maduresa, com sembla indicar la data de l'aparició del llibre que, per cert, és pòstuma. Al darrer full del volum de la primera edició de *La Ben Plantada* s'anuncien unes quantes «obres de la nova generació catalana que es troben a la Llibreria Verdaguer». Són llibres o fascicles d'Eugeni d'Ors i els seus amics. A continuació d'unes obres de Xènius s'indiquen com a llibres en venda: Pascal (*Los pensamientos*), Boutroux (*Antología*), Bergson (*Antología*), Hegel (*Antología*), cosa que fa suposar que es tracta de traduccions i reculls realitzats pel mateix Ors. Amb tot, no he pogut veure aquests fascicles. Potser no arribaren a publicar-se, encara que llur edició hagués estat preparada. Possiblement la versió castellana de les *Pensées* pascalianes és la que va aparèixer el 1955. També sé que va ésser editat per Louis Micaud de París, en una data incerta, el llibre d'Emile Boutroux, *Selección de textos y un estudio sobre su obra por Paul Archambault, versión española de Eugenio d'Ors*. Potser també es tracta de la traducció que el nostre biografiat havia enllestit per ésser publicada i venuda a la Llibreria Verdaguer.

39. «El Saló de "La Vallée Chevreuse"», 11-VII-1912.

40. «Pascal», *ABC*, 27-VII-1923. N.G.1, 646.

41. «Full d'Almanac», 10-XI-1909. O.C.C. 1169.

42. 25, 27, 28, 30 i 31-VIII i 2, 3, 4, 6, 7 i 8-IX-1909.

43. 19-I-1909, O.C.C. 928.

44. 1-IV-1909, O.C.C. 1000.

45. 9-IX-1909, O.C.C. 1115.

46. 10-IX-1909, O.C.C. 1116.

47. 26 i 28-VI-1909, O.C.C. 1068-1069.

48. 23-XI-1909, O.C.C. 1179.

49. «L'enemiga», 24-XI-1909. O.C.C. 1181.

50. «Pels nous setmanaris», 24-XI-1908.

51. «Explicació», 9-XII-1908. O.C.C. 894 («Explicació. Aparició del setmanari "Papitu"»). Els redactors de la publicació contestaren en el núm. 4 (16 de desembre) aquesta glosa lamentant la defecció d'un home de talent com Xènius, que l'havien considerat «deslligat de tot perjudici», però que s'havia vist obligat a no escriure més a *Papitu* obeint una

indicació dels de *La Veu*. Un retraïment ben deplorable—deien—, quan «no és res més que per una qüestió econòmica».

52. Hi ha en la correspondència amb López Picó una lletra de 27-1-1909 molt il·lustrativa a aquest respecte. Quan el poeta demana a Ors que li suggereixi un tema per a una conferència, ell li apunta el de «la sàtira», recomanant-li que tracti del seu abast social a Catalunya, aprofitant el que deia Maragall sobre la propensió de la nostra gent a la paròdia, fenomen que traeix una inferioritat d'esperit. Li diu que parli «del rector de Vallfogona», dels «vius», dels «llestos», dels «trempats», dels excursionistes «trempats», les «penyes»: ateneus i «Maisons Dorées», el «cas» Rusinyol: Sempre la sàtira des del punt de vista inferior! «Els Jocs Florals de Canprosa». Fins per burlar-se del «lerrouxisme». Frase sensacional —aquí Ors adverteix a López Picó—: «Entre l'ànima d'en Lerroux i l'ànima d'un home capaç d'anomenar-se "Don Prudencio", em quedo amb en Lerroux». El punt de vista inferior continua a «Campanes», «Catalanes», «Esquelles», «Cu-cuts!», «Papitus», etc. En sortir d'aquesta conferència hi hauria «tiros»!

53. En la carta enviada desde París el 5-XII-1908, reproduïda *in extenso* en l'estudi de JORDI CASTELLANOS, «Noucentisme i censura», citat en la nota 37 del cap. III, Eugeni d'Ors explica al redactor en cap de *La Veu* que devia haver-li comunicat la queixa de Prat de la Riba per haver col·laborat a *Papitu*, que ell quan era a Bèlgica, el darrer estiu rebé una lletra de Feliu Elias (Apa) en la qual es parlava de fer un «setmanari nou, pulcre, artístic i separant-se del personalisme i de la grolleria a què ens té avesats la nostra premsa satírica... com alguna cosa semblant a un "Jugend"» indicant que comptava amb les aportacions de Pijoan, de Josep Carner, de Manuel Reventós i d'altres amics comuns, i que, per tant, demanava la seva col·laboració. Afegia Xènius que ell, en principi, estava disposat a ajudar Apa, no solament amb contribucions literàries seves, sinó també fent gestions a París prop de caricaturistes de prestigi i sol·licitant treballs d'escriptors de Madrid com Díez-Canedo i fins i tot de Sud-Amèrica.

Era una carta plena de excuses adreçades als dirigents de la Lliga regionalista que no veien amb bons ulls l'aparició d'un setmanari com *Papitu*, inspirats per homes afins al Centre Nacionalista Republicà.

Com si volgués reblar les seves disculpes, Eugeni d'Ors, a la següent lletra a Raimon Casellas datada el 6-XII-1908, deia: «Segons carta d'un amic que he rebut avui sembla que els nostres amics Reventós i López-Picó han rebut una mica a "La Veu" amb motiu d'haver-se trobat enredats com jo mateix, com en Lleonart, com en Llongueres, com tants altres dels nostres amics els menys sospitosos, en l'afer del setmanari-sorpresa».

54. L'exaltació de l'energia dels pobles dins la línia el voluntarisme «arbitrari» realitzada en els Glosaris anteriors la féu en el corresponent a l'any 1909 amb uns escrits sobre la reconstrucció de Messina després del terratrèmol, «La bella lletra»; «El drama filosòfic» i «La vida darrera la mort», respectivament els dies 9-II i 22-I. O.C.C. 917, 919 i 934, i sobre la revifalla de San Francisco de Califòrnia després d'una catàstrofe semblant a «Pàgina darrera pàgina», 21-VI. O.C.C. 1065.

55. «Fogueres», 29-VI-1909. O.C.C. 1070.

56. 9-XII-1909, O.C.C. 1199.

57. «Data», 13-XII-1909. O.C.C. 1205.

58. «Petita oració», 12-XII-1909. O.C.C. 1204.

59. Les fotografies de les obres trobades foren reproduïdes a *La Veu* el 9 i 11-XI (Esculapi) i el 3-XII (Venus).

60. M'he servit del reportatge de l'acte publicat a *La Veu*, 22-XII-1909.

61. «Els bells noms», 12-III-1908. O.C.C. 695.

62. O.C.C. 931. Cita expressions de Guerau de Liost de sabor noucentista com: lluna «clàssica»; posta (de sol) «arbitrària», «fràgil petulància de les muntanyes», etcètera.

63. CHIRON, *Ínfimes cròniques d'alta civilitat* (hi ha també les exhortacions de «la festa de les Muntanyes» i els «primers articles i comentaris del temps d'assaig»), pròleg d'Eugeni d'Ors. Salutació d'Alexandre de Riquer. «Chiron», per Alexandre Galí (amb il·lustracions de Monegal, Aragay, Apa i Bagaria). Terrassa, 1911.

64. «Palique», *Nuevo Mundo* [Madrid], 13-III-1925.

65. Vegeu la postdata inserida al peu de la glosa, «la civilitat militar», apareguda a *La Veu*, 14-III-1907.

66. 22-IV-1908, O.C.C. 733.

67. 6-VII-1907, O.C.C. 496.

68. 10-I-1910, O.C.C. 1242.

69. Vegeu «Miquel Àngel ha vingut», *La Veu*, 30-V-1910. O.C.C. 13-66 («Miquel Àngel») i «Universidad Popular de Tarrasa» (Curso sobre la Vida de Miguel Ángel), *Revista de Educación* [Barcelona], año 1, núm. 6 (junio 1911).

70. 3-I-1910, O.C.C. 1233.

71. «La Joventut italiana davant la Revolució portuguesa», 21-X-1910. O.C.C. 1480.

72. «Georges Sorel», 14-X-1910. O.C.C. 1475.

73. «Georges Sorel en la Europa Inquieta», *ABC*, 21-III-1927. N.G. II, 56.

74. ISIDRE NONELL, 7-II-1910. O.C.C. 1264. Fou reproduïda al llibre de diversos *L'obra d'Isidre Nonell*. (Barcelona: Publicacions de *La Revista*, 1917).

75. «Historia de mi vida», obra citada en nota 23 del Cap. I.

76. Aquest era el cognom del regidor lerrouxista que defensà la supressió.

77. «El cas Torres García», 29-XII-1910. O.C.C. 1561. Vegeu també la glosa «La balada dels tècnics», 30-XII-1910. O.C.C. 1563.

78. «Glosa nova sobre August Rodin», 18-VI-1910. O.C.C. 1385.

79. «Joan Moréas», «Tribut a Moréas» i «Funerals de Moréas», 5, 6 i 7-IV-1910. O.C.C. 1312-1317.

80. «La Catalunya que treballa i que juga», dins *Quaderns d'Estudi*, any 1, núm. II (novembre 1915).

81. «Un bon exemple», 16-IV-1910. O.C.C. 1330.

82. «Un prospecte», 15-XII-1909. O.C.C. 1206.

83. Memòria presentada per l'Institut d'Estudis Catalans a l'Exm. Alcalde de Barce-

lona i llegida en consistori del dia 13 de novembre de 1907. Institut d'Estudis Catalans, 1907.

84. *La Veu*, 18-X-1910.

85. Vegeu per exemple els altres articles de Lluís de Zulueta, «Una Biblioteca moderna en Barcelona», a *La Publicidad*, 4-VII-1910, i Marcel·lí Domingo, «Les aigües de Juvenci» a *El Poble Català*, 1-VII-1910.

86. 13-VI-1910. O.C.C. 1378.

87. *La Publicidad*, del 20-IX-1910, dóna compte d'una petició adreçada en català a l'Alcalde de Barcelona per l'adquisició del fons Lorentz i signada per Eugeni d'Ors, «professor als Estudis Catalans», Manuel de Montoliu «en missió d'estudis per la Diputació de Barcelona» i Hermenegildo Giner de los Ríos, «Catedràtic de l'Institut de Segon Ensenyament i Diputat a Corts per Barcelona».

88. *El Clam*, 14-VII-1910. O.C.C. 1405.

89. 17, 19, 20, 21, 22, 23, 24, 26, 27, 28 i 30-IX i 1 i 3-X-1910. O.C.C. 1458-1468.

90. «Villafrancawein», *La Vanguardia*, 3-IX-1950.

91. «La Infanta Paz», *La Vanguardia*, 15-XII-1946.

92. «Farinelli, Anécdota», N.G.U. 228.

93. 15-III-1910.

NOTES AL CAPÍTOL V

1. *Tots els camins duen a Roma*, op. cit.

2. «De Salazar a Prisciliano», *La Vanguardia*, 18-VI-1936. N.G.III, 397.

3. «Glosas nuevas sobre el integralismo portugués. Eximplio. Pecado. Escarmiento», *ABC*, 6-X-1926. N.G.I, 1203-1205.

4. «Lectura Popular», *Biblioteca d'Autors Catalans*, Vol. XIV, núm. 228.

5. Fou feta per subscripció popular, impresa per Fidel Giró a Barcelona i oferta en homenatge al seu autor, al seu domicili, en un acte íntim el dia 24-XII-1910. Aquell dia, al Glosari, s'hi inseria un «Dístic a la manera antigua per al baró a la manera antigua»: «Folles, les gents es batien; tu, calmós enmig de la lluita, basties un temple. T'apedregaren. Les pedres mateixes no foren inútils». O.C.C. 1557.

6. Biblioteca Popular, núm. 1. Tipografia de l'Anuari de l'Exposició. Com a detall curiós, cal consignar que a la coberta del darrera d'aquest llibre s'anuncien com a obres en preparació dins la mateixa biblioteca, que no sé que fos continuada, un llibre del nostre personatge. Només diu: «ORS: Assaig sobre l'Imperialisme».

7. La frase és continguda en l'article de Domènec Martí i Julià «Nacionalisme i Imperialisme», publicat a *Joventut*, any IV, núm. 287 (10-VIII-1905). Martí i Julià, que era president de la Unió Catalanista, no citava Eugeni d'Ors ni ningú en concret.

8. Sacerdot, fill de Vilafranca, amic i durant un temps confessor de Prat de la Riba, segons revelà Ors en una glosa castellana plena d'al·lusions al seu cas personal: «Un sacerdote» (N.G. I, 62). També fou amic de Xènius i sembla que l'assistí espiritualment en el curs d'una greu malaltia que l'afectà el 1919. El 23-XII-1911 es publicà a *La Veu* una «Carta oberta a Eugeni d'Ors», datada el dia 8 i signada X, que anys després l'interessat declarà que era el pseudònim utilitzat per Mossèn Clascar. El sacerdot comentava l'aparició de la versió italiana de *Religio est Libertas* en uns termes molt elogiosos: «Jo us dic que no sou bord i bé teniu pares, Vós sou l'hereu d'en Llorens i d'en Martí d'Eixalà (no en dubteu pas), d'en Balmes, d'en Lluís Vives i d'en Llull». Ell respongué des del Glosari («Els remerciaments: I.A. «X», 12-II-1912): «Haveu col·locat damunt una espatlla ben feble massa pes... La vostra carta ... me va dur alhora una picor d'energia i una visió tremenda de responsabilitat». Frederic Clascar no havia entrat a l'Institut únicament per la seva relació amb Prat. Era l'autor d'unes excel·lents traduccions catalanes del Gènesi i del Càntic dels càntics. «Su lenguaje es de un dinamismo tan intenso, que no hay manera de calificarlo, sino acercándonos a las creaciones más apasionadas del arte barroco», opina sobre l'estil de l'adaptador bíblic Eugeni d'Ors en l'escrit «Un sacerdote», ja citat.

9. *La Veu*, 4-VIII-1911.

10. DOMÈNEC GUANSÉ, *Pompeu Fabra*, Biografies Populars, Núm. 14 (Barcelona: Alcides, 1964).

11. «Don Ángel», 6-XI-1911.

12. «Cataluña y los estudios locales», N.G. III, 289.

13. «Humanidades en Colombia», NO.G., 45.

14. «Imprentas», *La Vanguardia*, 17-I-1945. NO.G., 524.

15. Aparegué el dia 1-XI-1911 i està imprès a l'obrador de Joaquim Horta, que efectivament era al carrer de Méndez Núñez (núms. 3 i 5).

16. Ja havia al·ludit incidentalment a la llei de la «degradació de l'energia» en Termodinàmica en la glosa «Degradacions», 8-I-1909. O.C.C. 916. Sembla haver-se informat d'aquesta matèria per la lectura d'una obra de B. BRUNHES, *La dégradation de l'Energie* (París: 1908), que en «Els fenòmens irreversibles» és esmentada com «un petit llibre auri».

17. També al núm. 1.

18. Al·ludeix al llibre d'ÉMILE MEYERSON, *Identité et realité*, la glosa, «A les palpentes», 21-V-1910. O.C.C. 1357.

19. «Las tumbas de los glosadores», *Las Noticias*, 10-IV-1921. N.G.I, 447.

20. La contraposició dels dos símbols és feta en molts punts de l'obra orsiana. Emperò, en el lloc on és més explícita és a «Cúpula i Monarquía», estudi inclòs en el seu llibre *Las ideas y las formas*, ja citat.

21. EUGENIO D'ORS, «Una visita a la colonia libre de delincuentes graves y de jóvenes criminales en Imola (Bolonia)», *Revista de Educación* [Barcelona], año I, núm. 6 (junio 1911).

22. «La "raza cósmica" y Federico Marés», *La Vanguardia*, 15-VI-1945. NO.G. 716.

23. «El record del jardí», *La Veu*, 6-VII-1911.

24. «Amb qui entendre's», 8-III-1910. O.C.C. 1290.

25. Fou reproduït, després, a la Pàgina artística de *La Veu*, 9-II-1911.

26. «Cas», 13-IX-1906. O.C.C. 257.

27. A l'article «Los placeres de la Rue d'Ulm», ja citat, explica com fent camí vers el laboratori de biologia experimental es mirava amb recança l'aparador d'un llibreter de vell en el qual s'exhibia un exemplar d'una obra de Palissy inassequible per la seva butxaca.

28. «Tu, amic, Hipòlit», 21-VII-1908. O.C.C. 792.

29. «Up to date», 15-II-1910. O.C.C. 1270.

30. «L'Almanac dels Noucentistes», *La Veu*, 15-II-1911.

31. No hi ha rosa sense espines. Ors es barallà amb Horta per qüestions econòmiques i es promogué un plet en el qual el meu pare fou advocat de Xènius.

32. «El que vol dir el pròxim dinar dels noucentistes», 1-III-1911.

33. Hi ha un reportatge del banquet a *La Veu*. 7-III-1911.

34. «God save the King», 22-VI-1911.

35. «La nova esperança», 9-XII-1911.

36. «De la llengua oficial per les coses d'Intel·ligència», 4-II-1911.

37. «La mort d'Isidre Nonell», 22-II-1911.

38. 8-V-1911.

39. Al núm. 168 de *La Cataluña*, de 24-XII-1910, Eugeni d'Ors publicà un article «El notable escultor catalán José Clarà i algunas de sus obras», en el qual ja expressa aquest ideal estructural de l'estètica de l'escultor d'Olot. «El hombre fuerte sabe que el arte no sólo es fuerza, mas también y por encima de la fuerza norma», i explica que va visitar-lo al seu taller de París després d'entrevistar-se amb Émile Boutroux i que davant les obres de Clarà es recordava del que li acabava de dir el filòsof, que expressat en castellà era: «Me parece que las cosas vuelven hoy por el camino de la regularidad y que los últimos vestigios de la superstición de lo espontáneo van a desaparecer pronto».

40. A la glosa «Del cubisme» (9-X-1911), en què parla de l'escàndol provocat per les aportacions dels pintors cubistes al Saló de Tardor parisenc, presenta aquest moviment com una reacció contra la vaguetat dels impressionistes i afegeix: «Ara pensem com filial-ment es relacionen aquests assaigs dels cubistes amb la "necessitat general d'estructura", que més d'una volta havem senyalat com a palpitacions dels temps nostres».

41. «De la estructura», 2-VI-1911.

42. «Enric Casanovas, noucentista», 30-X-1911.

43. «Del respecte», 9-II-1911.

44. Aquest és el títol d'una glosa amb la qual atacà violentament, però sense anomenar-lo, el periodista radical Jaume Brossa i Roger (es publicà a *La Veu*, 13-XII-1910. O.C.C. 1546), que el dia 11 al Teatre Principal, i dins d'un cicle de conferències organit-zat per l'Ateneu Enciclopèdic Popular, parlà sobre el tema «Espanya davant d'Europa» en un sentit molt advers al regionalisme de la Lliga, puix que el qualificà de retrògrad (a Espanya només cabien dos partits—digué—, el reaccionari i el revolucionari) i el titllà,

sobretot, de poc europeu. Brossa, que era corresponsal de *El Diluvio* a París, es presentà com un cosmopolita. La rèplica de Xènius consistí a mofar-se d'aquell afectat europeisme, d'aquell «professionalisme de l'espaterrament», dient-li, en altres mots, que ell «ja estava de tornada» de tot el que Brossa exhibia com a novetats. Vegeu també, ENRIC JARDÍ, *Quatre escriptors marginats. Jaume Brossa, Diego Ruiz, Ernest Vendrell i Cristòfor de Domènech* (Barcelona: Curial, 1985).

45. «Te, xocolata i cafè», 18-V-1911.

46. El títol general era «Set gloses de Filosofia». La primera aparegué el primer divendres de Quaresma, que s'esqueia el 3 de març, les continuà els dies 10, 17, 24 i 31-III; 8-IV (dissabte) i 15 (dissabte de Glòria) i les acabà alb el títol «Com si encara fos Quaresma» els dies 21 i 29-IV i 6 i 19-V-1911.

47. 23, 24, 25, 28, 29, 30 i 31-VIII; 1, 2, 4, 5, 6, 8, 9, 11, 13, 15, 16, 19, 20, 21, 22, 23, 25, 26, 27, 28 i 29-IX i 3 i 5-X-1911.

48. «La Verdadera historia de Lídia de Cadaqués», *op. cit.*

49. Respectivament els dies 17 (O.C.C. 533), 19 i 20-VIII-1907.

50. 22, 24, 26, 27, 28, 29, 30 i 31-VIII; 10, 12, 13, 14, 17, 21 i 25-IX-1907 (O.C.C. 533-544).

51 i 52. «La Verdadera Historia de Lídia»...

53. Joaquim Sunyer, «las i fastiguejat de tot modernisme», ens és presentat per Eugeni d'Ors en la glosa «Enric Casanovas, noucentista», ja citada en aquest mateix capítol, com un altre dels devots de la «Santa Estructura». Sunyer, que havia retornat de París l'any 1908, celebrà pel juny de 1911 la seva primera exposició a Barcelona, on exhibí el quadre «Pastoral» tan «noucentista» de concepte i de forma, que agradà extraordinàriament a Maragall i li dedicà un cèlebre escrit.

54. Xènius ja esmenta aquesta obra en la glosa de «De l'estructura», citada en el present capítol. L'havia exhibida el seu autor Joaquim Torres García a la VI Exposició Internacional d'Art. Després fou adquirida i col·locada en el vestíbul de l'Institut d'Estudis Catalans. A *La Ben Plantada* hi ha una altra referència a la pintura del català-uruguaià amic d'Eugeni d'Ors. «Aquesta escena—escriu Xènius en un fragment en què ens parla del paisatge dels afores del poble—copia la realitat d'una petita taula admirable d'en Torres Garcia.» Torres correspongué a l'entusiasme orsià per la seva obra amb el següent comentari sobre *La Ben Plantada*, que publicà a la Pàgina Artística de *La Veu* (25-I-1912): «Jo crec que ara aquest llibre únic per son caràcter podria servir de llum i guia als nostres artistes».

55. «Sant Esteve Protomàrtir», 26-XII-1907. O.C.C. 639.

56. JOSEP M.ª CAPDEVILA, *Eugeni d'Ors. Etapa barcelonina, op. cit.* (La ideologia de Xènius).

57. ENRIC JARDÍ, «Pròleg» a *La Ben Plantada*, setena edició (Barcelona: Selecta, 1976).

58. RODOLF LLORENS JORDANA, *La Ben Nascuda. (Rèplica a la Ben Plantada de Xènius)* (Vilafranca del Penedès: Edicions Avant, 1937). Hi ha una segona edició d'aquest llibre, publicada per Edicions del Centre Català, de Caracas (Veneçuela), 1958, que és lleugera-

ment distinta de l'anterior: la protagonista viu diversos episodis de la Guerra Civil y de l'emigració com el mateix autor.

59. «Una campanya per l'idealisme», 6-X-1911.

60. «Els bells espectacles», 10-VII-1911.

61. ALEXANDRE PLANA, *Antologia de poetes catalans moderns* (Barcelona: Societat Catalana d'Edicions, 1914).

62. 4-XI-1911.

63. «Discurs presidencial llegit per don Eugeni d'Ors a la festa dels Jocs Florals de Girona», (Girona: Edició del *Diario de Gerona*, 1911).

64. *La Cataluña*, 3-VIII-1912.

65. Fou el poeta gironí Josep Tharrats, un dels assistents a la festa dels Jocs Florals, el primer en adonar-se de la gran semblança que oferia el discurs orsià amb la referida composició de D'Annunzio, com indico en el meu treball: «Interpretació de Josep Tharrats (1886-1975)» [Barcelona], *Negre més groc (Revista d'art i poesia)*, 12 (1986). Cal no oblidar tampoc que, com ha estat dit a la nota 2 del Capítol III, Xènius havia traduït el fragment «El Nan» de l'obra d'Henri de Regnier, *Esquisses venitiennes*.

66. «De com pot resoldre's correctament una qüestió d'honestetat periodística (Encara a don Emili Junoy)», 22-XI-1911.

67. «On se mostra que a Barcelona la gent no és menys correcta que a París», 23-XI-1911.

68. «Epíleg», 24-XI-1911.

69. *La Publicidad*, 24-XI-1911. Per a seguir la polèmica del cantó del diari republicà, cal veure també els dies 18, 20, 23 i 26-XI.

70. J. M.ª JUNOY, «Nuestro "Lyon" d'Or» *Destino*, 5-II-1955.

71. 27-XI-1911.

72. «Nuestro "Lyon d'Or"».

73. En el text de *La Ben Plantada* editat com a llibre, hi foren intercalades entre les gloses estivals de 1911 i formant una «Pausa o intermedi: altres dones i un infant», diverses gloses de l'estiu de 1907: «Una balladora» («La balladora», 20-VIII), «Una masovera vermella» («La masovera vermella», 10-IX). «Una noia de cabells d'or» («La noia de cabells d'or», 26-VIII). «Una dama excursionista» («La dama excursionista», 22-VIII), «Una noia frèvola» («La frívola muntanyenca», 13-IX), i «Un noi salvatge» («El noi salvatge», 30-VIII). També s'hi inclogué una glosa de l'hivern del 1908: «Parenta de funeral» (6-II).

74. He estudiat les relacions Ors-Maragall, fetes més de cortesia que no pas de cordialitat, en el capítol «Maragall i Ors. Dos temperaments. Dues generacions», de l'obra: *Tres diguem-ne desarrelats, op. cit.*

75. EUGENI D'ORS, «El signe de Joan Maragall en la Història de la Cultura» a l'epistolari, Vol. III de les *O.C.* de Maragall (edició dels fills del poeta) (Barcelona, 1936). N'existeix una versió castellana (sense indicació d'ésser una traducció) a «Juan Maragall» dins l'obra orsiana *Estilos de Pensar* (Madrid: Ediciones y Publicaciones Españolas, s. d.)

76. «Nòtules parlamentàries», 4-VIII-1912.

77. «X.X.X.», 13-XI-1912.

78. «Ço que resta», 18-XI-1912.

79. «Monuments», 14-XI-1912.

80. 19-I-1912.

81. 1-I-1912.

82. «Cubisme», «Poc a poc, poc a poc», «El cas Duchamp», «El confusionari», respectivament els dies 25, 27, 29 i 30-IV-1912.

83. 25-XI-1912.

84. EUGENIO D'ORS, «Mi Salón de Otoño». Primera Serie. Suplemento núm. 1 a la *Revista de Occidente* [Madrid], 1924.

85. 16-II-1912.

86. Aparegueren a *El Imparcial* els dies 29-IV i 13 i 20-V-1912, reproduïts al vol. V de les *Obras completas*, Ed. Afrodisio Aguado, pàgines 538-553.

87. Vegeu *La Veu* de 7, 8 i 10-V-1912.

88. 12-V-1912.

89. 9-X-1912.

90. 12, 14, 15, 16, 17, 19, 21, 22, 23, 24, 26, 29 i 31-VIII; 2, 4, 5, 6, 7, 10, 12, 13, 14, 17, 18, 20, 21, 24 i 30-IX i 1, 3, 4 i 7-V-1912. Les tres gloses citades corresponen respectivament als dies 24-VIII i 7 i 10-IX.

91. XÈNIUS, *Flos sophorum. Ejemplario de la vida de los grandes sabios*, versión de Pedro Llerena. Colección Vida de grandes hombres, publicada bajo la dirección de don Juan Palau Vera (Barcelona: Seix y Barral Hnos., 1914).

92. Conta RAFAEL OLIVAR BERTRAND, al llibre *Prat de la Riba*. (Barcelona: Aedos, 1964), haver-li confiat Eugeni d'Ors, que ell interrogà per recollir dades per a la biografia que preparava, que se sentí dolgut pel fet que Prat de la Riba no li agraí la dedicatòria de *Flos sophorum*. No li féu la més petita indicació.

93. «Las bellas mentes de aquí» (Ensayos sobre el estado actual de las ideas y de las letras en Cataluña), 11 i 25-VII; 8 i 25-VII; 8 i 22-VIII i 19-IX-1912. Sembla que la sèrie havia de continuar, perquè en el primer article s'anuncia que el conjunt es compondrà de les següents parts: «I, Introducción; II, El pensador; III, El artista; IV, El hombre; V, Síntesis, i VI, Conclusión», i només es publicaren els articles que corresponen a les parts I i II.

94. LUIS CABAÑAS GUEVARA, *Cuarenta años de Barcelona (1890-1930)*. (Barcelona: Ediciones Memphis, 1944).

95. Fou suprimida a l'edició del *Glosari* de 1950.

96. Vegeu també el meu llibre *Quatre escriptors marginats*, citat en la nota 44 d'aquest capítol.

97. En una postal que Eugeni d'Ors envià al meu pare des de Madrid, probablement el 23 de juny, car el matasegells de Barcelona indica el 24, li comunica que "un d'aquests dies llegiré la tesis".

98. M'ha facilitat una còpia mecanografiada de la tesi, que roman inèdita, el Sr. Ramon Garriga Miró, al qual agraeixo la seva deferència.

99. «El elefante y la cuestión polaca», *La Vanguardia*, 19-VII-1947.

100. «Aquell "Café du Commerce"», 27-VI-1913. Recull l'anècdota bo i declarant la identitat del seu acompanyant, detall que havia silenciat a *La Veu*, en un capítol de l'estudi dedicat a Goya dins la seva obra *Epos de los Destinos*.

101. «Les idees i els coneixements», 8-VIII-1913.

102. ENRIC JARDÍ, «El tercer "Xènius"», dins de l'obra *Tres diguem-ne...*, *op. cit.*

103. ¿I els altres?», 9-VIII-1913.

104. «La lliçó», 23-X-1913.

NOTES AL CAPÍTOL VI

1. «Balada d'un jove doctor», *El Poble Català*, Núm. 20 (25-III-1905).

2. ENRIQUE JARDÍ, «La Filosofía de Eugenio d'Ors», *La Lectura. Revista de Ciencias y Artes* [Madrid], año XIV, Tomo II (1914).

3. En aquel llibre, que va ésser editat a Barcelona per Antoni López, només figura com a data de publicació l'any 1914, però conté un pròleg que signà el catedràtic de la Universitat de Madrid Manuel García Morente, datat el mes de març, cosa que permet afirmar que si l'obra havia estat concebuda principalment com un element més a valorar pel tribunal d'oposicions, no pogué complir la finalitat que Ors li assignava.

4. GAZIEL, *Tots els camins duen a Roma*, *op. cit.*, pàg. 169.

5. «Churchill o el ganar demasiado», *La Vanguardia*, 2-VIII-1945. NO.G. 779.

6. PEDRO FONT I PUIG, article citat.

7. M'ha arribat aquesta frase a través del Dr. Jordi Rubió i Balaguer.

8. «Un negro porvenir», *La Vanguardia*, 15-XII-1944. NO.G. 433.

9. Al·ludia al mot emprat a Alemanya per designar la política de Bismark per a assolir l'hegemonia oficial en matèria de Cultura, especialment enfront dels grups catòlics. La mateixa paraula alemanya fou emprada després per Eugeni d'Ors per referir-se a la pròpia tasca en favor de la Cultura, en un significat equivalent al d'un altre molt que també li fou car: «Heliomàquia» o combat per la llum solar.

10. «Nostra Dona de l'Amistat», *La Veu*, 4-IV-1914.

11. 3-VII-1913.

12. 19-V-1913. Aquesta glosa ve seguida de dues més sobre el mateix tema publicades els dies 20 i 21-V, que Ors no aprofità per a la seva conferència.

13. 9-II-1912.

14. 10-X-1911.

15. 19-V-1908. O.C.C. 749.

16. «Nostra Dona de l'amistat», escrit citat.

17. EUGENIO D'ORS, «De la Amistad y del Diálogo» (lectura dada la noche del día 16 de febrero de 1914, *Publicaciones de la Residencia de Estudiantes* [Madrid], 1914.

18. «Abandonos de servicio: unos precedentes, una experiencia, una hipótesis», *ABC*, 12-II-1931. N.G.II 724.

19. Es publicà a *La Veu*, 29-IV-1914. Se'n féu una edició separada amb el títol de «Glosa de l'Institut» i una reedició el 1938.

20. 15-VI-1914.

21. 14, 15, 16, 17 i 18-VIII-1914.

22. 6, 7, 8, 9, 11, 12 i 13-V-1914.

23. 4-VII-1914.

24. Es deia Carme Tort Munteis i morí el 24 de juny.

25. 2-V-1914.

26. 3-V-1914.

27. «Del vivir de Goya», a *Epos de los Destinos*.

28. Després l'autor intitulà la sèrie: «Tina i la Guerra Gran». Així aparegué en l'edició del *Glosari* de 1914, publicada l'any següent, a la qual em referiré, i en l'única edició separada en forma de llibre als *Quaderns Literaris* (núms. 76 i 77) de Josep Janés i Olivé, que eixiren a Barcelona el 1935.

29. CLAUDI AMETLLA, *Memòries polítiques (1890-1917)* (Barcelona: Pòrtic, 1963).

30. «La idea social», N.G.I 400.

31. 22-XI-1910, O.C.C. 1522.

32. 26-XI-1910, O.C.C. 1528.

33. «Notes», 24-XI-1913.

34. 13-II-1909, O.C.C. 956.

35. La darrera part de la sèrie afectava més vivament l'opinió ciutadana, puix que Ors havia imaginat en ella que dos germans de Tina havien vingut a Barcelona a reposar-se d'una convalescència, des d'on enviaven a la seva família alemanya unes lletres explicant la vida a casa nostra, per les quals Xènius feia una mica de crítica social a l'estil de les *Lettres persanes* o les *Cartas marruecas*: l'estranger ingenu que s'admira de les singularitats de la nostra existència col·lectiva. Un bon tros d'aquella correspondència es destina a la descripció de les peripècies viscudes pels barcelonins quan es declarà una forta epidèmia de febre tifoide. Els nostres burgesos, francòfils exaltats que es tapaven les orelles per no sentir el cant de «La Marsellesa de l'Autoritat», exigien una enèrgica intervenció dels poders públics a fi d'extingir la malura.

36. «Romain Rolland», NO.G. 556.

37. «Ample debat. Romain Rolland, consciència de França», 5-II-1915.

38. 9-II-1915.

39. 19 i 26-II-1915.

40. 27-II-1915.

41. 2-III-1915.

42. 16 i 17-II-1915.

43. 17 i 20-III-1915.

44. 30-III-1915.

45. 4-III-1915.

46. 24-II-1915.

47. 20-II-1915.

48. 23-II-1915.

49. «Intermedi de somriure», 25-II-1915.

50. «El espíritu y la fuerza», *El Liberal* [Barcelona] 18-II-1915.

51. El text complet de la conferència fou publicat a *El Liberal* [Bilbao], 17 i 18-I-1915, números que no m'han estat accessibles. M'he servit de la traducció catalana que s'inserí a *La Revista*, any I, núms. 2, 3, 4 i 5 (10-VI; 10-VII; 10-VIII i 10-IX-1915).

52. Respectivament els dies 20, 21, 22, 23 i 25-I-1915.

53. 3-I-1913.

54. 24-I-1913.

55. 29-I-1913. A aquesta glosa en seguí una altra el 8-II-1913 intitulada «Jardins perfectes», també dins la sèrie «Prèdica a l'aprenent», que igualment, com succeí en redactar la conferència «De la Amistad y del Diálogo», no fou aprofitada.

56. Dins el mateix curs de 1915 donà dues lliçons sobre «L'Ensenyança elemental de l'estructura i de l'activitat social» un pedagog molt afecte a Xènius, Eladi Homs. El completaren tres lliçons més en Italià a càrrec d'ANNA MACCHERONI amb el títol «La psicologia dels sentits dins del mètode Montessori».

57. També es referia a la Pedagogia idealista en la sèrie de sis gloses «Dewey i Fichte», aparegudes els dies 17, 18, 19, 20, 22 i 23-XI-1915.

58. M'he servit d'un extracte de les conferències realitzat per Carme Montaner, que era secretària d'Eugeni d'Ors, i que es publicá a *Quaderns d'Estudi*, any I, núm. 2 (novembre 1915).

59. «El Sant Jordi d'enguany», 24-IV-1915.

60. El discurs ve transcrit a *La Veu* del 24-IV-1915.

61. «Diàleg de forasters», 21-XI-1915.

62. 19-V-1915.

63. 24-XI-1915.

64. «L'aparició del pintor Vayreda», 20-V-1915.

65. «La gràcia i el pecat del pintor Anglada», 22-V-1915.

66. 16, 17, 18, 21, 23, 24, 25, 26, 27 i 30-VIII; 1, 3, 4, 5, 6, 7, 8, 13, 15, 16, 17, 20, 21, 22, 23, 27, 28 i 29-IX; 1, 2, 5, 6, 11, 12 i 16-X-1915.

67. *Gualba la de mil veus*, Biblioteca Univers, Núm. 35 (Barcelona: Llibreria Catalònia, 1935).

68. «Frederic Clascar», 25-II-1919.

69. Cal remarcar aquí el que representava citar Freud a Catalunya l'any 1915. En això, com en molts altres detalls, no es pot negar a Eugeni d'Ors l'important paper exercit

com a divulgador, a casa nostra, dels corrents intel·lectuals d'Europa, la virtut que va caracteritzar-lo d'ésser sensible a les «palpitacions del temps». Ja he assenyalat que començà a interessar-se pel freudisme a Munic el 1910.

70. «Estimació de la dificultat», 10-VI-1914.

71. «El pare i la filla», 2-VI-1915.

72. L'acord classificava les biblioteques a establir en tres categories. Els Ajuntaments havien de cedir el terreny per a edificar la biblioteca i comprometre's a una subvenció anual de 500 pessetes per a les de primera classe, 300 pessetes per a les de segona i 200 per a les de tercera, i la Mancomunitat s'obligava, al seu torn, a més d'erigir la biblioteca i de proveir el personal, a fornir de llibres per valor de 5.000 pessetes, 3.000 i 1.000, segons les categories.

73. Tot i que en el pròleg del llibre orsià *Jardín Botánico* (Madrid: La Rosa de Piedra, 1940), que conté la narració «El sueño es Vida», l'autor diu que aquesta va ésser escrita originàriament en català, haig de confessar que he fracassat en la identificació de la primera edició catalana. Tanmateix, cal consignar que segons les meves notícies «El sueño es vida» fou publicat per primera vegada en castellà a Madrid el 1922, dintre de la col·lecció «La Novela Semanal».

74. «Después del Congreso de Ginebra», N.G. I 198.

75. Per diversos detalls relatius a la intervenció del nostre personatge en aquesta escola, és interessant l'article de CONSUELO PASTOR, «Eugenio d'Ors. Fundador y Director de la «Escuela Superior de Bibliotecarias de Barcelona», publicat a *Biblioteconomía* [Barcelona], año XI, núm. 40 (julio-diciembre 1954).

76. 10, 11 i 12-X-1906 O.C.C. 278 i 279 (no fou recollida la darrera).

77. 28, 29 i 30-X-1915.

78. 20 i 27-V i 3 i 10-VI-1916.

79. També d'aquest curset hi ha un extracte realitzat per Carme Montaner i que es publicà a *Quaderns d'Estudi*, any I, núm. 5, vol. II (juny 1916).

80. «Dorado», 1-V-1916.

81. Les conferències foren editades per l'Institut de Ciències en una traducció catalana feta per JOSEP M.ª CAPDEVILA, *La Naturalesa i la Història. Lliçons professades als Cursos monogràfics d'alts estudis i intercanvi*, per Pere Dorado Montero, professor a la Facultat de Dret de Salamanca. (Barcelona: 1917). La versió original aparegué a Madrid el 1926 en una col·lecció intitulada *Cuadernos de Ciencia y Cultura* (dirigidos por Eugenio d'Ors y Gregorio Marañón).

82. «Dorado», 1-III-1919.

83. «Otro muerto. La singular procesión», N.G.I 339.

84. El text de l'oració ve reproduït a *La Veu*, 27-V-1916.

85. La traducció catalana del discurs, de la qual procedeix la cita, aparegué a *La Veu*, 29-V-1916.

86. «En la transformación del Hospital de la Santa Cruz», *La Vanguardia*, 25-II-1954.

87. Fou presidida pel conseller de la Mancomunitat Josep Mestres.

88. «Valls», 28-X-1916.

89. «Sallent», 28-VII-1916.

90. Hi ha una edició publicada per *Quaderns d'Estudi* el 1918 ordenada per Carme Montaner, revisada per Emili Vallès i preparada, quant a l'índex onomàstic, per Joan Creixells.

91. 20-VI-1916.

92. JOSÉ PLA, «Carta a Salvador Espriu», *Destino*, 20-XI-1948.

93. ENRIC JARDÍ, «Sir Roger Casement, ¿traidor o mártir?», *Historia y Vida* [Barcelona], julio 1980.

94. Destacà singularment en la defensa de Casement ÀNGEL SAMBLANCAT, en un article a *La Campana de Gràcia* el 29-VII-1916, amb el qual Eugeni d'Ors se sentí plenament identificat, com digué en una carta adreçada al meu pare el 7-VIII des de l'Hotel Blancafort de La Garriga, balneari on ell s'inspirà per escriure «Lliçó de tedi en el parc».

95. «La Revolució», 30-III-1917.

96. En aquest sentit cal interpretar el seu article «La Pasqua de l'Esperit Sant», de la revista *Un enemic del poble*, subtitulada «Full de subversió espiritual» (núm. 2, abril de 1917), que editava des del mes de març d'aquell any Joan Salvat-Papasseit i que havia datat la seva publicació a partir del III «any de l'era del crim», indicant que havia estat iniciada amb l'esclat de la Guerra Mundial.

97. «De pressa, de pressa», 13-XI-1917.

98. «Democràcia i competència».

99. «Aquella cançó», 28-XI-1917.

100. 19, 20, 21, 24 i 25-IV-1917.

101. «Rodin», 20-XI-1917.

102. «El Ballet Rus», 26-VI-1917.

103. *Cuarenta años de Barcelona, op. cit.*

104. 15-IX-1917.

105. «Gèneres literaris nous», 16-III-1917.

106. L'acte fou presidit pel conseller de la Mancomunitat Romà Sol i per l'alcalde de Pineda, Manuel Serra i Moret, que més tard tindria una actuació política destacada.

107. «Oració dels soldats mutilats», Discurs Presidencial d'Eugeni d'Ors als Jocs Florals d'Olot, *La Veu*, 29-IX-1917.

108. Hi ha un resum no signat de les tres lliçons del curset a *Quaderns d'Estudi*, any III, núm. 2, vol. III (juny 1918), per bé que en altres números de la mateixa revista hi ha tres articles de El Guaita que tracten d'aquestes matèries. Un és intitulat «Ciència i Cultura» (any III, núm. 3, vol. II, abril 1918); l'altre, «La Cara del Segle» (any II, núm. 4, vol. II, maig 1917), en el qual s'indica concretament que es reprodueixen les paraules finals dites «en un curs d'Història de la Cultura»; i el tercer, «Sobre el concepte de Cultura» (any I, núm. 3, desembre 1915).

109. «Elogi dels acadèmics nous», *La Revista*, any III, núm. XLVI (16-VIII-1917).

110. «S'hi segueix parlant de l'altre problema», respectivament als núms. 1, 4 i 5. Any I, vol. II (febrer, maig i juny 1916).

111. RAMON TURRÓ, «De Cajal... a "Xènius"», *La Publicidad*, 21-V-1917.

112. Es tractava sens dubte de la glosa «Tragèdia», publicada el 5-XI-1907. O.C.C. 590.

113. Ramón Turró era, llavors, Director del Laboratori municipal instal·lat darrera el Parc de la Ciutadella.

114. «Els noucentistes acadèmics: El Prof. Pi i Sunyer», 7-VII-1908.

115. «Ferran», *La Vanguardia*, 24-II-1952.

116. «La verdadera historia de Lídia de Cadaqués».

117. «La Metafísica», N.G.I 534.

118. Personatge de la novel·la de Gustave Flaubert *Madame Bovary*, farmacèutic de poble que representa l'anticlerical positivista que només té fe en la Ciència.

119. «Besteiro, noucentista», 5-XI-1917.

120. «Reflexió del Corpus», 8-VI-1917.

121. «No es faci el miracle si l'ha de fer el Diable», *La Revista*, any III, núm. XLIII (1-VIII-1917).

122. «Castellterçol», 1-VIII-1917.

123. «De la seva moderació», 7-VIII-1917.

NOTES AL CAPÍTOL VII

1. «Tots els camins duen a Roma», *op. cit.*

2. «L'arquitectura romànica a Catalunya», 17-I-1913.

3. «Erasmo», *ABC*, 22-I-1930. N.G.II 579.

4. M'ha referit el meu amic Oriol Bohigas que, en assistir a la conferència que donà l'arquitecte italià Bruno Zevi a l'Ateneu Barcelonès el 25-V-1950, presencià una escena memorable: Eugeni d'Ors, ja molt atrotinat físicament, s'assegué al costat de Puig i Cadafalch, també envellit i molt curt de vista. Ni l'un ni l'altre no s'adonaren—fins que l'acte ja havia començat i els era impossible canviar de lloc—que estaven frec a frec. Els dos enemistats es limitaren a donar-se unes mirades fulminants que—m'explicava, divertit, Bohigas—passaren desapercebudes a la majoria dels assistents.

5. «Constantes históricas», N.G.III-619.

6. Hi ha tal vegada una anticipació de «La Vall de Josafat» al Glosari de 1908, a «Les Màscares» (27-II), escrit on Xènius imagina un ball de disfresses amb diversos personatges cèlebres: Richelieu, Lola Montes, Herodias, etc. (O.C.C. 960).

7. «Stendhal en el Valle de Josafat», NO.G. 258.

8. La traducció és de Rafael Marquina i aparegué a Madrid publicada per l'Editorial

Athenea. Fou reeditada per Espasa Calpe, a la «Colección Austral» dues vegades: el 1914 i el 1946. En la versió castellana es suprimiren alguns retrats, per considerar-se que només tenien interès per al públic català: Piferrer, Soler i Miquel i «Lo Rector» de Vallfogona. En canvi, en l'edició de 1946 s'afegiren els de Miguel de Unamuno, José M.ª Izquierdo, Sant Agustí, Sant Joan de la Creu, Lluís Vives, Tobias i el seu fill i els «epitafis» de Goya, el «Gran Capitán», Cristòfor Colom, Cisneros, el Licenciado Torralba i els dels Reis Catòlics, que ja havien aparegut a *Epos de los Destinos*.

   9. «Prat de la Riba», 2-VIII-1918.

   10. «La Vida a l'encant», 13-XI-1918.

   11. «Fiveller», 14-XI-1918.

   12. El discurs ve transcrit a *La Veu*, 17-VI-1918.

   13. Es dóna un resum del curset a *Quaderns d'Estudi*, núm. 2, any IV, vol. II (març 1919).

   14. També va ésser convidat a donar vuit lliçons el socialista Antoni FABRA I RIBAS sobre el tema «La interpretació materialista de la Història». En el debat que seguí a la dimissió d'Eugeni d'Ors fou adduït el detall que el director d'Instrucció Pública hagués tingut interès que es parlés de marxisme als «Cursos monogràfics d'alts estudis».

   15. «La noche de San Juan», N.G.I 49.

   16. El discurs ve resumit a *Quaderns d'Estudi*, núm. 2, any IV, vol. I (novembre 1918).

   17. «Del protocolo», *La Vanguardia*, 30-VIII-1944.

   18. 10-V-1918.

   19. Hi ha una relació de l'acte, que fou presidit pel conseller Agustí Riera, a *La Veu*, 23-IX-1918.

   20. També conté un extracte d'aquest discurs el número de *Quaderns d'Estudi* referit a la nota 16.

   21. Ocuparen la presidència de l'acte el conseller de la Mancomunitat Alfred Perenya i el qui era, des de feia anys, el diputat a Cort pel districte, Francesc Macià.

   22. *La Veu*, 3-XII-1918.

   23. Hi ha una versió castellana del mateix Ors: «Una primera lección de Filosofía (con dos apéndices esquemáticos sobre la Doctrina de la Inteligencia», editada el 1926 a Madrid dins d'aquella col·lecció intitulada «Cuadernos de Ciencia y Cultura», dirigida per Ors i Marañón, que publicà, en el seu primer volum, el text original de les conferències de Pedro Dorado Montero.

   24. «La Filosofía de la probabilidad y la Pintura del claro-oscuro», *ABC*, 24-IV-1925. N.G.I 1026.

   25. Es compongué de 15 lliçons. La segona i la tercera el 14 i 28-XII-1918, i les restants el 4-11-18 i 25-I, 1-8-15-22-II i 1-8-15 i 22-III-1919. He pogut formar-me una idea d'aquestes últimes gràcies a un resum mecanografiat que conservà el meu pare, que segurament era un dels assistents. Una còpia d'aquest resum existeix també a la Biblioteca de Catalunya.

26. *ABC*, 25-IV-1925. N.G.I 1025.

27. Ja al·ludí a aquestes tres frases de la Història de la Humanitat segons Cournot, en les lliçons sobre «La Concepció cíclica de l'Univers» professades als «Cursos monogràfics» de la primavera de 1918.

28. *La Veu*, 3-I-1919.

29. Resum el discurs pronunciat per Eugeni d'Ors *Quaderns d'Estudi*, any IV, vol. II, núm. 2 (març 1919).

30. *La Veu*, 9-XII-1919.

31. «Les mutacions brusques», 31-XII-1919.

32. 20-II-1919.

33. HERMOSO PLAJA, en la seva col·laboració a l'obra col·lectiva *Salvador Seguí: Hombre de la CNT* (París: Ediciones Solidaridad Obreras, s.d.), explica que un dia el dirigent sindical anà a l'Ateneu Barcelonès per demanar a Eugeni d'Ors una conferència per a un centre anarquista de Tarragona. Xènius no solament accedí a la proposta, sinó que a més va oferir-se a Salvador Seguí per fer quelcom en favor dels treballadors perseguits per l'autoritat governativa. Però el Noi del Sucre no féu massa cabal de les paraules de qui, per ell, no era més que un representat de la burgesia.

34. M'ha contat Josep M.ª Millàs Raurell, que per aquell temps era secretari del president de la Diputació de Barcelona, haver sentit, al despatx de la Presidència, la conversa d'uns diputats i unes persones que ocupaven alts càrrecs dins de la Corporació, que es preguntaven estranyats on Xènius podia fer imprimir el text de les «Gloses de la Vaga». La multicopista era al costat d'aquella cambra!

35. *La Novel·la Nova*, any IV, núm. 139 (el pròleg ve datat «desembre 1919»).

36. 25-III-1919.

37. 26-III-1919.

38. 29-III-1919.

39. 30-III-1919.

40. 2-IV-1919.

41. 15-IV-1919.

42. A les dues gloses «La veu de la Intel·ligència», 8 i 10-VII-1919, explica els motius que tingué per a haver-ho signat. La versió catalana del manifest es publicà a *La Revista*, any V, núm. XCII (16-VII-1919). Josep M.ª López Picó, director d'aquella publicació, també s'hi adherí.

43. 23-IX-1909, O.C.C. 1127.

44. 20-IX-1909, O.C.C. 1123.

45. En la versió castellana és el capítol intitulat «Algo más exquisito aún».

46. 2-6 i 8-I-1917, reunides en un sol capítol: «Sed de totalidad».

47. 18 i 20-V-1919, que són, respectivament, els capítols «Habla la Revolución» i «El Sofista».

48. Transcric en català el títol de la dissertació, perquè només en tinc referències per

la notícia que dóna *La Veu* del 5-IX-1919 d'haver sortit Xènius de viatge cap a Gijón per a aquella sèrie d'actes.

49. Hi ha un resum de la conferència a *La Veu* del 15-IX-1919.

50. Extracta la conferència el periòdic de Madrid *El Sol*, 17-XII-1919 (precisament el dia en què fou pronunciada es declarà una vaga de diaris a la capital d'Espanya i *El Sol* no reapagueré fins al 13 de desembre).

51. Resum de la dissertació a *La Publicidad* del 31-XII-1919.

52. *La Veu*, 27-XII-1919.

53. *La Veu*, 23, 25, 26, 27, 28, 29 i 30-VIII, i 2, 3, 4, 9, 13, 16, 17, 18, 23, 24, 25 i 26-IX i 1, 2 i 4-X-1919.

54. JOSEP M.ª CAPDEVILA: «Eugeni d'Ors», *op. cit.* («Un testimoni: I. El misteri del Mas Esparregueres»).

55. Ho conta Xènius en una targeta postal que envià al meu pare des de Lisboa el 28-VI-1919.

56. «Au grand Saint Christophe», trad. de M. et Me. Tissier de Mallerais avec «trois natures mortes», traduites per Valéry Larbaud. Editions R. A. Corréa, París, 1932.

57. «Los sinópticos: III. Aranguren». NO.G. 348.

58. 10-VII-1919.

59. Joan Estelrich dóna compte del seu viatge a Portugal acompanyant Eugeni d'Ors en l'article «Diades Lusitanes», *La Revista*, any V, núm. XCV (1-IX-1919).

60. L'última glosa d'Eugeni d'Ors a *La Veu* s'intitula «Una pintura de Fortuny» i és un comentari al quadre «La Senyoreta Castillo en el seu llit de mort», que es conserva al Museu de Barcelona.

61. *Criterion*, [Barcelona], núm. 5 (Ortega, Unamumo, D'Ors i Camus), 1960.

62. L'expedient administratiu que acabà amb la dimissió d'Eugeni d'Ors ha estat exhumat per Guillem Díaz Plaja en la seva obra *La defenestració de Xènius* (Andorra: Editorial Andorra, 1967).

63. M'ha contat el meu company Narcís López Batllori, que ho sabia pel seu pare, Josep M.ª López Picó, amic d'Eugeni d'Ors, que els qui el voltaven, en adonar-se de la seva tibantor amb Puig i Cadafalch en els dies que precediren el conflicte, li recomanren que demanés una entrevista a la senyora Francesca Bonnemaison, vídua de Narcís Verdaguer i Callís, que havia estat un «prohom» de la *Lliga* i que mantenia, per tant, una posició d'una certa influència entre els dirigents del partit, per tal que tractés de suavitzar les asprors del tracte de Xènius amb el president de la Mancomunitat; però Ors, de la mateixa manera que havia rebutjat de confeccionar el pressupost per a l'acte de Canet, digué orgullosament que era, en tot cas, la vídua Verdaguer qui havia d'anar a veure'l a ell.

64. Sembla que també intentà organitzar una vaga dels alumnes de l'Escola del Treball i una protesta de les bibliotecàries.

65. Es tractava de l'opuscle de WILLIAM MORRIS, «Extracte de la novel·la utopista "News from Nowhere"» traducció de J. E. (Joan Estelrich), Col·lecció Popular Minerva. Vol. II, 1918, Poc temps després del debat, Ors escrivia en castellà una glosa maliciosa

intitulada «William Morris»: «...llegado el volumen a la biblioteca del Ateneo Barcelonés, parece estos dias muy consultado. A veces se acerca cautelosamente a hojearlo algún vieje-cillo señor, de mejillas con bolsas y brillo de ojos mal extinto. Probablemente va engañado por alguna referencia chabacana, como la que ha popularizado una opinión del señor Puig y Cadafalch, quien considera a William Morris como autor libertino», *Las Noticias*, 22-II-1920. N.G. 55.

66. Al·ludeix aquí a les conferències d'Antoni Fabra i Ribas a què m'he referit en la nota 14 del present capítol.

67. El creà per Decret de la Mancomunitat del 23-V-1911, amb l'objecte—com deia l'article segon—d'«iniciar i fomentar institucions, costums i actes i difondre coneixements que tendeixin a millorar o millorin la condició física i moral de les gents que formen el nostre Poble, així com els que tendeixen a l'enfortiment i la dignitat de la raça».

68. No he pogut veure el text del diari portuguès que dóna el resum de la conferència orsiana—segurament la que pronuncià a la Universitat d'Oporto—però és molt probable que ho digués, atès el text que cito en el cap. V.

69. Tanmateix, a l'article de JOAQUIM AULADELL, «Vindicació d'Alfons Maseras i dues gloses», publicat a l'*Avui* del 3-III-1985, s'explica que Maseras «feia de secretari de l'Ors i li duia les glosses a *La Veu de Catalunya* "directament a tallers" (i) un dia, que devia ser el 9 de gener de 1920, quan va dur-la-hi, li van dir que no calia, que "a dalt" havien dit que no se n'hi publicarien més i que es podia endur la galerada de la que no havia sortit».

L'article d'Auladell reprodueix la galerada retornada a Maseras, que duu el títol «El blocus de Rússia» i el text manuscrit de la glosa «Fal·làcia», que els de l'impremta de *La Veu* no li admeteren i que ve transcrita en l'article citat.

70. «Paral·lelament», 7-VIII-1919.

71. «¿Intercambio?», *Las Noticias*, 22-II-1920. N.G.I 57.

72. «Parábola de la sal», 16-V-1920. N.G.I 185.

73. «El Brindis», 27-X-1920.

74. «L'autobiografia de Sant Ignasi», «El dia...». 16-V-1920.

75. 25, 27, 28, 29 i 30-IV i 1, 2, 4, 5, 6, 7, 8 i 9-V-1920.

76. 15, 16, 17, 18 i 19-VI-1920.

77. 10, 11, 13, 14 i 15-VII-1920.

78. «L'ordre», 23-VII-1920.

79. 4, 6, 8, 10, 11, 12, 13, 14, 15, 16, 17, 18, 20, 21, 24, 25, 27 i 31-VIII i 3, 4, 5, 7, 8, 12, 18, 19, 22 i 28-IX-1920.

80. «Más experiencias», *La Vanguardia*, 19-VII-1944.

81. El text aparegut a *El Día Gráfico* en les edicions relacionades en la nota 78, ha estat publicat íntegrament amb un pròleg meu, en el núm. 23 de la col·lecció «Antologia Catalana» (Barcelona: Edicions 62, 1966). Després aparegué una edició bilingüe català-castellà del mateix text, publicada per Editora Nausral (Madrid, 1981), amb un «estudio preliminar» de Maria-Eugenia Rincón, que en fou la traductora.

82. «El doble heretatge», 22-VI-1920.

83. Francesc Layret era terriblement baldat, potser d'una poliomelitis.

84. «Un alto en el entierro», N.G.I. 342.

85. Lluís Duran i Ventosa, una de les figures més destacades del partit, havia publicat el 1905 *Regionalisme i federalisme* amb un pròleg de Lluís Duran i Ventosa.

86. «Pi i Margall», 30-XI-1916.

87. «Pi i Margall», 2-V-1917.

88. El tret anava dirigit contra Enric Borràs, al qual també dedicà una maliciosa al·lusió en un capítol de la primera edició de *La Ben Plantada*, que després suprimí.

89. *La Publicidad*, 24-III-1920.

90. *La Revista*, any IV, núm. CXXXII (16-X-1920).

91. «Santos de palo» i «La Policromia», *Las Noticias*, 13-VI-1920. N. G. I 112-113.

92. Seguramente devia repetir a la conferència de Salamanca aquestes idees que he extret de la seva glosa «Dialéctica y principio federativo», *Las Noticias*, 25-IV-1920. N.G.I 179.

93. Extracta la conferència de Valladolid *El Día Gráfico*, 2-VI-1920.

94. «Escrit pel Març», 16-III-1921.

95. 25, 26, 27 i 28-VI-1921.

96. 4-VI-1921.

97. «Kropotkin, John Reed», 3-II-1921.

98. «Primer de Maig», 1-V-1921.

99. «L'Art negre», 17-II-1921.

100. 24, 26, 27, 28, 29 i 30-IV i 3, 5, 6, 7, 8, 10, 11 i 13-V-1921.

101. També en la traducció castellana canvià el títol del relat original «El Pobre Ramón» en «Magín o la previsión y la realidad». Aquesta narració, junt amb «Oceanografía del Tedio» i «El Sueño es vida», compon el llibre *Jardín Botánico*, esmentat en la nota 73 del capítol VI.

102. *Las Noticias*, 15-IV-1921. N.G.I 458.

103. *Las Noticias*, 16-IV-1920.

104. Pocs dies abans de l'expulsió de Xènius de la Secretaria de l'Institut, Joan Pérez Jorba escrivia una lletra oberta des de París, en la qual protestava de la manera barroera com Eugeni d'Ors havia estat tret de la Mancomunitat. Aparegué a *El Día Gráfico* del 10-IV-1920 amb el títol «Unas nobles palabras sobre el caso Ors». Una mica primàriament, Pérez Jorba comparava el que havia passat a la condemna de Sòcrates o al cas Verdaguer.

105. «Maeztu», *Las Noticias*, 23-V-1920. N.G.I («Brindis por Maeztu», pàg. 89).

106. *La Revista*, any VI, núm. CVII, 1-III-1920.

107. Foren resumides a *Quaderns d'Estudi*, any XII, núm. 44 (setembre de 1920). Abans, la mateixa revista havia inserit (any IV, vol. II, núm. 3-4, abril-maig 1919) dos lúcids assaigs de Joan Creixells sobre la filosofia de Russell que potser havien estat redactats per indicació d'Eugeni d'Ors per preparar els futurs assistents a les conferències que es projectaven. Les notes de Creixells sobre Bertrand Russell s'editaren en una separata i fo-

ren incloses, posteriorment, a l'únic volum de l'edició de les *Obres Completes* (1933) d'aquella malaguanyada figura del nostre món intel·lectual.

108. A *El Día Gráfico* del 8-IV-1920 es publicà un reportatge de J. ARTÍS, «Hablando con Bertrand Russell. Un filósofo pacifista», en el qual s'indica que el pensador britànic es troba al domicili d'Eugeni d'Ors a la «casa de les Punxes». La crònica va il·lustrada amb una fotografia, on es pot veure Russell al costat de Xènius.

109. «Anécdotas, arquitectura», *La Vanguardia*. 8-VIII-1953.

110. «Glosa nueva sobre Bertrand Russell», N.G.I. 82. Ignoro quina podia ésser la tercera persona—també expulsada—al·ludida per Xènius.

111. «Lo del Seminario de Filosofía», *Las Noticias*, 8-II-1921. Al mateix periòdic replicà Ramon Turró el día 10 i contestà, novament, Casanovas, el 18.

112. Fou nomenat per acord de la Junta de l'Associació adoptat el 13-II-1920.

NOTES AL CAPÍTOL VIII

1. «Benjamín Taborga», 3-IV-1919.

2. «Benjamín Taborga», *La Vanguardia*, 23-IV-1953.

3. «"Xènius" en la Argentina. Un homenaje», *Las Noticias*, 8-IX-1921.

4. «Los Principios» i «La Voz del Interior», de Córdoba.

5. L'editä a Buenos Aires el 1921 la Agencia Central de Librería y Publicaciones.

6. «Palique», *Nuevo Mundo* [Madrid], 8-VIII-1924.

7. «La muerte de Emilio Boutroux», *Las Noticias*, 29-I-1922. N.G.I, 555.

8. «Ariel y el gallo», *La Vanguardia*, 22-XII-1950.

9. La memòria de Josep Pla falla en aquest petit detall, puix que Romà Jori havia mort precisament durant l'absència d'Eugeni d'Ors.

10. «"Xènius" cuenta a nuestro compañero José Pla su viaje a América del Sur», *La Publicidad*, 25-XII-1921.

11. L'edició que Eugeni d'Ors donà per definitiva fou la que aparegué a París el 1930 amb text traduït per Francis Amunategui i publicada per Editions des Chroniques du Jour. En la versió original castellana fou reeditada per la casa M. Aguilar de Madrid el 1944. El mateix autor diu no haver vist mai l'edició anglesa d'aquest llibre, de la qual només sap que havia estat traduït per Joan March.

12. «Paul Cézanne», 29-X-1906. O.C.C. 287.

13. «Fénéon o la iniciación misteriosa», *La Vanguardia*, 10-V-1949.

14. N.G. I, 372. Aquest era també el títol del recull de les gloses castellanes que publicà el 1922 Caro Raggio. D'ençà de «El Nuevo Glosario», el mateix editor havia llançat el 1921: «El viento en Castilla» (gloses d'abril, maig i juny de 1920) el 1922; «Hambre y sed de verdad» (juliol, agost i setembre de 1920), i «Europa» (octubre, novembre y de-

sembre de 1920). «Poussin y el Greco», publicat el mateix any, recopilava els papers del primer trimestre de 1921.

15. El discurs ve recollit per *El Día Gráfico* de 28-II-1922.

16. Evocava la figura del cap del grup lerrouxista a l'Ajuntament de Barcelona pel fet d'haver subscrit amb ell i Manuel de Montoliu la petició adreçada a l'alcalde per a l'adquisició per part del Municipi del fons que oferia el llibreter alemany Lorentz, al qual m'he referit en la nota 86 del capítol IV.

17. «Cosas dichas en la calle de la Canuda», *Las Noticias*, 5 i 12-III-1922.

18. EUGENIO D'ORS, «Nuevas bibliotecas populares para España», *Publicaciones de la Federación de Prensa de España* [Madrid], 1923.

19. Aquesta publicació, típicament orsiana en els detalls tipogràfics i de presentació, mantenia el to equívoc del discurs de l'acte inaugural de la biblioteca dels periodistes de Barcelona. Anava il·lustada amb fotografies de la del carrer de la Canuda i de les biblioteques populars d'Olot, de Valls i de Figueres, sense indicar-se, respecte d'aquestes, que eren creades i mantingudes per la Mancomunitat.

20. «R.» «El hombre que lleva un partido en el bolsillo», *La Publicidad*, 19-VI-1922.

21. *La Publicidad*, 11 i 25-XI-1922.

22. També s'hi adheriren Francesc Macià, Marcel·lí Domingo, Gabriel Alomar, August Pi i Sunyer i Joan Casanovas. Una de les manifestacions de la nova agrupació consistia en una vetllada a l'Ateneu Enciclopèdic Popular en honor a Francesc Layret. Ors havia de parlar-hi, però després no hi participà. Segons explica FRANCISCO MADRID en la seva obra *Ocho años y un día en el Gobierno Civil de Barcelona (Confesiones y testimonios)* (Barcelona-Madrid: Ediciones La Flecha, 1932), en el capítol «Un intermedio para Eugenio d'Ors» (pàgs. 105 i ss.), Xènius tenia tant d'interès a ésser inclòs en una candidatura de diputats a Corts del Partit Republicà Català que ho demanà a Gabriel Alomar agenollat (*sic*), per fer-se perdonar els greuges que li havia infligit llavors del «cas Rull» (?) El periodista F. Madrid, que estava al corrent de moltes intrigues en el món polític i sindical però que—cal advertir-ho—no sempre constitueix un testimoni fefaent, també refereix que Xènius volgué presentar-se com a diputat provincial pel mateix partit, i que amb aquesta finalitat s'entrevistà amb un altre dirigent, Marcel·lí Domíngo. Conta igualment que Ors s'aproximà a elements marxistes o proto-marxistes com Andreu Nin, al qual visità a la presó, o com Joaquim Maurín, amb qui sopà en un restaurant de la Barceloneta per procurar-se el finançament d'un viatge seu a la U.R.S.S., com l'havien trobat, per la mateixa època, H. G. Wells o Bertrand Russell.

23. 10, 16, 23 i 28-V; 7, 11, 18 i 25-VI; 2, 9, 16 i 23-VII; i 1, 6 i 13-VIII-1922.

24. «El cap de colla i el cap de trons», 5-VIII-1915.

25. Al·ludia al partit Acció Catalana, que sorgí de la Conferència Nacional Catalana, convocada per la Joventut Nacionalista de la Lliga el 4 de juny de 1922.

26. «Discurs presidencial pronunciat en els IV Jocs Florals organitzats per l'Ateneu Empordanès», *Publicacions Empordà* [Barcelona], 1923.

27. El mateix Ors els havia traduït i donat a conèixer des de la seva secció a *Las Noti-*

cias amb el títol de «Cosas dichas en la Cuarta Fiesta de la Belleza», 17 i 24-IX i 1, 8 i 15-X-1922.

28. «Ecos», *El Día Gráfico*, 21-X-1922.

29. LLUÍS NICOLAU D'OLWER, «Ni il·lusos ni derrotistes», *La Publicitat*, 20-X-1922.

30. També replicà tímidament, «Ship-boy» (Tomàs Garcés) en la seva secció «Carnet de les lletres» a *La Publicitat*, 24-IX-1922.

31. Fou recollida, posteriorment, al seu llibre *Conferèncics de combat* (1919-1923). (Barcelona: Editorial Catalana, 1923).

32. 15-X-1922.

33. «Pocs, però vius, aquests espanyolistes», *La Publicitat*, 3-I-1923.

34. «Catàleg de l'Exposició de Pintura del Concurs Plandiura 1922-1923». Pròleg d'Eugeni d'Ors, «Galeries Laietanes» (Barcelona: 1923). El volum contenia una traducció castellana de l'escrit orsià realitzada per Àngel Ruiz i Pablo.

35. JOSEP M.ª DE SAGARRA: «La Poesia catalana i Eugeni d'Ors», *La Publicitat*, 4-II-1923.

36. «Notas sobre la poesía catalana de hoy», *Las Noticias*, 20-II-1923.

37. «Pan con tomate», 29-IV-1923.

38. «Cipriano de Montoliu», 12-IX-1923.

39. «Cosas dichas en la calle de la Canuda», 11, 18 i 27-III i 3-IV-1923.

40. «El atentado de Mañana», «Una carta de Eugenio d'Ors, 16-III-1923.

41. També Eugeni d'Ors parlà dels arbres de la Devesa en dos «Paliques» de *Nuevo Mundo*, 20-IV i 4-V-1923 («El salvamento de unos árboles», N.G.I, 676). El secundà en la campanya Wenceslao Fernández Flórez des de la seva secció habitual «Impresiones de un hombre de buena fe», *ABC*, 3-IV-1923. Respongueren els regidors catalans de Girona, Rafael Masó i Joaquim de Camps Arboix amb una lletra a *La Publicitat* el 17-III-1923.

42. Faig les cites en castellà servint-me de la transcripció del mateix Ors en la sèrie d'articles «Cosas dichas en Gerona», *Las Noticias*, 17, 22 i 23-VII i 5, 14 i 24-VIII-1923.

43. CARLES SOLDEVILA, «Full de dietari», *La Publicitat*, 14-II-1923; i MÀRIUS AGUILAR, «Ecos», *El Día Gráfico*, 20-II-1923.

44. «Octavi de Romeu», «Gazeta d'Art», *El Poble Català*, núm. 3, 26-XI-1904.

45. El meu convenciment es funda en la confidència que em féu el meu pare, al qual Ors demanà que li facilités una entrevista amb llur condeixeble, però més antic amic d'ell que no pas de Xènius, Manuel Rius i Rius, marquès d'Olèrdola, antic alcalde de Reial Ordre de Barcelona, i un dels polítics més preeminents de la Unión Monárquica Nacional (sense perjudici d'haver començat la seva carrera pública militant en la primitiva Esquerra Catalana, com a passant que fou de l'advocat Jaume Carner, un dels fundadors del Centre Nacionalista Republicà), per tal de convenir una col·laboració d'Eugeni d'Ors al grup dels monàrquics centralistes de Catalunya. El meu pare, que no tenia res de comú amb aquell partit, però que, com he dit, seguia tractant íntimament Rius, realitzà a contracor la gestió interessada per Ors. Després d'això, les relacions dels dos amics cessaren totalment. Llurs vides seguiren per camins distints i l'un i l'altre fingiren ignorar-se, per sempre més (jo

crec que amb una íntima recança). No s'intercanviaren ni una targeta postal ni una felicitació nadalenca.

46. La primera glosa s'intitulava «El Molino de Viento».

47. 9, 14, 21 i 28-x; 4, 11, 18 i 25-xi; 2, 9, 16 i 23-xii-1923; 1, 6, 15 i 27-i; 3, 10, 17 i 27-ii; 4, 9, 16 i 23-iii; 2, 6, 13 i 20-iv; 6, 11, 23 i 29-v-1924.

48. *ABC*, 28-vii-1927.

49. Quan era professor de l'Escola de Bibliotecàries, i per tal de demostrar la certesa d'una teoria pedagògica que li era molt cara, la que la millor manera d'aprendre és tot ensenyant i que els idiomes estrangers s'assimilen tot practicant-los, féu traduir a les seves alumnes la tragèdia de Schiller *Guillem Tell*, directament de l'alemany. La traducció es començà a inserir a *Quaderns d'Estudi*, núm. 1, any i, vol. ii (febrer de 1916).

50. «El Patriarca», *La Vanguardia*, 19-iii-1945. NO.G. 607.

51. «Regateos, trucos, incomprensiones», *ABC*, 4-viii-1926. N.G.i 1164.

NOTES AL CAPÍTOL IX

1. Visqué en un pis o en un hotel del Paseo del Prado, perquè en un «Palique» de *Nuevo Mundo* de 22-ii-1927 precisa, encara més, que «al lado del Botánico está el Museo, rumia de mis rumias (...) y frente al Museo, frente al Jardín, unos balcones tras los cuales he vivido mucho, he trabajado no poco (...) y luego, la perspectiva sobre la techumbre verde claro de los andenes de la estación de Mediodía, que en ciertos crepúsculos miente un horizonte de lejano mar».

2. Ramón Gómez de la Serna, *op. cit.*

3. «La cita, el cuadro, el sitio», *ABC*, 18-x-1923. N.G.I. 737.

4. Aquest és precisament el títol de l'assaig que, segons declara Eugeni d'Ors, recull la seva conferència de Cadis i que forma part del llibre *Las ideas y las formas*, ja citat.

5. «El Greco y Pascal» i «Maurice Barrès», *ABC*, 20-vi-1924. N.G.II, 116.

6. Començà la seva carrera política a la Lliga Regionalista.

7. Veure la nota 8 del Cap. VI.

8. Víctor Pradera, «Ángel Ganivet», *ABC*, 26-iii-1925.

9. *ABC*, 30-iii-1925.

10. *ABC*, 1-iv-1925, N.G.I, 1017. El text íntegre del seu discurs es publicà al mateix diari el 9-iv-1925.

11. «Los aplausos», NO.G. 344.

12. *ABC*, 17-iv-1925.

13. *ABC*, 22 i 25-viii; 4, 10 i 14-ix-1925.

14. En la seva versió original castellana foren recollits en el llibre *Teoría de los estilos y Espejo de la Arquitectura* (Madrid: M. Aguilar Editor, 1975).

15. N.G.I, 1101.

16. *ABC*, 4, 7, 15 i 27-1-1926. N.G. I, 1105 a 1121.

17. Josep M.ª Capdevila, al capítol «La Fallida» del seu interssantíssim llibre sobre l'etapa barcelonina d'Eugeni d'Ors, tantes vegades citat, assenyala la decisiva intervenció que tingué el nostre biografiat, amb una visita al baró de Viver, diputat provincial, ponent de Cultura de la Mancomunitat, que actuà als primers temps de la dictadura sota la presidència d'Alfons Sala, comte d'Egara, en el desencadenament de l'«afer Dwelshauvers», que acabà amb una destitució en massa de professors i d'altres persones que ocupaven càrrecs depenents del Consell de Pedagogia. «El primer intent seriós per desfer l'obra de Prat de la Riba», com el qualifica Albert Manent en la seva excel·lent monografia sobre Carles Riba, a Biografies Populars, núm. 10 (Barcelona: Alcides, 1963). El més sorprenent del cas, però, és que el belga Georges Dwelshauvers, que fou separat de la Direcció del Laboratori de Psicologia experimental, l'havia fet venir Ors a Barcelona i havia estat un protegit seu.

18. A mitjan estiu del 1926 aparegué a l'Editorial Sempere de València *San Vicente Ferrer*, que recollia el *Glosario* de la segona meitat de 1925. Després de la publicació de *El Nuevo Glosario* (gloses de gener, febrer i març de 1920), que editdità Caro Raggio de Madrid el 1921, i quatre llibres més dels quals hem donat compte al capítol VII, anaren apareixent, també a la casa Caro Raggio, l'any 1923: «U-turn-it» (abril-maig-juny 1921) i «Diálogos de la Pasión meditabunda» (gener-febrer-març 1922). El 1925 publicà «El Molino de viento» (maig-setembre 1923) i «Cinco minutos de silencio» (octubre-novembre-desembre 1923), però aquests dos volums a l'Editorial Sempere de València.

19. 20-X-1926.

20. *Oraciones para el creyente en los ángeles. Precedidas de un estudio de Paul-Henri Michel sobre la Angeología de Eugenio d'Ors*, colección Azor, Núm. 5 (Barcelona: Apolo, 1940). El llibre és compost, bàsicament, per la seva col·laboració al periòdic *El Debate* del 29-X-1933: «Siete plegarias nuevas y dos oraciones antiguas para el creyente en los Custodios».

21. El llibre recull les *glosas* que anà publicant al periòdic *El Debate* al llarg de 1933 i de 1934 d'una manera espaiada, perquè n'apareixia una per setmana. El títol general era «En las Glosas sobre los Ángeles que se escriben los lunes». Com que el dilluns no s'editava el diari, solien inserir-se, generalment, els dimarts o els dimecres.

22. 3-II-1912.

23. «Visita y parusía a Palacio Valdés», *La Vanguardia*, 24-IX-1953.

24. «La Veu», 21-X-1907. O.C.C. 580.

25. La traducció castellana d'aquesta dissertació de Poitiers, la inclogué Eugeni d'Ors a *El Arte de Goya* (Madrid: M. Aguilar Editor, 1946).

26. Amb el títol «Goya, pintor barroco», també figura en el llibre anteriorment citat, que es complementa amb l'estudi «Goya, pintor de las miradas», que en realitat són unes *glosas* que aparegueren a *ABC* els dies 28-XI i 7, 12 i 22-XII-1927.

27. Els escrits que s'inseriren en aquesta secció i els comentaris sobre matèria artísti-

ca que publicà a *Las Noticias* entre 1920 i 1924 foren recollits pel seu autor en el llibre *El arte de entreguerras (1919-1936)* (Madrid: M. Aguilar Editor, 1946).

28. No he pogut veure aquest llibre, que és molt rar a causa de les característiques editorials de A.L.A. (tiraven només 300 exemplars). Sospito que és una compilació parcial de les seves col·laboracions a *Blanco y Negro*, a la secció frívola o mundana a la qual he al·ludit abans. Em fundo—ultra en el fet de la coincidència de títols—en el fet que també els escrits publicats a la cèlebre revista madrilenya anaven il·lustrats amb dibuixos d'Octavi de Romeu.

29. Eugeni d'Ors situà el decorador Andreu en la «sisena sala» imaginària del seu Salón de Otoño. Segons el nostre autor, l'artista pertanyia al que ell en digué «la tercera promoció barcelonina de l'art nou» (la primera integrada, només, per Nonell, per la seva categoria de fundador, la segona per Sunyer, Nogués i Pidelaserra, i la tercera, a més de Marian Andreu, per Ramón de Capmany, Antoni Marquès-Puig, Enric-Cristòfor Ricart i Josep Obiols). Andreu plaïa a Eugeni d'Ors per les seves extraordinàries facultats de dibuixant, que el feien un adepte fervorós d'aquell estructuralisme que ell ponderava per sobre de tot, per bé que li feia retret del seu concepte decorativista d'un decadentisme «Fi de segle», que es palesava especialment en la seva temàtica predilecta: l'Arlequí, el Circ, l'Androgin, etc.

30. «Palique», *Nuevo Mundo*, 16-XI-1928.

31. *ABC*, 6-I-1927.

32. La versió original castellana que porta el títol «Del vivir de Goya» figura al llibre *Epos de los Destinos*.

33. El 1928 s'havia publicat a la casa M. Delagrave de París «L'art de Goya», traducció de M. i Me. Sarrailh de la conferència donada a la Universitat de Poitiers, de la qual Sarrailh era professor d'espanyol.

34. 6, 7, 8, 12, 13, 15, 16, 19, 20 i 21-IX; 9, 14, 16, 17, 19, 20, 21, 23, 24, 25, 26, 30 i 31-X; 2, 4, 6, 7, 9, 10, 11, 14, 15, 17, 18, 21, 22, 23, 24, 28 i 30-XI; 1, 2, 4, 6, 7, 9, 11, 13, 15, 16, 18, 20, 21, 23, 24, 26, 27, 28, 29 i 30-XII-1928; i 1, 2, 3, 4 i 8-I-1929.

35. Colección narrativa, (Barcelona: Planeta). El llibre és presentat com el núm. 3 del grup d'obres d'Eugeni d'Ors intitulat «Las Oceánidas», de les quals el núm. 1 correspon a *La Bien Plantada*, el 2 a *Gualba la del mil voces* i el 4 *Lídia de Cadaqués*.

36. «Xènius», *La Vanguardia*, 23-IX-1949.

37. Això havia estat exposat, més datalladament a «La desnudez», estudi contingut a *Las ideas y las formas*, op. cit.

38. Es tracta de l'entrevista citada en la nota 42 del Cap. I.

39. Per bé que hi ha una edició tardana d'aquest llibre del 1940 (Vid. les notes 74 del Cap. VI i 96 del Cap. VII), el pròleg en qüestió el donà a conèixer a *ABC* els dies 5, 14, 26 i 29-VIII-1929.

40. A l'obra orsiana abunden les referències al viatge a Grècia i a les representacions dels misteris de Delfos. En parla, per exemple, a la introducció que escriví per a l'edició

El "Consueta" de la Fiesta de Elche. Colección de textos y documentos para la historia de la música en España (Madrid: Instituto de España, 1941), però sobretot al *Glosario, ABC*, 16, 20 i 26-V i 2 i 5-VI-1930, però també a N.G.III, 431 i «Aquel viaje a Grecia», *La Vanguardia*, 18-X-1952.

41. Igual com per a les representacions de Delfos, les al·lusions a aquest *Faust* de Weimar són nombroses en l'obra d'Eugeni d'Ors. S'hi refereix, naturalment, al seu pròleg a la traducció castellana de l'obra. (Vid. la nota 41 del Cap. I i el text proemial a l'edició del Misteri d'Elx anteriorment citat. Per ésser la més immediata a la festa del Centenari citaré, tan sols, la glosa que publicà a *ABC* el 17-X-1929.)

42. Eugeni d'Ors resumí els punts de vista dels principals participants en una sèrie de *glosas* a *ABC* aparegudes els dies 31-X i 7, 18, 22 i 27-XI i 2-XII-1919. N.G.II 521-551.

43. La conferència ve extractada a *El Día Gráfico*, 19-X-29.

44. A *La Vall de Josafat* ha escrit que l'ànima de Palladio era com la del diamant, puix que convertí la geometria en llum.

45. Per bé que el text de la conferència es publicà a *Teoría de los Estilos y Espejo de la Arquitectura*, es referia sumàriament al que havia dit en aquella dissertació a «La hora del Paladio», *ABC*, 21-II-1930. N.G.II, 578.

46. Els textos de les tres conferències, la de Madrid i les dues de Santander, foren publicats al *Boletín de la Biblioteca Menéndez y Pelayo*, año XII, núm. 3 (julio-septiembre 1930). Emperò, la segona és un resum i la tercera transcripció—revisada per Ors—de la seva dissertació pronunciada sense notes. Més tard foren aplegades a l'obra *Estilos de pensar*, ja citada.

47. «Portinari, Rivera, Orozco», *La Vanguardia*, 28-VII-1953.

48. La seva obra com a muralista a França ve representada per la decoració de l'església de Gentilly a la *banlieue* de París i per uns plafons a la Maison du Café de la Place de l'Opéra, que Eugeni d'Ors critica en l'article esmentat en la nota anterior.

49. «Arte vivo», *Revista*, 23-29-VII i 6-12-VIII-1953.

50. Fou publicat com el llibre *Cézanne* per Éditions des Chroniques du Jour i traduït, també com l'obra sobre el pintor d'Aix, per Francis Amunategui.

51. Aquests conceptes, que són la tesi central del llibre, també els exposà a *ABC*, els dies 24 i 29-XII-1930. L'assaig aparegut primerament en francès s'aplegà amb dos més, en l'edició castellana *Pablo Picasso (En tres versiones)* (Madrid: M. Aguilar, Editor, 1946).

52. «Los sinópticos. VI. Muñoz Cortés», NO.G. 354.

53. En retornar del seu primer viatge a Itàlia ja parla d'aquesta estàtua en la glosa «Delícies», 1-VII-1911.

54. *Mis Salones (Tercer Salón).* (Madrid: M. Aguilar Editor, 1945).

55. «Al margen de la historia», N.G.II, 865.

56. «La moral en imágenes», N.G.II, 867.

57. «Isabel Dato», N.G.III, 458.

58. «Lo mismo daba», *El Debate*, 24-XI-1932, N.G.II, 861.

59. «El aficionado», N.G.II, 932.

60. «Seniores», N.G.II, 884.

61. «La estalactita en la gruta», *ABC*, 2-IV-1931. N.G.II, 712.

62. Desconec aquesta edició francesa, però suposo que l'obra no era massa diferent, en el seu contingut, del llibre *Lo Barroco* (Madrid: M. Aguilar, Editor, 1944), que s'encapçala amb un graciós pròleg d'Eugeni d'Ors, en el qual diu que «contará la aventura de un hombre lentamente enamorado de una categoría», com en el cas d'un adolescent que entreveu una dona sota una disfressa i en queda colpit d'amor fins que al cap d'uns anys la retroba amb tota l'esplendor de la seva bellesa. Per això, a més del text de la seva dissertació a Pointigny, Ors publicava en el llibre en qüestió aquells escrits pels quals havia anant aproximant-se a una definició personal del barroc, començant per la seva glosa de 1907 «Churriguera, arquitecte maleït». Reproduïa també diversos fragments del *Glosario* publicats a *ABC* sobre «Croce y lo Barroco» (30-VII-1925), «El autodidacta de Gracián» (4-I-1927), «Anticipaciones a una teoria completa de lo Barroco» (30-V-1927), «El Paraíso Perdido» (8-VI-1927), dos comentaris sobre el Barroc espanyol (13 i 18-III-1929) i «La solitaria de las rocas» (24-VII-1930).

63. «Le gerontología», *La Vanguardia*, 23-II-1949.

64. «El octogenario», N.G.III, 171.

65. «La peinture italienne contemporaine: Mario Tozzi» (París: Editions Les Chroniques du Jour, 1932).

66. N.G.II, 773.

67. Aquestes biografies figuren en la versió castellana original *Epos de los Destinos*.

68. «Principios de Política de Misión», *El Debate*, 26-V-1934. N.G.III, 386.

69. 11, 12, 15, 17, 18, 19, 20, 24, 25, 26, 27 i 30-VIII; 1, 3, 6, 7, 8, 9, 10, 12, 15, 17, 20, 23, 24, 26, 27 i 30-IX; 1, 6, 7, 18, 19, 20, 22, 25, 26, 27 i 30-X; 1, 3, 4, 11, 14, 15, 17, 20, 21, 22, 24 i 27-XII-1933.

70. Cap. XLI de la Segona Part.

71. Eugeni d'Ors demostra la seva preocupació per la figura d'Eugenio Torralba una mica abans, puix que a *El Debate* del 16-XI-1932 aparegué la glosa «Efemérides del quince de noviembre. El Licenciado Torralba», N.G.III, 857.

72. Eugeni d'Ors dóna compte de la seva excursió cultural per Suïssa a N.G.III, 201-231.

73. «Herriot Alcalde de Lyon y las dos clases de fieras», NO.G. 265.

74. Transcriu les dues comunicacions presentades a Venècia el 1934 als capítols «El Arte i la Sociedad» i «El Arte y la Realidad» del seu llibre *Teoría de los estilos*, ja citat.

75. «Librairie de l'Art», 32, Avenue Marceau, París VIIIème.

76. La traducció castellana de l'escrit dels amics d'Eugeni d'Ors i de la condescendent resposta que els trameté, hom pot llegir-la a «Mis amigos», N.G.III, 273.

77. Eugenio d'Ors, «Perspectivas internacionales de la literatura española». Disertación de clausura de la Asamblea del Libro Español. Instituto Nacional del Libro Español: Madrid, 1941.

78. *La Civilización en la Historia (Sinopsis, imágenes), precedida de la Historia del Mundo en 500 palabras* (Madrid: Ediciones Españolas, 1943.

79. «La Historia católica del Mundo», N.G.III, 77).

80. Esmentem com a curiositat el projecte que conceberen uns editors anglesos de llibres d'art de publicar en versió bilingüe (català i francès) *La Ben Plantada*, amb il·lustracions d'Arístides Mallol. El rossellonès rebutjà la proposta per animadversió a Eugeni d'Ors. Els motius, els explica el mateix autor de dues maneres; a *La Vanguardia* (24-VIII-1950), diu que l'escultor es negà a il·lustrar l'obra d'un escriptor que havia «abandonat Catalunya», mentre que a *Revista* (10-IX-1953) explica que Mallol justificà la seva negativa pel fet que Xènius havia estat germanòfil a la Guerra del 14.

81. «E.-C. Ricart», *La Vanguardia*, 11-V-1953.

82. Joan Teixidor, «Una veu d'ultratomba: Eugenio d'Ors i nosaltres», *La Publicitat*, 11-VI-1936.

83. 11, 18, 25-VI; 2, 9, 16-VII-1936.

84. «París como ser vivo», *La Vanguardia*, 17-III-1944. NO.G. 73.

85. «Recuerdo de aquellos días», *La Vanguardia*, 22-VII-1954.

NOTES AL CAPÍTOL X

1. «El clima del genio», *La Vanguardia*, 24-I-1946.

2. La traducció d'aquest text amb el títol «Hacia una Ciencia de las formas» s'insereix a *Teoría de los Estilos y Espejo de la Arquitectura, op. cit.*

3. «Emblema para un Almanaque de las Artes», N.G.III, 470.

4. No puc detallar tots i cadascun dels escrits orsians on es palesa una afinitat de la seva ideologia amb la dels doctrinaris d'aquell moviment monàrquic francès. Al llarg de les pàgines precedents ha aparegut manta vegada el nom de Maurice Barrès, per bé que Ors no el tractà. Les seves relacions amb els intel·lectuals de l'*Action Française* foren, principalment, amb Léon Daudet i Charles Maurras. Al primer, li estava agraït per la difusió que havia donat a la traducció francesa de *Tres horas en el Museo del Prado*, però en el fons no l'admirava. Tot el seu fervor, el reserva per al segon (recordi's allò del «cap de trons» i del «cap de brot»). A les festes del «felibrige» de Mallana el 1933, Ors presidia el banquet al costat de Maurras. Quan morí aquest, un periodista, Esteve Molist Pol, interviuà el nostre personatge, el qual, imitant el títol d'una cèlebre obra de Benedetto Croce sobre la Filosofia de Hegel, li digué el que, segons ell, era «Lo vivo y lo muerto en la doctrina de Maurras» (*Revista*, 20-XI-1952). El que Ors abominava de Maurras, el que, per ell, constituïa un llast, eren el positivisme i el nacionalisme. L'element viu era representat pel monarquisme i el classicisme. Contà el nostre biografiat al periodista que Maurras l'havia invitat a col·laborar al periòdic *L'Action Française*, però ell se n'excusà, perquè era durant el temps en què el moviment estava condemnat per Roma. No obstant això, acceptà d'escriure a l'*Almanach d'Action Française*, publicació que no estava compresa en l'excomunió.

5. «Eugène Marsan y la Romanidad», N.G.III, 476.

6. N.G.III, 491.

7. «En el Bimilenario de Augusto», N.G.III, 500.

8. «Carta» i «Contra Maritain, pro Maritain», N.G.III, 527 i 529.

9. «Comercio epistolar (IV Servicio, opiniones, temas de guerra o paz)», N.G.III, 626.

10. «Dionisio Aeropagita», N.G.III, 571.

11. «Eugenio d'Ors y Barcelona», *El Español*, article citat.

12. Tot i haver-se produït amb menys rebombori, la sortida d'Eugeni d'Ors de l'Instituto de España pot comparar-se, en certa manera, a la seva destitució de la Direcció d'Instrucció Pública de la Mancomunitat i de la Secretaria de l'Institut d'Estudis Catalans. Es prescindí d'ell per motius de tipus personal: topades amb els col·legues, actes d'egocentrisme que no li foren perdonats... També a Madrid el *casus belli* va ésser una petita qüestió de procediment burocràtic. Si a Barcelona s'aprofità la negativa del nostre briografiat per a confeccionar un pressupost per a la inauguració de la Biblioteca de Canet, en l'afer de l'Instituto de España fou decisiva l'oposició d'Eugeni d'Ors a la proposta de reduir els sous del personal per raons d'economia seguida d'una altra, per la qual es pretenia augmentar les dietes dels acadèmics. La història es repetia. La figura de Puig i Cadafalch era reemplaçada per la del ministre d'Educació Nacional José Ibáñez Martín.

13. El qui fou titular d'aquell ministeri franquista, el catedràtic de la Universitat de Madrid Pedro Sainz Rodríguez, en els seus dos llibres intitulats *Testimonios y recuerdos* i *Semblanzas*, publicats per Editorial Planeta (Barcelona: 1978 i 1988, respectivament), dóna curioses notícies del Jefe Nacional de Bellas Artes que en l'obra darrerament esmentada qualifica de «hombre de ideas geniales caprichosas y pintorescas».

Sainz Rodríguez explica per exemple que, en proposar el nomenament d'Eugeni d'Ors com a cap de Belles Arts del seu ministeri (el del servei de Bibliotecas y Archivos recaigué en Javier Lasso de la Vega), topà amb la forta oposició del Ministre d'Ordre Públic Severiano Martínez Anido, que el 1920 s'havia distingit per la seva política dura al front del govern civil de Barcelona, perquè considerava Ors com «un catalán separatista».

El Ministre de Educación Nacional refereix, concretament a *Semblanzas*, que tingué molta feina, a convéncer Martínez Anido, però reeixí amb l'argument que transcric: «Mire usted—le expliqué—Eugenio d'Ors està hoy mal visto en Cataluña porque le consideran españolista; para algunos catalanes es un catalán desertor, una víctima de su sentido de unidad y de su vinculación a España y si ahora, a esa actitud suya, responde el Estado español declarándole incapaz de ocupar un puesto para el cual está capacitado en primera línea ante cualquiera que pudiera competir con él, me figuro cual será la reacción de los catalanes españolistas... La cosa llegó a tales términos—continua contant Sainz Rodríguez a *Semblanza*—que yo hice cuestión de gabinete el nombramiento y declaré que si no aceptaban a Eugenio d'Ors, yo cesaba en el puesto de ministro».

14. «Visitas de Santo y Seña: Eugenio d'Ors», *Santo y Seña, alerta de las letras españolas* [Madrid], núm. 4 (20-XI-1941).

15. «Los sinópticos: VI. Muñoz Cortés», NO.G. 354.

16. JOAQUIM M.ª DE NADAL, *Memòries. Vuitanta anys de sinceritats i de silencis*, Biblioteca Biogràfica Aedos, núm. 41 (Barcelona: Aedos, 1965).

17. El discurs que Eugeni d'Ors pronuncià en ingressar a la Real Academia Española i la resposta de Pemán es contenen en el llibre *Humanidades*, (Madrid: Escolier, 1947).

18. «Recuerdos», NO.G. 252.

19. El text del discurs d'Eugeni d'Ors a la seva recepció a la Real Academia de Bellas Artes de San Fernando ve recollit a *Teoría de los Estilos y Espejo de la Arquitectura, op. cit.*

20. «Doctorado en Coimbra», *La Vanguardia*, 26-x-1949.

21. «El "Continente" como entidad de Cultura (Comunicación al Congreso Volta)». N.G.III, 628 i «Año Nuevo, Viejo Continente», *La Vanguardia*, 3-1-1951.

22. BENITO MUSSOLINI, *El espíritu de la Revolución Fascista. Antología de los Escritos y Discursos, recopilada por G. S. Spinetti. Prólogo de Eugenio d'Ors* (Bilbao: Editorial Vizcaína, 1938).

23. Per un moment pensà a organitzar una sala conjunta hispano-portuguesa i demanà el concurs del pintor lusità Almada Negreiros, però aquest s'hi negà. Vegeu «Almada Negreiros», *Revista*, 30-IV-1953.

24. «Mis Salones», *op. cit.*

25. Els ministeris i altres dependències del Govern de l'Espanya nacionalista estaven distribuïts per diverses ciutats. La Jefatura Nacional de Bellas Artes radicava a Vitòria. Sobre la taula del seu despatx el director volia tenir-hi sempre un gerro amb flors—detall que fa constar José María Pemán en el discurs a la recepció a la Real Academia Española—.

26. Ja al Glosari de 1915 féu unes extenses consideracions sobre la Litúrgia amb motiu de celebrar-se l'important Congrés a Montserrat (*La Veu*, 8, 12 i 13-VII-1915). Al «Glosario» les al·lusions a les qüestions litúrgiques són freqüents: al moviment de restauració litúrgica de l'Abadia de Beuron, a l'obra de Romano Guardini «Vom Geist der Liturgie», etc, *ABC*, 9, 13, 25 i i 31-XII-1929. N.G.II, 551-563.

27. LOUIS PIACHAUD. N.O. G. 30 i 174, respectivament.

28. NICOLÁS BARQUET, «Eugenio d'Ors en su ermita de San Cristóbal», *op. cit.*

29. RAFAEL FLÓREZ, «Catalanes por el mundo», *Diario de Barcelona*, 31-XII-1963. No tan detalladament, però, explica aquesta distribució de la tasca del nostre biografiat, segons les dependències del "Caserón", César González Ruano, «El personaje en su casa (con Eugenio d'Ors en su casa madrileña)», *Revista*, 12-VI-1952.

30. «Edilicia», *La Vanguardia*, 3-V-1944, NO.G. 122.

31. «Un discurs d'Eugeni d'Ors», *Els Marges*, núm. 22-23 (maig-setembre 1981).

32. MURGADES, en la nota 4 del seu treball, recull l'anècdota que protagonitzà Ors a la seva entrada a Reus, vestit de falangista, abraçant un «insigne patrici local i no menys insigne bibliòfil de talla internacional» que fingí no haver-lo conegut de bell antuvi «ja que, al seu entendre, anava "vestit de bombero"». El personatge reusenc en qüestió, el nom del qual silencia l'autor de l'article, era Pau Font de Rubinat, que fou alcalde per Real Ordre el 1899. Al llibre de JOAN i JACINT REVENTÓS, *Dos infants i la guerra (Records de 1936-1939)* (Barcelona: Club Editor, 1974), Jacint explica que l'estiu de 1938 es trobava a Béjar amb el seu pare quan comparegué, amb un auto americà immens i vell, el cap del

Servei de Belles Arts franquista que «portava un imponent uniforme d'un color verdós i lluïa sobre el pit unes enormes flors de lis. Suposo que aquest uniforme devia ser de la seva invenció particular. Recordo sobretot—per les seves desorbitades dimensions—la boina vermella amb què es cofava» (pàg. 149). I ORIOL BOHIGAS, en *Combat d'incerteses. Dietari de records* (Barcelona: Edicions 62, 1989), refereix, per haver-ho sentit del seu pare Pere Bohigas i Tarragó, funcionari de la Junta de Museus barcelonina, que «en un dels actes oficials per a la recepció formal del patrimoni salvaguardat ... Don Eugenio va aparèixer amb camisa blava i no sé si, àdhuc, amb boina vermella. De corretjam militar no crec que en portés» (pàgs. 50-51). Afegeix Bohigas que, amb la sorpresa de tots els assistents a l'acte, Eugeni d'Ors es destacà del grup de les autoritats per fer una gran abraçada a Joaquim Borralleras, antic amic seu del temps de l'Ateneu Barcelonès i que, com s'explica en el cap. VII, li havia encarregat que fos «padrí» seu en el grotesc desafiament a Puig i Cadafalch. Borralleras, que també era funcionari de la Junta de Museus i que com Pere Bohigas i Tarragó estava sotmès o acabava de superar un expedient de depuració política, «no devia tenir-les totes».

33. Suposo que al·ludeix a José Antonio Primo de Rivera, així com es vol referir al General Franco quan parla de la «heroica Presidencia».

34. «Elche», 10-VIII-1943. NO.G. 313.

35. «Discurso de la corona», *La Vanguardia*, 4-V-1946.

36. «Redención de Cautivos en la Fiesta de la Merced», *La Vanguardia*, 26-IX-1944, NO.G. 377.

37. Aquest discurs es transcriu a *Teoría de los Estilos..., op cit.*

38. M'he servit per a extractar aquesta conferència del text contingut al seu llibre *Estilos de pensar, op. cit.*, on s'indica que fou el de la dissertació de València i que també s'havia publicat, abans, als núms. 1-2 de *Cuadernos de Filosofía*, Madrid, Ediciones Historia, 1941.

39. «La Palma al balcón», *La Vanguardia*, 16-IV-1946.

40. Cito la traducció castellana tal com la publicà *Santo y seña*, [Madrid], núm. 2 (20-X-1941).

41. «Retorno sin ternera», *La Vanguardia*, 30-V-1948.

42. M'ho ha contat el meu amic Joan Alsamora, que assistí a la vetllada.

43. Havia escrit una vegada que «los cuadros del Museo del Prado son "míos" como eran "míos" los árboles de "La Devesa" de Gerona», «Palique», *Nuevo Mundo*, 28-X-1927.

44. *Blanco y Negro* [Madrid], 26-II-1928.

45. «Los Sitwell», NO.G. 52.

46. *Tres lecciones en el Museo del Prado de Introducción a la Crítica de Arte*, Madrid, Ediciones Españolas, S.A., s.d.

47. Ja en parlava a «La Crítica ochocentista», *ABC*, 11-IV-1928, N.G.II, 278.

48. Veure, també, «La otra geometría», *ABC*, 18-III-1925, i «Nuevo anuncio de la Geometría sensible», *ABC*, 22-VI-1925, N.G.I, 1052.

49. «Rembrandt», *ABC*, 23-IV-1928.

50. Havia aparegut com una glosa a *La Vanguardia*, 30-VII-1943, amb el títol «Scherzo», N.G.III, 1035.

51. *Historia de la Academia Breve de Crítica de Arte (Homenaje a Eugenio d'Ors)*, d'útil consulta per al qui vulgui conèixer aquest aspecte no gens menyspreable de l'activitat del nostre personatge. Se celebraren diverses conferències telefòniques amb Xavier de Salas, director del Museu barceloní, i amb l'alcalde de la Ciutat, Miquel Mateu i Pla. Hom féu intervenir, àdhuc, Mossèn Bulart, capellà de la Casa Civil del Cap de l'Estat.

52. EUGENIO D'ORS, *Mis salones, op. cit.*

53. Id.

54. «Manolo» Hugué, Pau Gargallo, Joaquim Torres Garcia, Josep-Miquel Serrano, Miquel Villà, Rafael Durancamps, Rafael Benet, Pere Gastó, Santiago Padrós (mosaïcista), Joan Miró, Joan Brotat, Salvador Dalí, Jordi Curós, Modest Cuixart, Jaume Muxart, Joan Ponç, Antoni Tàpies, Ramon Rogent, Frederic Marés, Oriol Bohigas (arquitecte), Alfons Serrahima i Manuel Capdevila (orfebres), germans Bonet (vidriers), etc.

55. *"Aldeamediana". Seguido de "Historia de las Esparragueras" y "Dos notas sobre la civilización campesina"*, (Madrid-Barcelona: La Gacela, 1972).

56. «El Debate», 7 i 9-VIII; 9, 12, 13, 15, 16, 18, 19, 20, 21, 22, 23, 25, 26, 27, 29 i 30-X; 2, 3, 4, i 5-XI-1932.

57. Per això Eugeni d'Ors dedicà l'edició d'aquest llibre «al Mariscal y a la Me. Pétain», perquè el règim de Vichy, inspirat doctrinalment pels homes de l'*Action Française*, representava, en bona part part, una marxa enrera, una reacció contra els principis del 89.

58. El text d'aquesta dissertació figura al llibre *Estilos de pensar*, per bé que fou reproduïda a la *Revista de Espiritualidad*, dels RR.PP. Carmelites de San Sebastián (julio-diciembre de 1942.

59. «La Cruz de Caravaca», *La Vanguardia*, 22-V-1943. N.G.III, 1014.

60. «Las Ilicitadas», *La Vanguardia*, 17-VIII-1944.

61. «Hoy sale el gordo», N.G.III, 1091.

62 i 63. «Temas para una nueva jornada (IV. Tareal)», N.G.III, 600.

64. Les biografies dels Reis Catòlics també havien aparegut abans en francès, com he referit al cap. IX.

65. «Temas para una nueva jornada».

66. «San Cristóbal», NO.G. 256.

67. «Las tumbas resucitadas», NO.G. 956.

68. «Tener ojos y no ver», *La Vanguardia*, 8-V-1951.

69. «El Secreto de Rafael Zabaleta», *La Vanguardia*, 11-IV-1946.

70. Ho explica un testimoni presencial, José Cruset, al seu article «La obra al alcance de la mano», aparegut a *La Vanguardia*, 25-IX-1964.

71. «Yo, hijo de Villafranca», *La Vanguardia*, 22-XI-1947.

72. «Las Villafrancas», *La Vanguardia*, 26-VIII-1948.

73. FRANCISCO PUJOLS, *El Glosario orsiano, op. cit.*

74. «Introducción al premio de Elche», *La Vanguardia*, 27-VIII-1946.

75. NO.G. 345-355.

76. És la primera glosa de «Los sinópticos».

77. JOSÉ LUIS ARANGUREN, *La Filosofía de Eugenio d'Ors*, (Madrid: Ediciones y Publicaciones Españolas, 1945).

78. «Crónica de las ideas en 1945», *La Vanguardia*, 1-1-1946.

79. «Un diccionario filosófico», *La Vanguardia*, 12-XII-1951.

80. «Empieza la conmemoración del Concilio de Trento», *La Vanguardia*, 24-III-1945. NO.G. 593 i «Trento no es barroco», NO.G. 596.

81. Seguramant hi havia Pemán entremig.

82. El text d'aquesta «Salmodia monocorde», d'on procedeix el fragment citat, ve reproduït a «El Ángel y el Cáliz», NO.G. 614.

83. «Pregón de la Semana Santa de Cádiz», NO.G. 612.

84. «Cádiz», *La Vanguardia*, 24-VIII-1947.

85. «La raza cósmica y Federico Marés», *La Vanguardia*, 15-VI-1945. NO.G. 716.

86. «El ángel de Marés», NO.G. 699.

87. L'àngel fou enviat pel donatari al tercer «Salón de los once» (1945). Aquesta cita pertany al capítol que dedica a l'anterior exhibició en el seu llibre *Mis salones*, on parla de l'obra de Marés en els mateixos termes que la glosa referida en la cita precedent, com també parla de «La Corredora» vaticana en idèntica forma.

88. S'havia inaugurat el penós règim de les restriccions elèctriques.

89. Miquel Mateu i Pla, Manuel Rius i Rius, José M.ª Pemán, Azorín, Joaquín Ruiz Giménez, José-Félix de Lequerica, Eduard Aunós, el vescomte de Güell, Antonio Correa Véglison, Pilar Primo de Rivera, etc.

90. Aquesta al·lusió a l'amistat perfecta—la que ens ofereixen els Àngels Custodis—, la trobem per primera vegada a *Gualba la de mil veus*. Al cap. VIII, el pare de Tel·lina, en retornar a la casa estival després d'una excursió amb ella, en el curs de la qual s'ha sentit compenetrat, com mai, amb la seva filla, «sabent, només a mitges, què fa, ell s'ha acostat al mur. Ha pujat sa mà, més alta que la porteta humil. Ha pujat armada d'un llapis i, ràpidament, clandestinament, com en pecadora aventura, escriu una inscripció. Una inscripció que fa: "Aquí viu l'amistat perfecta"».

91. «Las obras completas de Ramuz», *Destino*, 3-V-1941, N.G.III, 916.

92. Respectivament, els núms. 4 i 5 de la Biblioteca Selecta. En el mateix volum de *La Ben Plantada* es publicava una «galeria de noucentistes».

93. Com havia fet en el seu parlament en el Teatre Fortuny de Reus el 2-VII-1939, tornava a emprar el concepte de «profanació» referit a l'ús de la llengua catalana en el temple de la cultura.

94. «Feria del Libro», *La Vanguardia*, 13-VI-1946.

95. «Otra visita al Museo del Prado», que complementa el volum *El arte de Goya* ja citat. L'autor adverteix que aparegué primerament a la revista madrilenya *Escorial* l'any 1943.

96. Havia estat sempre un filòsof car al nostre biografiat per la seva ideologia internacionalista i «federal» que el agermanava a la de Llull. El gran mallorquí i Leibnitz són, segons Ors, «els grans impacients de la Unitat». Aquest és el títol de l'escrit on sosté aquell argument i que aparegué a *Quaderns d'Estudi*, any II, vol. I, núm. 3 (desembre de 1916). També parla del filòsof alemany en un sentit idèntic a l'anterior article en un «davantal» de *El Guaita* publicat a la mateixa revista, any I, vol. II, núm. 3 (abril 1916) i en una glosa, «Universale Collegium», *La Veu*, 4-I-1916.

97. «Crónica de las ideas en 1946», *La Vanguardia*, 1-I-1947.

98. «El Congreso de Filosofía de Roma», *La Vanguardia*, 30-XI-1946.

99. «Fin de la crónica de las ideas», *La Vanguardia*, 12-I-1946.

100. «Un filòsof madrileny», 22-XI-1917.

101. «Santayana y los mendigos», *La Vanguardia*, 27-IV-1947.

102. «Títulos», *La Vanguardia*, 27-XII-1951.

103. «Los periodistas clásicos», *La Vanguardia*, 22-V-1949.

104. *El Secreto de la Filosofía. Seguido de una Historia de la Filosofía en quinientas palabras*, (Barcelona: Iberia, 1947).

105. «José Aguilar», *La Vanguardia*, 29-IV-1951.

106. Quan estava escrivint aquesta obra o havia de posar-se a escriure-la, en donà un tast amb una conferència a l'Ateneu Barcelonès el 8-I-1946, precisament amb el títol «El Secreto de la Filosofía».

107. M'ha contat la darrera secretària que tingué Eugeni d'Ors, «Nucella» Fernández Castillejo, que el nostre biografiat li anava dictant el text sense notes i que, quan interrompia el dictat per tal de realitzar altres treballs literaris més peremptoris, com els de col·laboració periodística—les interrupcions duraven, de vegades, setmanes senceres—, tornava a emprendre la redacció del llibre només en indicar-li ella la darrera paraula que havia escrit a màquina. No li calia que li fos llegida l'última pàgina.

108. «Mis Secretos», *La Vanguardia*, 12-I-1949.

109. «En Ginebra», *La Vanguardia*, 16-IX-1949.

110. «Destino y solidaridad», *La Vanguardia*, 4-XI-1947.

111. «Renuncias», *La Vanguardia*, 27-VIII-1950.

112. J. F. Vila Sanjuan. El reportatge es publicà a *La Vanguardia*, 6-VII-1949.

113. Aquestes pretensioses declaracions concorden amb el que em contà el meu amic Àngel Latorre, que es trobava a Roma ampliant estudis i assistí a la conferència de l'Instituto Español. Em digué que el públic, en entrar a la sala de la conferència, es trobà amb una pissarra atapeïda dels noms més heterogenis, «des de Larra a Eugeni d'Ors», em precisava Latorre, que afegí que en el curs de la dissertació el conferenciant féu unes despectives al·lusions a Unamuno, que foren rebudes per una part dels assistents amb uns murmuris ben perceptibles.

114. «El Viaje»; «Gentes en torno»; «A bordo»; «Bienaventurados los que ignoran», a *La Vanguardia*, 11, 13, 15, 25 i 28-X i 3 i 7-XI-1950. En aquesta darrera explica que quan el vaixell tocà, unes hores, a Río de Janeiro, tingué especial interès a visitar un «temple

positivista», és dir: un lloc de culte dels adeptes d'Auguste Comte que encara es mantenia a Sud-Amèrica. El recinte no oferia res de particular. Era com un pis de l'Eixample barceloní, diu. El més remarcable eren les imatges que palesaven l'esperit eclèctic dels positivistes: estatuetes de Zoroastre, Volta, Camoens, el baró d'Holbach, etc.

115. «Ariel y el Gallo», article citat al cap. VIII, nota 8.

116. «Crónica de las ideas en 1950», La Vanguardia, 10-I-1951.

117. PEDRO VOLTES, «Don Eugenio d'Ors refiere su reciente viaje a Italia», La Vanguardia, 13-V-1952.

118. «Los silencios del Coronel Maurois», La Vanguardia, 25-I-1953.

119. «Crónica de las ideas en 1952», La Vanguardia, 1-I-1953.

120. «En la fiesta de San Francisco de Sales: Humanistas, Enciclopedistas y Periodistas», La Vanguardia, 29-I-1952.

121. Vegeu nota 5 al cap. IX.

122. «El Flogisto», La Vanguardia, 25-III-1953.

123. «San Jorge. Patrón de Caballería», La Vanguardia, 23-IV-1946. Ve a dir el mateix a «Órdenes de Caballería», La Vanguardia, 15-V-1947.

124. «Metámonos en libros de caballerías», La Vanguardia, 11-IV-1947.

125. «Del verbo», La Vanguardia, 11-I-1946.

126. «Las palabras son gérmenes», La Vanguardia, 29-VII-1948.

127. «Las palabras piensan», La Vanguardia, 11-III-1945. NO.G. 590.

128. Recordi's totes les consideracions que féu a l'entorn de la sàtira i de la paròdia a Catalunya en la seva lletra a López Picó extractada en la nota 52 del cap. IV.

129. Al seu pròleg a l'edició de la Consueta de la Festa d'Elx, Eugeni d'Ors explica que fou, per a ell, una de les primeres experiències inoblidables de l'art escènic aquella representació donada als jardins del Laberint d'Horta quan tenia disset anys.

130. «Adrián Gual», La Vanguardia, 22-X-1948.

131. «Roma y Babel», La Vanguardia, 10-I-1950.

132. Ja havia adoptat la figura de Julià l'Apòstata com a representativa del Paganisme, element disgregador que per ell equivalia al Nacionalisme en la glosa «Julián y Pablo», ABC, 9-III-1928. N.G.II, 249.

133. La conferència ve extractada a La Vanguardia, 27-V-1950.

134. Cal tenir en compte, igualment, la curta col·laboració a la revista barcelonina Destino del 22-II al 21-IV-1941, i la relació constant que mantingué amb Josep Janés i Olivé, l'esforçat editor que, el 1935, havia volgut reimprimir dins els seus «Quaderns Literaris» Tina i la Guerra Gran i que, després de la Guerra Civil, publicà diverses obres d'ell en castellà: Jardín Botánico (Barcelona, 1940), Historias de viejos y enfermos (Barcelona, 1941), Gnomica (Madrid, 1941), i Aldeamediana (Barcelona, 1942). Janés, promotor d'un Premio Internacional de Primera Novela, sol·licità la col·laboració d'Eugeni d'Ors com a membre del Jurat qualificador.

135. El primer treball d'Eugeni d'Ors que aparegué en aquesta publicació el 26-VI-1952 no és pròpiament de tema artístic. S'intitula «Los caracteres». La secció

referida s'inaugurà el 4-XII-1952 i s'anà mantenint cada setmana fins al 14-I-1953.

136. Número 46 de la col·lecció.

137. Per aquells dies es produí un fet que demostrava que certes característiques del pensament orsià no havien canviat amb el transcurs del temps. Envià la seva adhesió al manifest que l'organització d'inspiració comunista més o menys declarada dels «Partisans de la Paix» havien llançat per tal de prohibir l'ús de les armes nuclears. El 1919 s'adherí a la «Declaració de la Independència de l'Esperit»; el 1950 signava el que s'anomenà «Manifest d'Estocolm». El gest li fou molt criticat, però ell escriví: «He firmado, a invitación de fuera venida, el texto de una promoción internacional a renuncia contra el empleo de la bomba atómica. Esto, aun a sabiendas del tendencioso y no compartido estímulo de la iniciativa. En mi tierra se dice: "La razón a un moro"» («Renuncias», *La Vanguardia*, 27-VIII-1950).

138. «Examen de conciencia», *La Vanguardia*, 20-IV-1950.

139. «Mis ciudades», *La Vanguardia*, 9-VI-1953.

140. Formà part de l'organisme qualificador del Premi de Poesia Castellana el 1953 i el de Poesia Catalana, el 1954. En aquest darrer concurs, les seves preferències es decantaren per l'obra—no premiada—de CARLES FAGES DE CLIMENT, «Balada del Sabater d'Ordis», a la qual dedicà la glosa «Un trueno seco» (*La Vanguardia*, 2-II-1954), que contenia les idees desenvolupades en el pròleg que escriví, en català, per l'edició del poema (Barcelona: Editorial Pergamo, 1954), que sembla ésser l'últim treball català del nostre biografiat.

141. Els reportatges periodístics de l'acte no transcriuen el discurs, però a *La Vanguardia* del 2-X-1953, l'article «Honor y escarmiento», del qual prové la cita que si no reprodueix textualment l'al·locució, és molt probable que respon al seu esperit.

142. La llei preveia l'extinció de les càtedres extraordinàries a la mort del titular.

143. El discurs de Laín, amb el títol de «Vítor universitario por Eugenio d'Ors», ve reproduït a *Revista*, 23-IV-1953.

144. Ángel del Campo, «El plan docente de Eugenio d'Ors», *Revista*, 23-IV-1953.

145. Explica Ors que quan publicà a Madrid el volum de glosas «Poussin y el Greco», Lídia estava convençuda que «Poussin» era la intencionada deformació del motiu aplicat a un pescador de Cadaqués que hom anomenava «el Puça» i que El Greco era un pescador de corall de nacionalitat grega que treballava per aquella porció de litoral.

146. JOSEP PLA, «Bodegó amb peixos». Segona sèrie de *Coses vistes (Un viatge frustrat)*, Biblioteca Selecta, núm. 75 (Barcelona: Selecta, 1950).

147. «En los comienzos de un año», *La Vanguardia*, 4-I-1948. Emperò, el 1945, ja havia començat a parlar d'aquella dona. A *La Vanguardia* del 18-X havia publicat una mena de resum del que seria el seu llibre, en un article intitulat «Lídia de Cadaqués». Recordi's que, aquesta idea goethiana de l'Etern femení, ja l'havia feta jugar amb motiu de les celebracions literàries produïdes a l'entorn del Misteri d'Elx.

148. «El Eterno Femenino», *La Vanguardia*, 31-III-1949.

149. «La Comadre», *La Vanguardia*, 13-IV-1949.

150. El pintor de Portlligat, que d'infant havia anat a escoltar els desvaris de la folla de Cadaqués, il·lustrà, després, el llibre d'Eugeni d'Ors.

151. Vegeu també «Lídia y Ataúlfo», *La Vanguardia*, 6-II-1948.

152. M'ha contat el novel·lista Lluís Romero, que fa llargues estades a Cadaqués, que durant el curt sojorn d'Eugeni d'Ors en aquell poble presencià un fet molt curiós. A Romero se li acudí preguntar a un vell pescador que mirava, amb indiferència, el nostre biografiat que es passejava acompanyat d'uns amics per la platja: «Sabeu qui és aquest senyor?», indicant-li Ors. I el mariner, amb una perfecta naturalitat i aparentment ignorant l'il·lustre visitant, respongué: «Aquest és aquell que s'estava a casa la Lídia, ja fa molts anys».

153. «La Sibil·la de Cadaqués».

154. «Lídia y Agullana»; «La Cruz y el Peine»; «Los últimos días de Lídia»; «Muerte de Lídia» i «La máquina o lo maravilloso; postrimerías de Lídia», respectivament, els dies 9, 16, 27 i 31-X i 15-XI-1953.

155. ENRIC JARDÍ, *Tres diguem-ne desarrelats (Els camins de casa)*, op. cit.

156. La Diputació Provincial de Barcelona, en la sessió plenària del dia 28, acordà per unanimitat fer constar el sentiment de la Corporació per la mort d'una figura que tant l'havia prestigiada amb la creació de la Biblioteca avui anomenada Central i l'Escola de Bibliotecàries. L'Ajuntament de Barcelona, reunit en ple l'endemà, accedí a la petició de l'alcalde Simarro per atorgar a Eugeni d'Ors, a títol pòstum, la Medalla d'Or de la Ciutat, i el tinent d'alcalde d'Urbanització proposà que fos retolat amb el nom d'«Eugeni d'Ors» un carrer de Barcelona que hauria de determinar-se, perquè, de moment, no n'hi havia cap de traçat imminent. Després s'ha concedit aquell a un carrer emplaçat prop de l'encreuament de l'Avinguda de Carles III i la Travessera de les Corts; un indret que tindrà un cert avenir urbanístic.

157. Editat per Publicacions de la Sección de Prensa de la Diputación Provincial de Barcelona (Barcelona, 1955).

158. Publicat per Juan Flors Editor (Barcelona, 1963).

159. Colección Rialp de Cuestiones Fundamentales, Ediciones Rialp (Madrid, 1964).

160. «Núria Espert en el conjuro», *La Vanguardia*, 4-VII-1954.

161. Colección Rialp de Cuestiones Fundamentales.

1. «Estilo y Cifra», NO.G. 15.

2. «Las ideas generales», NO.G. 48.

3. «Ni pasta ni humo», NO.G. 675.

4. La primera vegada que fa aquesta cita del filòsof danès és a l'article d'*El Guaita* «Segon Any», a *Quaderns d'Estudi*, any II, vol. I (octubre 1916). Després l'anà repetint al llarg de la seva obra. Potser la primera vegada que la reprodueix en castellà és a «La Santa Continuación», *ABC*, 16-VI-1923. N.G.I 621.

5. «Del estilo y del amaneramiento», N.G.III 712.

6. «Oraciones para el creyente en los Ángeles», *op. cit.*

7. Venia a dir el mateix al final del pròleg a l'edició del 1950 del primer volum de l'Obra Catalana Completa amb allò que no seria estrany que l'Àngel que presidia el seu treball a Madrid es digués, encara, Xènius.

8. N.G.III, 595.

9. «Habla Eugenio d'Ors», *La Cataluña*, núm. 19, año II, 8-II-1908.

10. «Arengues? Grans batalles», 5-I-1909. O.C.C. 911.

11. Vegi's, per exemple, les «glosas» que publicà en les eleccions a diputats del novembre de 1933 en favor de la «candidatura antimarxista» que afavoria el susdit diari, tals com «Defensa de la Civilización», «Prólogo a la segunda jornada» i «Verdades de segunda vuelta»; respectivament els dies 8 i 21-XI i 3-XII. N.G.II, 1051 i 1043.

12. GUILLERMO DÍAZ PLAJA, al seu llibre *Veinte glosas en memoria de Eugenio d'Ors*, observa encertadament que la prosa orsiana és un dels trets més característics del noble sensualisme de l'autor, el sensualisme intel·ligent, de filiació mediterrània. Segons el crític, Xènius empra «un vocabulario riquísimo en renovaciones, en impregnaciones vitales capaces de resucitar los más viejos modismos. Bellísima era, también, su sintaxis, tan magistralmente ordenada a la novedad y a la eficacia».

13. «De la consecuencia y del diálogo», *La Vanguardia*, 7-X-1949. En aquesta glosa respon, amb unes al·lusions claríssimes, al violent però interessant article publicat a l'exili per J. M.ª CORREDOR, «Eugeni d'Ors i nosaltres», *Quaderns d'estudis polítics, econòmics i socials*, [Perpinyà], Núm. 15 (març-abril 1946).

14. «Difícil y claro. Fácil y oscuro», *ABC*, 13-VII-1927. N.G.II 88.

15. «Zaratustras y Zanahorias», NO.G. 364.

16. Nota 53 del Cap. III.

17. «Quarta glosa capellística», 11-VI-1908. O.C.C. 766 (IV «S'hi parla de la Raça»).

18. «Ya es un programa (A un amigo argentino saliendo de la Academia de Venecia)», N.G.I, 1080.

19. «Al Ángel y al Espejo (II)», *La Vanguardia*, 4-VI-1936. N.G.III, 390.

20. «Una voz extinta», NO.G. 95.

21. «Los ejemplos mal escogidos», NO.G. 1002.

22. «Novelas y novelistas», *La Vanguardia*, 24-IX-1943. N.G.III, 1060.

23. EUGENIO D'ORS, *La Bien Plantada, Gualba la de mil voces, Oceanografía del Tedio*, (Barcelona: Éxito, 1954).

24. «Hablemos de Arte», NO.G. 536.

25. Per bé que en l'article «El elefante y la cuestión polaca», publicat a *La Vanguardia*, 19-VII-1947, ja citat a la nota 97 del capítol V, diu, per justificar-se d'haver escollit les «apories» de Zenó d'Elea com a tema per a la seva tesi doctoral. «¿Por qué un filósofo catalán tendría que seguir dándole eternamente vueltas a Ramón Llull y a Francisco Xavier Llorens?», era conscient que calia entroncar-se amb una tradició: la de l'escola filosòfica catalana del vuitcents, de la qual Llorens fou el més distingit representant. Ja digué, en la glosa «Del respecte» del 9-II-1911 (nota 43 del cap. V), que la generació noucentista era essencialment «respectuosa» amb el passat malgrat les innovacions que introduïa. Aquest sentiment i potser la lletra oberta que li dirigí Mossèn Clascar (nota 8 del cap. V), en la qual deia que «Vós sou l'hereu d'en Llorens i Barba i d'en Martí d'Eixalà», va portar-lo, quan era secretari de l'Institut i membre del Consell de Pedagogia, a enaltir la memòria del filòsof de Vilafranca procurant que fos editat, als *Arxius de l'Institut de Ciències* (any IV, núms. 1 a 4), *Prolegomena Laurentiana*, un resum en català de les lliçons d'un curs universitari de Llorens segons els apunts d'un deixeble, i *La Metafísica* de Francesc Xavier Llorens (Col·lecció Minerva, Vol. 13, 1917). Quant als altres pensadors catalans, ja ha estat indicat el radical antibalmesisme d'Eugeni d'Ors i el seu entusiàstic lul·lisme, que no puc precisar fins a quin punt era autèntic en el sentit que influís en el pensament orsià, o tan sols verbal.

26. JOSEP FERRATER MORA, *Les formes de la vida catalana (Eugeni d'Ors. Sentit d'una Filosofia)*, Biblioteca Selecta, núm. 179. (Barcelona: Selecta, 1955).

27. «Kuno Fischer», *La Veu*, 15-VII-1907. O.C.C. 504.

28. Malgrat tot, cal no oblidar la importància que Eugeni d'Ors atorgà, com a precedent de les seves teories sobre la Ciència de la Cultura, al llibre del comte de Gobineau sobre les diverses manifestacions de la vida individual que fou redescobert el 1935, en el qual el francès parlava de l'existència de «formes sense contingut material».

29. «El seminario conciliar de Valencia ha sido en España el único de haber solicitado, alguna vez, comunicación y enseñanza de los nuevos estudios relativos a los Ángeles Custodios», escriu a la glosa «Valencia pide un Congreso Eucarístico Nacional», N.G.III, 759.

30. «Declaran Francesco Olgiatti y otros», NO.G. 559.

31. Una reproducció d'aquest quadre il·lustrava la coberta del llibre orsià *Introducción a la vida angélica*.

32. «Guardini y el creyente», *La Vanguardia*, 19-VIII-1951.

33. Hans Juretschke, *España ante Francia*, (Madrid: Editora Nacional, 1940).

34. AZORÍN, *Los valores literarios, Renacimiento*, (Madrid, 1913).

35. Diu Torres Garcia: «A Catalunya, en general, l'art tendeix a aquests dos extrems. O és massa local o és un reflex del que es produeix a l'estranger ... convindria tornar a la tradició de l'art propi de les terres mediterrànies: fugir de l'impressionisme francès, del pre-rafaelisme anglès, del simbolisme alemany ... Tindria que veure's amb ulls propis aquest mar... les oliveres i els pins, els tarongers, aquest blau del cel i, sobretot, l'home d'aquí, la nostra religió, les nostres festes, el nostre viure!»

36. J. M. CASTELLET i J. MOLAS, *Poesia catalana del segle* xx, Col·lecció A l'abast, Núm. 3, (Barcelona: Edicions 62, 1963).

37. «La deserció d'Eugeni d'Ors», article citat.

38. Octubre de 1943. El peu d'impremta diu: «Coyoacán (Mèxic D.F.)»

39. Març-abril, 1945.

40. Diu, per exemple: «Abans de l'Ors, Verdaguer i Guimerà havien estat traduïts, pràcticament, a totes les llengües europees. Després, cap autor català no va conèixer semblant expansió. ¿On és l'"Imperialisme" ni que només sigui literari?»

41. Núm. 13 (maig-juny 1945).

42. En la secció de «Lletres als editors» de la mateixa revista, Josep Alemany (núm. 16, novembre 1945) coincideix en aquest punt de vista. Hi ha, però, representants de la vella generació que corregeixen les afirmacions de Sales: un «òrsida» exiliat com Jesús M.ª Bellido (núm. 24, octubre-desembre 1946) i Josep Pijoan en la curiosa lletra en la qual també dóna detalls sobre les relacions Ors-Maragall i que ja he citat (nota 132 del capítol III).

43. Hi ha, però, una excepció molt singular, si es té en compte que ve representada per una figura que, cronològicament, pertany a la mateixa fornada que la dels «noucentistes» i que insinuà la conveniència de tornar a Verdaguer i a l'esperit de la «Renaixença» quan Eugeni d'Ors encara vivia a Barcelona. Es tracta de Carles Cardó, que amb el pseudònim de R. Vespella escrivia a *La Publicitat* (26-IX-1922) un article intitulat, ben significativament, «Retorn al punt de partida», on afirmava: «Aquí s'ha cremat una gran etapa: la de la normalitat, la de la saó de plena homenia. Verdaguer era la infantesa, Maragall, la joventut. Qui ha estat la virilitat? ¿En Carner i l'Ors? Han durat ben poc!»

44. JOSEP M.ª LÓPEZ PICÓ, «Butlletins del temps», *La Nova Revista*, [Barcelona], Vol. I, núm. 4 (abril 1927).

45. Fou publicat amb aquest mateix títol per Editorial Lux (Barcelona, 1927).

46. També respongué d'una manera molt viva Rafael Campalans amb una nota, «Confessions d'un victimiari», publicada, igualment, a *La Nova Revista*, Vol. II, núm. 5 (maig 1927), ja que Campalans era al·ludit per Sarrà en la seva conferència amb la cita del seu cordial pròleg a l'edició de les «Gloses de la vaga». L'antic col·laborador d'Eugeni d'Ors al Consell de Pedagogia deia: «No en fa pocs d'anys que pels "homes madurs" el cas "Xènius" és definitivament liquidat, dat i beneït! Ho saben els diaris de Madrid. Ho sap tothom. I, si algun dubte en tenia el senyor Sarrà Serravinyals, hauria pogut esvair-l'hi el simple fet que, a desgrat de les lletres de convit circulades, vuit persones justes formaren el públic de la seva conferència. El tema, doncs, no acaba d'apassionar extraordinària-

ment. És clar. De molts anys ençà, la campanya de descrèdit de l'obra de "Xènius" està exclusivament reservada al propi senyor Ors, que, en aquest aspecte, cal reconèixer que ha superat les esperances més optimistes».

47. En aparèixer el recull d'escrits carnerians *Les Planetes del Verdum*, CARLES RIBA, amb el pseudònim de Jordi March, publicava a *La Veu*, del 5-X-1918, dins la seva rúbrica «Escolis», el següent comentari: «D'ençà del noucents la prosa catalana moderna ha estat afaiçonada en contemporània diversitat en dues genials manifestacions del nostre esperit: el "Glosari" i aqueixos articles dels quals suara apareixia un recull massa avar sota el títol "Les Planetes del Verdum". Una "Glosa" d'en "Xènius" és un ésser íntegre, vivent, amb els seus centres de sensibilitat, la seva xarxa nerviosa, la seva circulació en perfecte cicle i—suma inefable de la seva individualitat—diríeu que un seu nom». I en el mateix diari i en la mateixa secció escrivia el 17-X-1918, a propòsit d'un volum de poesies de Carner: «No hi ha dubte que, segles a venir, els catalans trobaran encara l'essència d'aquesta era única de la nostra reconstitució nacional, en aquests tres petits llibres meravellosos que són "La Nacionalitat Catalana", arca del Dret: "La Ben Plantada", revelació del Ritme, i "Bella Terra, Bella Gent", figuració del Caràcter». Ambdós articles foren recollits en el llibre Carles Riba, *Escolis i altres articles* (Barcelona: Publicacions de la Revista, 1921).

48. Conta Albert Manent en la seva petita biografia de Carles Riba, citada en la nota 17 del cap. IX, que el poeta trobà Eugeni d'Ors a Segòvia, l'estiu de 1952, al Congrès de la Poesia. Després de tants anys de no veure's, se saludaren amb la més perfecta naturalitat.

49. Any II, núm. 7 (Barcelona, abril 1921).

50. «Myself», «Hoja de Dietario», *La Publicidad*, 20-IV-1922.

51. «Gaziel», «La Devoradora de Hombres», *La Vanguardia*, 20-VI-1923.

52. Ho digué en l'escrit citat en la nota 46.

53. C. A. JORDANA, «Balanç d'un quart de segle. Excursió de plaer pels camins de la prosa. Els dandis: Eugeni d'Ors i J. M. Junoy», *La Revista*, any XI, núm. CCXXIV (16-I-1925).

54. És l'article citat a la nota 2 del cap. VIII.

55. Tant al seu article a *El Español*, de Madrid (nota 13 del cap. I), com en l'*Homenot*, dedicat a Ors.

56. EDUARDO NICOL, *El problema de la Filosofía Hispánica*, (Madrid: Tecnos, 1961).

57. MELCIOR FONT, «Joan Creixells (dades per a una biografia)», *Revista de Catalunya*, [Barcelona], any IV, vol. VI, núm. 32 (febrer 1927).

58. M'ha contat Josep M.ª Millàs Raurell que anà a rebre Eugeni d'Ors a l'estació al seu retorn de Lisboa i que, tot just saludar-lo, aquell li digué molts penjaments d'Estelrich.

59. No tinc suficients elements de judici per a fer la mateixa afirmació respecte dels deixebles que hagués pogut formar Ors a Madrid durant la seva darrera època. Tot i així, em sembla que succeí el mateix que a Barcelona: el rodejà molta gent, fou escoltat... però no deixà seguidors. El cas de López Aranguren és a part. Tingué una devoció personal

per Eugeni d'Ors i conegué degudament la seva obra, però no em sembla que, tot i això, Aranguren pugui qualificar-se de deixeble d'Ors.

60. Ors acusà aquesta crítica de Pla en la introducció a «Eugenio y su demonio», que escriví per a l'edició de 1943 de *Epos de los Destinos*, quan parla dels inconvenients que comporta dur el nom d'«Eugeni» (vegi's la nota 6 del cap. I): «Ahí es nada, tal como anda el mundo, salir a él, no sólo con la carga y traba de la propia distinción, sino ostentándola y enarbolándola como decidido a sacrificarse por ella ... y no ocurre que incluso cuando quien con tal signo lleva, se adelanta a servir a los demás, a obsequiarles y quererles, sacrificarse por ellos, y darles el alma y la vida, parezca hacerlos con una salvedad de distancia, con una fatalidad de separación, con un inevitable subrayamiento de condescendencia, como si oficiara de arriba a abajo; lo que a los más, sobre todo a los varones (cada hombre tiene su alma en su almario, mientras que cada mujer, si es enteramente normal, tiene su alma en el almario ajeno), o bien *a los que tienen el estilo de tal cual pillastre de estado llano—y de nombre llano—oriundo en el Ampurdán*, les brilla, desazona y desaficiona» (el subratllat és meu).

61. «"Xènius" i el cabaret», *Mirador*, any I, núm. 2 (7-II-1929); explica que «abans de la guerra (vol dir la de 1914-18) Xènius anava un cop l'any al cabaret amb nosaltres ... era el catorze de juliol ... l'especialitat del "Pantarca" era el "cuplet" una mica "grivois". Sabia el repertori de Mayol, de Tragson, d'Yvette Guilbert... i ho feia tot amb una precisió de virtuós. Cantava com un rossinyol fins a les sis del matí». També Sagarra, en les seves *Memòries* parlant de les hores que Eugeni d'Ors passava a l'Ateneu «quan no feia aquella comèdia una mica engomada i encotillada del seu salonet de l'Institut d'Estudis Catalans ... respirava un moment en mànegues de camisa ... cantava algun cuplet o explicava xafarderies transcendentals dels personatges històrics o de les senyores d'Argentona, era simplement magnífic. A la penya, Ors fou massa intel·ligent per a demostrar teoremes, es limitava a fer-la petar, i, en aquest sentit, era i ha estat sempre genial».

62. Es publicà a *La Revista*, any IX, núms. CLXXIX i CLXXX (1-III-1923).

63. «Tasca de Quaresma», 7-III-1908. O.C.C. 693.

64. Hi ha una lletra d'Eugeni d'Ors a López Picó sense datar, però que sens dubte és de mitjan 1910, puix que s'hi parla de *Turment-Froment* com d'una obra ja publicada, en la qual el nostre biografiat diu al seu amic: «Us envio un llibre *dolent*. Us crec ben digne de llegir-lo. És una obra mestra... Quin professor d'arbitrarietat aquesta Marquesa de Merteuil! Em permeto indicar-vos que aquest llibre és per vós sol i que no deveu deixar-lo a ningú ni parlar-ne massa. Vós sou digne, però no tothom és digne ... Penso que la coneixença de *Les Liaisons* ha d'ésser el signe en el que ens reconeguem alguns iniciats: pocs... Així, quan ens trobem i ens mirem a la cara, ens riurem com reien els augurs...»

65. JOAN FUSTER, *Diccionari per a ociosos*. («L'Intel·lectual»), Col·lecció Cara i creu, núm. 1. (Barcelona: A.C., 1964).

66. ANTONIO VILANOVA, «Eugenio d'Ors y el Novecentismo», *La Vanguardia*, 18-VII-1963.

ÍNDEX DE NOMS